CB001676

Patrocinadores da Expedição Oriente

HELOISA SCHURMANN

EXPEDIÇÃO ORIENTE
812 DIAS DE UMA VOLTA AO MUNDO

1ª edição

EDITORA RECORD
RIO DE JANEIRO • SÃO PAULO
2019

CIP-BRASIL. CATALOGAÇÃO NA PUBLICAÇÃO
SINDICATO NACIONAL DOS EDITORES DE LIVROS, RJ

S42e   Schurmann, Heloisa
       Expedição Oriente: 812 dias de uma volta ao mundo / Heloisa Schurmann. –
1ª ed. – Rio de Janeiro: Record, 2019.

       ISBN 978-85-01-11212-5

       1. Kat (Veleiro) – Viagens. 2. Oriente – Descrições e viagens. 3. Schurmann, Família –
Viagens. 4. Viagens ao redor do mundo. 5. Viagens marítimas. I. Título.

                           CDD: 910-41
19-58562   CDU: 910.4 (100)

Vanessa Mafra Xavier Salgado – Bibliotecária – CRB-7/6644

Copyright © Heloisa Schurmann, 2019

Preparação de original: EDSON WARREN SOARES
Foto da capa: As águas da Polinésia vistas do alto do mastro. PEDRO NAKANO
Foto da quarta capa: O orangotango-de-bornéu (Pongo pygmaeus) é uma espécie de orangotango
nativa da ilha de Bornéu, Indonésia. KLAUS SCHLICKMANN
Foto da autora: PEDRO NAKANO
Fotos do encarte: ALEXANDRE ZELINSKI: 65 | ARQUIVO FAMÍLIA SCHURMANN: 16 | BYRON PRU-
JANSKI: 48-49 | EMMANUEL SCHURMANN: 35-56 | HEITOR CAVALHEIRO: 1 | HELOISA SCHURMANN:
21 (acima) | KLAUS SCHLICKMANN: 31, 50-55, 57-64 | LUCIANO CANDISANI: 2 | PEDRO NAKANO: 3,
5-15, 17-19, 21 (abaixo), 22-30, 32-34, 36-47, 66 | WILHELM SCHURMANN: 4, 20

Todos os direitos reservados. Proibida a reprodução, armazenamento ou transmissão de partes
deste livro, através de quaisquer meios, sem prévia autorização por escrito.

Texto revisado segundo o novo Acordo Ortográfico da Língua Portuguesa.

Direitos exclusivos desta edição reservados pela
EDITORA RECORD LTDA.
Rua Argentina, 171 – Rio de Janeiro, RJ – 20921-380 – Tel.: (21) 2585-2000.

Impresso no Brasil

ISBN 978-85-01-11212-5

Seja um leitor preferencial Record.
Cadastre-se em www.record.com.br
e receba informações sobre nossos
lançamentos e nossas promoções.

Atendimento e venda direta ao leitor:
sac@record.com.br

Tenho dois amores na vida: minha família e o mar.

Sou uma privilegiada que conseguiu unir esses dois amores nos últimos 35 anos e viver uma vida incrível de aventuras navegando pelos mares em três voltas ao mundo.

Este livro é dedicado aos meus netos. Emmanuel, que embarcou como tripulante e navegou conosco ao redor do mundo, explorando os lugares mais incríveis, como a Antártica e a China. Sebastian, que participou de momentos de navegação pela Ásia e se tornou um marinheiro batizado por Netuno. Kian, que desde pequeno ama o mar e vem se aventurando em lugares longínquos na Patagônia, Indonésia e Austrália.

E para Chloe e Guilherme, que são ainda pequenos e um dia irão navegar conosco.

Com todo o amor do mundo, de sua avó navegadora,

Heloisa Formiga

Sumário

Prólogo: Como nascem os sonhos	9
1. Como tudo começou	11
2. Desafio: construir um novo veleiro	15
3. Partida da Expedição Oriente	35
4. Rumo à Patagônia	41
5. Desbravando novos mares	53
6. Ushuaia: nas águas do fim do mundo	65
7. Antártica: praia de pinguins e mares de iceberg	79
8. Os labirintos dos canais chilenos	99
9. Cruzando o oceano Pacífico	119
10. De volta à Polinésia Francesa	133
11. Samoa Americana	169
12. Tonga: Wilhelm volta à escola	173
13. Aotearoa: Terra da Longa Nuvem Branca	181
14. Austrália: cangurus, coalas e Kian	195
15. Papua-Nova Guiné: no túnel do tempo	209
16. West Fayu: uma ilha de lixo	229
17. Rumo à Terra do Sol Nascente	239
18. China, inspiração da Expedição Oriente	253
19. Hong Kong: dragões e a Deusa do Mar	277
20. Vietnã: um país de belezas e tradição	287

21.	Bornéu: terra dos orangotangos	301
22.	Oceano Índico: ilhas Maurício e Reunião	335
23.	África do Sul: natureza selvagem	353
24.	Ilha de Santa Helena: o exílio de Napoleão	373
25.	Volta ao Brasil	379

Epílogo: Teriam sido os chineses os descobridores do
mundo em 1421?   387

Agradecimentos   389

Prólogo

Como nascem os sonhos

Um amigo velejador deu o livro ao Vilfredo. Só sei que, quando vi o volume na mesinha de cabeceira, pensei: *Nunca que ele vai ler este livro tão grosso, quando temos tantas palestras e workshops na nossa agenda.*

Mas aí aconteceu. Vilfredo andava com o livro para cima e para baixo, lendo nas salas de espera dos aeroportos, na proa do barco, antes de dormir. E, a cada capítulo, comentava o assunto comigo, com um entusiasmo juvenil.

Lembrei-me da nossa travessia de Portugal para o Brasil, em 1994, depois de ter passado dez anos no mar, dando a volta ao mundo no nosso veleiro, Guapos. Naqueles dias de alegria e ansiedade por voltar ao Brasil após tanto tempo, Vilfredo leu *Fernão de Magalhães, o homem e sua façanha*, de Stefan Zweig. Em 1997, partiríamos novamente, refazendo a rota do grande navegador português, responsável pela primeira circum-navegação da história da humanidade, uma viagem que nos levou três anos pelos mares do planeta.

Agora, enquanto ele lia *1421: O ano em que a China descobriu o mundo*, de Gavin Menzies, eu pesquisava na internet. Queria saber tudo sobre as viagens de Zheng He, o almirante chinês que, de acordo com a teoria de Menzies, navegou pelos mares antes dos espanhóis e dos portugueses. E a cada dia, a cada página pesquisada, eu sonhava em velejar até o Oriente, uma parte do mundo aonde nunca tínhamos ido. Minha imaginação já estava fascinada pela história, e eu já me via na China, seus costumes, sua cultura, e lugares que gostaria de conhecer.

Um dia, velejando no Aysso de Florianópolis para o Rio, Vilfredo chegou ao ponto final do livro. Quando subiu ao cockpit para substituir-me no leme, ele olhou para o horizonte, onde o sol mergulhava no mar, e me perguntou:

— Topa velejar até a China?

Eu já estava preparada.

— Claro! — respondi.

E ali, vendo aquele céu lindo, nos abraçamos para selar nosso compromisso com este novo sonho!

1. Como tudo começou

Chegar de uma viagem de quase três anos pelo mar, na Magalhães Global Adventure, foi uma aventura incrível.

Foi uma expedição que levou três anos de preparação a bordo do veleiro Aysso. Além de Vilfredo, David e eu, tínhamos também nossa filha Kat, com apenas 5 anos. Pierre e Wilhelm participaram de algumas etapas da viagem. Foram cerca de 32 mil milhas (60 mil quilômetros), por 27 países e territórios visitados nessa volta ao mundo, na esteira de Fernão de Magalhães. Zarpamos de Porto Belo (SC) em novembro de 1997 e chegamos de volta a Porto Seguro em abril de 2000, nas comemorações oficiais dos 500 anos do descobrimento do Brasil. Toda a viagem foi filmada por David, que produziu o documentário *O mundo em duas voltas*.

A família e os amigos, que estavam com saudades, ficaram felizes em nos rever e escutar as novidades sobre os lugares exóticos, as culturas incríveis e os perigos da rota. Mas logo o cotidiano das pessoas as levou de volta ao seu mundo, e eu tive vários desafios com os quais lidar: procurar casa para morar, escola para Kat e me readaptar a viver no Brasil.

Mas, assim como tive saudades do meu porto enquanto estava longe, comecei a ter saudades do longe quando estava no meu porto. Estava sofrendo a Síndrome do Regresso, termo criado pelo neuropsiquiatra Dr. Décio Nakagawa, que diz que uma pessoa leva em média seis meses para se adaptar a uma cultura nova, e até dois anos para se readaptar ao próprio país.

EXPEDIÇÃO ORIENTE

Nos mudamos para uma casa em Ilhabela, litoral de São Paulo, para reiniciar nossa vida em um porto novo. A vida voltava a um ritmo "normal" em terra, com horários definidos pelo relógio e compromissos de trabalho. Vilfredo e eu nos dedicamos a dar palestras e a realizar workshops e treinamentos empresariais em veleiros de oceano. Kat aos poucos também havia se adaptado à escola em terra e a morar numa casa. Tínhamos duas motivações com esse novo estilo de vida: ter o veleiro Aysso ancorado ali perto de nossa casa, e poder escapar para o mar sempre que possível, indo velejar. Sabíamos que essa vida em terra era temporária, e que assim que possível iríamos navegar mundo afora novamente.

Em 2004, navegamos de Florianópolis até Fortaleza na Expedição 20 Anos no Mar, em uma comemoração do aniversário de nossas navegações. Essa velejada pela costa do Brasil foi o trajeto da primeira etapa de nossa viagem de 1984. Nessa expedição de oito meses, redescobrimos o maravilhoso litoral brasileiro e reencontramos amigos.

E, em 2011, depois de uma expedição que durou cinco anos de preparação, fomos levados à incrível descoberta do submarino alemão U-513 afundado em 1945 em águas catarinenses. A bordo do veleiro Aysso, participávamos de uma regata quando um dos tripulantes, Antônio Husadel, contou para Vilfredo a história do naufrágio do submarino alemão U-513 e lhe emprestou o livro *A última viagem do Lobo Cinzento*, escrito pelo pesquisador Telmo Fortes. Intrigados com os fatos descritos no livro e a possibilidade de existir um submarino alemão na costa brasileira, iniciamos uma detalhada pesquisa que durou cinco anos.

A partir de documentos históricos e até mesmo secretos, a história do U-513 aos poucos foi reescrita. Na Segunda Guerra Mundial, onze submarinos alemães foram afundados pelos Aliados em águas brasileiras.

A busca pelo Lobo Cinzento nos levou aos Estados Unidos e à Alemanha, em um complexo projeto de pesquisa que levantou toda a história documentada do U-513 nos arquivos secretos da Segunda Guerra Mundial. Foram realizadas dezoito incursões no mar utilizando a última tecnologia de equipamentos de pesquisas submarinas disponíveis no Brasil. Vilfredo comandou a expedição, Wilhelm operou a tecnologia de busca, eu fiquei responsável pelas pesquisas e David dirigiu e registrou o documentário *Em busca do U-513*. Com

COMO TUDO COMEÇOU

uma equipe de mais de trinta profissionais, e mais de cinco anos de trabalho, foi uma expedição muito difícil e marcou mais uma conquista de nossa família. O submarino alemão foi encontrado em 14 de julho de 2011, 68 anos depois de afundar. Sua história virou um documentário.

FAZER ACONTECER

Do momento em que decidimos sair para uma nova aventura até o momento em que levantamos âncora para começar a realizar nosso sonho, passaram--se cinco anos de planejamento, conquistas, frustrações, alegrias, sustos, atrasos e incertezas.

Vilfredo, David, Wilhelm e eu nos reunimos e começamos a elaborar ideias sobre o projeto. Ficamos motivados por uma adrenalina que ocupava inteiramente nossos pensamentos e nosso tempo. Era um desafio incrível navegar do Brasil até a China. Ainda mais quando fazer o sonho tornar-se realidade só depende de você e de 40 mil outros detalhes além do financiamento ou recursos financeiros e patrocínios. Conversamos muito, pesquisamos tudo o que havia a respeito em livros e na internet. Dois meses depois, após um almoço do Dia das Mães com meus filhos, noras e meu neto Emmanuel, então com 21 anos, Vilfredo pediu silêncio e disse:

— Um brinde para a Formiga, mãe aventureira e corajosa, e para o sucesso da nossa próxima aventura... uma expedição para navegar até a China!

A reação de todos foi de entusiasmo e total apoio aos nossos planos. E, a partir da nossa primeira reunião, passamos a separar as ideias, o que já tínhamos pesquisado, e a planejar um macrorroteiro de ações, o primeiro brainstorm dos muitos que faríamos.

Vilfredo e David tinham planos de construir um barco novo, um veleiro maior, de 24 metros, com mais tecnologia do que a que tínhamos no nosso Aysso, e que pudesse acomodar a equipe de filmagem e a tripulação, num total de doze pessoas.

David, CEO e administrador de nossa empresa, já tinha estudado as possibilidades e foi enumerando as perguntas:

— Quanto tempo levaria para construir um barco? Quanto vai custar? Nós vamos precisar de patrocinadores que participem deste sonho desde o primeiro momento.

Vilfredo disse:

— Vai ser um grande desafio, vai levar tempo, e temos que encontrar um estaleiro, além dos vários detalhes técnicos que nem pensamos ainda para uma empreitada desse tamanho.

Pierre, nosso filho mais velho e empreendedor, queria saber como iríamos buscar recursos.

Wilhelm, que havia sido convidado para participar da viagem, se engajou para fazer parte da construção do barco desde o início. Ele deixaria de competir em sua Fórmula Windsurfe para se dedicar ao projeto.

Alguém falou, não me lembro quem: *E, se não der certo, vocês desistem?* Rimos juntos. Desistir de um sonho nunca foi uma opção para nós. Aliás, *desistir* é uma palavra que não existe em nosso dicionário.

E me lembrei da frase do poema "Mar Português", de Fernando Pessoa: "Deus quer, o homem sonha, a obra nasce."

— Ok — disse David. — Agora é trabalhar para fazer acontecer. E trabalhar muito. Construir um barco vai ser um novo desafio para nós. Do momento em que começarmos, vamos ter que estar preparados para muitas surpresas.

Mas não estávamos preparados para a primeira surpresa, que veio naquele exato momento:

— Posso ir com vocês? — perguntou nosso neto Emmanuel. — Meu pai foi, meus tios também. Quero muito ir nessa expedição.

Vilfredo lhe disse:

— Você é um Schurmann, mas tem que merecer e se preparar para participar.

Emmanuel ficou muito animado:

— O que eu tenho que fazer?

— Você tem que fazer cursos de vela, aprender a cozinhar, a mergulhar. E também participar na construção do barco. Não é uma tarefa fácil, mas você é jovem e aprende logo.

2. Desafio: construir um novo veleiro

A partir daí, nosso dia a dia foi tomando a forma de um barco. Tudo o que batia na nossa imaginação era transferido para um arquivo e circulava entre nossa família. Todos comentavam, acrescentavam mais ideias, desenvolviam cenários. Que avanço ter uma tecnologia assim disponível! Nesse processo, o que a princípio parecia impossível ia tornando-se factível e real.

Nos dois anos e seis meses que levamos para construir o barco, meu trabalho foi pesquisar a rota que o grande almirante Zheng He teria navegado, em 1421, e comecei a plotar nosso roteiro. De acordo com a teoria do autor inglês Gavin Menzies, uma expedição a mando do Imperador Zhu Di, da Dinastia Ming, teria, entre outras façanhas, chegado ao continente americano em 1421 — 71 anos antes de Colombo.

Se construir um barco com a tecnologia de hoje é difícil, imagino como deveria ser, no tempo de Zheng He, para erguer uma enorme frota de juncos capaz de navegar por todo o oceano Índico. A supervisão da construção era de responsabilidade do próprio Zheng He. De acordo com a fonte do livro de Gavin Menzies, a primeira expedição era composta por uma tripulação de 27.800 homens, divididos em cerca de 250 navios, 62 deles conhecidos como "navios de tesouro", em virtude de sua grande dimensão. Alguns juncos mediam impressionantes 137 metros de comprimento por 55 de largura, tamanho cinco vezes maior que as caravelas espanholas.

O tamanho do nosso barco seria maior, com 24 metros (o Aysso tem 15 metros). Tinha que ser bem confortável e espaçoso, para quatorze tri-

16 EXPEDIÇÃO ORIENTE

pulantes, com seis cabines, três banheiros, duas salas e lugar para todos os equipamentos de filmagem, de comunicação, agora disponibilizados pelo avanço tecnológico. E, acima de tudo, queríamos um veleiro autossustentável.

A lista de inovações era longa: uma plataforma para embarque e desembarque de mergulhadores, sala de máquinas com dois motores, gerador, dessalinizador, mesa de navegação com comando interno, janelas panorâmicas, máquina de lavar, cozinha completa ao mesmo tempo prática e gourmet. No escritório, várias plantas e planilhas ocupavam as paredes, e passamos a visualizar o veleiro, a viagem e tudo o que iríamos fazer. Nosso sonho foi tomando forma. E, como já havia acontecido tantas vezes antes, tínhamos que escutar: "Vocês estão loucos? Já não bastam duas voltas ao mundo? Construir um veleiro? Os perigos dos mares... os custos..."

Vilfredo ficou encarregado da busca do estaleiro: visitou vários do norte ao sul do Brasil e na Argentina. Grandes e pequenos estaleiros, todos com experiência. Mas um dia, em Itajaí, conversando com o seu amigo Hoffmann — considerado um dos melhores fabricantes de hélice para embarcação no país —, Vilfredo comentou que estava buscando um estaleiro para construir o novo veleiro.

Sr. Hoffmann sugeriu:

— Aqui do lado tem um jovem, o "martelinho de ouro", especialista em construção de cascos de embarcação. É o Jeison. Ele começou a trabalhar ao lado do pai, na época o melhor caldeireiro de Santa Catarina, quando tinha 16 anos. O pai faleceu, mas ele continuou trabalhando no mesmo ofício, e tornou-se excelente na construção de barcos de casco de aço.

Depois de tanto pesquisar, Vilfredo foi conhecer o Jeison e, depois de dois dias de conversas, perguntas e respostas, ele sentiu que tinha encontrado o construtor para o nosso novo barco. Em Itajaí!

O processo de buscar um arquiteto naval com experiência em veleiro e que fosse flexível aos nossos requerimentos foi outra batalha. Pedimos orçamentos no Brasil, na Argentina e na Nova Zelândia. Mas foi o projetista argentino Nestor Volker, que Vilfredo já conhecia e que lhe inspirou confiança porque tinha uma experiência de muitos anos e de excelentes barcos no mercado náutico, quem venceu a concorrência. Os planos foram saindo de nossos pensamentos e virando planilhas, desenhos, gráficos. Tudo isso junto com a parte mais difícil, que é o lado financeiro.

David, o CEO de nossa empresa, com sua equipe, preparou, idealizou e desenvolveu o projeto econômico-financeiro, de marketing e de mídia da Expedição Oriente.

Nosso filho Pierre seguiu como CEO no próprio negócio. Ele não participava diretamente na empresa, no entanto nos dava apoio e consultoria.

Gostamos de desafios. Mas administrar a construção de um novo veleiro foi uma tarefa imensurável.

Conta Vilfredo:

— O estaleiro construiu somente a estrutura de aço, eles tinham know--how na construção de barcos de pesca e nunca antes haviam construído um veleiro. A impressão de quem entrava no estaleiro pela primeira vez era de que jamais poderia ser construído ali, um veleiro de 80 pés. O estaleiro parecia um depósito de embarcações velhas, enferrujadas, e com dois pesqueiros sendo construídos. O local da construção seria em um galpão antigo com piso de chão batido e cobertura com telhas de zinco, algumas delas soltas.

"David e Heloisa, quando viram o local, olharam para mim e disseram: 'Uma loucura a mais em nossa família! Vamos em frente!'"

UMA QUILHA FORA DE SÉRIE

No projeto estava dimensionada uma quilha retrátil que foi elaborada pelo engenheiro naval Horácio Carabelli, que tem experiência internacional nessa área. Seu pai era nosso amigo, e Horácio nos prestou assessoria e apoio técnico especial e integral nesse projeto. E se tornou nosso amigo também.

Uma embarcação de 24 metros com essa tecnologia nunca havia sido feita no Brasil, tampouco a construção de um bulbo de chumbo de 14 toneladas. A quilha, com um sistema desses, somente era fabricada em três lugares no mundo: Itália, Noruega e Estados Unidos. A quilha com o bulbo tem um peso que é fundamental para manter o barco de pé e equilibrado, para que as velas possam pegar os ventos perfeitos. Ela levanta e abaixa o bulbo por um sistema hidráulico.

A importância da quilha retrátil, em vez de uma quilha fixa, é que o barco poderia entrar nos lugares de pouca profundidade e inacessíveis para um barco do tamanho do nosso. Com a quilha para baixo, o calado é de 5,20 metros e, com ela para cima, tínhamos somente 2,20 metros, possibilitando a navegação em rios, marinas, entradas dos atóis e outros lugares rasos. Na parte de baixo da quilha está o bulbo de 14 toneladas. Com um formato de torpedo, esse bulbo é parte integrante da quilha, dá equilíbrio ao veleiro e funciona como um contrapeso, não deixando o veleiro virar.

Ali mesmo em Itajaí, o Serviço Nacional de Aprendizagem Industrial (Senai) aceitou o desafio e nos ofereceu a experiência e a disposição para fazer o trabalho de construir, então, a primeira quilha retrátil do Brasil. O diretor do Senai, Geferson dos Santos, coordenou durante oito meses um grupo de seis docentes e um estagiário, que trabalharam na usinagem e montagem da peça. O projeto elaborado por Carabelli previa sobreposições de peças, junção de ligas metálicas, além da utilização de diferentes tipos de aços. Vilfredo conferia com Wilhelm cada detalhe do projeto.

Um grande desafio foi encontrar quem poderia fornecer as 14 toneladas de chumbo para a construção do bulbo da quilha. Vilfredo procurou na região, mas encontrou apenas em pequenas quantidades. Pesquisou, então, as minas de chumbo no Brasil. Descobriu uma mineradora que produz chumbo com teor de 96% de pureza, no Amazonas.

Depois de uma reunião, aceitaram a proposta de fornecer o material necessário. Porém, o chumbo continha uma quantidade mínima de radioatividade, e por isso, mesmo dentro de uma estrutura de aço isolada, o veleiro teria que ser monitorado de modo permanente pelo Conselho Nacional de Energia Nuclear (CNEN). Isso nos impediria de entrar em países como a Nova Zelândia, onde é proibida a entrada de navios ou submarinos nucleares. Opção descartada.

Daí em diante o cenário da construção do bulbo se tornou como um filme da série *Missão: Impossível.*

Vilfredo corria contra o tempo e tentou em quatro estados brasileiros. Todos sem sucesso.

Um amigo windsurfista do Wilhelm, Jurandir, comentou que na cidade de Sangão (SC) havia uma fabricante de baterias para motocicletas, a Komotor, que construiu uma unidade industrial de recuperação de chumbo.

DESAFIO 19

Vilfredo fez a apresentação do projeto, e a Komotor decidiu patrocinar a fundição do bulbo de 14 toneladas de chumbo. Um valor considerável. E mais desafios surgiram: eles não tinham nenhuma experiência em fundição. Mas, com a pesquisa em diversos países, fizeram um molde do bulbo de isopor e o cobriram com uma camada fina de fibra. Resultado final: a peça ficou exatamente como planejada. Foi preciso usar dois guinchos enormes e um caminhão especial para transportar até Itajaí. Missão Impossível? Missão concluída.

Vilfredo comandou e supervisionou o planejamento, e Wilhelm acompanhou integralmente o processo de construção, liderando a equipe com o engenheiro Fernando Horn, responsável pelo projeto elétrico e vários outros sistemas do veleiro Kat. Juntos, eles tiveram uma boa sintonia de trabalho. Nessa época, todos os tripulantes, inclusive os filhos, passaram a, carinhosamente, chamar Vilfredo de Capitão!

Emmanuel arregaçou as mangas e também foi ajudar no estaleiro. Portanto, foi um desafio em família. E, para construir nossa casa a partir desta fundição, contratamos pessoas especializadas em cada área: hidráulica, carpintaria, soldagem, vidros, capotaria etc. Foi uma lição de vida. Acompanhando cada passo do trabalho, Capitão e Wilhelm aprenderam, nos mínimos detalhes, todos os sistemas e funcionamento do barco. Em alguns momentos tínhamos vinte pessoas trabalhando lá dentro.

Quem já construiu uma casa sabe o trabalho que dá, com atrasos de entrega de material, fornecedores que não cumprem prazos e outros desafios que surgem. Imaginem, então, como é a construção de um veleiro, principalmente para nossa família, que nunca havia construído um barco.

Mas a decisão foi acertada. O trabalho foi intenso e sabíamos que seria assim. A jornada de trabalho começava às 6 da manhã todos os dias. Na maioria dos dias, íamos para "casa" às dez da noite. Nossa casa era o veleiro Aysso ancorado ali mesmo no rio Itajaí, pertinho do estaleiro. Muitas vezes nosso trabalho estendia-se pela madrugada. Wilhelm, dedicado ao extremo, cuidava de cada detalhe da construção e coordenava a equipe que trabalhava na obra.

Vilfredo, além do trabalho da construção, se preocupava com os fornecedores, com a busca de soluções para a construção da quilha, da importação de equipamentos, e com David buscavam os patrocinadores e administravam a parte financeira.

UM VELEIRO DE BEM COM A NATUREZA

Um dos nossos objetivos era construir um veleiro autossustentável e com o objetivo de deixar nossos mares limpos; por isso, 60% da energia consumida pelos tripulantes será limpa.

A forração do barco foi feita de material reciclável e instalamos um dessalinizador, que tira a água salgada do mar e a transforma em água potável. As águas servidas da cozinha e dos banheiros têm um tratamento por ozônio, criado especialmente para o veleiro Kat, que processa os dejetos e descarta no mar a água totalmente limpa. Para testar o equipamento, foi construído no estaleiro um banheiro para uso dos funcionários. Análises microbiológicas mostraram a eficiência do sistema no tratamento com resultados de água tratada totalmente sem coliformes fecais.

Instalamos uma compactadora com capacidade de reduzir 80% do volume do lixo. A energia é gerada de forma limpa, através do sol e do vento: painéis solares, eólicos, dois hidrogeradores, pás subaquáticas que geram energia movidas pela força da água e uma bicicleta ergométrica que gerava eletricidade. Temos 46 baterias para armazenar a energia gerada e 54 luzes de baixo consumo — lâmpadas de LED, equivalentes a duas lâmpadas incandescentes de 100 watts.

Mas o prazo, esse elemento medido por relógios e calendários, que não dá trégua, foi influenciado por diversos fatores e nos obrigou a adiar a data da saída por duas vezes.

Tivemos atraso na entrega da caldeiraria, por conta da alteração no projeto do estaleiro que fez o casco da embarcação; na instalação hidráulica e mecânica, que não foi entregue na data estipulada; houve demora na entrega de alguns materiais, e a instalação de toda a carpintaria teve um atraso considerável também.

Mas o pior foi um defeito na solda do casco, abaixo da linha d'água, que teve de ser examinado por raios X e ultrassom. Foram encontradas algumas bolhas na solda. Uma equipe de soldadores com certificação internacional teve que refazer todo o trabalho das soldas. Mais atraso.

DESAFIO 21

Nosso escritório foi instalado no estaleiro, dentro de um container. Outros dois contêineres serviam de almoxarifado, para guardar o material que estava sendo usado no barco e outro com uma pequena cozinha, onde todos que estavam trabalhando no barco faziam as refeições. Marmitas, pizzas e muitos sanduíches davam as calorias necessárias, pois o trabalho duro no dia a dia, às vezes noite adentro, tirava as energias da tripulação rapidinho. Desde o momento da construção, surgiu um ambiente de boas energias entre os "tripulantes" que estavam na construção do barco e os candidatos à expedição: Emmanuel, Carlos e Heitor. Toda a construção foi gravada por câmeras no estaleiro e também por Heitor, que filmou todo o processo.

Desde o início foi estabelecido um calendário/plano de trabalho. A equipe que trabalhava na construção do barco foi morar no veleiro Aysso com Capitão, Wilhelm, Emmanuel e Heitor. Eu acompanhava a construção do veleiro, em Itajaí, e às vezes ia a São Paulo, onde continuei o trabalho de pesquisa da rota do almirante Zheng He e das grandes navegações.

Os chineses teriam chegado às Américas, à Oceania, à Antártica e circunvagado o globo quase um século antes dos europeus? Na era das grandes navegações chinesas, como seriam seus navios? Que objetivos tinham esses navegadores? A quais continentes eles poderiam ter chegado?

Nas expedições anteriores, sempre nos preocupamos com a ameaça dos piratas. Hoje esse é um perigo muito maior e um fator determinante nos roteiros de navegação, seja de grandes navios petroleiros, mercantes ou pequenos veleiros como o nosso. Nesta fase de preparação, reativamos a comunicação com o Centro de Dados de Pirataria, o IMB Piracy Reporting Centre, em Kuala Lumpur, Malásia, para voltar a receber os alertas de atividades de piratas e comparar com o cenário que tínhamos em 1999, quando navegamos no Aysso pelas zonas mais perigosas.

Seis meses antes de partirmos para a expedição, fizemos os exames de saúde, as atualizações de vacinas e a revisão dentária. Tudo certinho, nenhum problema. Mesmo passados 35 anos desde a nossa primeira volta ao mundo, Vilfredo e eu recebemos nota 10 dos médicos.

Foi quando tivemos um choque inesperado, daqueles que a gente parece sentir a terra abrir-se embaixo dos pés: Emmanuel, meu neto de 23 anos, depois de vários exames foi diagnosticado com câncer. Linfoma de Hodgkin. Eu achei que era um engano. Como pode um menino forte, que faz exercícios, saudável e que nunca ficou doente, ter câncer!

Claro que o diagnóstico só poderia ser confirmado com uma biópsia. Fui com ele para o hospital em São Paulo, com a certeza de que o diagnóstico seria revertido. Pierre veio imediatamente do exterior, onde estava trabalhando, e, juntos, rezávamos esperando o resultado.

Mas o câncer se confirmou. Alarmada, confusa e em choque, nos reunimos com ele para decidir o que fazer. Emmanuel queria se tratar no Brasil para continuar no projeto da expedição. Mas era uma opção totalmente inviável.

No dia seguinte ao resultado dos exames, nós dois embarcamos para a Flórida, onde mora sua mãe, Connie, para outra bateria de exames, e ficou confirmado que ele teria que fazer quimioterapia. Ele ficou na Flórida com a mãe, os irmãos e toda a família dele, que lhe deu apoio e carinho. Nós o seguimos, acompanhando, orando e torcendo pela sua recuperação.

— Não se preocupe, Formiga. Estarei curado e de volta ao barco a tempo de tirar uma foto com os pinguins na Antártica — ele me disse, quando nos despedimos.

Dez dias depois, voltei para o Brasil, num voo de oito horas que me pareceu infinito. Eu não conseguia me conformar. Tínhamos feito planos juntos com ele, Emmanuel estava estudando mandarim e queria realizar esse sonho. Mas a realidade que eu tinha que enfrentar — embora não aceitando — era que Emmanuel não estaria no barco quando a gente partisse para a China.

E cada relato de Capitão aumentava a tensão nesse desafio de terminar a construção do barco:

— Marcamos a data para a partida, 11 de abril de 2013. E a partir daí começou a corrida contra o tempo, contra os imprevistos e, o mais importante, a busca de patrocinadores para viabilizar este sonho.

"Com a economia do país enfrentando problemas, esta não foi uma tarefa fácil. Apesar de todos os indicativos positivos de retorno aos patrocinadores da nossa última viagem, precisávamos encontrar empresários comprometidos com as metas de retorno financeiro, mas que sejam, como nós, sonhadores e aventureiros. Mas essas duas características fazem parte do trajeto dos empreendedores de sucesso.

"Iniciamos as apresentações nas empresas em março de 2010. David e eu visitamos mais de trinta empresas buscando patrocínio. A HDI Seguros, a Estácio e a Solvi acreditaram no nosso sonho e decidiram embarcar conosco nessa inovadora expedição.

"Fomos vencendo, um a um, os obstáculos e os imprevistos. Que foram maiores do que imaginávamos! Parecia uma navegação em contravento, virando de bordo várias vezes.

"Tínhamos que contar com a boa vontade de São Pedro. Se chovia, era um caos. O estaleiro com o chão de barro virava um local escorregadio e cheio de lama. Mesmo com vários caminhões de brita colocados no local no início da construção, tínhamos que colocar tábuas no chão como uma trilha e volta e meia uma pessoa da equipe escorregava e caía na lama. Pegamos duas temporadas de muita chuva em Itajaí.

"O estresse foi geral com a nova data marcada para o início da expedição. Já havíamos atrasado o cronograma em oito meses e, a partir da nova data, um enorme cartaz foi instalado no Centro de Eventos com um relógio digital que marcava quantos dias faltavam para nossa partida.

"Passávamos todos os dias na frente desse cartaz e isso era mais uma motivação para fazer nosso sonho dar certo."

Wilhelm também se preocupou com a rota que estava toda planejada com datas e locais por onde iríamos passar. Ele nos avisou:

— Com esse atraso da construção do veleiro, teremos que reestruturar todo o cronograma devido à janela curta de meteorologia que vamos encontrar em alguns lugares. Na Antártica, a temporada para visitar o continente é de novembro a março, porque depois disso entram as tempestades de inverno e corremos o risco de ficar presos no gelo. Nas regiões tropicais temos tufões, ciclones e furacões que podem alcançar 300 km/h de vento com consequências catastróficas.

Para testar o mecanismo da quilha foi preciso cavar um buraco de 3 metros de profundidade por dois de largura na terra, embaixo do barco, um espaço onde a quilha retrátil deveria ser baixada e levantada hidraulicamente. O veleiro de 24 metros e 71 toneladas estava em cima de um berço que o acomodava.

À medida que era cavado o buraco, ia aparecendo areia e, para surpresa de todos, água começou a emergir. O desabamento dessa área era um risco que não havíamos previsto e que traria muitas complicações. Agir de forma rápida era necessário. Com muito cuidado e segurança, os testes da quilha foram executados com rapidez. A equipe preencheu o enorme buraco imediatamente. Depois, fizemos alguns ajustes, ainda fora da água.

Capitão contabilizava os números do barco, em 828 dias de construção, e se impressionava com a quantidade de material utilizado:

— 81 toneladas de aço-carbono;

— 8,2 toneladas de aço inox;

— 14 toneladas de chumbo;

— 555 metros de tubos de aço;

— mais de 2 quilômetros de cabos;

— 15,3 toneladas de chumbo;

— 8 quilômetros de fios;

— 1.040 litros de tinta;

— 46 baterias.

Além do esforço e dedicação de 74 trabalhadores diretos e mais de 48 indiretos, e também das 42 empresas parceiras que se desdobraram para nos oferecer toda a segurança, conforto e tecnologia nessa nova volta ao mundo.

A ESCOLHA DO NOME

Uma tradição náutica é batizar o veleiro. Escolher um nome é um momento muito especial. Pensamos em algo ligado a ter sorte e aventura. Um nome de que gostássemos assim no primeiro momento. Aí veio uma luz, a mesma luz que trouxe ela para a gente e que nos fez tão felizes durante todo o tempo em que estivemos juntos. Assim decidimos homenagear nossa querida filha Kat. Ela era portadora do vírus HIV, desde seu nascimento, e a adotamos com 2 anos e meio. Ela era muito alegre e amava navegar. Depois de onze anos conosco, aos 13 anos a nossa pequena grande marinheira Kat partiu para navegar em outros mares, nos deixou com muitas saudades, mas se tornou uma estrelinha que continua nos iluminando. Ela está sempre presente nas nossas vidas. Então, quando escolhemos o nome do veleiro, pensamos assim: cada vez que a gente falar do veleiro, ou que a gente estiver no barco, vamos nos lembrar dela, como se fosse ela que nos estivesse levando para todos os lugares do mundo.

Fomos para Ilhabela, na mesma escola que Kat estudou, o ACEI. Em uma classe de alunos de 13 anos, contei a história dela e pedi que fizessem desenhos com o nome Kat. E coloridos golfinhos, corações e barquinhos formaram um lindo material a partir do qual uma equipe especializada criou o visual do nome do barco.

Barco pintado, quase pronto para ir para a água, a equipe veio adesivar as faixas e o nome do barco.

Não contive minhas lágrimas e minha alegria ao ver o nome KAT, com o topo da letra T representando um golfinho, animal que ela tanto amava.

Em um ritual tradicional de marinheiros, e para proteger a embarcação dos perigos do mar, fui escolhida como madrinha para batizar o barco, quebrando uma garrafa de champagne na proa do veleiro. Tim-tim.

Não mais nos referíamos a ele como "veleiro" ou "barco". O astral do estaleiro mudou depois que o barco foi batizado; a partir daquele momento, a embarcação tinha alma, com o nome que estava escrito na proa.

O veleiro Kat estava pronto para partir.

Capitão conta os imprevistos de última hora:

— Uma semana antes de colocar o veleiro na água, o Joaci (de apelido Baixinho) veio com um enorme parafuso nas mãos e descobriu que, dos onze parafusos que seguram o bulbo de 14 toneladas, um havia se rompido.

"Imediatamente entramos em contato com o Horácio Carabelli, projetista da quilha retrátil, que estava na Itália.

"Horácio recomendou que trocássemos todos os onze parafusos, substituindo-os por parafusos de aço inoxidável e com certificação de qualidade.

"Dá pra imaginar a loucura? Data marcada com a maré certa para colocar o barco na água, a equipe contratada e se preparando para movimentar o barco e, de repente, acontece esse imprevisto. Tivemos que trocar todos os onze parafusos para os novos, com certificados de qualidade. Precisamos buscar em cidades fora de Itajaí, numa correria louca. Foram dois dias trabalhando sem intervalos, dormindo três horas por noite. Nem precisávamos de café para ficar acordados: a adrenalina nos mantinha alertas e energizados. Foram dois dias de muita emoção, mas muito estressantes. Ninguém dormiu e a equipe trabalhou até as duas da madrugada para deixar tudo pronto.

"Já tínhamos alterado a data da partida duas vezes por conta de imprevistos surgidos durante a construção do veleiro.

"O barco foi construído em uma estrutura de metal, o berço. Esse berço foi colocado em uma carreta sem rodas, arrastado e movimentado por cabos por três dias em cima de pranchões de madeira cobertos por sebo, em um caminho que tinha curvas de até noventa graus, até ficar alinhado ao trilho da rampa. Ali, barco, berço e carreta foram de novo levantados por macacos hidráulicos, as rodas foram colocadas na carreta, e esta, encaixada nos trilhos. O barco ficou preso por um cabo de aço, enrolado em um guincho.

"A hora H chegou. O cabo foi soltando e o veleiro Kat começou a descer a rampa rumo às águas do rio Itajaí-Açu.

"No interior do veleiro, quatro pessoas verificavam se havia algum vazamento.

"O Baixinho deu o alarme de que estava entrando água pelo anel de vedação do sistema hidráulico que fixa a quilha. Imediatamente o veleiro foi puxado de volta para o seco.

"Wilhelm constatou que as arruelas o-ring de borracha não eram do tamanho apropriado. Novo desafio. O estresse podia ser sentido no ar. O trabalho de substituição das arruelas foi realizado de madrugada. E então no dia seguinte o veleiro foi novamente para a água. A equipe parecia ser formada por zumbis, por conta das noites maldormidas e da tensão dos últimos dias! Metro a metro, o barco foi descendo a rampa, mas, dessa vez, nenhum vazamento."

Quando o casco branco deslizou sobre a água, foi difícil segurar a emoção. Os gritos de alegria, os abraços e a emoção tomaram conta de todos nós. E como um cisne elegante, o veleiro Kat entrou nas águas do rio Itajaí-Açu no dia 27 de agosto.

A tripulação ficou em silêncio, absorvendo a grandeza daquele momento. Depois de dois anos e meio tínhamos conseguido o que, para tantas pessoas, parecia impossível. Tínhamos partido do zero, de ideias, de um desenho em uma folha de papel e agora olhávamos para um veleiro, uma embarcação com todos os requisitos de navegabilidade para nos levar pelos oceanos do mundo, com segurança e conforto.

Não foi fácil! Uma luta, mas somos persistentes, não desistimos diante dos obstáculos e conseguimos!

ADEUS, CASA DE ILHABELA

Depois de um ano construindo o barco, decidimos vender nossa casa em Ilhabela. Onze anos morando ali, e demorei uma semana para esvaziar e desmontar tudo. Alguns móveis, roupas e utensílios foram para o apartamento de David em São Paulo, e doei o restante para algumas entidades beneficentes da ilha. Minhas amigas não podiam entender como eu estava desmontando uma casa tão linda para ir morar em um barco — de novo.

A alma de uma casa é feita das memórias que construímos nela, porque são as pessoas que fazem uma casa, não as coisas ou os objetos, mobílias, quadros etc., ou a estrutura em si. Caminhei sozinha pela casa vazia, e escutava os risos e a vozinha de Kat por todos os lados correndo pelo jardim atrás do nosso cachorro Apolo, senti o perfume dos jasmins no jardim que ela havia plantado e me sentei no nosso lugar favorito no quintal, onde assistíamos ao nascer da lua cheia. Revivi as reuniões com a família, nos aniversários, quando nasceu nosso neto Kian, filho de David e Gabriela, as visitas de minha irmã, Eliane, de meu pai, Eddie, de meu filho, Pierre e as estadas nas férias de Emmanuel e Sebastian, meus netos, e de Wilhelm, com sua galera de windsurfe.

Falei com minha alma: *Heloisa, você já fez outras escolhas na vida e teve perdas muito mais importantes do que casas. Você somente está deixando para trás uma estrutura, e não as memórias. Hora de partir para uma nova etapa da vida e muito mais importante do que uma casa de tijolos. Meu desafio de desapego: soltar uma por uma as experiências do que havia vivido, e guardar somente as lembranças. Irei construir um novo lar para criar novas histórias. Vou voltar a esta casa, muitas vezes, em meus sonhos. Eu vivi em tantos lugares e os deixei, mas as minhas visitas de sonho são sempre com boas lembranças, e o mais importante é que é um mundo só meu.*

A casa foi colocada à venda, saí e fechei o portão sem olhar para trás.

Com a experiência de minha vida a bordo e com o projeto da arquiteta Jeane de Amorim Busana Bianchi, mergulhei, então, na preparação da minha nova "casa": o veleiro da Expedição Oriente: escolher as cores das paredes, dos estofados, lugares para armazenar mantimentos, disposição dos armários, funcionalidade dos banheiros, plano da cozinha, com o fogão Cardan e geladeira etc. Outros detalhes, como o desenho das roupas de cama e banho, compra de pratos, copos, panelas fui fazendo ao longo da construção do barco.

Assim aos poucos, vi minha nova "casa" tomando forma e cores. Ficava imaginando que novas experiências iríamos viver nesse novo barco/lar!

MINHA FAMÍLIA DE TRIPULANTES NO MAR

Capitão e eu fomos morar no veleiro Kat, com uma área de 90 m², e com oito adultos de idades e personalidades diferentes para conviver por dois anos e três meses, navegando pelo mundo.

Bem-vindos a bordo! Vilfredo, eu e nosso filho Wilhelm vamos compartilhar nossa vida com os tripulantes Gabriela Chimbo, administradora financeira; Natalie Ancieta, administradora de logística; Fernando Horn, operador de elétrica e eletrônica; Gustavo Millet, diretor de fotografia; Heitor Cavalheiro, assistente de câmera, piloto de drone e de paramotor; Eduardo Talley, coordenador de mídia e fotógrafo; Fabiano de Queiroz, operador de som e marinheiro; Ben Lieberbaum, chef de cozinha; e o marinheiro Carlos Antonio da Silva, conhecido como Pirata. Nosso neto Emmanuel voltou a fazer parte da tripulação em dezembro de 2014.

Muita gente nos pergunta como escolhemos as pessoas que não são da família para participar de uma expedição.

Durante a construção do barco recebemos muitos currículos de candidatos. A nossa equipe de tripulantes de terra no escritório de São Paulo, com oito pessoas, faz a primeira seleção dos candidatos. Esses tripulantes são escolhidos depois de passar por uma seleção de CV, experiência em suas funções, referências pessoais e entrevista.

Olhos nos olhos, na última etapa, o candidato era submetido a uma entrevista com David, um teste e questionário para tentar fazer com que ele desistisse mesmo antes de subir a bordo. Perguntas como: você tem certeza do que vai enfrentar? Pode ficar vinte dias no mar, sem pisar em terra? Fazer seu trabalho nas piores condições, tempestades e/ou em situações de pressão? Uma por uma, as perguntas enfatizavam e reforçavam que a vida a bordo, em um espaço pequeno, não é uma viagem de passeio. É um desafio difícil para quem enjoa se adaptar ao balanço do barco. Para quem nunca navegou, a maioria marinheiros de primeira viagem, o enjoo e o medo podem tornar muito difícil a vida do tripulante.

O requisito fundamental é acreditar no sonho! E é preciso ter entusiasmo pelo trabalho que será feito a bordo. Alguns requisitos fundamentais são jogo de cintura, vontade de aprender e, para fechar a lista, paciência e bom humor.

Mas nada garante que os tripulantes irão ficar. Um dos maiores desafios de viver a bordo é a convivência da tripulação. E, ainda, outros tripulantes que deixaram seus pais, filhos, tiveram desafios de situações familiares e precisaram voltar para o Brasil.

O tripulante Heitor Cavalheiro, que participou desde o início da construção do barco e como assistente de câmera, também foi responsável pelas filmagens aéreas com o drone. Ele é piloto de paramotor, aprendeu a velejar, a mergulhar e a falar mandarim.

Pedro Nakano, coordenador de mídia e fotógrafo, foi um dos tripulantes que chegou a fazer uma divertida e acirrada campanha online, @levaopedro, para vir navegar conosco. Ele fez aulas de vela e de mergulho.

Ao longo dos anos da expedição, vimos desembarcarem os tripulantes: Ben e sua esposa, Gabriela, Natalie, Fernando, Carlos, Fabiano e Charlie Flesch, e da equipe de filmagem, Gustavo Millet e Daniel Leite.

Novos tripulantes também subiram a bordo: Francesc Roig e Erika Cembe-Ternex. Aos poucos, se formou uma equipe bem entrosada, como uma família, que completou a viagem de 812 dias a bordo do veleiro Kat.

Francesc Roig, que embarcou em Punta Arenas, Chile, é diretor de fotografia, catalão e veio de Barcelona, sem experiência nenhuma de mar. Sua motivação foi pela oportunidade de documentar o mundo com uma câmera a bordo de um veleiro.

Erika Cembe-Ternex, italiana, chef, veio a bordo na Nova Zelândia, e, apesar de marear no início, aos poucos aprendeu a viver no balanço do mar.

TRIPULANTES DE TERRA

Nossa expedição tem duas equipes de tripulantes: uma no mar e outra em terra, no escritório de São Paulo. As pessoas dedicadíssimas que trabalharam na organização da expedição durante quase cinco anos foram responsáveis pela organização, logística e coordenação em terra da área contábil, e acompanhamento de todo o projeto das mídias sociais. Essa turma sempre pronta para nos ajudar estava presente conosco como se estivesse a bordo: Isis Prujansky, Ewa Walberg, Telma Lima, Ligia Pecegueiro, Juliana Medeiros, Mariana Britto, Daniela Garcia, Jessica do Amaral, Kelly Porto Ribeiro, Luciana Camargo e Mariana Borges.

Mantivemos constante contato com Gavin Menzies, o autor do livro que inspirou a Expedição Oriente e sua equipe. Eles colaboraram com novas informações que nos ajudaram a buscar por indícios da passagem dos chineses, séculos atrás, em determinados locais da viagem. David o visitou pessoalmente e o convidou para ser padrinho da expedição, o que ele aceitou. Por conta de condições de saúde frágil, Menzies não veio ao Brasil para acompanhar a partida, mas seu assessor, Ian Hudson, esteve presente em Itajaí, na partida da Expedição Oriente.

A RETA FINAL ANTES DA PARTIDA

A tensão e atenção dobravam a cada dia que estávamos mais perto da partida. As duas últimas semanas antes da saída foram de trabalho dobrado.

Durante a construção do barco, Wilhelm e a equipe formaram uma logística bem-coordenada para a fabricação dos mastros, que envolvia seis países: Argentina, Brasil, Austrália, EUA, Filipinas e Dinamarca. Desenhos, planilhas e especificações técnicas foram traduzidos do espanhol e inglês para o português. Parecia um quebra-cabeça gigante. Nosso tempo era curto, e eles foram em busca de empresas profissionais com know-how para encarar o desafio de construir dois mastros, um de 24 metros e outro de 30. Não tínhamos margem para erros.

Aqui no Brasil, o desafio foi aceito pela Manotaço, de Porto Alegre, que junto com sua equipe profissional e dedicada conseguiram construir os mastros no tempo previsto. O arquiteto naval Nestor Volker enviava os desenhos, e as velas foram encomendadas a Neil Pryde nos Estados Unidos e fabricadas nas Filipinas. Elas iriam chegar e imediatamente seriam colocadas no mastro dez dias antes de partirmos. Ainda na última verificação do tamanho das velas, foi descoberto um erro na planilha de medidas, mas deu tempo de ser corrigido. Por sorte, o navio que trouxe as velas zarpou antes de um supertufão atingir as Filipinas. Os enroladores das velas eram australianos da marca Hutton, e os esticadores para o estaiamento de 26 milímetros de proa tiveram que ser feitos especialmente para o veleiro Kat, já que o pino do esticador padrão não teria espaço para girar dentro da seção do enrolador.

Para a Cordoaria São Leopoldo, do Rio Grande do Sul, Wilhelm criou uma planilha detalhada, com medidas exatas e código de cores diferente para cada cabo e escota. Os moitões de Ronstan e catracas Andersen fabricadas na Dinamarca foram selecionados cuidadosamente para cada função com sua carga de trabalho.

Tudo que ia em cima do deck — mastros, catracas — tinha que ter bases de aço inox, soldadas meses antes, e precisava estar milimetricamente correto, um trabalho que fez com que Wilhelm medisse muitas vezes para ter certeza de que, quando os mastros fossem instalados, tudo correria bem.

Um guindaste muito alto colocou os mastros, em uma operação fluida com muita segurança. Antes, tivemos um momento tradicional de colocar uma moedinha embaixo do mastro para trazer boa sorte. Esta é uma superstição de muitos séculos, herdada dos romanos: a família colocava uma moeda na boca do morto, acreditando que a alma da pessoa tinha que navegar o rio Styx, e só conseguiria entrar no paraíso se pagasse um "pedágio" ao deus Charon. A tradição foi adaptada através do tempo, e os velejadores passaram a colocar a moeda debaixo do mastro.

Com os mastros em pé, foram ajustados os estais, colocados os estaiamentos e esticadores, seções dos enrolados, velas — não foi um trabalho fácil, pois só os estaiamentos passam de uma tonelada, e alguns possuíam 26 milímetros de espessura. Tudo pronto no lugar, levantaram as velas, que se encaixaram perfeitamente, sem nenhum erro de tamanho. Foi um momento muito especial, e sentimos como se o barco tivesse começado a criar vida. Como um pássaro que sai do ninho e aprende a voar, as velas são as asas que dão movimento ao veleiro e o permite alcançar o horizonte infinito. Nos dias seguintes, depois dos ajustes finais, saímos para a nossa primeira velejada de teste e, com pequenos ajustes, tudo ficou perfeito.

Os pesquisadores da Universidade de São Paulo, liderados pelo professor Rubens Lopes, do Instituto Oceanográfico, chegaram para instalar um sistema inédito de coleta e transmissão automatizada de dados e imagens de micro-organismos marinhos. Esse equipamento analisaria a qualidade da água do oceano superficial, por meio da distribuição e biodiversidade do plâncton marinho, de forma contínua durante a Expedição Oriente. Segundo Lopes, "os organismos do plâncton são importantes componentes dos ecossistemas marinhos, como fonte direta ou indireta de alimento para peixes e invertebrados, contribuindo para a reciclagem de elementos químicos e até mesmo na regulação do clima global".

O sistema iria captar automaticamente a água do mar e transferir essa água para um tanque no qual estão imersos vários sensores ambientais (temperatura, salinidade, clorofila etc.). Em seguida, a água seguia por um mecanismo dotado de câmera de alta resolução, que captava imagens dos organismos. Tudo isso em tempo real durante a expedição. "Desenvolvemos um software de visão computacional para fazer a análise das imagens e classificar automaticamente o plâncton", nos explicou Lopes.

O sistema era inovador pelo fato de ser o primeiro no mundo a coletar imagens do plâncton de forma automática em um ambiente embarcado. A combinação desta abordagem com os dados provenientes de sensores orbitais instalados em satélites contribuiria para a validação de modelos oceanográficos, inclusive aqueles relacionados com as mudanças climáticas. A cada dois meses, aproximadamente, a equipe do Instituto Oceanográfico, composta por Rubens Mendes Lopes, Nilson Noris Franceschetti, Leandro Ticlia de la Cruz e Luis Fabiano Baldasso, visitaria o veleiro para executar a manutenção periódica do sistema.

Com a tripulação a bordo do veleiro, todos nos envolvemos nas últimas tarefas de abastecer o barco de alimentos, diesel, água, gás. Quando Wilhelm e Capitão tinham uma oportunidade, faziam vários testes com a quilha, que

DESAFIO 33

funcionou perfeitamente. Depois, seguindo a lista: revisão das mangueiras de água e óleo hidráulico com suas braçadeiras, verificação das baterias, verificação de peças sobressalentes para motor. Todos os equipamentos de transmissão por satélite de comunicação, radar, GPS, sistema de combate a incêndio, sistema de tratamento de água. Wilhelm estudou a previsão do tempo de várias fontes: brasileiras, americanas e europeias.

Todos nós tínhamos listas de tarefas e muitas outras na área de nossa responsabilidade de trabalho. Um quadro branco na sala tinha a lista principal. Uma tarefa era riscada embaixo e outras eram acrescentadas no topo. A equipe de filmagem certificou-se de que os equipamentos estivessem bem guardados, seguros e com eletricidade adequada. Tudo estava sendo documentado, filmado, fotografado.

Foi extrema a dedicação de todos os tripulantes e das equipes que estavam ajudando nas tarefas finais de preparação.

3. Partida da Expedição Oriente

23 DE SETEMBRO DE 2014:
ITAJAÍ A PUNTA DEL ESTE

Os dois últimos dias antes da partida foram uma sucessão de alegria, nervosismo e compromissos. Uma coletiva de imprensa foi realizada no domingo, dia 21 de setembro, pela manhã, e contou com a participação de veículos de imprensa nacionais e internacionais, incluindo um canal de televisão chinês. Foram entrevistas, almoços, jantares, visitas, visitas e mais visitas de família, amigos, patrocinadores, fornecedores ao veleiro no meio de todas as últimas preparações e abastecimento. Enfim, um caos de gente que entrava e saía do barco.

A festa de despedida na véspera da partida teve comitiva de autoridades de representação do consulado da China, danças chinesas do Dragão e do Leão, coquetel, festa e música.

Como num sonho, chegou a hora da partida.

Quem disse que estávamos prontos para partir? Depois de tanto planejamento, trabalho e organização, sim. Mas nossas amarras não eram as dos cabos que nos atavam à terra. Os abraços nos prendiam nos braços da família, dos amigos e das pessoas que vieram se despedir. Mãos estendidas nos passaram doze buquês de flores brancas, santinhos, orações, amuletos de boa sorte, lembrancinhas, imagem de Nossa Senhora Aparecida, cartas com mensagens de boa viagem, fitas do Senhor do Bonfim, docinhos e outras delícias.

Nossa despedida foi acompanhada por mais de mil pessoas no domingo, dia 21 de setembro, na Vila da Regata, em Itajaí. Uma festa de emocionar, com fogos de artifício, com as pessoas acenando, com lenços brancos desejando bons ventos.

A saída é sempre emocionante depois de tanto trabalho. Sair para o mar é uma nova etapa de nossas vidas e já era hora de soltar as amarras e voltar para a água.

Meu maior desafio: aprender o desapego. Nada material me prendia à terra. Mas a palavra saudade é pequena para caber meus sentimentos pelo meu filho Pierre, a nora Fernanda e os netinhos Chloe, Guilherme e Sebastian; meu filho David e o neto Kian; meu pai Eddie, minha irmã Eliane e meu irmão Paulo. Vilfredo abraçou forte sua irmã gêmea Ana Luiza, e sua irmã Loli, seus irmãos Vilmar e Beto, cunhados e sobrinhos, que se despediram muito emocionados.

No deck, nos abraçamos e pulamos como crianças: Vilfredo, Pierre, David e Wilhelm e eu abraçamos Emmanuel, que veio dos Estados Unidos, onde estava fazendo a quimioterapia, para participar de nossa festa de partida. Os tripulantes estão ainda sob a emoção das despedidas de suas famílias. Como descrever esse momento de tantos sentimentos? Alívio? Alegria? Ansiedade? Nervosismo? Expectativa? Não sei definir, mas sei que estávamos todos muito felizes.

Essa é a primeira vez em que não haverá crianças a bordo, mas o espírito infantil vai junto conosco no nome do veleiro: Kat.

A vontade de realizar o sonho é a minha grande motivação. Para mudar, tenho que deixar tudo para trás, e isso me aperta o coração. E, assim, com tantos sentimentos ambíguos, parti. Estou feliz por estar de volta ao mar e por navegar a bordo do veleiro Kat.

O sorriso de Vilfredo se abre de felicidade e nosso olhar se cruza em uma cumplicidade, amor e amizade de toda uma vida juntos no mar, há mais de quarenta anos.

Assim que o barco se afastava do cais, seguido por várias outras embarcações que nos desejavam boa viagem, rezei para Nossa Senhora dos Navegantes para nos proteger nessa viagem. E, no momento em que saímos do rio, joguei minhas flores para Iemanjá.

PARTIDA DA EXPEDIÇÃO ORIENTE

Saímos de Itajaí no dia 23 de setembro de 2014, às 10h30. Nosso rumo, Uruguai.

Aos poucos, vamos deixando tudo para trás e preenchendo o espaço com a felicidade de estar no mar e a caminho de uma aventura ainda maior de me adaptar ao novo barco. No começo, batemos o joelho aqui, a cabeça lá, mas, a cada hora que passa, vamos conhecendo cada cantinho desse lugar onde viveremos os próximos quase três anos.

Organizamos nossas cabines com beliches e armários, transformando-as em espaços pessoais, com fotos, livros e decoração que nos ancoram às nossas emoções e nos fazem sentir que o veleiro Kat é nossa casa. Nosso chef, Ben, preparou toda a cozinha e armazenou os alimentos da tripulação.

Dali em diante, seriam dias de tarefas e trabalhos inéditos para nossa jovem tripulação. No café da manhã, Capitão distribuía as ordens do dia. Neste, por exemplo, vamos revisar e guardar o equipamento de mergulho e enrolar e organizar todos os cabos. São tarefas realizadas por todos, para todos.

Nessa expedição, produzimos conteúdo de alta qualidade para a *National Geographic* e o programa *Fantástico*, da TV Globo, assim como diariamente para as mídias sociais, com momentos de novidades a bordo.

O tempo no mar é diferente do tempo em terra. Tanto o tempo cronológico quanto o tempo meteorológico. O vento nos diz quando devemos partir. O mar nos diz quando devemos ancorar. As ondas determinam o cardápio das nossas refeições.

O treinamento e a adaptação geram situações muito desafiantes no nosso dia a dia. Quem diria! Há um mês, não convivíamos aqui, juntos 24 horas por dia, sete dias na semana. Mas com o tempo fomos tentando encontrar nosso espaço e descobrir um cantinho com privacidade.

No segundo dia, como um batismo de fogo enviado por Netuno, para testar Capitão e a nova tripulação, chegou uma tempestade bem forte. Foi assim: com vento fraco e tempo bom, navegávamos ao largo da ilha de Santa Catarina. O veleiro Kat deslizava lindo, com as velas grande e mezena. Um bom começo. Mas, no início da tarde, entrou um vento nordeste. Decidimos alterar o rumo e seguir imediatamente para alto-mar para aproveitar o vento. Passando o sul da ilha, o vento aumentou para 35 nós, e aos poucos foi se intensificando até chegar a rajadas de 48 nós (90 km/h). Reduzimos a área vélica para o mínimo de velas, uma na frente e outra atrás. No início da noite, o inesperado: o sistema hidráulico do leme perdeu pressão, e ficamos sem leme para manobrar o barco na tempestade, com ondas de 4 metros.

Capitão imediatamente mudou de rumo para entrar no porto de Imbituba a fim de realizar os reparos. A tripulação trabalhou por duas horas sem parar na construção de um sistema de polias para mover o leme de um lado a outro, utilizando as catracas. O mar cresceu, e as ondas de 4 metros o tempo todo tiravam o barco do rumo. Tínhamos que sincronizar os movimentos das manobras, de um bordo para outro, num sufoco e tensão constantes. Todos estávamos no deck ajudando, no frio e escuro da noite. Afinal, conseguimos entrar no porto por volta da meia-noite tentando controlar o barco usando nosso leme improvisado, manobrado com dificuldade entre os muitos barcos de pesca que estavam ancorados, abrigando-se do mar agitado. Logo que chegamos a Imbituba, conseguimos colocar duas âncoras. A tripulação ainda estava manobrando e viram, surpresos, quando os pescadores num barco pesqueiro perto do veleiro Kat cortaram o cabo de uma delas. Nem acreditamos. Uma atitude que não condiz com gente do mar. Wilhelm e Fernando tentaram falar com eles, mas fecharam todo o barco e não deram resposta.

E, a partir da manhã seguinte, virou nosso novo desafio: todos os dias uma equipe saía para procurá-la, pois, pelas dimensões, além de custar caro, não se encontra com facilidade para comprar. Por dez dias, desde que aportamos em Imbituba, essa foi a rotina de Capitão, Wilhelm e Fabiano — ir de um lado para o outro no bote inflável procurando e mergulhando para ver se encontrávamos nossa âncora.

A comunidade de gente do mar de Imbituba, ao saber do acontecido, foi muito hospitaleira e nos ajudou: passaram a fazer um mutirão com pescadores, mergulhadores e pessoal do porto dando o maior apoio.

A âncora é um dos equipamentos mais importantes de um barco. Imagine perder o freio de um carro na ladeira! Não temos como nos segurar no porto ou na ancoragem sem ela. Há até um refrão no meio náutico que diz: "Quem tem três tem duas; quem tem duas tem uma; e quem tem uma não tem nenhuma."

Partimos de Itajaí com duas âncoras, e agora estávamos somente com uma. Se não a encontrássemos, teríamos que dar um jeito de comprar outra no Uruguai ou na Argentina.

PARTIDA DA EXPEDIÇÃO ORIENTE

Enquanto o reparo do leme era feito no veleiro Kat, recebemos nosso amigo Dr. Carlos Eduardo Arantes para fazer um treinamento de primeiros socorros para nossa tripulação. Fabiano e eu nos aprimoramos em fazer suturas, aplicação de medicação intravenosa, anestesia local, imobilização em caso de fratura, lidar com emergências cardíacas, entre outros. As orientações de uso dos materiais e medicamentos a bordo foram passadas no treino da equipe. Capitão havia feito o treinamento como dentista e a caixa com kits estava já armazenada.

Organizamos com mais detalhes a farmácia de bordo, cada medicamento marcado e catalogado de acordo com o uso. Colocamos uma lista na porta do armário, e assim ficava fácil e rápido para encontrar os remédios. Em uma situação de emergência, Wilhelm, Fabiano e eu estávamos preparados para prestar o tratamento inicial necessário até a chegada a um porto e procura de atendimento especializado em uma clínica ou hospital.

Aproveitamos essa parada para preparar e plantar os temperos de nossa horta.

Quando ainda estávamos em Itajaí, decidimos construir uma horta, para nos fornecer temperos fresquinhos, como manjericão, salsa, pimenta--vermelha, alecrim, cebolinha, menta, babosa, coentro, hortelã, açafrão, em qualquer lugar do mundo e em climas dos mais adversos, como na Antártica.

Basicamente são dois recipientes iguais, como um grande e largo vaso, feitos de aço inox em cima de uma plataforma, aparafusados atrás do barco, um de cada lado. São cobertos por uma tampa inox, forrada internamente com uma tela protetora para fazer sombra. No fundo do recipiente, há um cano para escoar a água. No topo da tampa fica um painel solar com um ventilador que mantém a horta arejada. Quando está fechada, não entra água das ondas nem muito vento. Colocamos uma camada de terra orgânica nessa primeira etapa. Depois colocaríamos nosso adubo de compostagem com os restos de alimentos, pó de café etc. Ela é regada no final da tarde. O vaso tem uma boa drenagem e mantém a horta sempre seca.

Manter uma horta plantada quando se está viajando pode apresentar algumas dificuldades. Cada país tem barreiras à entrada de produtos fitossanitários para evitar contaminação de micro-organismos. Mas, enquanto desse, iríamos usufruir dos temperos.

O SONHO DO BAIXINHO

Desde o início da construção do veleiro Kat, o soldador e montador Joaci Xavier Matias, o Baixinho, trabalhou conosco.

Calado e sempre sorridente, ele trabalhou disposto e com entusiasmo do início do casco até o fim da construção. Com mais de vinte anos de experiência de construção e com participação na construção de mais de doze barcos, de pesca e de recreio, curiosamente ele nunca navegou. Seu sonho: navegar conosco. Baixinho ficava imaginando os mundos e mares sobre onde o barco que ele e a equipe estavam construindo iria navegar.

Com a parada técnica em Imbituba, Baixinho veio fazer os ajustes do leme. E revelou:

— Sei que o que quero é impossível, mas o que mais quero é velejar um pouquinho com vocês.

Nos sensibilizamos com seu pedido, e o convidamos para ir conosco até o Uruguai.

E assim ganhamos um novo tripulante; feliz, parecia uma criança, nos contagiando com sua alegria e deslumbramento de estar navegando.

— Sempre pensei que em alto-mar não tinha ondas! Que bom ver que o casco é forte para aguentar as batidas desse mar forte! Como navega bonito o barco. E só se vê água para todos os lados! Nunca estive tão longe de terra!

Chegando a Punta del Este, com os olhos apertados contra o vento, comentou, emocionado:

— Minha primeira vez em terra estrangeira, agora sou internacional! — E, ao se despedir, ele nos disse: — Não existe sonho impossível. Mas a gente tem que falar do sonho, senão as pessoas não vão saber que ele existe, e aí nunca acontece!

4. Rumo à Patagônia

6 DE OUTUBRO DE 2014:
PORTO DE IMBITUBA A MAR DEL PLATA

Enfim, sem nossa âncora, partimos de Imbituba. Uma cidade muito importante na minha vida, onde minha mãe morou e conheceu meu pai, e onde se casaram. Meu avô era farmacêutico e dono da farmácia. Cresci ouvindo histórias da cidade.

Zarpamos em uma noite de lua linda, que iluminou nossa alma, nos trouxe bom astral e as primeiras de muitas estrelas depois de tempos nublados.

Em nossos turnos estávamos sempre atentos, olhando em todas as direções, pois recebemos vários pedidos e comunicados para procurar o veleiro argentino Tunante II, desaparecido e à deriva no mar do Brasil desde 26 de agosto. Mais de 17 mil pessoas estavam tentando localizar e resgatar os quatro tripulantes. A última posição estimada da embarcação era a 180 milhas náuticas da costa de Santa Catarina. Por isso, desde que saímos de Imbituba estávamos alertas! Sabendo que o Tunante enfrentou ventos de 82 km/h e ondas de até 5,5 metros, rezei pelos quatro tripulantes. Olhei minha tripulação à volta da mesa, todos agasalhados e felizes. E rezei ainda mais.

(Informações de outubro de 2015, da Marinha argentina e do Ministério de Defesa, confirmaram o desaparecimento do veleiro e todos os tripulantes em alto-mar.)

10 DE OUTUBRO DE 2014: PUNTA DEL ESTE

Terra à vista! Uma euforia tomou conta de todos nós. A tripulação colocou uma música animada e Vilfredo e eu dançamos, felizes de estar chegando, e navegando rápido, para entrar em Punta del Este. A previsão do tempo era das mais assustadoras: frente fria com tempestades de sul. Nuvens negras no horizonte corroboravam o anunciado tempo feio! Eu pedia, baixinho: *Bora, veleiro Kat, vamos chegar logo!*

A ansiedade era tão grande que ninguém quis almoçar. E já eram três da tarde! Recebemos um aviso pelo rádio de que o porto estava fechado para a saída de barcos, mas podíamos entrar para nos abrigar.

Entramos na segurança do porto e o vento entrou forte. Foi uma manobra com muito suspense e incrivelmente bem coordenada. A tripulação amarrou o veleiro na boia que nos foi designada e, por medida de segurança, foram colocadas as duas âncoras também. Wilhelm havia montado a âncora de emergência para colocar nessa situação. Assim que ancoramos, o céu despejou tudo o que tinha. O vento entrou com força trazendo chuva. Como é bom estar abrigado e quentinhos dentro do barco. Que alívio! Olhando pelas gaiutas, dava para ver as ondas passando por cima do quebra-mar. Nem tive curiosidade de ir lá fora. A marina de Punta del Este nos pediu que ficássemos naquele lugar até melhorar o tempo. A previsão era que dali a dois dias teríamos condições para atracar no trapiche.

E, de repente, me dei conta de que nossa tripulação já estava se adaptando a essa nova maneira de viver. Finalmente, nos reunimos ao redor da mesa, sem balançar muito, e curtimos uma espécie de "almojanta"! A chuva e o vento frio foram nossos companheiros para o risoto de abobrinha e aspargos que Heitor preparou. Ficou uma delícia, e alguns tripulantes *trepitiram*!

Foi uma noite de descanso, embalados pelas ondas e a música dos ventos. São momentos como esse em que damos muito mais valor a uma cama quentinha, a um lugar bem abrigado, amarrados na poita e seguros pela âncora. Quando navegamos pelos mares, descobrimos que temos um antagonismo ou uma dualidade com nossa escolha de vida; o prazer de partir de um porto para o alto-mar, e outro prazer, de sair do alto-mar para um porto seguro.

Éolo não nos deu uma folga a noite toda. De manhã, acalmou um pouco o vento e o mar. Quando o vento parou, me lembrei de Kat, que dizia: *Quando não tem vento, é porque Éolo, deus do vento, ficou tão cansado de soprar que murchou sua boca.*

Na entrada em um porto no exterior, vindos do mar, temos que fazer quatro paradas: aduana, imigração, prefeitura naval e hidrografia. Fácil, não é? Vilfredo e eu saímos cedo do barco com os documentos da tripulação para dar entrada no Uruguai. Passamos na aduana, onde fizemos os trâmites bem rápido. Depois fomos à imigração, que abriria somente depois das 13h. Lista de tripulantes submetida, passaportes carimbados e a tripulação, enfim, liberada e de folga para sair e pisar em terra firme!

Na hidrografia, fomos muito bem recebidos por Alva e sua equipe:

— *Buenos días!* Ah, *brasileños!* Amo seu país. Vou lá todos os anos para passar férias. Adoro a música. — E ali mesmo, no sério escritório, ela começou a cantar e dançar um forró. E continuou, animada, a elogiar nossa comida, principalmente a feijoada, e nosso povo, "o mais simpático do mundo".

Depois do almoço fomos dar entrada do barco na prefeitura naval:

— Boa tarde, capitão Vilfredo. Onde está o carimbo da imigração no documento já carimbado pela aduana? Não podemos dar entrada na embarcação. Por favor, tragam todos os passaportes e a lista com o selo da imigração. — Não podíamos acreditar: no meio de tantos papéis, o chefe da imigração não havia carimbado esse documento!

Capitão e eu nos dividimos e saímos catando os tripulantes pela cidade. Por sorte, tudo é perto do porto e encontramos uns habilitando os celulares, outros nos caixas eletrônicos, outros tomando café, e conseguimos todos os passaportes. Ligamos para a sede da imigração e eles disseram que viriam ao barco às 19h.

Fomos fazer uma caminhada e explorar um pouco da cidade. O sol abriu e foi bem legal dar uma esticada nas pernas, sem limite de espaço. Vilfredo, Wilhelm e eu já havíamos estado nesse porto em 1997, mas foi uma novidade para os tripulantes de primeira viagem encontrar os lobos-marinhos por todos os lados na área da marina. Eles se deitam nos cais, pelas pedras e temos que cuidar quando eles pulam fora da água: muitas vezes pulam nos botes dos velejadores.

Finalmente às 19h30, após a inspeção dos oficiais, conseguimos dar entrada no Porto. Ancoramos no píer da marina e então era só pular do barco para o... Uruguai!

Com a tripulação feliz de estar em terra, fomos todos comemorar o primeiro porto estrangeiro com uma gostosa parrillada.

Quem entra de avião ou de navio em país estrangeiro nem tem ideia da burocracia que é dar entrada em um país a bordo de um veleiro. Tenho a impressão, depois de navegar pelo mundo, de que as autoridades gostam de dificultar os trâmites de entrada/saída como se assim nós fôssemos desistir dessa vida de ciganos do mar.

Em Punta del Este, tínhamos um encontro marcado com uma "casa muito engraçada". A cerca de vinte minutos do porto, fomos conhecer a Casapueblo, que serviu de inspiração a Vinicius de Moraes e Toquinho para compor "A Casa":

> Era uma casa muito engraçada
> não tinha teto, não tinha nada
> ninguém podia entrar nela não
> porque na casa não tinha chão.

A casa era a residência do pintor, ceramista, escultor, muralista, escritor, compositor e empresário uruguaio Carlos Paez Vilaró, que nasceu em 1923, em Montevidéu, e faleceu em fevereiro de 2014, aos 90 anos, na casa.

Inspirado pelo pássaro *hornero*, um primo do nosso joão-de-barro, ele decidiu construir sua casa. Ele dizia: *Se um pássaro pode construir sua casa, eu também farei a minha.* Assim, em 1958, com a ajuda de pescadores da região, Carlos começou a construção com madeiras trazidas pelo mar. Aos poucos a casa cresceu espontaneamente, como uma escultura feita pelas próprias mãos do artista, sem linhas ou ângulos retos, tornando-a mais humana, uma espécie de labirinto acolhedor. São 13 andares, com paredes e tetos em curvas, onde meus olhos festaram nas esculturas lindas e em seus quadros multicoloridos.

Para mim, parecia um castelinho de areia que fazemos com as crianças na praia. Poemas nas paredes compartilham conosco as frases e pensamentos de Vilaró. Minha favorita: *Meus quadros representam a cor da aventura.*

Quando estávamos na sala de exposição de fotos, encontramos um grupo de brasileiros com crianças muito animadas. Juntos, cantamos a música de Vinicius e Toquinho. Fui transportada para o início da minha carreira, quando cantava canções de roda com meus aluninhos.

Ao final do dia, assistimos, com a tripulação reunida, à "Cerimônia do sol" na varanda de Casapueblo. Enquanto o sol se põe no mar, uma gravação faz uma homenagem de Vilaró ao sol e agradece-lhe o lindo espetáculo. Naquele mágico momento, concordei com o pintor: *Es el sol mi amigo más antiguo...*

Quando eu tinha 10 anos, em umas férias em Santa Catarina com minha mãe, fomos conhecer o cabo de Santa Marta. Foi a primeira vez que eu vi um farol bem pertinho e fiquei fascinada por esse guardião do mar e dos marinheiros.

Cada farol é único e tão diferente, como nós somos um do outro. Ao mesmo tempo, todos os faróis têm o mesmo objetivo de propagar sua luz através das noites escuras e mares com tempestades para indicar ao barco ou navio o caminho para alcançar um porto seguro.

Depois de navegar em muitos oceanos e de conhecer vários faróis, eles se tornaram uma espécie de símbolo de minha vida. Além de nos proteger e guiar no mar, essa torre sólida em terra me faz lembrar de ser firme e corajosa para enfrentar as marés das mudanças, paciente com os efeitos da erosão do tempo e forte para vencer as forças imprevisíveis das tempestades da vida. Em cada lugar que exploro em nossas expedições ou viagens, procuro as sentinelas do mar para conhecê-los e aprender um pouco sobre sua história.

Ali planejamos a visita ao próximo farol, um sonho de trinta anos que Vilfredo e eu nos prometemos realizar nessa viagem: o farol da mística aldeia de Polonio foi construído para orientar os navios que navegavam pela costa uruguaia, um trecho perigoso, com mais de cem naufrágios registrados.

Saímos cedinho de van, de Punta del Este, rumo ao cabo Polonio. Para chegar ao farol e ao vilarejo, não existe estrada, só é possível acessá-lo a pé ou em enormes picapes com pneus próprios para atravessar os 7 quilômetros de dunas de areia desde a estrada principal.

Optamos pelas picapes, em uma viagem divertida, como se estivéssemos enfrentando turbulência num avião. Sacolejando, rindo, segurando muito bem nas barras de ferro, lá fomos nós, sem saber o que encontraríamos numa vila de oitenta habitantes, bem rústica, sem eletricidade. Mas com um lindo farol.

Até a década de 1990, as principais atividades da cidade eram a pesca e a caça aos lobos-marinhos. Segundo os habitantes, a prática só foi proibida após uma carta da atriz francesa Brigitte Bardot, ardente defensora dos animais, ao presidente do Uruguai.

Ao entardecer, Dany, ex-faroleiro, e Leonardo de Costa, atual faroleiro, nos convidaram para subir os 150 degraus até o topo do farol. Foi como uma viagem ao passado, escutando os fascinantes relatos e histórias dos naufrágios e sobre o imponente farol do Cabo. Ele escutou quando contamos sobre nosso sonho e nos pediu que acendêssemos o farol naquela noite. Que emoção ver a noite se iluminando com o faixo de luz. Ele leva 12 segundos para dar uma volta completa.

O compositor uruguaio Jorge Drexler se inspirou nesse farol para compor a música "12 segundos de obscuridad".

> Pie detrás de pie
> No hay otra manera de caminar
> La noche del Cabo
> Revelada en un inmenso radar
>
> Un faro para sólo de día
> Guía mientras no deje de girar
> No es la luz lo que importa en verdad
> Son los 12 segundos de oscuridad.

Em português:

> Pé ante pé
> Ia atrás do pulso de claridade
> A noite cerrada apenas se abria
> E tornava a cerrar.

RUMO À PATAGÔNIA

Um farol parado nada seria
Guia, enquanto não deixa de girar
Não é a luz o que importa, na verdade
São os 12 segundos de escuridão.

Ficamos em uma pousada de frente para o mar. As luzes da vila se apagavam às 22 horas, e então meia dúzia de lugares com geradores permaneciam com as luzes acesas.

Acordei às duas da manhã e tudo estava no escuro. A luz do farol varria a noite. Fui deitar na varanda, observando a luz radiante deslizar sobre a água. E ficamos ali, somente o farol e eu. Pensei em quantas vidas ele salvou simplesmente por iluminar uma noite, dar esperanças e mostrar um caminho. E como nós, às vezes, podemos também ser um farol na vida de alguém.

O sonho de navegar em um veleiro nem sempre pode ser realizado, por razões fora de nosso controle e por questões de saúde, enjoo e compromissos familiares, que podem ser motivos de desistência dos tripulantes. Assim, nosso fotógrafo Talley se despediu e desembarcou em Punta del Este.

De Punta del Este navegamos até a marina de Piriápolis, localizada a 20 milhas de distância. Em menos de três horas já estávamos atracados na marina.

Aqui tivemos um momento único, daqueles que só os portos podem proporcionar. Estávamos ancorados em Piriápolis quando avistamos a chegada do veleiro Saudade III. O nome nos chamou atenção e, horas mais tarde, descobrimos que seu dono era Giorgio, o mesmo do livro *Patagonia & Tierra Del Fuego*, que se tornou nossa bíblia durante a navegada pelo extremo sul da América. Escrito pelos italianos Giorgio Ardrizzi e Mariolina Rolfo, um caprichado guia náutico com cartas, mapas de ancoragem, fotos e relatos de uma das regiões mais belas e inóspitas do mundo. Foi um encontro a bordo com muitas dicas do casal para a nossa navegada por aquela área.

Tivemos também dois convidados a bordo. Ricardo Pretz, amigo da família que nos deu todo o suporte em nossa estada no Uruguai, inclusive ajudando ao indicar um lugar para fazer uma nova âncora. E Fabiano Baldasso, oceanógrafo da USP, que nos acompanhou e coletou dados para o projeto sobre plânctons marinhos.

Mas, muito mais do que paisagens, viajar pelo mundo é conhecer pessoas, culturas e ouvir histórias.

Quando ainda estávamos em Punta del Este, uma mulher veio falar conosco.

— Oi, meu nome é Maria Angenscheidt, e vim vê-los por indicação de um amigo comum, o fotógrafo brasileiro Rodolfo Ortenblad. Ele pediu que eu viesse conhecer o barco e a família.

Muito simpática, logo conversávamos como amigas. Ela visitou o veleiro, fez muitas perguntas sobre nosso estilo de vida. A minha já famosa curiosidade quis saber mais sobre Maria. Eu imaginava que ela fosse uma corretora de imóveis ou uma professora. Perguntei o que ela fazia.

— Sou uma encantadora de cavalos! — respondeu ela.

Quase caí para trás. Pensei que encantar cavalos era apenas para filmes e livros romancearem a função de um treinador. Maria nos contou:

— Nasci numa fazenda no interior do Uruguai. Desde pequena a égua Paloma se aproximou de mim e nunca mais se afastou. Cresci livre correndo pela fazenda junto com ela e quando pequena tomava mamadeira debaixo da barriga dela. Como crianças têm um cachorrinho ou gatinho, eu tinha Paloma. Todos alertavam minha mãe sobre o perigo de ser pisoteada pelo animal, mas minha mãe não escutava os conselhos. Minha mãe égua me protegia e cuidava de mim com seus olhos calmos e com sentimento de amor. Cresci aprendendo os códigos da comunidade dos cavalos: o respeito, a união e a simplicidade.

"Trabalho desde os 16 anos com cavalos. Comecei com um cavalo xucro, muito arredio e perigoso, que consegui encantar com doces canções e carinho em seis meses. Nunca tive medo. A presença da fiel Paloma ao meu lado foi fundamental. Descobri então minha vocação para trabalhar com cavalos. Não como domadora, mas como 'encantadora' desses lindos animais."

Em Piriápolis, ela veio nos buscar para visitar sua fazenda, onde vive com seu marido e uma filha pequena. Conheci vários cavalos de Maria e entendi seu "trabalho". Um desses animais simpatizou comigo e me seguia aonde quer que eu fosse, permitindo que eu afagasse sua orelha. Esses animais chegam à fazenda traumatizados por maus-tratos, por chi-

RUMO À PATAGÔNIA

cotadas, por violência. E ali nunca mais veriam um chicote, um cabresto ou uma sela. Maria, com sua técnica, seus métodos — que incluem até Reiki — e muito amor, consegue transformá-los. Na despedida de Maria, prometi fotografar cavalos ao longo de nossa rota até o final da viagem e enviar para ela. Cumpri o prometido e, a cada foto que tirava, aprendi a entender, pelo olhar do cavalo, que minha câmera captava a personalidade desses belos animais.

Na marina de Piriápolis, chegou Nestor Volker, responsável pelo projeto do veleiro Kat, para fazer um importantíssimo teste de estabilidade. Teria que ser em um dia sem vento e em um lugar protegido de ondas e correntes, ou seja, com águas calmas.

Foram dois dias de medições. O veleiro Kat foi inclinado com a colocação de dois tanques de 250 litros na ponta de um tronco de madeira roliço de 6 metros de comprimento. A outra ponta foi colocada no costado do veleiro. Assim, o veleiro pendulava primeiro para bombordo, e Nestor anotava o ângulo da inclinação. O mesmo procedimento era seguido para boreste.

Essas medidas foram registradas com a quilha retrátil para cima e para baixo. Com a quilha para cima, medindo da linha-d'água até a base do bulbo de chumbo, o veleiro Kat media 2,2 metros. Com a quilha para baixo, media 5,2 metros. Nestor fazia os cálculos e refazia a medição.

O resultado dessa meticulosa operação foi calculado em um programa de computador específico e concluiu que o barco, com a quilha para baixo, tinha uma estabilidade inicial muito boa, e ficou com um limite de estabilidade positivo de 111°. Com a quilha levantada, o limite de estabilidade era de 83°, e por isso recomendava-se o uso do barco com a quilha levantada apenas por motor em áreas rasas.

Em Piriápolis, uma noite de muito vento, desses de balançar até mesmo os barcos atracados na marina, recebemos nosso novo tripulante: Pedro, o fotógrafo e coordenador de mídia da expedição. Admirei esse jovem corajoso, que, sem nenhuma experiência de barcos, trocou sua vida de cidade em São Paulo para trabalhar e navegar na expedição. Já de cara ele teve que se equilibrar, com muito vento para atravessar a prancha entre a marina e a popa do veleiro. Bem-vindo a bordo, Pedro!

15 DE NOVEMBRO DE 2014:
PIRIÁPOLIS A PUERTO DESEADO

Partimos do porto de Piriápolis às 14h rumo a Mar del Plata, em um dia realmente espetacular, sem nuvens e com vento bom. Sorrisos abertos com a primeira içada de vela! Durante todo o percurso, o tempo aberto prevaleceu.

Em dois dias chegamos a Mar del Plata. Uma cidade turística, mas com excelente infraestrutura em seu Clube Náutico.

Conseguimos um lugar ao lado de barcos de 40 pés. Muito engraçado ver o espanto das pessoas quando viam um barco tão grande atracado em uma área rasa, entre barcos bem menores. Tínhamos que explicar sobre a quilha retrátil várias vezes.

Aqui foi nossa primeira troca de tripulação na equipe de filmagens. Gustavo, diretor de fotografia, não estava se adaptando ao mar. Com muita coragem, ele tentou ao máximo, mas se sentiu mal com enjoos e desembarcou. Um novo tripulante estava vindo do Brasil, e ficamos aguardando Daniel.

Tenho que confessar que sou supersticiosa. Sou brasileira e marinheira, o que piora as coisas. Assim, quando começaram a falar que a gente ia fazer uma caminhada na serra dos Defuntos, nos arredores de Mar del Plata, não me animei muito. Segundo histórias locais, a "Sierra de los Difuntos" serviu como cemitério da população indígena durante a época da colonização da Argentina. Dizem que muitos que passam a noite aqui ouvem lamentos e choros.

Nesse lugar de paisagens incríveis fomos fazer treinamento de sobrevivência, muito útil em viagens como a nossa. O instrutor do Centro de Adiestramento en Supervivência Desportiva, Oswaldo nos levou montanha acima por uma caminhada por cerca de uma hora e meia enquanto nos ensinava algumas técnicas de sobrevivência em terra, como fazer uma fogueira, os sinais de emergência, e o que se pode improvisar com espelhos e flashes de câmeras fotográficas.

Ele enfatizou que devemos sempre nos lembrar da chamada "regra dos três". Isso se aplica quando temos abrigo do frio e das intempéries. Não podemos ficar três minutos sem oxigênio, três dias sem água e três semanas sem comer. *Três semanas sem comer?*, falaram juntos os famintos tripulantes do veleiro Kat. Rimos muito e abrimos as mochilas com sanduíches para um almoço.

Na cidade tínhamos vários amigos velejadores e tivemos alguns reencontros com velejadores que não víamos desde 1997, para um churrasco no clube. Abrimos o barco para visitas e mais de quarenta crianças do Campeonato Nacional Argentino de Optimist também vieram visitar o veleiro Kat. Toda a tripulação se divertiu muito com a curiosidade delas, e Wilhelm ensinou-lhes diferentes técnicas náuticas, dicas de regatas e dos ventos. Também aprenderam sobre a sustentabilidade do nosso veleiro.

Os últimos dias em Mar del Plata foram de sol lindo e dias de folga para todos os tripulantes. Conhecemos a praia de Waikiki — em homenagem ao Havaí — paraíso dos surfistas, e Wilhelm, Fabiano e Dani aproveitaram as ótimas condições do dia e surfaram as primeiras ondas da Expedição Oriente. Wilhelm colocou seu equipamento de windsurfe na água e, aproveitando o vento favorável, executou vários aéreos. Heitor voou de parapente sobre as falésias da praia de Acantilado, uma das vistas mais impressionantes da costa argentina. Todo mundo aproveitou esses belos momentos

O novo tripulante chegou. Daniel Leite, diretor de fotografia, com experiência em documentários, mas que nunca tinha navegado em mar aberto.

Dia 6 de dezembro, zarpamos para Puerto Deseado, descrito por Charles Darwin como "o lugar mais desolado que já vi em minha vida".

Foram seis dias no mar, desde nossa partida de Mar del Plata. A primeira grande "perna", ou seja, o primeiro trecho mais longo navegado, desde a saída. O tempo bom prevaleceu, mas dois dias foram de ventos de até 35 nós (64 km/h) e ondas de quase 3 metros.

Nos momentos de calmaria almoçamos no cockpit, desfrutamos das belezas do mar e de alguns incríveis fins de tarde. A visita dos golfinhos também foi emocionante. Os primeiros que avistamos desde que partimos de Itajaí. Na hora, nos lembramos da alegria e do sorriso de Kat!

Durante o trajeto, a tripulação ficou animada com a possibilidade de pegar um peixe. Os pássaros e golfinhos indicavam que podíamos encontrar algo por ali. Tentaram a sorte, mas ainda não foi dessa vez — a única coisa que pescaram foi um ramalhete de algas.

Este foi o trajeto mais longo no mar que muitos dos nossos tripulantes já haviam feito na vida. No segundo dia, após algumas mareadas, Pedro e Dani "alimentaram os peixes". Fotografar e filmar em alto-mar não é tarefa fácil! Mas após o terceiro dia já estavam adaptados ao balanço do mar!

5. Desbravando novos mares

3 DE JANEIRO DE 2015:
PUERTO DESEADO À ILHA DOS ESTADOS

Um pavê de chocolate! Não me importam as calorias, o teor de açúcar, os carboidratos. Decidi fazer um gostoso pavê de chocolate na travessia para Puerto Deseado, na Argentina. Eu estava muito feliz.

— Nem tenta, Formiga — avisou Wilhelm sentado em frente ao laptop.

— Olha esta previsão. Vai ser pauleira ao sul de Mar del Plata.

E foi. Ventos fortes de 90 km/h nos surpreendem no meio da noite. O trabalho com as velas é pesado. A vela de trás ficou presa no mastro e demorou a descer para ser consertada. O vento aumentou e chegou a 108 km/h. Isso tornou impossível andar dentro do barco, fez com que as manobras de vela ficassem perigosas e congelou até os ossos da tripulação lá fora.

No dia 13 de dezembro, a cidade apareceu no horizonte, a aproximação foi difícil, feita pela Ría Deseado. O único no hemisfério sul, é um rio ao contrário — um braço de mar que entra com a maré até 21 milhas (40 quilômetros) terra adentro, em um antigo leito de rio, serpenteando entre cânions incríveis.

Por seu excelente porto, foi um lugar frequentado pelos descobridores como Magalhães e exploradores como Charles Darwin e serviu de esconderijo de piratas como os famosos Francis Drake e Thomas Cavendish. Com 20 mil habitantes, é um importante porto pesqueiro, onde se concentra uma das principais frotas de barcos de pesca de lula.

54 EXPEDIÇÃO ORIENTE

Além de lobos-marinhos, focas, pinguins e várias espécies de pássaros, o habitante mais especial da ria é o golfinho-de-commerson, uma espécie que nossa tripulação ficou surpresa ao ver na nossa chegada. O mamífero saltava e dava piruetas, brincando nas ondas do barco, parecia uma orca em miniatura, muito lindo.

Quando, enfim, entramos na ancoragem e baixamos a âncora, o vento começou a empurrar o barco.

Navegar na região era o sonho do marinheiro Carlos, cujo apelido é Pirata:

— Estamos onde o vento faz a curva. É o fim do mundo, mas é onde vai começar o meu — disse ele.

Levantamos a âncora e procuramos outro lugar que a segurasse. Um trabalho difícil, na noite fria e escura, mãos congeladas. Achamos que tínhamos conseguido, mas em poucos minutos o barco começou a deslizar novamente. Tivemos que tentar mais uma vez. A tripulação estava exausta, encharcada e faminta. Finalmente, na terceira tentativa, a ancora *unhou* (é o que dizemos quando a âncora se fixa no fundo).

Respiramos aliviados, o barco estabilizou-se e fomos para dentro, onde o aquecedor estava ligado. Senti como se o veleiro Kat nos abraçasse no colo quentinho, agradecido por estar salvo nesse lugar inóspito.

Não importa de onde viemos, as condições do mar ou dos ventos, nem importa onde estamos ancorados. A primeira refeição, ao chegarmos ao abrigo de um porto, é o já internacionalmente famoso Macarrão do Capitão, uma receita deliciosa, cujos ingredientes variam conforme a disponibilidade. Pode ser atum, sardinha em lata, um peixe fresco, uma lagosta que pescamos ou mariscos. Mas, após estes anos todos, acho que o segredo está no molho de tomate, que Capitão faz. Muito alho, cebola, com ervas frescas e um ingrediente muito especial, que é o carinho. O resultado final é delicioso. E, naquela noite, todos precisávamos daquele espaguete ao dente com o molho quentinho e reconfortante para recuperarmos as forças. Depois do jantar, desmaiamos nas nossas camas.

Em locais como Puerto Deseado, onde há grande variação de corrente, maré e vento, precisamos acompanhar a meteorologia de perto. Durante a mudança de maré e corrente, é importante verificar se não há chance de as correntes enrolarem. Nos três dias seguintes ancoramos quatro vezes, devido à força da correnteza e dos ventos, sempre em busca de um melhor posicionamento para garantir a segurança.

Na manhã seguinte, acordei cedo, tomei café rapidamente e comecei a reunir os ingredientes para meu pavê. Eu queria comemorar a ocasião. Eu estava emocionada, eu estava agradecida, eu sentia como se tivesse me livrado de uma fita velcro que, colocada em volta do meu coração, me apertava e não deixava que eu aproveitasse, completamente, os incríveis momentos que estava experimentando na viagem. Após os excelentes resultados dos exames, e receber alta do oncologista dez dias antes, meu neto Emmanuel, conforme tinha prometido, estava voltando para o barco, para a expedição, para nós, para a vida no mar.

Coloquei a sobremesa na geladeira enquanto a tripulação acompanhava, com olhares de cobiça, a trajetória do pirex.

— Se alguém tocar no pavê vai se ver comigo — ameacei todo mundo.

— É para a nossa festa de hoje!

Agasalhei-me, coloquei meu gorro bem colorido e subi para a popa do barco. Fiquei sentada, esperando, olhando para a terra, para a estrada que leva ao aeroporto de Porto Deseado. Capitão e Wilhelm acompanham a movimentação e trocávamos sorrisos cada vez que descia uma pessoa pela rampa.

E de repente no píer ele desembarcou do táxi, e desceu a rampa. Meus braços de abraços são pequenos para apertar esse jovem no meu coração.

— Viu, Formiga? Te falei que eu iria ver os pinguins da Antártica com a expedição!

Vilfredo, Wilhelm e toda a tripulação ficaram emocionados e felizes! Comemoramos com uma festa com champanhe e pavê de chocolate!

BEM-VINDO DE VOLTA A BORDO, EMMANUEL

Aquela parada tinha o gostinho da saudade dos amigos que fizemos na cidade em 1998 quando estávamos em nossa segunda volta ao mundo.

Com o barco ancorado e seguro, desembarcamos e fomos procurar nossos amigos Ricardo e Xavier na casa à beira da ria onde estava a Darwin Expedition.

Depois de dezessete anos, imagine a surpresa deles ao nos verem chegando assim de repente! Foi um reencontro comemorado com muita alegria, com nossas famílias se reunindo felizes; Ricardo, orgulhoso, trouxe seu filho, Cristóbal, um aventureiro mirim de 8 anos, para nos conhecer. E nessa noite, ali atrás da sede da Darwin Expedition, nas margens do rio, foi logo organizado um clássico churrasco de cordeiro patagônico.

Juan Jorge, o assador responsável pela carne, revelou que o principal tempero é a "paciência". Quase um ritual, desde a maneira como se faz a fogueira com madeiras que viram brasas até o modo de assar lentamente por três horas.

— E como fica tão macia? — perguntou Fernando, nosso cozinheiro.

Xavier nos explicou o que faz o cordeiro ter um sabor tão distinto na Patagônia:

— Os animais se alimentam de uma vegetação amarela nos extensos campos, sem pesticidas. E com o frio a mãe para de produzir leite, então os filhotes desmamam mais cedo e começam a se alimentar dessa vegetação. O resultado disso tudo resulta em uma carne saborosa com pouca gordura e muito macia.

Estava uma delícia, e tudo acompanhado de muita conversa boa, histórias e risadas.

Ricardo se lembrou com carinho de Kat, e nos surpreendeu com uma foto de quando a nossa expedição passou aqui.

Ele se tornou campeão de caiaque, e sua vida mudou com a expansão de sua empresa de turismo de aventura junto com Xavier, seu sócio. Ele se entusiasmou ao conversar com Wilhelm, hoje imediato do veleiro Kat, que foi campeão mundial de windsurfe e praticante de stand-up paddle. E Ricardo compartilhou conosco seu sonho de fazer uma aventura que ainda não foi feita nos Miradores de Darwin.

— Wilhelm, que tal descer a ria remando na prancha de stand-up e nós de caiaque? Depois de amanhã, podemos fazer essa aventura? Vocês topam?

Dois tripulantes ficaram de plantão a bordo do veleiro Kat e com um lindo nascer do sol partimos no bote inflável com maré favorável para subir as 21 milhas (40 quilômetros) ria acima até os Miradores de Darwin.

O cânion formado por milhões de anos de erosão hoje não possui mais o rio e o mar avançou, penetrando terra adentro. Todos os dias as águas sobem e descem com as mudanças de marés e, se nossa expedição não fosse bem programada, correríamos o risco de encalhar até a próxima maré. As paredes de pedra de até 100 metros de altura, esculpidas pelo vento e o tempo, formam um gigante desfiladeiro, e mudam de cor em tons de marrom, ocre, ferrugem e bege, à medida que o sol sobe no horizonte. Depois de uma hora nesse cenário, tão diferente do que estamos habituados no mar, chegamos à pedra Mirador de Darwin no mesmo ponto onde o naturalista aportou, há 181 anos. Trouxemos um desenho do Mirador, feito por Conrad Martens, o pintor da expedição de Charles Darwin, e junto aos tripulantes o identificamos na paisagem.

O naturalista britânico Charles Darwin viajou ao redor do mundo a bordo do Beagle, em uma expedição que durou cinco anos. Suas observações científicas deram origem às revolucionárias ideias contidas em seu livro *A origem das espécies*, que até hoje tem desafiado cientistas e pesquisadores sobre a origem da evolução das espécies.

Aqui, Charles Darwin escreveu em seu diário sobre um de seus lugares favoritos: *Não vi outro lugar que pareça mais isolado no mundo do que esse canal entre as rochas em meio à imensa planície. Quanto tempo ainda durará essa desolação? Ainda está assim desolado...*

A aventura inédita de Wilhelm foi ser a primeira pessoa a remar de stand--up no Mirador! Ricardo remou de caiaque, e os dois subiram e desceram a ria juntos. Parecia uma cena de filme, e nosso drone filmou essa peripécia dos dois remando na correnteza forte da descida da maré. Vilfredo e eu remamos em um caiaque junto com eles dois e exploramos outros cânions e uma colônia de pinguins-de-magalhães. Deslizamos devagar muito perto dos pinguins na beira da água. Alguns deles mergulhavam quando nos viam e vinham espiar curiosos aqueles animais estranhos remando em seu território.

E nos dias seguintes continuamos as aventuras por terra, em uma 4×4, para explorar a planície patagônica, onde encontramos bandos de guanacos e, para nossa surpresa, um lago com flamingos que nos deram um incrível espetáculo cor-de-rosa quando alçaram voo todos juntos.

Na Patagônia, oficialmente era verão, os dias tinham quase dezoito horas de luz, mas a temperatura máxima alcançava 16°C e o vento era constante, fazendo baixar a sensação térmica à noite para 5°C.

Fomos ao Festival de Verano de la Ria, onde a prefeitura oferece grátis aos visitantes e moradores uma cordeirada com cinquenta cordeiros e uma paella gigante com 250 quilos de frutos do mar. À noite, o festival de cultura tem música e apresentações de grupos de dança

Nesse clima de inverno foi comemorado o primeiro Natal da expedição. Criamos uma árvore de Natal reciclando e reutilizando madeiras de caixas de legumes, onde cada tripulante escreveu sua mensagem: pedidos de paz, amor, saúde, prosperidade, esperança e bons ventos. Uma noite feliz com brincadeiras de amigo-oculto e um jantar. Bateu saudade na tripulação, e o que queríamos mesmo era o abraço de nossas famílias para compartilharmos juntos esse momento. Tentamos seguir nossas tradições na ceia natalina, mas alguns ingredientes eram diferentes e nos ajustamos a esses novos sabores de receitas com carne de cordeiro e batatas, também deliciosas. Demos graças à tecnologia, que diminui a distância e as saudades pela tela do laptop e celular, trazendo a presença das nossas famílias e a dos tripulantes para nossa intimidade ali no barco.

Falamos com nosso filho, Pierre, nossa nora, Fernanda, e Vilfredo falou com toda a sua família. Mas não tínhamos conseguido falar com David até a véspera do Natal. Dá para imaginar nossa imensa alegria quando ele chegou de surpresa para passar o Natal conosco. Uma reunião de Feliz Natal e muito amor em família!

O Natal é uma data que tem marcado nossas vidas desde que iniciamos nosso sonho de viver no mar!

1974: Como começam os sonhos? O nosso nasceu nesse Natal, quando Vilfredo e eu visitamos Saint Thomas, no Caribe, e velejamos pela primeira vez em um barco à vela. Ali nos apaixonamos pela arte de velejar e iniciamos nosso sonho de que um dia iríamos navegar pelo mundo.

1981: Nesse Natal compramos um *grande* presente: o veleiro Guapo, o barco no qual partimos para a nossa viagem dos sonhos ao redor do mundo.

1982: Quantas saudades ao nos lembrar de nosso primeiro Natal no mar, a bordo de nosso veleiro Sagui numa enseada em Angra dos Reis! Um acontecimento inesquecível, pois estávamos somente nós cinco: eu, Vilfredo, Pierre, David e Wilhelm, longe de nossos pais e familiares, mas felizes ao redor de uma minúscula árvore de Natal.

DESBRAVANDO NOVOS MARES

1983: Jamais vou me esquecer do Natal de 1983 — o ano de revelação! *Heloisa, eu e os meninos gostaríamos de fazer um anúncio para toda a família aqui reunida*, anunciou Vilfredo. *Em abril de 1984, Heloisa, eu e os meninos vamos realizar nosso sonho. Vamos partir para uma viagem de dois anos pelo mundo em nosso veleiro...*

1984: Em Recife foi nosso primeiro Natal da viagem, depois de navegarmos um ano na costa do Brasil, e estávamos nos preparando para deixar nosso país.

1987: Na ilha de Antígua, no Caribe, Pierre nos surpreendeu com a notícia de que iria desembarcar para fazer universidade nos Estados Unidos.

1988: Um Natal com toda a família em Bonaire, pois Pierre veio dos Estados Unidos para se reunir conosco. Meus pais, Eddie e Elly, vieram do Brasil e comemoramos todos juntos. Nesse Natal anunciamos aos nossos filhos que iríamos cruzar o canal do Panamá e ir para o Pacífico.

1991: Ao lado de mais outros sessenta veleiros ancorados em Opua, foi quando conhecemos Robert e Jeanne (que estava grávida de Kat).

1994: Comemoramos a realização de nosso sonho: nosso regresso depois de dez anos no mar foi coroado com uma grande reunião de família e amigos! Foi maravilhoso rever todo mundo!

1995: Poucos dias antes do Natal, ganhamos um emocionante presente em nossas vidas: ficou pronto o documento de adoção de Kat, que era já filha de coração. E, assim, ela se tornou oficialmente nossa pequena marinheira.

1997: Depois de nossa partida do Brasil, chegamos a Mar del Plata para passar o Natal. Com David e Kat a bordo, ficamos felizes quando Pierre e Wilhelm chegaram. Fazia exatamente dez anos que não passávamos um Natal juntos.

1998: Acredito que foi o pior Natal a bordo. Um ciclone ao sul de nossa rota nos trouxe ondas e ventos fortes e passamos três dias na tempestade. Sem condições de nem sequer ficar em pé no barco, coloquei um ponto de interrogação no calendário, tentando esquecer que aquela data era tão especial para mim. Mas Papai Noel não me decepcionou. E no terceiro dia o mar acalmou e comemoramos o Natal no dia 27, ancorados na ilha de Kiribati, no Pacífico!

1999: Um Natal nas Canárias trouxe Pierre do Brasil para comemorarmos essa data, e a reunião da família e a festa se estenderam para a virada do ano de 2000.

2004: Depois de um ano navegando pela costa do Brasil, foi a data em que anunciamos nossa nova viagem ao redor do mundo.

2014: Passaríamos o primeiro Natal da Expedição Oriente em Puerto Deseado sob os ventos e a incrível paisagem da Patagônia argentina! Seria também o primeiro a bordo do veleiro Kat!

Muitas pessoas sonham em fazer uma viagem pelo mundo. Mas é preciso coragem para enfrentar uma aventura dessa com os filhos, seja de barco, carro, avião ou de motorhome. Wilhelm chegou no barco e contou que tinha conhecido o menor motorhome do mundo com uma família viajando. Assim conhecemos Ana Cristina com seu marido Marcos Gadaian, que viajavam com o filho Caetano, de um ano e oito meses, no motorhome, que era uma pick-up adaptada com uma carroceria, onde ficavam a cama, a cozinha e o banheiro, em um espaço de 10 m². Eles venderam os eletrodomésticos, roupas, carro e bicicleta, colocaram o apartamento para alugar e trocaram sua vida na cidade de São Paulo para viajar pelo mundo até o Canadá. Eles vivem do aluguel do apartamento e da renda do que Gadaian produz com a venda de fotos online. Partiram em outubro de 2014. O lema da expedição: O Nosso Quintal é o Mundo.

Fomos conhecê-los e fiquei bem impressionada com a casinha de rodas que tem o maior quintal do mundo. O simpático e desenvolto Caetano, já com 2 anos, adorou conhecer o barco, e toda a tripulação virou criança brincando com ele. Muito legal conhecer uma família que vive a vida acumulando experiências.

E nossas explorações continuaram no dia seguinte cedinho. Fomos visitar a ilha Pinguino, onde há uma colônia de pinguins-de-penacho-amarelo, que têm esse nome por suas sobrancelhas de cor amarela que terminam em longas penas da mesma cor na cabeça.

Contei para a tripulação sobre a Maldição dos Pinguins. O pirata John Davis, da flotilha de Cavendish, decidiu voltar para a Inglaterra. Aqui, mandou matar 14 mil pinguins para abastecer o barco de alimentos. Depois de salgarem e armazenarem a carne a bordo, rumaram para a Inglaterra. Porém,

DESBRAVANDO NOVOS MARES 61

ao chegar aos trópicos, a carne apodreceu por causa do calor e vermes se reproduziram nos pinguins mortos e comeram tudo pela frente dentro do navio: roupas, alimentos, e os próprios marinheiros. Foi uma viagem de regresso terrível e desastrosa, voltando apenas quatorze dos seus 76 homens. Quando aportaram na Inglaterra, ninguém se aproximou para ajudá-los devido ao mau cheiro do navio.

Vilfredo e eu nos deitamos no chão, e quietos observamos as aves. Uma curiosidade desses pinguins é que, em vez de andar, eles dão pequenos pulos para se movimentar. Por isso em inglês são chamados de *rockhopper penguin*, traduzido para *pinguim-saltador-da-rocha*. Esse tipo de pinguins-de-penacho--amarelo tem uma das maiores colônias aqui, com cerca de 2 mil aves. Já os pinguins-de-magalhães totalizam uma população de 20 mil. Há mais pinguins na ilha do que habitantes em Puerto Deseado.

De novo os ventos ditam o rumo da expedição. Uma frente fria trouxe uma tempestade e ventos extremamente fortes; a Marinha comunica que o porto foi fechado. Assim a Expedição Oriente permaneceu em Puerto Deseado para passar o Ano-Novo.

Nossos amigos da Darwin Expedition nos convidaram para a festa de Ano-Novo. Fernando preparou o jantar e, junto com nossos amigos Ricardo, Xavier e família, mais um casal de velejadores alemães que também estavam abrigados do mau tempo, nos divertimos dançando!

Depois da tempestade vem a bonança. O tempo melhorou, o porto deu permissão para o veleiro Kat partir. O veleiro içou suas velas e com bons ventos deixou para trás a cidade de Puerto Deseado navegando rente à costa para nos proteger do vento oeste. Passamos pela entrada do estreito de Magalhães, o local mais sul que havíamos velejado até hoje. A "Tierra del Fuego" nos deu as boas-vindas. O vento oeste entrou forte, frio, com rajadas de mais de 40 nós. Mesmo perto da terra, o mar levantou com ondas de 4 metros. Com um barulho forte, ondas grandes bateram no costado e estouraram dentro do cockpit. Ninguém ousava a ficar lá fora muito tempo, com medo de tomar um banho gelado forçado (a água do mar estava a 12°C). Dentro do barco, o clinômetro mostrava inclinação de até 45 graus. Pela manhã, o vento amainou e começou a chover.

6 DE JANEIRO DE 2015: ILHA DOS ESTADOS

A chuva e a neblina davam um ar misterioso ao lugar. De perto, as inóspitas rochas escuras e afiadas são visíveis entre as ondas que colidem umas com as outras com fúria, enquanto o vento provoca um uivo alto muito sinistro. Todos ficamos quietos e passamos a falar baixo, sussurrando. Não sei por que me lembrei de *O morro dos ventos uivantes*. Os primeiros picos da ilha dos Estados começaram a aparecer. Os mais altos tinham 800 metros. Eles eram o último pedaço da cordilheira dos Andes, que neste extremo sul foi submersa entre o Atlântico e o Pacífico.

A ilha dos Estados ficou conhecida pela ficção dos escritores, foi temida pelas condições extremas e inóspitas, e tornou-se ponto de esperança dos navegadores que sofreram a fúria dos ventos e dos mares da Terra do Fogo e ali buscavam abrigo. Ali existiu, desde 1899, um presídio militar, um tipo de Alcatraz do Sul com condições muito duras de frio e ventos fustigantes, até que foi fechada em 1902. Rica em história e lendas de naufrágios, a ilha abriga grandes colônias de espécies em estado de conservação vulnerável, como o pinguim-de-penacho-amarelo e o lobo-marinho-de-dois-pelos, além de outras comuns da região.

Com chuva, frio e neblina, chegamos à ilha após navegar por três dias desde Puerto Deseado. Ao todo, foram 2.160 milhas (4 mil quilômetros) desde que partimos de Itajaí três meses antes. Corremos para o convés, felizes em ver terra e deslumbrados pela paisagem de montanhas imponentes, e nada preparou para a emoção de avistar, ao longe, a pequena casinha branca no alto do morro, o mais antigo farol da Argentina.

Nossa primeira parada foi a baía de San Juan de Salvamento, residência do farol eternizado pelo escritor Júlio Verne no livro *O farol do fim do mundo*. Ele foi inaugurado em 25 de maio de 1884 por Lasserre, que cinco meses depois fundou Ushuaia. Muito diferente dos faróis convencionais, este foi construído com madeira de lengas e tem forma octogonal. A luz é feita por oito lâmpadas fixas de querosene colocadas atrás dos vidros.

Se alguém me perguntasse um dia: quais os lugares que você mais sonha em conhecer? Minha lista começaria pelo Farol do Fim do Mundo. Depois que aprendi a ler, meu autor preferido foi Júlio Verne. Foi ele quem abriu as

DESBRAVANDO NOVOS MARES

portas de um mundo sem limites onde eu podia viajar na minha imaginação sem horizontes nem limite de tempo.

Se no passado o tráfego de embarcações foi intenso — entre 1884 e 1892, mais de 2.400 navios passaram pela baía de San Juan —, hoje em dia é um lugar totalmente isolado. O completo silêncio predomina. Os únicos habitantes que encontramos foram um par de lobos-marinhos que vieram nos dar as boas-vindas. Ali também viviam pinguins, lobos-marinhos, aves marinhas como biguás, petréis e gaivotas.

Quando li *O farol do fim do mundo*, uma história fictícia, de um lugar longínquo, eu pensava que ele só existia no livro. Cresci e descobri que esse lugar existe, mas fica numa ilha de muito difícil acesso, somente por barco, e que, para visitá-la, envolvia um pedido de muita burocracia às autoridades da Argentina. Quando começamos a navegar na Expedição Oriente, a ilha dos Estados foi colocada no roteiro e já pedimos a autorização da Marinha.

Com montanhas escarpadas, silenciosa, linda, intocada, foi onde ancoramos o veleiro Kat. Os ventos fortes que afunilavam no meio das montanhas e a temperatura beirando 5°C tornaram ainda mais difícil o trekking por uma trilha escorregadia até o alto do morro no meio de uma vegetação muito verde. Me deslumbrei ainda mais com a beleza do lugar. Lá do alto, o veleiro parecia de brinquedo ao fundo da baía.

Partes do livro de Verne passavam pela minha mente como um filme enquanto eu andava pelo mesmo lugar onde os faroleiros, especialmente Vasquez e os piratas liderados por Krongre, tinham pisado. Olhei ao meu redor procurando a caverna onde se esconderam. *Espera aí*, acordei para a realidade. A história existe somente no livro, mas para mim esse lugar misterioso havia se tornado quase real.

Eu respirava devagar de tanta emoção ao chegar ao farol. Entrei com curiosidade e absorvi cada detalhe daquela construção octogonal, que antes só existia na minha imaginação e agora eu estava vendo ao vivo e em cores! Um momento muito especial, com o qual sonhei durante cinquenta anos.

O charmoso farol estava totalmente preservado. Sua reconstrução tem méritos do francês André Bronner. Um velejador que, apaixonado pela região e pela história de Júlio Verne, uniu esforços e liderou a revitalização deste lugar histórico. O formato octogonal, pouco usual, chama atenção.

Durante nossa visita ao farol, tivemos a oportunidade de ler as histórias do livro de visitas. Apenas 74 registros no ano de 2014.

Ao anoitecer, sob a luz de uma lanterna antiga, escrevi no livro de visitas: Se você acredita em seu sonho, faça tudo para realizá-lo. Obrigada, Júlio Verne, por manter acesa a luz do farol de meus sonhos!

Da baía de San Juan fomos até Puerto Cook, local batizado em homenagem ao navegador inglês James Cook. Até o começo do século XX, nessa baía havia uma pequena vila e também a temida Prisão do Fim do Mundo. Difícil imaginar que 170 pessoas chegaram a morar ali.

Nossa última parada na ilha dos Estados foi Puerto Parry. Ali está uma base da Armada argentina. Pedimos permissão e anunciamos pelo rádio nossa chegada. Ao desembarcar, fomos recebidos com grande alegria e hospitalidade pelos quatro atuais moradores da estação: o oficial Alvaro, o soldado Cicero, a enfermeira Natalia e a mecânica Andrea. Eles chegaram à ilha no começo de dezembro. Estavam havia quase um mês sem ver ninguém. O veleiro Kat foi o primeiro desde que tomaram seus postos. Além de dar informações sobre a ilha, também nos convidaram para um belo assado e centolas!

Em Puerto Parry, fiquei para trás enquanto a tripulação fez um trekking extremamente difícil. Duas horas de subida, com chuva, barro e lama em pedras e mata bem fechada. Durante a subida, Cicero lembrou de que os prisioneiros da ilha do Estado, quando fugiam, tinham mínimas chances de sobrevivência. Após o duro trekking, cheio de desafios e escorregões, foi uma surpresa chegar ao alto e ver a vista única da baía com o veleiro Kat ancorado lá embaixo. No alto da montanha, outra caminhada ao redor de uma lagoa. Água doce e água do mar lado a lado, separadas pela altitude.

O que era para ser uma visita de dois dias, uma parada antes de Ushuaia, virou uma incrível aventura de exploração de uma semana. A vontade de ficar mais era grande, mas aproveitamos uma rara janela de tempo bom para zarpar. Por aqui não podemos dar chance à sorte.

6. Ushuaia: nas águas do fim do mundo

14 DE JANEIRO DE 2015:
ILHA DOS ESTADOS A USHUAIA

São pouco mais de 100 milhas até Ushuaia, mas são muitos os desafios de fazer uma boa travessia do estreito de Le Maire, que separa a ilha dos Estados da zona continental da Terra do Fogo, na Argentina. Mesmo sendo uma distância curta, de apenas 12 milhas (24 quilômetros), ele tem uma péssima fama, de dar arrepios aos navegadores, pois centenas de embarcações ali naufragaram. O nome do estreito é uma homenagem ao holandês Jacob Le Maire, que o atravessou pela primeira vez em 1616.

Zarpamos da ilha dos Estados com a maré favorável, um fator de tremenda importância, pois, com a maré contra e forte, a velocidade da corrente pode chegar até 8 nós, e as águas revoltas como um redemoinho gigante junto ao vento forte, frequente naquelas latitudes, podem formar ondas de até 10 metros. Capitão revisou as regras de segurança e os equipamentos, e, como sempre, reforçou as manobras de homem ao mar:

— Se cair no mar nessa escuridão e com essas águas geladas, as chances de sobrevivência são bem poucas, por isso quero todo mundo atento.

Wilhelm caprichou na meteorologia, calculando a hora certa para atravessarmos: uma hora depois da maré alta. A cada minuto, ele conferia nossa rota para ver como estávamos navegando. Nessa noite gelada, esperei a hora do jantar na cama quentinha, para depois fazer o meu turno. Quase à meia-noite, Vilfredo me acordou e pediu que eu fizesse uma sopa, pois nosso cozinheiro, com uma sinusite, não podia cozinhar. Na panela de pressão fiz uma sopa minestrone reforçada que esquentou a alma e a moral da tripulação.

Fomos costeando a ilha, e bem na ponta, quando entramos no estreito, o vento e a corrente estavam a favor, até a entrada do canal de Beagle.

Navegar nessas águas era uma completa novidade para nós. Nunca havíamos estado em latitudes tão altas e tão ao sul. Os ventos a partir da região da Patagônia, e abaixo da latitude 40, têm nomes bem sugestivos do que os navegadores podem realmente encontrar: os 40 Bramadores ou Rugidores, os Furiosos 50, e os Gritantes 60. Essa região é fustigada pelos ventos e cercada pelas águas turbulentas do estreito de Le Maire e do canal de Beagle.

O canal, com aproximadamente 130 milhas (240 quilômetros) de comprimento e uma largura mínima de 2,6 milhas (5 quilômetros), define a fronteira entre Chile e Argentina. É como se fosse traçada uma linha reta no meio do canal separando os dois países.

Tenho o maior respeito pela história marítima da Terra do Fogo, que tem sido explorada e contada em livros desde os primeiros navegadores que tornaram o lugar conhecido por ser longínquo, inóspito, perigoso e com muitas aventuras. Assim foi descrito por Fernão de Magalhães, Thomas Cavendish, Sir Francis Drake, Pedro Sarmiento de Gamboa, John Byron, James Cook, Louis Antoine de Bougainville e Jean François La Pérouse, e o famoso Charles Darwin, sob o comando do capitão Robert Fritz Roy, que navegou pelas águas "fueguinas" e patagônicas. Com aquelas embarcações que navegavam sem motor, e sem recursos tecnológicos, eles foram corajosos heróis desbravadores navegando por essa região.

No fim do dia, já no canal de Beagle, entramos em território chileno. Uma tempestade forte se formou, e Capitão decidiu parar em uma enseada que tinha uma guarita com a bandeira chilena. O vento e a chuva eram muito fortes, e foi utilizada pela primeira vez a máscara de esqui para nos proteger dos pingos grossos que fustigavam os olhos, e sem máscara ficaria impossível enxergar. Vestido com jaquetas à prova d'água, adequadas para enfrentar tempestades, com capuz, bem coberto e com a máscara de esqui escondendo o rosto, Wilhelm parecia um astronauta. Todos vestiram balaclava e nos protegemos muito bem. *Brrrr*. Me veio outra vez meu pavor de sentir frio. Após pedir permissão via rádio para a base naval chilena e verificados os procedimentos, recebemos a orientação de que poderíamos ficar ali ancorados frente à estação militar, mas não tínhamos autorização para desembarcar. Naquele momento, o Macarrão do Capitão foi a melhor das refeições. O aquecedor do barco mantinha a temperatura de 22ºC, e assim, secos e quentinhos, nossa cama nos embalou pela noite. Mal o dia amanheceu, seguimos rumo a Ushuaia.

Velejando rápido e perto da costa, pelo canal de Beagle, apesar do vento forte, do frio intenso e das constantes manobras, a tripulação estava entusiasmada com a belíssima paisagem de montanhas altas de mais de mil metros, com picos brancos cobertos de neve, e algumas cachoeiras desaguando no canal. Éramos todos adultos, mas parecíamos crianças, ríamos, batíamos palmas e exclamávamos com toda a nova fauna que estávamos conhecendo! A vida marinha também parecia feliz em nos ver, e pinguins, leões-marinhos e três baleias curiosas vieram pertinho do veleiro.

Velejamos nas proximidades da estância Harberton, um lugar histórico, pois foi a primeira fazenda da Terra do Fogo. Construída pelo missionário anglicano Thomas Bridges em 1886, é parte da história do surgimento de Ushuaia. Ele foi um grande defensor dos nativos Yamanas e falava o seu idioma (escreveu o primeiro dicionário dessa língua). Isso facilitou a conquista da confiança na catequização dos índios.

Chegar a Ushuaia foi emocionante, com as boas-vindas de um arco-íris de ponta a ponta no canal. A cidade mais austral do mundo tem um visual incrivelmente lindo. Capital da Província da Terra do Fogo, tem a origem do nome no idioma indígena Yagan: *ushu* = fundo, aia = baía.

A cidade foi fundada em 2 de outubro de 1884 pelo coronel Augusto Lasserre, e logo a seguir foi criado o território da Terra do Fogo. Com o tempo, os indígenas nativos foram desaparecendo quase completamente e o número de colonos brancos aumentou no início do século XX. Por ser o "fim do mundo", isolado e inóspito, foi o lugar escolhido para ser uma colônia penal. A prisão foi construída pelas mãos dos primeiros 23 presos, que depois a habitariam. Em seu auge chegou a abrigar oitocentos presidiários,

68 EXPEDIÇÃO ORIENTE

mas foi fechada em 1947, quando se considerou que a cadeia desprestigiava a cidade. Os prisioneiros mais perigosos eram enviados para trabalhar na construção da própria prisão, e foram responsáveis também por outras infraestruturas, como a linha de trem.

O porto, com vários navios de cruzeiro, é muito movimentado, pois daqui partem os navios e os barcos que vão visitar a Antártica.

Atracamos na marina de Ushuaia. Os dois primeiros dias foram para fazer os trâmites de entrada com o barco. O local, de pouca infraestrutura, tinha a vantagem de ser na cidade, com fácil acesso para desembarcar. À noite, o iluminado cassino bem em frente ao nosso píer parecia um gigante disco voador e suas luzes néon mudavam de cor entre azul, verde, lilás, amarela, dando um toque surreal ao visual da cidade. Fizemos uma boa faxina com água doce no barco e nos trajes de água. Lavamos e penduramos nossas roupas entre os estais, e o vento forte nos ajudou a secar rápido. Fomos ao mercado, e nunca os legumes e verduras frescas foram tão bem-vindos, e tão caros!

A cidade, hoje com 70 mil habitantes, é um ponto de encontro de todas as tribos de aventureiros e viajantes.

Eles chegam de todas as partes do mundo, pelos mais variados meios de transporte: carro, moto, bicicleta, motorhome, barco, e aventureiros que chegam a pé! A natureza e a aventura têm encontro marcado na cidade, fonte de inspiração e desafios, e onde já se criaram muitos mitos, lendas e várias histórias.

Um desses aventureiros é o paulista Mario Barros, que já está escrevendo sua história. Apaixonado por desafios, ele e a mulher Janaína trocaram o calor e as praias de João Pessoa pelo frio e as montanhas nevadas da cidade, onde fundou a agência de turismo Brasileiros em Ushuaia. Fomos encontrá-lo e desde o início ele nos cativou com seu alto astral. Mario compartilhou conosco sua ideia de fazer aventuras inéditas e nos convidou para conhecer Ushuaia "fora do padrão turístico". E a partir desse momento ele nos "adotou" por toda a nossa estada em Ushuaia.

Eu estava com medo do frio da Antártica, e o verão na Patagônia estava sendo meu test drive para o continente gelado. Nessa latitude faz muito frio: mesmo no verão, a temperatura média é de 10°C, e o vento é extremamente gelado e diminui a sensação térmica a -5ºC. Já comecei meu treino de vestir roupas térmicas em várias camadas (um exagero, segundo Vilfredo), jaquetas de pena de ganso, corta-vento impermeável, botas, luvas, gorro e cachecol. Sob o sol, caminhando, até que esquenta um pouquinho e em alguns dias sem vento eu ficava somente de camiseta! Nessa estação, o melhor é a longa duração dos dias, que amanhecem por volta das 4h30 e anoitecem somente lá pelas 22h.

Para nossa alegria, nosso neto Kian, filho de David, chegou com o pai para comemorar seu aniversário de 6 anos em Ushuaia. Com muita animação, o pequeno embarcou junto em todas as nossas aventuras. Dessa vez colocamos botas de trilha e trocamos o mar pelas montanhas e lagos da região.

À medida que nos afastávamos da cidade, do trânsito, dos carros, os ruídos foram ficando para trás e fomos percebendo um outro tipo de som: o dos ventos entre as árvores. Depois de mais de três meses no mar, nossos olhos, acostumados aos tons de azul, estavam curtindo novos tons, entre as variadas nuances do verde, do negro do granito das montanhas, dos picos nevados e do marrom/ocre da terra.

Mario fez um roteiro radical e nos acompanhou em mais de 100 quilômetros de muita adrenalina, explorando em carros 4×4 lugares onde o acesso seria impossível de outra forma. Descemos pela íngreme e estreita trilha de terra batida, muitas vezes com lama funda, curva atrás de curva, atravessando os Andes fueguinos para chegar ao lago Escondido.

Continuamos a aventura atravessando os bosques com mata fechada, os rios e por dentro da água no imenso e deslumbrante lago Fagnano, o maior da ilha da Terra do Fogo. O lago de 100 quilômetros de extensão recebe as águas dos glaciares e deságua no estreito de Magalhães.

Na beira do lago Fagnano, Mario nos levou à Estância Carmen, onde o proprietário Adrian Milin Fernandez e sua família nos receberam de braços abertos e com a hospitalidade típica dos patagônicos. Sua propriedade, que herdou das bisavós, está nessa região pouco habitada e de acesso restrito. A área de floresta da estância está totalmente preservada, e as ameaças são os fogos e castores. Com os ventos patagônicos e o ambiente seco, uma pequena faísca pode facilmente se alastrar e devastar uma área imensa da mata. Na estância, trocamos a potência dos "cavalos motorizados" por cavalos de verdade. Foi outra aventura com mais descobertas, em uma cavalgada de mais de uma hora e meia pelo meio da floresta e também pela orla do incrível lago.

Depois que armamos as barracas, Vilfredo e Kian foram tentar a sorte na pescaria de trutas no lago para garantir o jantar. Uma pescaria bem diferente das nossas no mar. Procuramos um lugar seguro no meio das pedras, em uma clareira longe das árvores, ao lado do rio, e fizemos uma fogueira. Foi divertido assar as deliciosas trutas à moda patagônica.

Depois do jantar fizemos uma surpresa para Kian. Reunidos ao redor da luz da fogueira, com o casal Milin e a nossa tripulação, comemoramos o aniversário dele com as seis velinhas. Cantamos parabéns pra você, em português e espanhol. Imaginem a felicidade do nosso jovem aventureiro! Creio que nunca vai esquecer esse momento, de tão inusitado que foi!

Logo nos abrigamos no aconchego de um cobertor bem quentinho. Parecia um acampamento de férias. Deitamos todos ao ar livre e assistimos ao espetáculo da noite estrelada como pequenos diamantes, inúmeras estrelas cintilantes flutuavam no espaço vazio e, de repente, uma estrela cadente corta o céu, e logo depois outra. Uma experiência muito gratificante e diferente de estar aqui, sem o balanço do mar, curtindo minha família e os tripulantes, nesse lugar no "fim do mundo", especialmente com a presença dos dois netos, Emmanuel e Kian. Sonhos vividos juntos.

O dia seguinte foi para novas aventuras! Dia de trekking de duas horas, entre várias castoreiras, para conhecer um dos lagos mais lindos, o lago Esmeralda, com água de cor esverdeada. Um momento deslumbrante e de reflexão para Vilfredo e eu. Sentados à beira do lago, agradecemos a Deus nossa vida de realização de sonhos.

Na descida, paramos em uma grande castoreira e ficamos boquiabertos com o estrago da floresta.

Na década de 1940, fazendeiros e negociantes importaram 25 casais de castores do Canadá, com a intenção de criá-los para comercializar sua valiosa pele. Alguns casais fugiram e rapidamente se adaptaram ao local, já que na Terra do Fogo não há lobos ou ursos, que são seus predadores naturais. Hoje, após 65 anos, a região tem uma população de mais de 200 mil casais de castores, que devastam os bosques quando constroem seus diques e suas tocas, para se abrigarem e se reproduzirem. Um verdadeiro desastre ecológico. Vimos somente dois desses animais nadando, e são bem bonitinhos. Na realidade eles não têm culpa das ações dos homens, que ao trazê-los pensavam no lucro comercial.

Em Ushuaia, todo dia é dia de novas aventuras. Vilfredo, Emmanuel, Pedro, Dani e Fabiano viveram um dia com emoções na escalada ao glaciar Vinciguerra, um dos mais importantes da região. Uma subida íngreme de mais de 800 metros foi um desafio que começou ao nascer do sol. Foram cerca de quatro horas de trekking até o topo, e as paisagens foram as mais diversas.

É preciso estar em boas condições físicas para conseguir chegar ao final da trilha na laguna de Los Tempanos. Um visual de tirar o fôlego, com a cor da água esverdeada contrastando com as montanhas nevadas.

Ao redor do glaciar Vinciguerra há incríveis cavernas de gelo. No verão o gelo começa a derreter e a luz do sol entra pelas frestas. Vilfredo e Emmanuel entraram em uma das cavernas, que, com o gelo derretendo, parecia estar prestes a desmoronar. Apesar da sensação, o gelo é tão grosso que não existe o perigo de desabar. Valeu a pena o esforço de chegar ao alto!

Vilfredo comenta com o guia Mathias sobre os perigos de um acidente nas montanhas: *Quem faz o resgate?* Mathias explica que, quando há um acidente ou uma ocorrência de perigo, eles chamam a Defesa Civil.

Na descida, uma surpresa para todos! A chegada dos helicópteros, com Mario e eu.

Mario, sempre animado, disse: *Vou levá-los para conhecer Ushuaia de outro ângulo.* Vilfredo fez uma brincadeira comigo, sobre a maneira mais fácil de escalar: de helicóptero! Na verdade, são três helicópteros da Heli Ushuaia que nos fizeram uma cortesia e deram uma carona a toda a equipe para conhecer a Terra do Fogo pelo ar. Impressionante ver a laguna de Los Tempanos, o cerro Castor, a laguna Esmeralda e o cerro Cinco Hermanos lá do alto.

Aterrissamos no cerro Le Cloche, 1.100 metros de altura com vista para a cidade e para as montanhas até onde os olhos podem ver. E vimos picos, vales nevados, glaciares. A cordilheira dos Andes é majestosa, esplêndida, magnífica, e impõe o maior respeito. Vilfredo e eu desembarcamos no alto dessa montanha e vimos o veleiro Kat lá de cima, atracado no píer da cidade. Parecia um barquinho de brinquedo dessa altura. Foi um voo belíssimo, o dia estava sem vento, e o céu, azul sem nuvens. Para finalizar, o helicóptero sobrevoou a cidade e os veleiros ancorados na baía.

Com tantos aventureiros por aqui, encontramos alguns brasileiros viajantes e outros que escolhem a cidade como um marco de início ou de fim de suas aventuras. Marcos Malafaia nos enviou um e-mail com um convite para um encontro no Parque Nacional, onde estavam acampados. Marcos, sua esposa Natale e os filhos Júlia, de 9 anos, e Pedro, com apenas 1 ano, abandonaram seu modo de vida em São Paulo, se mudaram para um motorhome e partiram para uma viagem de aproximadamente 90 mil quilômetros: do Rio de Janeiro até a Terra do Fogo, e de Ushuaia até o Alasca.

Visitamos o "barco de terra" da família Malafaia, e, como nós, eles mudaram suas vidas e realizaram seus sonhos. Confesso que admiro Natale, pois viajar tanto tempo com uma criança de colo em um motorhome não deve ser fácil. Essa experiência eu não tive, pois Wilhelm tinha 7 anos em nossa primeira volta ao mundo e Kat tinha 5 na nossa segunda viagem. Júlia, de 9 anos, está adorando explorar os lugares, e durante a viagem faz seus estudos a distância.

Fomos convidados por Carlos, chefe da base da Defesa Civil, para conhecer o que é o trabalho dessa entidade na cidade com procedimentos de salvamento e de algumas ocorrências em momentos difíceis. Ele contou que estarão testando com a equipe da Defesa Civil um novo aparelho de rastreamento de GPS e convida Capitão e a tripulação do veleiro Kat para esse treinamento. Serão 14 quilômetros de trekking no monte Cinco Hermanos, a uma altitude de 1.280 metros. Um desafio extremamente difícil que, simpaticamente, agradeci e já avisei que não iria.

No dia da caminhada, Vilfredo, que havia machucado o pé na subida do glaciar Vinciguerra, também não pôde ir. Wilhelm, que é fissurado em adrenalina, decidiu encarar a aventura, reuniu os tripulantes do veleiro Kat e juntos partiram com Carlos e a equipe formada por bombeiros, policiais e os integrantes da Defesa Civil.

Relato do Wilhelm:

— A trilha de subida não foi fácil. Subimos devagar pela floresta e passamos por uma castoreira enorme. Fiquei surpreendido em ver a devastação que estes roedores fazem ao meio ambiente.

"Em seguida, encontramos a parte mais íngreme da subida, um grande paredão de pedra. Pelo meio do terreno inclinado, em uma marcha lenta de ascensão sobre pedras, caminhamos, escalamos, escorregamos e continuamos por cinco horas até chegar à zona de gelo. Acabei me esquecendo do esforço e do cansaço e me diverti com a tripulação. Sentados, deslizamos pelo gelo ladeira abaixo que nem crianças!

"Logo retomamos a escalada até o pico. Capitão e Formiga, que estavam na base da Defesa Civil acompanhando o rastreamento com os técnicos, nos ligaram via rádio para saber como estávamos. Como os dias aqui são longos, já eram sete da noite e ainda estava claro.

"Depois de passarmos pela trilha estreita e perigosa, me impressionei com o cenário. Um visual que nunca vou esquecer! Era de perder o fôlego de lindo! Estávamos cercados de montanhas e mais montanhas por todos os lados. Lá embaixo, o canal de Beagle. Depois do trekking, junto com a equipe verificamos que o percurso rastreado pela primeira vez pela Defesa Civil foi de 23 quilômetros, em doze horas de muita aventura. Foi uma verdadeira maratona de treinamento."

No último dia de Kian em Ushuaia, antes de ele voltar para o Brasil, acordei mais cedo que todo mundo. Fui para a cozinha e fiz minha receita especial de bolo de chocolate. O aroma da baunilha e do cacau logo se espalhou pelo veleiro Kat, invadindo as cabines e acordando a tripulação. Em pouco tempo todos já estavam sentados em volta da mesa e se entreolhavam, curiosos. "Por que você está fazendo um bolo?", perguntavam.

Nunca consegui ser uma avó tradicional, daquelas que levam os netos para o cinema ou shopping, e que sempre têm coisas deliciosas, bolos ou doces em casa para oferecer no lanche, em frente à televisão.

Quando estou com meus netos, temos outras coisas divertidas para fazer juntos. Se estamos perto da praia, andamos de caiaque, fazemos snorkel ou remamos na prancha. No barco, eles participam das manobras de vela, ou então nos sentamos na proa para contemplar os golfinhos, as baleias, os pássaros. Em terra, adoramos acampar. É quando descobrimos a natureza e viramos aventureiros e exploradores. Subimos montanhas e desbravamos trilhas para descobrir lugares curiosos ou misteriosos. Dessa vez fomos a uma expedição em uma ilha para ver os pinguins. Foi muito bom voltar a ver o mundo com o olhar infantil. É gratificante ver que eles têm a mesma preocupação com a proteção dos oceanos e o mesmo respeito pela natureza. Me orgulho em poder proporcionar a eles a oportunidade de conhecer o mundo e entender as diversas culturas.

Como foi especial Kian estar aqui na Patagônia! E também de ter Emmanuel na expedição, e compartilhar seu olhar jovem de ver a vida. O bolo foi para a despedida de Kian. Senti muitas saudades dele quando foi embora.

Desde que saímos de Itajaí, o veleiro Kat estava sendo testado em todos os sistemas, e alguns apresentaram defeitos, quebraram ou tiveram que ser substituídos. Ushuaia era o último porto para fazer as manutenções necessárias antes de seguirmos para a Antártica. Wilhelm e Fernando revisavam cada detalhe e saíam à procura de materiais ou peças de reposição de que precisavam. Enfim, Capitão e Wilhelm conferiam os mínimos detalhes para que tudo estivesse funcionando. Nosso filho do vento estudava várias vezes por dia os mapas da meteorologia.

Estávamos em contagem regressiva para essa partida. Nosso enrolador de vela da proa apresentou um defeito e foi enviado à Austrália. Ia demorar a chegar de volta. Além disso, as peças de reposição para o motor demoraram muito a chegar, e a burocracia da importação foi enorme. O final de fevereiro já se aproximava. Finalmente, o barco estava todo revisado. Motores, geradores, aquecedor. Tudo conferido.

Carlos, o Pirata, nosso querido tripulante, depois de navegar por muitos anos conosco, por questões de família se despediu e regressou ao Brasil, nos deixando com saudades.

Aos poucos fomos abastecendo o barco de alimentos. Esse é um capítulo dos mais importantes em qualquer embarcação. Alimentar-se bem é essencial para garantir a boa forma física e mental, com uma dieta hipercalórica que nos mantenha bem em baixas temperaturas como na Antártica. A comida pode virar quase uma obsessão a bordo de um barco no mar. Os dias giram em torno das refeições, porque são os momentos em que todos saem de suas cabines e socializam. As refeições e o moral da tripulação andam de mãos dadas. Por isso é importantíssimo ter comida gostosa a bordo.

Um grande desafio era abastecer a alimentação para onze pessoas que iriam conosco cruzar um oceano, para um lugar onde sequer existe onde e o que comprar.

Nesse momento, temos dois desafios: o que comprar e onde guardar toda essa comida.

Fernando fez um planejamento muito organizado e foi fazendo as compras a cada semana, seguindo a ordem de uma lista. Primeiro, os alimentos secos, depois, os do freezer, da geladeira e por último, as frutas e as verduras. A vantagem de estarmos em águas frias é que debaixo dos bancos, lá fora no cockpit, a temperatura é quase igual à de um freezer. Podemos acondicionar alimentos como manteiga, queijos, carnes e peixes. Aqui compramos centola (caranguejo-rei). Já havíamos comido essa iguaria na ilha dos Estados. A centola é esse crustáceo gigante de quase 2 quilos com um sabor delicioso entre o do caranguejo e o da lagosta.

As frutas são colocadas na proa, em redes ou cestas. Estimar o quanto você deve levar de comida é uma das partes mais difíceis. Mas é melhor levar mais do que normalmente se consome, assim ficamos seguros. Sempre usamos a regra "E SE?": e se quebrar a geladeira ou o freezer? E se tivermos que ficar mais tempo em algum lugar? E se algum alimento for contaminado?

Também temos um estoque de seis meses de alimentos liofilizados (comidas de alpinistas), que são desidratados, e somente temos que acrescentar água quente para consumi-los, podem ser armazenados fora da geladeira e duram muito. Sempre mantemos essa reserva para uma emergência, para o caso de ficarmos em algum lugar por um longo tempo sem condições de abastecimento.

Saímos do Brasil com 300 quilos de comida pronta, de longa conservação, fornecidos por uma empresa parceira: grãos (arroz, feijão, lentilhas, grão-de-bico) e pacotes de comidas a vácuo, tudo prático, saboroso e fácil de preparar. Uma regra nossa é que, a bordo, álcool e água não se misturam, por isso somente quando o barco está parado em uma ancoragem segura é que tomamos vinho ou cerveja.

Em 1989 aconteceu um fato curioso conosco em uma ilha da Polinésia durante uma tempestade de três dias. Estávamos ancorados em uma baía longe de terra, sem sair do barco. No terceiro dia de chuva descobrimos nosso pão roído. Como assim? Entrou um rato a bordo? Descobrimos um tronco de bananeira flutuando, preso na corrente da âncora! Depois de uma caça pelo deck com David, Wilhelm e Capitão, descobrimos o roedor escondido debaixo das almofadas. Peguei o rato pelo rabo e o joguei na água! Virei uma heroína a bordo! (Ainda bem que foi um rato e não uma barata, senão eu teria pulado para fora do barco!) O segredo é pegar o bicho pela ponta do rabo — com o peso do corpo, ele não consegue se mexer — e esticar bem o braço para ele não se virar e te morder (aprendi isso com meu irmão mais velho, Ernesto).

Em Ushuaia, lugar onde a temperatura média é de 6°C e as condições de frio são extremas, nunca imaginaríamos ser surpreendidos novamente por um rato. Fomos pegar verduras debaixo do banco no cockpit, e encontramos algumas cenouras roídas!

Além de poder causar doenças como leptospirose, peste bubônica e tifo, eles também roem cabos, fios e até a vela de um barco — um grande perigo para qualquer embarcação.

Foi um deus nos acuda nossa caça ao bicho! Usamos veneno e ratoeiras sem sucesso. Foram dois dias de caça intensa ao bicho, fora e dentro do barco. Bem estocados como estávamos, o rato ia estourar de tanto comer! Wilhelm descobriu que uma das capas da vela estava roída e deduziu que o animal poderia estar escondido dentro da retranca. Mais ratoeiras nesses pontos estratégicos.

No dia seguinte, encontramos as ratoeiras desarmadas, sem qualquer comida, e mais vestígios de cabos roídos. Toda a tripulação se reuniu para uma operação SWAT, procurando o roedor. E de repente acharam um ratão de uns 15 centímetros lá no fundo da retranca. Colocaram a ponta da retranca para fora do veleiro e começaram a bater no metal. Foi tanto barulho que ele pulou para fora do barco. A essas alturas o píer já tinha virado um circo. Velejadores e curiosos, todos dando opiniões sem que ninguém pedisse.

Para não ter mais sustos colocamos proteções nos cabos e nas defensas, impossibilitando que qualquer outro rato conseguisse passar do píer para o veleiro. Nada de clandestino a bordo! Deu muito trabalho lavar um por um os alimentos frescos dos compartimentos. Depois dessa aventura entendemos por que Oleg, o mais experiente dos velejadores da Antártica, possuía dois enormes gatos a bordo!

USHUAIA

Pela manhã, eu estava indo para a padaria quando vi um casal numa bicicleta puxando um carrinho. E para minha surpresa vi que eles tinham um bebê no reboque. Parei para conversar: a mãe, Mai, é uma médica, e o pai, Leutero, piloto de aviação, apaixonados por bicicletas, decidiram embarcar em uma aventura partindo de Buenos Aires para a Patagônia de avião e desembarcaram em Calafate. Ali armaram suas bicicletas e pedalaram 1.500 quilômetros por Calafate, Puerto Natales, Punta Arenas e Rio Grande, até chegar a Ushuaia. Um roteiro normal, para adultos aventureiros, mas no reboque traziam Homero, o filho, de apenas 10 meses. Foram cinco semanas de aventura com o bebê na garupa. Trocamos histórias de façanhas e experiências de se aventurar com os filhos. Mai disse que esse foi um teste, e agora já estão planejando novas aventuras de bicicleta com Homero, indo para a Austrália e Nova Zelândia. Eles trabalham dez meses e economizam dinheiro para viajar durante dois meses. São muito corajosos! E ainda tem gente que acha que sou maluca de sair para navegar com meus filhos, que nem eram bebês.

Um último tripulante chegou. Feliz por navegar no barco que projetou, Nestor Volker, arquiteto naval do veleiro Kat, embarcou conosco para a expedição à Antártica.

Barco lotado, de pessoas e alimentos, foi a vez dos combustíveis. Para esse quesito, o local de abastecimento mereceu uma logística mais que especial e deu muito trabalho a toda tripulação para colocar 4 mil litros de óleo diesel no veleiro Kat. Uma manobra suada, mesmo com o frio, pois alugamos quatro camburões de 200 litros e uma caminhonete de frete que precisou de várias viagens ao posto, a mais de 10 quilômetros de distância. Cada viagem exigia cuidados no transporte, demorava para encher o tanque e tudo era feito com extrema atenção para não derramar diesel na água.

No fim de março se encerra a temporada de visitas à Antártica. De abril a novembro, o inverno antártico com o frio e a neve tornam difícil a navegação e somente embarcações preparadas para não ficar presas no gelo ou que podem hibernar no continente branco têm condições de navegar por ali. Final de fevereiro, era a última data antes do inverno polar da temporada para um barco ir à Antártica, e por isso mesmo estávamos ansiosos para partir.

Navegamos até Puerto Williams, a cidade chilena militar, de 3 mil habitantes e com estrutura básica de pequenos supermercados e lojinhas. Aqui fica a sede da Marinha Nacional que concede a permissão de zarpe para a ida à Antártica. Eles dão todo o apoio às embarcações que navegam para a Antártica com saída do território chileno.

Vilfredo se apresentou na Armada, e o comandante da base veio visitar o veleiro Kat. Capitão mostrou os equipamentos de segurança, epirb, comunicação por satélite Inmarsat, câmeras infravermelhas na proa e na popa para detectar icebergs, radar broadband 4G, cartas náuticas digitalizadas, tratamento de esgoto, previsões meteorológicas europeias e americanas em tempo real, primeiros socorros médicos e dentários, seguro da embarcação e da tripulação, lista de alimentos, combustíveis e água etc.

Tudo vistoriado, e de acordo com os requisitos exigidos por eles, nos deram a licença para navegar pela Antártica.

7. Antártica: praia de pinguins e mares de iceberg

1º DE MARÇO DE 2015: USHUAIA À ANTÁRTICA

Logo nas primeiras reuniões para decidir a rota da Expedição Oriente, fui firme. Antártica? Nem pensar! Sou carioca, aventureira de praias de areia branca, mar azul, pareô, pés descalços e flor nos cabelos. Odeio frio. Vilfredo e David me mostraram vários argumentos e razões para explorar o único continente que ainda não conhecíamos. Mas conhecer a Antártica não estava nos meus planos! Em trinta anos de aventuras, quase sempre concordei com as decisões da família. E nos sonhos em que acreditamos. Mas, desta vez, tive que ser firme:

— Se vocês quiserem ir à Antártica, estou fora! Espero vocês em Ushuaia ou em outro lugar na Patagônia! — falei, decidida, encerrando aquela reunião.

OS SENHORES HORN E DRAKE

Para chegar à Antártica, teríamos que enfrentar uma das rotas de navegação mais perigosas do mundo: atravessar o cabo Horn, o último ponto do continente sul-americano, e o estreito de Drake.

Sendo a passagem do oceano Atlântico para o Pacífico, a quase 56° de latitude sul, o cabo Horn é um dos mais temidos desafios náuticos para marinheiros, piratas, missionários e exploradores.

Para marcar esse momento com tempo bom, vamos conhecer o farol do cabo Horn, onde o oficial Manoel conta sobre os ventos de 180 km/h, que sopraram na semana anterior e balançaram sua casa alojada na torre.

Na capela do farol, peço proteção. Para todos de nossa família, ir à Antártica é a realização de um sonho. Menos para mim.

— O cabo Horn é o Everest das montanhas! — dizem.

Desde 1616, e durante estes três séculos, calcula-se que mais de 10 mil pessoas morreram e oitocentas embarcações naufragaram nas tormentas do cabo Horn, onde os ventos podem chegar a até 200 km/h.

Quase quatro séculos depois de seu descobrimento, a natureza é a mesma. O clima continua rigoroso, assustando qualquer um que ouse chegar a este fim do mundo. O mais austral de todos os cabos é o último pedaço de terra habitado no extremo sul antes de chegar à Antártica.

No encontro entre os oceanos Atlântico e Pacífico, está o também terrível estreito de Drake, com ventos gelados e intensos como um furacão, e localizado numa latitude na qual só existe mar e vento, soprando furiosamente de todos os lados, sem encontrar resistência. Essa característica causa correntes marítimas violentas, com o agravante de que, nas redondezas do cabo, a profundidade da água diminui abruptamente, o que faz com que as ondas fiquem enormes, podendo chegar a mais de 10 metros. Nas piores tempestades, já houve registros de ondas com impressionantes 30 metros.

Começamos a travessia no dia 2 de março de 2015, confiantes na perícia do nosso Capitão, mas, ainda assim, com um friozinho na barriga. Wilhelm cuidou da navegação e da meteorologia, analisando minuciosamente as condições do tempo e do mar. Os dois revisaram as regras de segurança para a tripulação, reforçando a importância de usar o cinto de segurança, pois o mar gelado, de 0°C ou menos, pode matar de hipotermia em menos de 15 minutos qualquer um que cair na água.

Saímos da caleta Martial, localizada a 12 milhas do cabo Horn. A tripulação foi dividida em dois turnos e o veleiro Kat deslizava bonito, a uma velocidade de 18 nós.

ANTÁRTICA

E por que eu não queria vir para a Antártica? Amo navegar. Não enjoo e minha vida nos últimos 34 anos foi velejar sob as mais variadas condições de tempo, e mesmo nas piores tempestades, enfrento sem medo. Mas em 1991, durante uma terrível tormenta, nossos dois mastros caíram, no momento mais terrível que passei no mar, na travessia entre Nova Zelândia e Tonga. Fiquei traumatizada com o frio intenso que senti naquela navegada gelada e nos onze dias que seguimos sem mastros, lutando contra mar e tempestades geladas para voltar a terra. Os carneiros da Nova Zelândia tinham congelado nos pastos na ilha sul. No início me assustei, mas não tive medo, estávamos em um barco de aço, tínhamos alimentos, estávamos seguros, ninguém ferido, em família, e o combustível era suficiente para chegarmos ao fim da rota. Mas foi uma experiência terrível e o intenso frio que senti naqueles dias me marcou muito. Por sete anos nós havíamos navegado pelos trópicos e não estávamos preparados para as condições extremas do frio. Poucas pessoas entendem esse meu pavor. Quando chegamos de volta a terra, depois da perda dos mastros, tínhamos cerca de 50 quilos de roupas molhadas no cockpit. Usamos todas as nossas roupas secas para nos agasalhar. E, como não tínhamos piloto automático, precisávamos revezar em turnos de duas horas lá fora, onde a temperatura baixava mais a sensação térmica. Com a chuva e cada vez que uma onda nos molhava, mesmo vestindo a roupa de tempestade, a água gelada encontrava um caminho para nos molhar até os ossos. E a água do mar a −5ºC no casco de aço do veleiro, sem aquecedor, tornava seu interior muito frio.

Definitivamente sou uma pessoa dos trópicos. Por isso ir para a Antártica era, para mim, mais do que uma aventura. Era onde eu teria que superar meu trauma. Eu tinha dois trunfos na minha mão. Havia feito todas as pesquisas, trocado e-mails com especialistas, fiz um curso de montanhismo na neve e me preparei para lidar com condições extremas de frio, hipotermia etc. O outro trunfo é que tínhamos os melhores agasalhos, acessórios, botas, balaclavas etc. para essa expedição. Respirei fundo, olhei o horizonte e me dei conta de que o próximo destino era a terra dos pinguins!

Ao amanhecer do segundo dia, já tínhamos vencido 125 milhas, e o vento começou a aumentar com a entrada de nuvens de chuva. Quando o vento oeste aumentou para 25 nós, Capitão mudou de rumo para alinhar o barco com a entrada do estreito de Nelson. Pegamos mar calmo, com ondas de 2 metros de altura. Por volta do meio-dia o tempo melhorou, com sol, temperatura externa de 5°C e um mar calmo. Mas havia a previsão da entrada de uma frente fria de noroeste dali a dois dias.

Então, no terceiro dia de travessia, o vento mudou de oeste para noroeste com intensidade de 13 nós. O veleiro navegava com muita estabilidade e a vida dentro do barco, apesar de bem confortável, seguia com alguns tripulantes mareados. O estreito de Drake me recebeu com muito carinho, uma navegadora relutante em estar ali, e atravessamos um mar relativamente calmo.

No final da tarde, começou a nevar forte. À noite, passamos por um navio a 5 milhas de distância. Acionamos a aplicação AIS, um equipamento para identificação de embarcações, que informa o nome, a posição e o destino. Era um pesqueiro russo, o Sodruzhestiva.

Eram 3h da manhã quando entramos no estreito de Nelson, em direção à ilha Half Moon. Chegamos à Antártica, o único continente que a família Schurmann não conhecia. O cansaço e a ansiedade deram lugar à alegria, e celebramos esse momento histórico com a Macarronada do Capitão!

Durante toda a noite, uma nevasca chicoteou o barco. Pedro, Heitor, Fabiano, Volker e eu nem dormimos direito, vendo a neve caindo pela gaiuta.

Na manhã seguinte, adivinhem quem foi a primeira tripulante a sair do barco? Exatamente. A carioca, aventureira de praias de areia branca, mar azul, pareô, pés descalços e flor nos cabelos.

O barco parecia um camaleão, que muda de cor para confundir o inimigo: branquinho, coberto de neve de proa a popa. E nem estava tão frio!

Chegar pela primeira vez ao continente gelado é uma mistura contraditória de sentimentos e expectativas, além de um alívio por terminar a ansiosa travessia pelo Drake. O termômetro marcava –5°C e logo as câmeras estavam em ação! Ah, se nossos olhos pudessem transmitir as emoções daquele momento. Estávamos completamente fascinados pela beleza da Antártica.

DIÁRIO DE BORDO: MARÇO DE 2015

Estamos ancorados em Half Moon, South Shetland Islands. Todos estão lá embaixo, no interior aquecido. Eu, aqui em cima, toda agasalhada com roupas quentes, pareço uma esquimó, encolhida, só com os olhos de fora. Fascinada. — Sai deste frio, Formiga. Vem para dentro! — a tripulação me chama. Não consigo. Não quero perder nem um minuto deste branco ao meu redor, desta beleza dos tons do gelo, deste silêncio. Uma energia diferente das praias tropicais, mas, nem por isso, menos poderosa. Sinto-me como uma astronauta. Em vez de céu, planetas e estrelas, meu universo, neste momento, é um continente que ainda guarda características misteriosas, fascinantes e imprevisíveis.

Após mergulhar em pesquisas, livros, filmes e conversas com pessoas que já estiveram aqui, isto era o que eu sabia sobre a Antártica: o continente é um deserto de gelo gigante, o lugar mais seco, mais ventoso, mais vazio, mais frio, mais desabitado da Terra, com condições de tempo terríveis e mares furiosos. E com mais de 15 milhões de quilômetros quadrados, quase duas vezes o tamanho do Brasil, concentra 90% do gelo do planeta e três quartos da água doce do mundo. Sem humanos como habitantes permanentes, são os animais que dominam o continente: pássaros marinhos, pinguins, baleias, golfinhos, focas, elefantes e leões-marinhos.

Eu conhecia bem as histórias dos grandes exploradores, como James Cook, Charles Darwin, Sir Ernest Shackleton, James Clark Ross, Sir Edmund Hillary, Richard Evelyn Byrd, Nobu Shirase e Roald Amundsen. Era a nossa vez de escrever nossa história de aventura na Antártica.

VIDA A BORDO

Navegando nas altas latitudes, a vida a bordo mudou de dimensão e tudo ficou mais difícil. Fernando, o cozinheiro, enfrentou um grande desafio ao preparar as refeições com o fogão Cardan, que balança, mas se mantém na horizontal, para as panelas não virarem. A tripulação tinha que colocar redes de proteção nas camas antes de dormir, para não cair. Ir ao banheiro exigia um malabarismo de circo e nessas horas eu tinha vontade de me transformar em um polvo e ter mais mãos para me segurar.

O relacionamento a bordo era tenso em manobras mais difíceis, mas também rolava muita brincadeira. A cozinha se tornou um ponto de encontro importante no barco, e os tripulantes faziam turnos para variar o cardápio. À noite, ancorados e protegidos, a cada três dias tínhamos uma sessão de cinema na tela da sala e pipoca quentinha. Um bom jantar era acompanhado com vinho, quando estávamos ancorados em uma baía segura. Truques de mágica, jogos de cartas, de tabuleiros e muita conversa para o lazer. No trabalho, as filmagens, as mídias sociais, a manutenção e a navegação mantinham todos ocupados no barco. A internet era limitada, mas, quando chegamos à Antártica, todos os tripulantes tinham uma cota de telefonia de satélite para ligar para seus familiares.

Logo me animei e, junto com a tripulação, recolhemos a neve e fizemos no cockpit um boneco muito engraçado com nariz de cenoura e xale vermelho! Para a surpresa da tripulação, apareci com meu pinguim inflável (que comprei um ano antes de ir para a Antártica) e o coloquei junto ao boneco de neve.

Nossa tripulação era formada por onze pessoas. Vilfredo, eu, Wilhelm, Emmanuel, Fernando, Heitor, Pedro, Dani, Fabiano, Natalie, e o arquiteto naval Nestor Volker, que embarcou em Ushuaia. Um grande desafio de convivência em um pequeno espaço. Todos com adrenalina a mil com essa etapa da viagem. Mas Emmanuel era o mais entusiasmado de todos.

Recebemos um chamado pelo rádio da base naval Camara, da Argentina, que nos convidou para uma visita à estação de pesquisas. Capitão e a tripulação foram visitar a base. Emmanuel e eu escapamos da visita. Vimos um marinheiro argentino descendo a ladeira de tobogã, e ele nos emprestou a tampa de caixa-d'água e fomos descer a colina atrás do prédio, com uma espécie de trenó/tobogã improvisado. Ah, que divertido ter um neto para brincar e rir juntos dos tombos e cambalhotas! Descer o morro na velocidade foi fácil, mas cada vez que subia... perdia o fôlego! Nem senti o frio, mas estava fora de forma.

ANTÁRTICA 85

A temporada de visitas à Antártica começa em novembro e termina em março. Mesmo assim, os dias ainda são longos, de doze horas, o que nos dava a oportunidade de explorar os lugares. O comandante da estação nos comunicou que a maioria das bases já estava fechando, e os cientistas voltando para o continente.

Aqui na Antártica temos que enviar, por e-mail para as autoridades chilenas, a posição do veleiro cada vez que mudamos de ancoragem. Eles nos seguem e sabem onde estamos. Se houver uma emergência, fica mais fácil encontrar o barco.

As pessoas vêm conhecer a Antártica por sua beleza e pela aventura, ao passo que os cientistas são atraídos pelas pesquisas surpreendentes que podem realizar no lugar. Com quase cinquenta bases permanentes de trinta países instaladas na Antártica, são 4 mil cientistas, biólogos, geofísicos, geógrafos, meteorologistas, engenheiros que permanecem durante o verão, e cerca de mil que ficam no inverno das temperaturas mais extremas do mundo. Há também cerca de outras mil pessoas trabalhando como cozinheiros, mergulhadores, mecânicos, carpinteiros, operadores de rádio, médicos, enfermeiros, pessoal de escritório, professores e o sacerdote da Igreja Ortodoxa Oriental mais ao sul do mundo, na estação russa de Bellinghausen.

Os programas de pesquisas têm foco no impacto das mudanças ambientais globais na Antártica e em suas consequências para o planeta. Aqui foram detectados os aumentos da temperatura global do nível dos oceanos e do buraco da camada de ozônio, além de estudos sobre a poluição, produzida, em sua maioria, pelos países desenvolvidos. Os resultados dessa pesquisa podem afetar a vida dos habitantes a milhares de quilômetros de distância.

Estávamos na Convergência Antártica (encontro da Corrente Circumpolar Antártica com as correntes quentes do sul dos oceanos Atlântico, Índico e Pacífico). Esta região é a mais nutritiva do planeta. Aqui cresce o krill, crustáceo que forma a base da cadeia alimentar de diversas espécies de animais: aves marítimas, pinguins, peixes, mamíferos e grandes cetáceos, como determinadas baleias que chegam a ingerir duas toneladas de uma só vez. Os leões-marinhos e os pinguins foram nossos companheiros de navegada desde que chegamos aqui. Avistamos as baleias jubarte e as baleias-de-minke que nadavam ao nosso lado, e a foca-leopardo se tornou companhia frequente. Durante várias décadas, a caça às baleias foi intensiva nesse continente, a ponto de levar algumas espécies à beira da extinção. Com a proibição estabelecida em 1986 pela maioria dos países do mundo, esses cetáceos voltaram a nadar livremente pelos oceanos e sua população voltou a crescer. Na península Antártica, elas vivem tranquilas e são muito curiosas. Algumas se aventuram bem perto do barco, exibindo seu corpo majestoso e uma sutileza impressionante para um animal tão grande.

Os pinguins são as aves mais populares do mundo. Curiosos, nadam e pulam ao redor ou na frente do barco, como os golfinhos. A baía de Cuverville abriga uma das maiores colônias da região, com 5 mil pinguins-gentoo. E eles têm a peculiaridade de passar os oito meses do inverno no mar. Quando estão em terra, não têm nenhum medo das pessoas e, para chegar mais perto de nós, até subiam em pedras. Seguimos a regra de observação da vida animal de acordo com o Tratado da Antártica: a distância máxima de aproximação dos pinguins é de 5 metros. Mas podíamos sentar no chão, sobre a neve ou uma pedra e esperar por eles. Dois deles chegaram bem perto e ficaram a uns 10 centímetros de nosso rosto. Examinavam com atenção, balançando a cabeça para a direita e para a esquerda. Andávamos com cuidado para não perturbar seu caminho. Se eles estavam caminhando em nossa direção, esperávamos até que passassem por nós. Das 17 espécies conhecidas, a maioria habita ou se reproduz na Antártica. Na península, as espécies mais encontradas são os pinguins papua (ou gentoo), pinguins-de-barbicha e os pinguins-de-adélia. Todo verão eles se reúnem em grandes colônias para reproduzir, ter seus filhotes e se preparar para enfrentar o inverno.

Apesar de todo esse cenário lindo, o cheiro das colônias de pinguins é horrível, e tínhamos que olhar com cuidado onde pisávamos para não escorregar nas fezes. Pedro, que resolveu tirar fotos melhores, subiu devagar numa encosta, escorregou e caiu sentado em cima de todo aquele cocô. Rimos muito, mas, como ninguém aguentava o cheiro dele, o coitado teve que lavar a jaqueta várias vezes.

Nosso próximo porto foi a ilha vulcânica Deception, batizada, em teoria, pela grande decepção que causou aos primeiros exploradores que chegaram ao local: felizes em encontrar um porto seguro, descobriram em seguida que

ANTÁRTICA

87

estavam, na verdade, dentro da cratera de um vulcão. De fora, parecia uma ilha normal, mas depois de cruzar a escondida e estreita passagem entre duas montanhas, com o nome de Janela de Netuno, entramos em um lago com uma baía de areia grossa e de cor grafite, quase preta. Esse é o porto mais seguro da Antártica e um lugar incrível! A paisagem nas montanhas é cintilante e a cena é pintada com neve branca pura, geleiras azul-turquesa e montanhas negras. Tentei encontrar um adjetivo para descrever o belo: lindo, espetacular, maravilhoso, deslumbrante, mas o que vejo é muito mais do que todos esses adjetivos juntos. Um ar de mistério envolve a lagoa, com uma neblina das fumarolas quentes à beira da praia vulcânica que faz um contraste incrível com as brancas montanhas. Minha imaginação "viu" ali o lugar que meu herói, Júlio Verne, se inspirou para descrever com detalhes esse lugar onde o submarino Nautilus entrou para abastecer, no seu livro *20 mil léguas submarinas*.

Estávamos a 62°57'S, 60°38'W. Desembarcamos e fomos explorar Whalers Bay, as ruínas da antiga estação baleeira e da estação de pesquisas, destruídas pela lava da última erupção vulcânica, em 1969. Me arrepiei ao andar naquele lugar fantasmagórico. Vilfredo e eu até falávamos baixinho!

Os primeiros habitantes chegaram ali no início do século XIX. Construções enormes abrigavam os gigantescos tonéis de armazenar óleo de baleia, o matadouro, a casa dos pesquisadores, o velho hangar. Os noruegueses chegaram à ilha em 1912 para comercializar pele e carne de focas e leões-marinhos e acabaram dizimando a população desses animais. A empresa de processamento de carne e óleo matou cerca de 5 mil baleias até 1913! Caminhamos devagar, com solenidade e respeito naquele museu a céu aberto que mostrava a destruição provocada pelos homens. Os lucros foram tantos com o óleo que a colônia expandiu e até construíram uma pista de pouso dos primeiros aviões de pequeno porte que chegaram à Antártica. Olhando o hangar, pensei como os pilotos eram corajosos por se aventurar em um lugar tão inóspito. Várias vezes olhei ao meu redor com a sensação de que alguém estava nos espiando entre as ruínas misteriosas e desoladas.

— Impressão sua — dizia Vilfredo.

— Juro que vi um vulto passar — insisti. Ainda tenho a impressão de que vi vultos.

Desde 1969, depois da erupção do vulcão, tudo foi abandonado e a neve invadiu as ruínas, que são testemunhas silenciosas de uma tentativa de civilização que terminou de forma abrupta e definitiva, como se o lugar estivesse expulsando os humanos dali.

Um sol tímido saiu, e os dias seguintes foram para explorar as montanhas ao redor da cratera e produzir material de filmagem e fotografia. A tripulação também se divertiu com guerras de bola de neve e caminhadas incríveis na cratera ao redor da baía. A fumaça ali nos lembrava que o vulcão continuava ainda ativo bem debaixo de nossos pés. Ele é monitorado constantemente.

Na beira da praia negra, Capitão e alguns tripulantes tomaram coragem e mergulharam nas águas quentes.

— Vem, Formiga, a água está morninha como na Polinésia!

— Acredito!

Mas, só de pensar em tirar toda a roupa que estava vestindo, desisti na hora. Emmanuel e Heitor foram nadar também e, assim que eles saíram da água, estavam morrendo de frio! Brrrr!

Os dias de sol, com mais de quatorze horas de luz, tinham uma programação intensa para explorar a ilha, subir as montanhas, caminhar entre os pinguins e lobos-marinhos — com todas as cenas filmadas e fotografadas. Nosso único intervalo era a hora do almoço. A tripulação aproveitava para recarregar as baterias dos equipamentos e a seguir já estávamos de volta para conhecer novos lugares na ilha.

Estávamos prontos para levantar âncora e partir da ilha Deception quando ouvimos, pelo rádio, o anúncio da chegada de um navio. Em plena Antártica, sem combinação prévia, aparecia à nossa frente o navio polar da Marinha brasileira. O comandante José Benoni tinha enviado em janeiro de 2015, via Luciano Candisani, nosso tripulante da Expedição de Magalhães, um convite para visitarmos o navio quando viéssemos para a Antártica. Agradecemos, mas não fizemos nenhum planejamento para esse encontro.

— Que coincidência! — exclamou Capitão.

— Olá, navio Maximiano, aqui veleiro Kat.

— Olá, comandante Capitão e tripulação do veleiro Kat! Que agradável surpresa encontrar vocês por aqui. Estou convidando vocês para virem a bordo.

ANTÁRTICA

Encostamos ao lado do navio e fomos recebidos pelos tripulantes, que nos aguardavam tão surpresos como nós. O navio polar Almirante Maximiano é carinhosamente apelidado de "Tio Max". Seu trabalho é coletar dados oceanográficos em apoio aos projetos científicos do Programa Antártico (Proantar), que recebe equipes de pesquisadores brasileiros para investigar temas como o efeito das correntes antárticas no clima brasileiro, além de outros assuntos nas áreas de Hidrografia, Oceanografia, Geologia, Biologia e Geofísica. O Tio Max possui um comprimento total de 94 metros, acomodações para 113 pessoas, diversos laboratórios utilizados pelos cientistas e pesquisadores, videoteca, sala de ginástica, internet café, biblioteca, enfermaria e até gabinete odontológico.

O jantar de comemoração do encontro no navio foi uma cena que nunca imaginei! Como gentileza, Capitão os convidou para uma visita ao veleiro Kat.

Ficamos orgulhosos em descobrir que o Brasil está tão bem representado no continente gelado. Ver as duas embarcações, lado a lado, com as bandeiras verde-amarelas, foi um momento marcante da nossa passagem pela Antártica.

O projeto da expedição previa, há cinco anos, visitar a base brasileira Estação Antártica Comandante Ferraz (EACF). Mas um incêndio na estação de pesquisas, em 2012, mudou nossos planos.

No veleiro Kat, a tripulação já estava ambientada com a temperatura. Dentro da cabine, o aquecedor conservava a temperatura em confortáveis 22°C e as refeições hipercalóricas mantinham a equipe bem alimentada.

Capitão Oleg, do veleiro Kotik, que tem mais de vinte anos de experiência em travessias e viagens na Antártica, quando veio a bordo nos visitar, no píer de Ushuaia, nos deu a dica de uma superstição marinheira para cruzarmos um dos trechos mais perigosos do mundo: *Levem um cordeiro amarrado na popa do barco para apaziguar o Drake, na passagem entre a Antártica e a América do Sul.* Assim seguimos a superstição e, na véspera de partir do Ushuaia, compramos um cordeiro congelado no supermercado. Com o frio que estava fazendo, nem precisava deixar o bicho na geladeira: ele ficou duas semanas no gelo, ao ar livre, embrulhado em um saco.

Quando estávamos ancorados em Porto Williams, no Chile, um dia pela manhã vimos que o saco estava furado e um pedaço do cordeiro fora retirado. Preocupados com a possibilidade de um rato estar a bordo, verificamos nas câmeras de vigilância — são duas na popa e duas na proa — e para nossa surpresa vimos um enorme pássaro, um mandrião-chileno, furando a proteção e bicando nosso futuro churrasco.

Na baía de Cuverville, passamos mais de uma hora fazendo manobra para ancorar firme. Foram precisos 240 metros de cabo amarrados nas pedras, pela proa e pela popa, para o barco ficar seguro. Essa manobra foi realizada num dia muito frio, e como recompensa decidimos preparar o cordeiro. Fui escolhida como a cozinheira do dia: com ajuda de Wilhelm, cortamos em vários pedaços, e colocamos para marinar num molho de limão e alecrim. Duas horas depois assamos no forno até chegar ao ponto certo. Deu para duas boas refeições, e realmente apaziguou o Drake na velejada de vinda!

Quando cheguei à Antártica, estava cheia de expectativas. Mas todos os meus mitos foram derrubados: o clima seco amenizou; a temperatura mais baixa que pegamos foi –15°C, não senti esse frio tão grande — me agasalhava bem, com várias camadas de roupas para me proteger. O tempo e mares horríveis resolveram não aparecer perto de nós.

Estar na Antártica mexeu com meu coração e minha mente: eu estava aberta para novas experiências; curiosa para desvendar, a cada ancoragem, uma paisagem, uma história, uma descoberta e um sentimento.

Nossa estada de 25 dias foi de intensa exploração! De todas as emoções que senti, ver o primeiro iceberg me deixou sem fôlego. De repente, aquele imenso pedaço de gelo gigante do tamanho de um navio pequeno estava tão próximo. Inevitável pensar no Titanic. O ar frio bateu no meu rosto e a luz branca do gelo refletia na água. Na minha frente, apareceram mais icebergs, imponentes, lindamente puros e únicos. E, em cada um deles, os tripulantes viam formas de caverna, de coração, alguns largos e arredondados, e outros com bordas irregulares pareciam monstros gelados. E só é possível enxergar a parte dessas esculturas de gelo que está acima da superfície delas. O que se esconde abaixo das águas permanece um mistério.

Navegamos pelo estreito de Gerlache, que tem 172 milhas (320 quilômetros) de comprimento e um dos visuais mais bonitos, com diversas baias

ANTÁRTICA

fascinantes. Nesse trajeto ancoramos nas baías de Yankee, Cuverville, Enterprise, Paradise. Esse canal, localizado entre a península e as montanhas da ilha Booth, é um cânion entre paredões de gelo que chegam a 120 metros de altura. Atravessá-lo de barco é uma experiência inesquecível: um caminho de puro gelo, icebergs azuis e de glaciares gigantescos que quebram, caem e se esparramam pelo mar.

Dani, fazendo filmagens, e Pedro, que tirava fotos, chamaram nossa atenção para a qualidade da luz. Muito pura, como em nenhum outro lugar na Terra, porque o ar é tão livre de impurezas. Tudo parecia banhado por uma incrível luminosidade.

Na Antártica, tudo é uma extensão do branco e mais branco, às vezes branco-azulado, onde a paisagem das montanhas nevadas se mescla com paredões de geleiras, e a percepção da distância e do tamanho se torna ainda mais enganadora. Depois de uma semana, comecei a perder a noção do mundo exterior. Não há carros, arranha-céus, telefones celulares, casas ou gente. Era como se nós fôssemos os únicos habitantes do planeta, tão longe de tudo e em um mundo surreal.

Ancorados em diversas baías, depois de um jantar gostoso e um bate-papo, toda a tripulação ia dormir cedo, pois ao nascer do sol já estávamos partindo para explorar novos lugares.

Também por ser fim de estação, encontramos apenas cinco veleiros nas baías por onde passamos. E somente três navios de passageiros.

Ancoramos em Paradise Harbour e Wilhelm avisou:

— Aqui é muito fundo, temos que chegar bem perto, vamos dar uma olhada na profundidade. A manobra é assim: temos que ancorar e depois vamos amarrar um cabo na proa e na popa, que vou levar até a terra, e amarrar nas correntes que os antigos barcos baleeiros deixaram aqui. O vento forte vai vir de nordeste, com a previsão de até de 40 nós. Assim ficaremos bem seguros no meio da baía.

O cenário é deslumbrante, formado pelo reflexo dos glaciares de diferentes formas nas águas calmas. São destes glaciares que se desprendem os icebergs, imensas ilhas geladas que flutuam por meses ou até anos nas águas antárticas. Exploramos a colônia de pinguins e caminhamos pela estreita praia de pedras. Wilhelm remou de stand-up paddle no meio dos icebergs, graças ao bom equilíbrio, porque se caísse no mar gelado poderia ser atacado pela foca-leopardo com seus dentes afiados. Paradise Bay é cercada por dezenas de glaciares, de onde se desprendem grandes blocos de gelo com um estrondo de forte trovoada.

Você já ouviu o som do silêncio? É uma sensação tão poderosa que deixava meu cérebro meio adormecido. Na cabine, eu escutava o silêncio, enquanto entrava e saía de estados de consciência e sonho. E dormia como uma criança. Por isso acordei no meio da noite com um barulho horrível, como se um martelo gigante batesse no casco. Pequenos icebergs tinham sua passagem impedida pelo barco ancorado na baía. Aos menores se juntaram outros maiores, que batiam contra o casco tentando passar para o outro lado do barco. Ao amanhecer, estávamos cercados de gelo e icebergs.

— Vamos sair daqui imediatamente — ordenou Capitão.

Mais fácil falar do que fazer. Estávamos no meio da baía. Na frente e atrás do barco, tínhamos amarrado os cabos em correntes grossas de antigos barcos baleeiros. Foram várias manobras para livrar o veleiro Kat. Capitão no leme, com o motor. Wilhelm, Fernando e Fabiano desamarraram os cabos dessas correntes. Para piorar ainda mais as coisas, o cabo da âncora estava preso a um bloco de gelo. Na realidade, ela estava literalmente flutuando, porque o iceberg levantou o cabo e a fez flutuar.

Toda a tripulação trabalhou rápido nas manobras, mesmo sendo importunada por uma foca-leopardo que chegou muito perto do bote. Alguns velejadores que aqui estiveram fizeram relatos sobre seus botes furados pelos dentes afiados desse animal. Um perigo real.

Aos poucos, o veleiro Kat foi empurrando com o motor e quebrando o gelo. Ter um barco de aço e forte nos deu segurança. Algumas vezes, os icebergs estavam tão próximos que os empurrávamos com as mãos. Fernando e Heitor estavam no bote para empurrar o barco caso ele precisasse de uma ajuda extra. Foi uma manobra muito tensa, mas aos poucos conseguimos sair dali. Corríamos o risco de ficar presos na baía alguns dias, caso não escapássemos daquele lugar.

Wilhelm confessou:

ANTÁRTICA

— Cada ancoragem aqui vira um desafio. Nunca tínhamos passado por uma situação assim. Realmente é uma experiência fantástica de ver todo esse gelo e presenciar o poder da natureza, porque por mais que eu olhe ao meu redor é impressionante essa grandeza, de uma magnitude impactante. E continuamos nossa exploração pelo canal, que nos levou para a baía Dorian. Aqui nesse continente, as estruturas não são bases científicas, são um museu. Duas cabanas erguidas no local — o refúgio argentino Bahía Dorian, construído em 1957, e o Damoy Hut, abrigo britânico de 1975 — continuam intactas até hoje. Nossa surpresa: não tinham tranca na porta, e encontramos tudo bastante organizado. Como num museu, guardam histórias, livros, fotos, documentos, utensílios (fogão, camas, sacos de dormir, luvas, abrigo, raquetes para caminhar na neve, picareta, pregos, martelos) e mantimentos (leite em pó, café, comida liofilizada, biscoitos), além de equipamentos de sobrevivência. O espaço serve como abrigo para exploradores durante emergências, até chegar o socorro. Na pequena biblioteca, deixei na prateleira um livro meu, *Pequeno segredo*. Quantas memórias e histórias das expedições que passaram pelo refúgio. Encontramos a foto do Paratii, veleiro do Amyr Klink, relembrando a sua passagem solitária na baía Dorian, entre 1989 e 1990.

Não resistimos às suaves colinas ao redor, e toda a tripulação decidiu fazer tobogã (esqui-bunda) com as defensas do barco. Tombos e gargalhadas quebraram o silêncio.

Os tripulantes trouxeram uma bola de futebol e rolou um bate-bola bem animado na neve. Felizes por estar fazendo sol e por não haver vento, decidiram subir e explorar a mais alta colina da baía. Eu preferi voltar para o barco.

O cenário era dos mais lindos e diferentes que vira até agora. O céu estava azul sem nuvens e um manto de neve cobria a terra, de horizonte a horizonte, até onde eu conseguia olhar. Caminhava com a emoção de irrealidade. Parei e fiquei suspensa num silêncio e num espaço em que nada se movia, nem mesmo a brisa do vento. Lá embaixo, uma colônia de pinguins-gentoo, que pareciam pérolas negras esquecidas no gelo. O veleiro Kat completava este quadro, mais um elemento branco, ancorado num mar parado como um espelho. E, ali perto, um iceberg majestoso brilhava com seus tons de azul e parecia flutuar no ar.

EXPEDIÇÃO ORIENTE

Na imensidão desse branco, vi como eu era pequena, mas em perfeita harmonia com a natureza, em uma paz infinita. Foi nesse momento que me senti na Antártica. E fiquei feliz por ninguém ter levado a sério o meu motim pessoal em recusar estar no barco quando eles viessem para cá.

Na navegada para Port Lockroy, admirando as montanhas já totalmente cobertas de neve, de repente surgiu um grupo de baleias. Nos lembramos das regras de avistamento de baleias: manter distância de 30 metros, e motor ligado no neutro ou desligado. Mas esses curiosos cetáceos não sabem as regras, e para nossa alegria eles passaram pela proa, bordos, popa... Contamos pelo menos uns oito! Foi um momento de grande excitação e alegria ver esses animais tão grandes e ao mesmo tempo gentis ao lado do barco, nos espiando.

A estação de Port Lockroy, o *post office* operado pela Inglaterra, é o único correio da Antártica, e já estava fechado para a temporada. Com três pequenas casas, esse é o único lugar onde se pode comprar cartões-postais da Antártica.

Já estivemos em pontos extremos dos oceanos, nos cabos mais ao sul dos continentes, e navegamos sobre as profundidades abissais, mas Port Lockroy foi a latitude mais sul que visitamos no mundo, localizada a 64°49'30.4"S, 63°29'40.9"W.

Descemos em terra pela manhã para explorar a ilha com uma grande concentração de pinguins-gentoo. Era impossível manter a distância mínima de 10 metros estabelecida pelas diretrizes do Tratado Antártico. As aves atrevidas passavam do nosso lado, por cima de nossos pés. Além dos pinguins, a ilha está cheia de biguás, gaivotões e mandriões.

Na Antártica, quem manda é a natureza, e as mudanças climáticas são rápidas e imprevisíveis. Wilhelm anunciou que uma tempestade estava se aproximando. Seguimos rápido velejando para nosso último porto, na baía da estação americana Palmer Station. No caminho, encontramos icebergs gigantes. A estação nos chamou por rádio, pediu que nos identificássemos e indicou onde poderíamos ancorar. Nesse lugar de muitos glaciares, constantemente escutamos o estrondo dos glaciares que se rompem e podemos ver os gigantes blocos de gelo caírem no mar.

ANTÁRTICA 95

A tempestade forte nos obrigou a ficar dia e noite sem sair do barco. Essa nevasca foi um aviso de que o inverno estava chegando e era hora de partir. Aproveitamos que estávamos bem abrigados e quentinhos e fizemos uma festa de despedida da Antártica. Foram cinco horas de pizza, com Heitor e Fernando se desdobrando para fazer uma melhor do que a outra. Terminaram com pizza de banana para sobremesa.

Heitor, em um momento, olhou pela janela e disse:

— Ih, está cheio de turistas lá fora.

Ninguém acreditou. Fomos ver, e, para nossa surpresa, um pequeno navio russo estava ancorado na baía e os turistas estavam caminhando em terra! Inacreditável ver as pessoas caminhando no meio da nevasca e os pinguins em terra.

O Tratado Antártico, assinado atualmente por 48 países, estabelece regras sobre permanência, atividades e conservação do continente. Atualmente são permitidas apenas atividades turísticas e científicas com fins pacíficos. O número de visitantes em navios de cruzeiro à Antártica aumenta a cada ano.

Ainda aguardando o tempo bom, conversamos sobre nossa vinda para a Antártica. Foram cinco anos de muito planejamento, trabalho, noites em claro e expectativas para realizar o sonho de chegar até o continente que não conhecíamos.

O maior desafio foi viver a bordo, com onze tripulantes, durante um mês, sem desembarcar em nenhuma cidade. Em todas as caminhadas que fazíamos ou quando a tripulação explorava o alto das montanhas, cada um deles compartilhava suas experiências e descobertas. Foi muito especial estar em um veleiro nesse local ainda tão selvagem. É um lugar de paradoxos, onde os animais nativos e a vida selvagem que existe aqui não temem os seres humanos.

Capitão compartilhou seu sentimento:

— Vir à Antártica foi uma experiência muito especial, um lugar que sempre sonhei conhecer... eu vou voltar aqui, tenho certeza absoluta, não só pelo desafio em si, mas pela beleza que é o sétimo continente. Eu amei imensamente.

Para essa viagem, o planejamento foi minucioso. Quem vem para cá de veleiro tem que trazer comida, combustível e água suficientes para mais tempo do que a duração da viagem. Temos a bordo Capitão, Wilhelm e Fernando para fazer reparos e manutenção no caso de algo quebrar, além de peças e recursos sobressalentes para lidar com imprevistos inevitáveis. Levamos 1.850 litros de diesel e 2 mil litros de água, e o dessalinizador que produz 200 litros de água por dia. Tivemos uma boa velejada para atravessar o Drake, mas, desde então, os ventos ficaram escassos e utilizamos o motor na maioria das passagens pelos canais cheios de icebergs.

Também tivemos que ser cuidadosos com a saúde, na alimentação hipercalórica e beber muita água para não desidratar no clima seco. E muito cuidado nas escaladas, trekkings e exposição ao frio. Além da farmácia completa, Natalie, Fabiano e eu temos treinamento de primeiros socorros para o caso de uma emergência médica. Nessa época, são poucas as estações de pesquisa que ainda estão abertas.

Nos preocupamos muito em não causar qualquer impacto ambiental. Todo o lixo de plástico, metal, vidro e papel foi separado, compactado e armazenado para ser reciclado quando voltarmos para Ushuaia. Uma parte do lixo biodegradável foi colocada na composteira, e outra armazenada debaixo do banco do deck (que virou um freezer).

A Antártica ainda continua sendo um continente remoto, solitário e desolado. Um lugar onde é possível ver os esplendores e imensidades do mundo natural em sua forma mais dramática e vislumbrá-los quase exatamente como eram muito tempo antes de os seres humanos ocuparem o planeta.

Escrevi no meu diário de bordo:

"O continente branco não é para mim apenas mais uma história de um livro, clipe de um programa de TV ou vídeo. Eu senti o ar gelado na minha pele, naveguei pelas paisagens brancas e ouvi a voz da natureza. Foi uma das aventuras mais incríveis da minha vida. E, como todas as grandes aventuras, guardarei como um tesouro a profunda conexão com este lugar de beleza selvagem chamado Antártica. Aqui aprendi a superar meu maior trauma de enfrentar o frio extremo.

"Mas o mais especial foi meu encontro com Deus, que me disse, sem palavras, que eu merecia estar vivendo esse momento!

"Como em um sonho, cada foto que vejo é uma mostra do que eu vi e vivi: uma pequena fração do que é a vastidão da Antártica. O lugar onde

ANTÁRTICA

me curvei diante da grandeza da natureza, escutei o silêncio em sua própria dimensão, me deslumbrei com a beleza dos glaciares e montanhas, convivi lado a lado com a vida selvagem de pinguins, focas, leões-marinhos, baleias e o elegante albatroz."

No dia seguinte, com boa previsão do tempo, partimos da Antártica.

O vento no início da passagem no Drake foi bom, a 25 nós. No dia seguinte ele chegou a 40 nós contra, e as ondas cresceram. De repente, o leme ficou frouxo, pois o pino do braço que movia o leme hidráulico se soltou, e Capitão acionou o sistema de leme auxiliar.

Esse é um dos piores lugares no mundo para se fazer um reparo no barco. A tripulação abaixou as velas, e Fernando foi ajudar Wilhelm no conserto, que não podia demorar muito, caso contrário a frente fria prevista chegaria e ficaríamos sujeitos aos ventos fortes. E, sem o sistema do leme funcionando, o veleiro Kat ficaria em uma situação muito preocupante, impedido de fazer manobras no mau tempo.

Trabalhando em sincronia, eles tiveram que dar umas marretadas fortes para prender o pino. Fernando avisou que estava consertado provisoriamente, mas teríamos que fazer uma revisão quando chegássemos a Ushuaia.

E, quase no final da travessia, o Senhor Drake nos pegou.

O serviço de meteorologia avisou de uma previsão de ventos fortes chegando mais perto da América do Sul. A 54 milhas (100 quilômetros) de cabo Horn, os ventos aumentaram e alcançaram 90 km/h, fazendo a travessia se tornar uma espécie de descida de montanha-russa e com a água lavando o barco como se estivéssemos dentro de uma máquina de lavar roupas gigante. Duas enormes ondas quebraram no cockpit, que se tornou uma piscina, mas a água escoou rapidamente. O veleiro Kat aguentou firme nesse teste, nos tirando das garras do Drake até passarmos o cabo Horn, com ondas de mais de 4 metros.

Comemoramos com muita alegria esse momento histórico — a passagem pelo Horn e o Drake com brilho nos olhos! Estamos felizes com o sonho realizado em mais essa conquista como navegadores!

8. Os labirintos dos canais chilenos

14 DE ABRIL DE 2015: CANAL
DE BEAGLE A PUERTO MONTT

Depois que chegamos da Antártica, nossa estada em Ushuaia durou o tempo suficiente para reabastecer de alimentos e combustível e também para nos despedirmos dos tripulantes que estavam desembarcando: Nestor Volker, Daniel e Natalie.

E mais despedidas dos amigos Oleg, do veleiro Kotik, a esposa Sophie e seu filho Igor, de Mario e Janaina. Ganhamos geleia de calafates, parte de uma superstição local, que diz que quem come a fruta calafate volta outra vez à Patagônia. Com certeza acredito, pois sempre que passei por aqui, comi, e essa é a minha terceira viagem a essa linda região!

De Ushuaia a Punta Arenas seriam cerca de 270 milhas (500 quilômetros), pelos canais chilenos, em um caminho onde não há estradas nem aeroportos, e o acesso é feito somente pelo mar em barcos ou navios. Para mim é um dos trechos mais lindos, remotos e inexplorados, passando por alguns dos lugares mais incríveis do extremo sul do Chile.

Zarpamos com uma chuva fina e quase sem vento para a travessia do canal de Beagle. Na neblina baixa só se avista a floresta em cada margem com a natureza intocada e selvagem.

De repente, sinto uma sinergia maior entre os membros da tripulação. Depois de navegarmos em mar aberto, com ondas altas, é como se aqui fosse um santuário, nesses canais de águas mansas, num outro ritmo de vida, curtindo o silêncio dessa natureza, que é quebrado somente pelo vento ou quando passamos perto das colônias de leões-marinhos, que se assustam ao ver o veleiro Kat e emitem sons altos.

A navegação foi planejada com inúmeros detalhes pelo Capitão e Wilhelm, com atenção para diversos perigos como algas gigantes, de até 6 metros em muitos lugares, que se enroscam no leme e diminuem, e às vezes até impedem, a marcha do barco.

Uma vantagem de navegar pela avenida dos Glaciares é que esse trajeto só pode ser cruzado durante o dia. E assim, a rotina de bordo foi alterada. Nas águas tranquilas podemos nos dar ao luxo de ter panquecas para o café da manhã! E *motoramos* devagar ao lado das geleiras, que foram batizadas com o nome de cada um dos países que ajudaram a cartografar a região: Alemanha, França, Itália, Holanda e Suíça (Romanche).

Bem romântico, mas uma área com muitas aventuras. Exploramos, e às vezes era difícil subir entre as arvores até o limite do glaciar com o bosque, ou em longas caminhadas morro acima, de onde podíamos ver o veleiro Kat quase escondido entre as margens de uma baía. Quando saía o sol, os glaciares brilhavam em tons de azul e, não raro, nossa contemplação era quebrada pelo som de um trovão quando um pedaço de gelo se desprendia e despencava no mar. Impressionante! Capitão e a tripulação aproveitaram a oportunidade para pescar um desses pedaços de gelo. Meio clichê, mas foi divertido fazer uma caipirinha com gelo milenar.

No glaciar Romanche, encontramos uma fantástica cachoeira formada pelo derretimento do gelo. Dessa vez bebemos água geladíssima direto da queda-d'água. Já sabíamos que nos canais não se ancora, e que tínhamos que amarrar os barcos nas árvores ou nas pedras. Devido às grandes profundidades, e ao tipo de fundo da baía, a âncora não se fixa. Você pensa que está seguro e, como uma rajada do williwaw, a âncora se solta. Essa repentina rajada de vento frio *sopra* das montanhas com uma força incrível que chega a 54 milhas (100 quilômetros) por hora, e já foi responsável pelo naufrágio de vários barcos. FitzRoy, capitão do Beagle durante sua primeira viagem em 1829, foi o primeiro a falar do williwaw, que se tornou temido pelos baleeiros e exploradores dessa região da Terra do Fogo. A manobra tem que ser compartilhada por todos. Descíamos em terra, e ali um dos

OS LABIRINTOS DOS CANAIS CHILENOS

tripulantes levava o cabo de proa e amarrava ao redor de uma árvore, ou de uma pedra. A mesma tarefa era executada na popa. Assim, amarrado pelas duas extremidades, o veleiro Kat ficava seguro e podíamos dormir tranquilos. Um conselho dos pescadores de ouriços: verifiquem, no local onde vão pernoitar, se as árvores têm folhas. Se não tiverem, devem sair rapidinho: é sinal de que ali é passagem do williwaw, que varre tudo no seu caminho.

O tempo todo que navegamos pelo canal de Beagle, nossas únicas companhias foram os pinguins, os leões-marinhos e golfinhos. Ah, e muitos pássaros. Uma vez vimos um casal de condores-dos-andes planando em círculos, acima da montanha onde estávamos. É uma das aves de maior envergadura do mundo, com até 330 centímetros (medida da ponta de uma asa à outra). Ficamos ali mesmerizados de ver esse pássaro quase místico. De acordo com a mitologia inca, o condor é imortal, e há muitos mitos envolvendo a ave, muito respeitada pelos povos andinos, desde antes da colonização da América.

A solidão dos canais é impressionante. Encontramos cerca de dez veleiros e onze barcos de pesca de ouriço. Passamos até três dias sem ver ninguém. O mundo pode se acabar, desaparecer fora dessa área, e aqui não muda nada. O acesso à internet dependia do lugar onde estávamos. Aproveitamos essa tranquilidade para conversar, jogar cartas, ver filmes, jogar xadrez, escrever e ler. Na biblioteca de bordo tínhamos vários livros sobre essa região, alguns náuticos, outros de aventuras. O meu favorito é *Na Patagônia*, de Bruce Chatwin, que li na viagem de dez anos no mar. Nem nos meus sonhos, naquela época, poderia imaginar um dia estar aqui.

Ficava cada dia mais frio. Saindo do canal de Beagle, olhei as últimas montanhas da cordilheira de Darwin, que tem no seu ponto mais alto 2 mil metros de picos com neves eternas, uma majestosa beleza que ia ficando para trás. Lembrei-me do capitão Robert Fritz Roy, com seu tripulante muito especial, o naturalista Charles Darwin, e outros exploradores que passaram por aqui numa época em que não tinham nem ideia de onde estavam, no início do século XIX. À nossa frente entramos nas águas do estreito descoberto por outro famoso navegador: Magalhães.

Depois da descoberta de Fernão de Magalhães, essa região da Terra do Fogo foi desbravada por muitos navegantes e também por piratas espa-

102 EXPEDIÇÃO ORIENTE

nhóis, franceses, ingleses e holandeses que exploraram e mapearam esse território longínquo e de clima tão adverso, com o propósito de alcançar uma terra lendária: Juan Ladrillero, Francis Drake, Pedro de Sarmiento de Gamboa, Willem Schouten e Jacob Le Maire, John Byron, James Cook, Bougainville e J.S.C. DuMont D'Urville. Marcou história o primeiro navegador solitário, o americano Joshua Slocum, que em 1896 passou por aqui em sua volta ao mundo.

Admirando as últimas montanhas da cordilheira de Darwin, de sublime beleza com picos cobertos de neve, nos despedimos dessa rota.

O dia estava lindo, ensolarado e calmo. De repente, a meteorologia enlouqueceu! Uma mudança de tempo acabou com a tranquilidade da tripulação quando no meio do estreito surgiu o vento williwaw. Wilhelm e Capitão levaram um banho das ondas altas e em seguida sofreram um ataque feroz de uma chuva de granizo!

No final da tarde, o tempo acalmou. À noite avistamos as luzes de Punta Arenas. Ancoramos ao largo e notificamos a Capitania dos Portos de nossa chegada.

Já havíamos estado aqui em 1997, na Expedição Magalhães, durante a segunda volta ao mundo na rota do navegador Fernão de Magalhães. Essa cidade portuária foi uma das primeiras tentativas de colonização de europeus nessa região.

Antes da abertura do canal do Panamá, em 1914, Punta Arenas era o principal porto de parada dos navios que cruzavam o estreito entre o Pacífico e o Atlântico. Apesar da distância com a Europa, é um local onde há muitos imigrantes europeus, especialmente croatas, espanhóis, suíços, iugoslavos e galeses. O motivo para tamanha imigração foi a Febre do Ouro, no fim do século XIX. Em 1914, os imigrantes croatas representavam 30% do total de imigrantes na região.

Hoje é a Febre do Salmão. São mais de cem salmoneiras (fazendas de salmão) espalhadas pela região, gerando empregos, desenvolvendo o comércio e serviços essenciais para a indústria. Mas toda espécie introduzida traz também consequências negativas.

Em Punta Arenas havia um protesto contra instalações das salmoneiras na região isolada do Seno de Última Esperanza, um lugar de glaciares e águas limpas. Perguntamos a um dos participantes dos protestos, o pescador Jorge

OS LABIRINTOS DOS CANAIS CHILENOS

Rozas, sobre a situação. Ele nos informou que as salmoneiras causam um impacto ecológico no meio ambiente. As fezes do salmão e os grãos de ração estão reduzindo o oxigênio da água, disseminando doenças. Os pescadores disseram que os salmões que fogem estão comendo outras espécies de peixe, e começaram a invadir os rios e os lagos. Um verdadeiro desastre!

David chegou a Punta Arenas para dirigir a equipe de filmagem, e trouxe um novo tripulante, o diretor de fotografia Francesc Roig, vindo direto de sua terra natal, Barcelona, Espanha. Admiramos a coragem dele de vir numa expedição para cruzar o oceano Pacífico sem nunca antes ter entrado num veleiro. *Bienvenido, Frank!*

Vanessa Schurmann, sobrinha de Vilfredo, mora na cidade com seu marido Cristian, e os dois nos receberam com muito carinho. Vieram conhecer o veleiro Kat. Diante de nossas perguntas curiosas sobre a criação do salmão, Cristian então nos convidou para visitar o local onde trabalha, uma das mais modernas salmoneiras da região.

Partimos com o veleiro Kat e navegamos por 60 milhas até chegar à ilha Capitán Aracena. Estava muito frio, sem vento.

Foi impressionante conhecer a salmoneira. Administrada por uma empresa norueguesa, como a maioria delas aqui no Chile, nem parecia que estávamos no meio de um canal longe da cidade. Em uma área do tamanho de dez campos de futebol, enormes gaiolas flutuantes de 25 metros quadrados e 20 metros de profundidade, cobertas por uma malha de rede, abrigam um total de 400 mil peixes. Essas estruturas ficam ancoradas e conectadas à estação principal: um enorme barco/escritório/alojamento que tem uma sala com TV, refeitório, cozinha, escritórios, laboratório e várias cabines para os funcionários e técnicos. Na antessala, logo à entrada, vestimos roupas especiais e botas de borracha, e fomos liberados para entrar. Tudo é monitorado 24 horas por dia e com alta tecnologia na criação de mais de um milhão de peixes em cativeiros. A temperatura fria das águas, as correntes e a limpeza da região proporcionam as condições ideais para essa produção.

O ciclo do salmão aqui é de 17 meses, até o peixe alcançar 5 quilos. O Chile é um dos principais exportadores de salmão do mundo e o Brasil está em 5º lugar entre os principais consumidores, atrás de União Europeia, Estados Unidos, Rússia e Japão.

Ganhamos um salmão, e a tripulação adorou o jantar delicioso preparado por Fernando. Menos eu. Aliás, não como salmão criado em fazendas desde que Jaime Gatica, nosso tripulante na Expedição Magalhães, que trabalhou numa salmoneira, nos contou como esses peixes recebem muitas doses de antibióticos para evitar doenças no cativeiro.

David e Wilhelm mergulharam na baía gelada e de águas claras para explorar e filmar a floresta de algas gigantes. Exploramos as trilhas na região que nos levaram ao topo dos morros com vistas lindas e diferentes em cada ângulo. Frank já está se ambientando no barco, e todos nós já estamos praticando o espanhol.

Durante a nossa visita, Luís, um técnico da salmoneira, contou para Capitão sobre uma múmia que existe na ilha Capitán Aracena, perto de uma cova escondida na encosta das montanhas. Nunca imaginamos encontrar uma verdadeira múmia em plena Patagônia chilena!

Navegamos até o local e, acompanhados por Luís, chegamos à gruta onde estava a múmia. Foi uma grande surpresa. O esqueleto escondido em uma caverna, protegida da chuva e dos ventos, tem pedaços de tecido humano nas mãos e barriga. Os pesquisadores acreditam que a múmia não tenha mais de 100 anos e pertença à tribo indígena kawésqar. O ar seco e o sal contribuíram para o processo de mumificação natural. Nas tribos dos nativos kawésqar, quando um membro morria, uma fogueira era acesa para afugentar os espíritos malignos. Durante esse tempo, os membros da tribo pintavam seus rostos, e o corpo do falecido era envolto em peles de lobo. Como povo canoeiro, os kawésqar tinham muito respeito e medo do mar e não jogavam seus mortos nas águas.

A manhã com neblina dava um toque de mistério quando chegamos ao local. O silêncio e a paz ali são impressionantes. Luís e os outros trabalhadores da indústria de pesca têm um grande respeito pelo corpo e pela ilha, e viraram verdadeiros guardiões desse pedaço da história da Patagônia.

Os índios kawésqar, hoje com poucos descendentes que vivem na zona austral do Chile, mantinham uma cultura bem interessante. Eram nômades canoeiros e possuíam um idioma próprio. A base era a família, e viajavam juntos em canoas para buscar alimentos: focas, lontras e lobos-marinhos.

OS LABIRINTOS DOS CANAIS CHILENOS

Senti logo uma sinergia e entendi perfeitamente essa gente que viajava com a família em um barco, né? Na cultura desse povo indígena, a figura da mulher é muito forte. Só ela remava e mergulhava na água fria até 10 metros de profundidade para coletar mariscos. Para um homem ter uma esposa, ele precisava construir uma boa canoa.

Fizemos uma trilha na ilha Capitán Aracena, a mesma que os nativos usavam para atravessar, carregando suas canoas de uma baía à outra, evitando uma navegação perigosa e muito longa. O trajeto de 100 quilômetros pelo mar se convertia em uma caminhada de 5 quilômetros.

De volta a Punta Arenas queríamos aprender mais sobre a cultura desses nativos da região. Vilfredo foi ao tradicional e centenário Kiosco Roca e conheceu Felícia, uma descendente kawésqar. Emocionada, nos contou como estão lutando para manter viva a tradição de seu povo. Eles foram quase todos dizimados pela chegada do homem branco, que trouxe doenças e o álcool. Uma história que se repete em todos os lugares onde a cultura nativa está desaparecendo.

Nossa última visita antes de partirmos foi ao centro da cidade, na Plaza de Armas. Passamos a mão no pé da estátua do Índio Ona, no monumento em homenagem a Fernão de Magalhães. Segundo a lenda, quem faz isso volta a Punta Arenas. Fizemos isso no passado, e voltamos dezessete anos depois. Quem sabe quando voltaremos novamente. David se despediu e voltou ao Brasil.

De Punta Arenas navegamos para o glaciar Pío XI com uma neblina fechada. A tensão e a sensação de perigo eram grandes, porque estávamos perto do glaciar e nem o enxergávamos, só víamos enormes blocos de gelo ao nosso redor. O glaciar Pío XI tem 1.275 m², com 3 quilômetros de largura e uma parede de gelo de aproximadamente 75 metros de altura (similar a um edifício de dez andares). Às vezes se desprendem blocos de gelo do tamanho de uma casa, que criam enormes ondas. É o maior glaciar do hemisfério sul depois dos glaciares da Antártica.

Quando o sol saiu e o dia ficou azul, vimos a imensidão das torres de gelo brilhando como guardiãs do tempo. Nós nos lembrávamos bem da beleza desse glaciar. Mas algo estava errado. Capitão comparou o que estávamos vendo com seu livro de fotos e se espantou ao ver que havia se formado uma "praia" de pedras que dezessete anos antes não existia. Podíamos caminhar nessa praia bem perto do glaciar, onde antes ancorávamos nosso veleiro. O que será que aconteceu? O glaciar recuou. Um voo do drone nos mostrou uma visão panorâmica da extensa camada de gelo.

Wilhelm aproveitou o dia sem vento para remar de prancha e a tripulação saiu para uma caminhada aos arredores do glaciar.

Esse foi o lugar onde passamos uma das mais extraordinárias e tocantes experiências! À tarde, voltando a explorar o glaciar, um borrifo de água constante nos chamou atenção. Olhamos ao redor, não enxergamos nada. Pensamos que era um lobo-marinho ou até o barulho do gelo rachando e afundando. Mas o respiro se repetiu outras vezes e começamos a investigar. Com os binóculos vimos uma baleia entre blocos de gelo. Não acreditamos, pois estávamos a 64 milhas (120 quilômetros) de mar aberto. Como teria parado ali?

A tripulação foi com o bote inflável verificar. Era uma baleia-sei de 10 metros de comprimento que estava encalhada. Não conseguia se movimentar. Após contatar a Marinha chilena, que não chegaria a tempo, pois a maré estava baixando rapidamente, decidimos ajudar a baleia. Iniciamos uma enorme e demorada operação de resgate. Muita adrenalina e emoção da tripulação. Primeiro preparamos uma operação com mais de 300 metros de cabos para tentar rebocá-la para um lugar mais fundo. No bote, Capitão, Wilhelm, Fernando, Frank, Pedro e Heitor, tendo o cuidado de chegar de mansinho para não a assustar, deram várias voltas e foram se aproximando. Wilhelm e Fernando laçaram com cuidado o rabo da baleia, que estava se movimentando muito devagar, e a rebocaram muito lentamente, para uma profundidade onde ela podia nadar sozinha. Aos poucos a baleia começou a desencalhar. Nossa alegria era enorme. Eles, então, a conduziram para águas mais profundas para que não voltasse a encalhar. O cabo foi retirado devagar, e ela foi embora nadando lentamente. O bote ficava indo de um lado para o outro, rapidamente, cercando e "escoltando", como faz o cachorro nos pastos agrupando os carneiros. O sucesso do resgate foi uma alegria para nós.

No dia seguinte, ela havia nadado de volta e estava em local mais raso. Entendemos, ali, que essa baleia estava seguindo seu ciclo da vida. A natureza é sábia. Chamamos via rádio o controle da marinha e comunicamos sobre a baleia. Disseram que uma equipe do Servicio Nacional de Pesca (Sernapesca) de Punta Arenas iria investigar. Essas baleias, que podem chegar a 16 metros,

OS LABIRINTOS DOS CANAIS CHILENOS

estão sob a proteção de espécies ameaçadas de extinção. Com dor no coração, nos despedimos. Partimos dali e ela continuou encalhada, sem se mover. Passamos uma semana sem ver outra embarcação pelos canais patagônicos. Durante a nossa estada de dois meses navegando pelos canais, vimos somente dez veleiros. Parecia que éramos os primeiros a passar por ali.

A próxima parada foi Puerto Éden, com 170 habitantes. Lugar isolado, sem carros, sem ruas, somente uma passarela servindo de calçada na pequena vila. O único contato dos habitantes com o mundo exterior é através do ferryboat que passa duas vezes por semana e aporta trazendo suprimentos. E ocasionalmente com os veleiros que ancoram ali.

Conhecemos Rosa, uma descendente dos nativos da região. Professora da cultura kawésqar na escola local, e também responsável por manter viva a cultura do seu povo que está se extinguindo. Ela nos ensinou algumas palavras e nos presenteou com uma linda ponta de lança artesanal. Retribuímos com uma feijoada no veleiro Kat. Na cultura kawésqar, essa troca de gentilezas e experiências é chamada de *Cas*. Ela ficou impressionada com o relato do resgate da baleia e nos contou como seu povo tem respeito pelo cetáceo, e que a morte de um deles lhes provê alimento por muito tempo.

O rádio quebrou o silêncio da noite: *ATENÇÃO! ATENÇÃO!* Um comunicado urgente da Marinha. Erupção do vulcão Calbuco a 30 quilômetros de Puerto Montt. Alertaram para risco de tsunami na costa e de grandes variações de marés nos canais. Ficamos assustados no primeiro momento, mas estávamos em áreas protegidas de mar aberto. Em uma reunião de emergência fizemos um planejamento e uma preparação. Capitão falou como é preciso ter a calma ao decidir perante adversidades, quando dependemos das condições da natureza.

Em Puerto Montt, várias áreas da vila foram evacuadas e o relato era assustador. No espaço aéreo, os voos foram suspensos, perímetros urbanos perto do vulcão foram desocupados, as estradas, fechadas, e o meio ambiente foi seriamente afetado. Mais de 20 milhões de peixes morreram em seis centros de cultivos na zona de evacuação do vulcão. Quatro salmoneiras perderam todos os peixes.

Continuamos nossa jornada em direção a Puerto Montt atravessando a Angostura Inglesa, um canal com 180 metros de largura, uma passagem

108 EXPEDIÇÃO ORIENTE

tão estreita que só permite o trânsito de um único navio por vez. Capitão fez o cálculo com a tábua das marés e chamou no rádio, avisando que estaríamos passando e a que hora. E esperou uma resposta para saber se havia algum navio ou barco no sentido oposto. Desde 1970 essa passagem conta com excelente sinalização, mas imagine a coragem daqueles que passaram por aqui antes dessa data.

Ao cruzar a passagem existe um ritual, que é tocar uma buzina com um sinal ou apito longo para saudar Stella Maris, a virgem protetora dos marinheiros. Na década de 1940, quando a sinalização marítima dos canais e ilhas da Patagônia era muito precária, aconteceram vários acidentes na Angostura Inglesa, e sua passagem foi considerada a mais arriscada na rota dos canais austrais. Monsenhor Pedro Giacomini Calimán enviou de Roma uma imagem da virgem para ser instalada na Angostura Inglesa como padroeira dos marinheiros que se aventurassem através da famosa passagem. A imagem de 1,5 metro de altura foi colocada na ilha Clio, em março de 1949. E a virgem Stella Maris — Estrela do Mar, com a inscrição "Gracias Madre" — se transformou na padroeira dos navegadores que, buscando a proteção de suas embarcações contra os rigores do tempo e do oceano, atravessam rápido essa passagem tortuosa e se aventuram ao longo das rotas da Patagônia.

Ancoramos na baía Ideal, na ilha Wager, esperando a mudança do vento forte de noroeste para a travessia do golfo de Penas, considerado o segundo lugar mais difícil de navegação da América do Sul, depois do cabo Horn. Nesse golfo é frequente um mar tempestuoso com ventos de até 100 nós (182,5 km/h).

Foi nesta ilha que ocorreu o Motim do HMS Wager, uma aventura fantástica que entrou para sempre na história da navegação inglesa. Comparado ao famoso Motim Bounty, é praticamente desconhecido, mas foi um motim de grandes proporções, um registro supremo da resiliência humana contra dificuldades extremas.

O HMS Wager fazia parte do esquadrão que patrulhava a costa do Pacífico com objetivo de atacar navios espanhóis que levavam ouro e prata do Peru para a Europa. O navio perdeu contato com o esquadrão nas imediações do cabo Horn em 1741. Parte da tripulação estava com escorbuto, e o capitão, David Cheap, buscava um lugar para ancorar seu navio e recuperar a saúde de seus marinheiros. Em maio de 1741 o navio entrou na baía, hoje

OS LABIRINTOS DOS CANAIS CHILENOS 109

golfo de Penas. E à noite, sob uma terrível tempestade, o capitão caiu e se feriu, e o navio, em péssimas condições, com a maioria dos tripulantes sem forças para manobrar as velas, bateu nas rochas e acabou muito avariado. Os marinheiros doentes se afogaram. Com muito custo, 140 marinheiros e oficiais sobreviventes conseguiram chegar a terra.

Desesperados, em terras desconhecidas e com pouca comida, para sobreviver naquele início do inverno, mais marinheiros morreram. Liderados então pelo imediato John King, 81 tripulantes do Wager se amotinaram, e por semanas construíram uma escuna sem cabine, aberta, que chamaram de Speedwell. Depois, velejando, em outubro de 1741, empreenderam uma viagem rumo à Inglaterra pelo estreito de Magalhães, navegando 1.080 milhas (2 mil quilômetros) por mais de quinze semanas. Chegaram ao Brasil com apenas trinta marinheiros. Depois de cinco anos, de muitos desafios e tragédias, conseguiram regressar para a Inglaterra, somente cinco dos amotinados.

Do grupo de vinte homens que ficaram na ilha, junto ao capitão Cheap, somente quatro regressaram à Inglaterra. O navio Wager havia zarpado com uma tripulação de trezentos homens. Em 1745, o motim foi a julgamento pelo Almirantado em Londres, pela perda do Wager, mas nenhum dos sobreviventes foi julgado culpado ou condenado.

Continuamos a navegar para o norte com a Marinha monitorando nosso barco desde que saímos de Puerto Williams e com os avisos de meteorologia. E, agora, com os do vulcão.

A Capitania dos Portos nos informou que as condições para navegar no golfo de Penas estavam excepcionalmente boas. Deveríamos aproveitar essa rara oportunidade. E não perdemos tempo. Levantamos âncora e, a motor, seguimos até o farol São Pedro, na entrada do golfo.

Ao pôr do sol começamos a navegação oceânica na área do golfo de Penas, num cruzamento aproximado de doze horas.

Sempre que contávamos a alguém que iríamos a Puerto Montt, todos — sem exceção — nos alertavam:

— Cuidado com o golfo de Penas! É o pior trecho para se atravessar. O mar, as ondas e o vento são terríveis...

Outros velejadores haviam nos contado verdadeiras histórias de horror. Assim, tínhamos nos preparado para o pior. Mas, mais uma vez, Netuno e Iemanjá,

110 EXPEDIÇÃO ORIENTE

deuses do mar, e Éolo, deus do vento, estavam de bom humor e resolveram nos deixar passar. O vento era fraco, de través, e o mar estava calmo. Wilhelm, no leme, não podia acreditar que esse era o mesmo golfo de Penas que tanto atemorizava os navegadores. O imponente farol Raper, com alcance de 18 milhas, torres de 14 metros de altura, construído em 1914, destacava-se no alto de um penhasco de 61 metros. Os faroleiros, que acompanhavam nossa navegação, nos chamaram pelo rádio para dizer que éramos gente de sorte (nunca duvidei disso), de passar por ali com o tempo tão bom. Nos desejaram bons ventos!

Navegando ao lado dos íngremes penhascos de Punta Rescue, relatei à tripulação o dramático resgate descrito por Charles Darwin. Aliás, adoro contar essas histórias no cenário onde elas aconteceram. Em 1834, ao passar por aqui, a tripulação do Beagle viu um grupo de pessoas acenando desesperadamente da terra. Foram investigar e descobriram um grupo de amotinados de um baleeiro americano que estavam ali havia treze meses, sobrevivendo alimentando-se de focas, mariscos, vegetação silvestre. Eles tiveram sorte que Darwin passou por ali, senão nunca seriam resgatados. E estavam todos em melhores condições físicas do que os próprios marinheiros do Beagle. E a ponta foi batizada de "Resgate".

Entramos no canal Darwin com pinguins e leões-marinhos nadando ao nosso redor. Ao confirmar nossa posição para a Marinha, fomos informados uma triste notícia: mais dez baleias-sei foram encontradas mortas, também encalhadas em uma baía no estreito de Magalhães.

Chegamos a Puerto Chacabuco, onde ancoramos pouco depois da meia--noite. Pela manhã, Capitão foi para uma clínica dentária de urgência, para tirar um raios x e depois consertar um dente que tinha quebrado nessa travessia.

Havíamos entrado em contato com Jose Gorroño, nosso amigo desde 1989, quando ele navegava no Pacífico com sua família no veleiro Patagônia. Em 1998, a bordo do veleiro Aysso, paramos em Puerto Chacabuco e fomos passar alguns dias na fazenda de Gorroño na Patagônia. Foram momentos lindos e inesquecíveis, de muita alegria e comemoração desse reencontro na fazenda onde ele cria gado e alpacas, e onde tem seu hotel Salta Montes de pesca de truta. Ele recebe hóspedes do mundo todo para a prática desse esporte. Gorroño veio buscar a tripulação do veleiro Kat, que curtiu dois dias na estância, onde Capitão pescou trutas com seu amigo Jose.

OS LABIRINTOS DOS CANAIS CHILENOS

De Puerto Chacabuco navegávamos pelos canais chilenos rumo a Puerto Montt quando, de repente, o barco deu uma freada. Eram restos de redes e cordas, deixados por uma salmoneira, que haviam se enroscado na hélice do motor. Wilhelm mergulhou nas águas geladas, cortou as cordas, guardou no barco, e assim liberou a hélice para o veleiro Kat seguir viagem.

Essas águas tranquilas onde navegamos foram palco, durante a Primeira Guerra Mundial, de uma façanha incrível do cruzador alemão Dresden, que se escondeu por três meses nessas águas, passando pelos canais, pelo estreito de Magalhães e pequenas baías onde mal cabia o navio.

Na batalha das ilhas Malvinas, em dezembro de 1914, todos os navios alemães foram afundados pelos ingleses, menos o Dresden, que conseguiu escapar graças à força das suas quatro turbinas, andava a 26 nós e era, efetivamente, o único navio da esquadra de Von Spee propulsionado pelas modernas turbinas a vapor. O navio embrenhou-se pela Terra do Fogo e se manteve escondido nos canais patagônicos chilenos. No último esconderijo, Quintupeu Fiorde, os tripulantes do navio receberam ajuda dos alemães que moravam no Chile, que os abasteceram de alimentos e suporte técnico aos motores do navio.

De Puerto Montt o navio rumou para a ilha de Juan Fernandez. E os britânicos interceptaram uma comunicação por rádio na qual o Dresden combinava um encontro com um navio carvoeiro para abastecê-lo na ilha. A frota inglesa o atacou e o comandante alemão subiu a bandeira branca de rendição, retirou toda a tripulação de bordo e abriu as válvulas do navio. Em cinco minutos o Dresden naufragou. Era março de 1915. Todos os sobreviventes foram presos, e ainda hoje no Chile vivem descendentes de tripulantes do Dresden. Navegamos muitas vezes por onde o navio se escondeu, nos canais do Chile até Puerto Montt.

Pela manhã, as autoridades da Marinha comunicaram a notícia de nova erupção do vulcão Calbuco, um dos mais perigosos do Chile. As informações eram assustadoras, e as autoridades emitiram um alerta vermelho — perigo de vida para os habitantes da região de Puerto Montt. A partir daí, num período de menos de duas semanas, o vulcão entrou em erupção de menor intensidade várias vezes!

Nesta área do Chile existem mais de nove vulcões, alguns de alta periculosidade. E no canal de acesso a Puerto Montt os vulcões passariam a fazer parte do nosso cotidiano com a presença do imponente Corcovado com seus 2.300 metros de altura.

Navegando pelo golfo de Corcovado, chegamos à ilha de Chiloé. Fomos recebidos por um inacreditável arco-íris, que cobria o veleiro Kat de lado a lado e ainda mergulhava na água. Em Castro, visitamos uma das feiras artesanais mais autênticas e tradicionais do Chile, repleta de produtos de lã, madeira e palha, tudo feito à mão.

O arquipélago de Chiloé contém trinta ilhas e tem uma paisagem repleta de colinas, ovelhas, barcos e palafitas. Os habitantes da região são chamados *chilotes* e trabalham com pesca, extração de madeira e criação de animais. Essa região do Chile foi uma das últimas a ser povoada durante a colonização espanhola. Com a forte presença jesuíta nos séculos passados, foram construídas 150 igrejas, das quais restam poucas, algumas delas caindo aos pedaços. Feitas de madeira, misturam técnicas espanholas à tradição que os carpinteiros utilizavam na construção de barcos. No ano de 2000, a Unesco declarou dezesseis dessas igrejas Patrimônio Mundial da Humanidade.

A capital, Castro, fundada em 1567, é a terceira cidade mais antiga do Chile. Caminhamos por suas ruas admirando as coloridas casas típicas, construídas à beira da água e que, devido às variações extremas das marés, são construídas sobre palafitas, que se tornaram símbolo do arquipélago.

Todos os meus amigos me perguntam o que compro de lembrança dos lugares que visito. Apesar de o veleiro Kat ser grande, nossa bagagem não podia ser muito volumosa. A única bagagem pela qual não pagamos excesso de peso e fazemos questão de carregar com muito cuidado é a bagagem de experiências e descobertas que fazemos durante a rota. Por isso, decidimos reservar a prateleira ao redor da mesa para colocar miniaturas e lembranças, geralmente artesanato, dos lugares por onde passamos. A coleção está apenas começando.

História e cultura também se transmitem pela culinária local. Assim, em cada lugar também fazemos uma pesquisa gourmet, provando os pratos típicos. Aqui, em Chiloé, foi o *curanto en hoyo,* que é o prato mais típico do arquipélago. De origem indígena, o prato é feito com mariscos, batatas (existem centenas de tipos de batatas coloridas, nativas no arquipélago), frango e carne de porco, e assado sobre pedras quentes, em um buraco cavado no chão. O aroma da refeição abriu nosso apetite. Servidos por Pepe e Constanza, provamos aqui a deliciosa culinária chilote e a marca registrada da generosidade e do bem-receber, típico desse povo.

O folclore chilote — uma mistura de crenças medievais com lendas nativas, tem personagens estranhos e assustadores, duendes, monstros e bruxas... que me fascinam! Perguntei no mercado: *As bruxas existem? Quem são? Onde vivem?* Aos poucos fui conhecendo um mundo de mistérios e mitologia. Quando dizíamos que morávamos em um veleiro, algumas pessoas nos avisavam baixinho, sussurrando, quase escondido:

— Cuidado! Nas noites de nevoeiro, ninguém deve sair para mariscar ou pescar na praia, pois o Caleuche navega nessas noites atrás de tripulantes. Vocês, que andam no mar, tapem os ouvidos ao ouvir a música do Caleuche!

O Caleuche é um grande barco fantasma que navega pelos Sete Mares. Frequentemente aparece nos canais de Chiloé. Ele navega em cima e abaixo da superfície da água, mas nunca à luz do dia. Costuma aparecer todo iluminado em noites calmas de nevoeiro, e ouvem-se música, vozes e risadas de seu convés, como em uma grande e divertida festa. Aparece e desaparece tão rápido no nevoeiro que não deixa qualquer vestígio. A tripulação do Caleuche é composta por dois tipos de marinheiros: as bruxas e os náufragos mortos, que podem visitar suas famílias uma vez por ano. Sua missão é vigiar as águas e seus habitantes, e também castigar os que provocam danos ao mar e à fauna marinha. Enquanto navega pelos mares, o Caleuche ajuda os navios que estão em dificuldades a achar um porto seguro. Um barco fantasma que cuida do meio ambiente!

No creo en brujas, pero que las hay, las hay.

4 DE MAIO DE 2015: CHEGADA A PUERTO MONTT

Foram 1.770 quilômetros navegados desde Puerto William, pelos canais chilenos, até aqui em Puerto Montt. Atracamos na Marina del Sur, que já conhecíamos de 1998, e ficamos felizes, pois encontramos pessoas que se

114 EXPEDIÇÃO ORIENTE

lembravam de nós. Algumas perguntaram por David e pela pequena marinheira. Expliquei que ela navega em outros mares, mas está conosco no coração e no nome do veleiro Kat.

Puerto Montt, fundada em 1853, vem crescendo como porto importante para o escoamento de produção de salmão e de outros produtos agrícolas da região. Da cidade víamos ao longe as fumarolas do vulcão Calbuco, e este era o assunto do momento. Decidimos investigar um pouco mais sobre vulcões, essas montanhas belíssimas e fascinantes, com seus cumes muitas vezes cobertos de neve, mas capazes de causar danos à natureza com uma força assustadora e brutal.

Entrevistamos o vulcanólogo Maurício Meya, que defendeu sua tese de mestrado na Universidade de São Paulo. Ele falou sobre esse fenômeno da natureza e destacou o processo de monitoramento dos vulcões. A última erupção do Calbuco havia acontecido 43 anos antes. Na noite que entrou em erupção, o vulcão não apresentava qualquer indício fora do normal. E assim, de repente, apenas nove minutos antes da primeira grande explosão, ocorreu um indicativo real de uma erupção iminente. Foi uma explosão que lançou uma coluna impressionante de cinzas e fumaça a quase 20 quilômetros de altura. Se caíssem ao solo trariam consequências mortais, e por isso foi declarada, por precaução, zona de evacuação dos habitantes em um raio de 20 quilômetros de extensão.

Maurício brincou comigo, dizendo que os vulcões têm a personalidade como as mulheres: *Se comportam de uma maneira que os homens não compreendem.*

Na Onemi, Defesa Civil do Chile, conhecemos de perto o trabalho realizado pela entidade de segurança que, com treinamentos periódicos da população, conseguiu evacuar em 15 minutos quase 5 mil pessoas, sem ter nenhuma morte ou feridos. Mas a força destruidora do vulcão e os estragos materiais foram devastadores. Felizmente, a segunda e a terceira erupções foram de menor intensidade, com danos também menores.

Com o apoio das entidades locais conseguimos uma permissão especial para conhecer a área afetada, onde um rígido controle para entrar e sair parecia ser feito pelo Exército. Só moradores e voluntários podiam entrar. O cheiro de enxofre era muito forte e em alguns momentos nem dava para

OS LABIRINTOS DOS CANAIS CHILENOS

respirar direito. Me deu muito medo estar ali pertinho do vulcão. Era uma cena muito estranha, ver o vulcão ainda fumegante, e, como uma neve negra, as cinzas de 60 cm de altura estavam espalhadas pelas ruas e cobriam os telhados das casas, restaurantes, escolas e igrejas. Equipes do Exército ajudavam em mutirão a tirar as cinzas rapidamente, antes que chovesse (a água da chuva aumenta o peso das cinzas nos telhados, que desmoronam, causando mais prejuízos).

Maurício Meya nos levou a algumas áreas prejudicadas. Conversamos com os habitantes de perto do vulcão que nos contaram suas dificuldades em enfrentar as erupções. Além dos danos materiais, não podiam reabrir seus negócios, aumentando ainda mais o prejuízo. Alguns nos contaram que os cachorros uivaram a noite toda antes da erupção.

O acúmulo de cinzas vulcânicas com a chuva constante da região, os rios transbordando dos leitos e causando enchentes e grandes deslizamentos, pontes, casas, árvores destruídas formaram a paisagem mais desoladora e triste que vimos.

Ali perto, sem perigo de entrar em erupção, o Osorno, cuja última erupção aconteceu em 1869, está totalmente inabalável. Tem até uma estação de esqui e um dos visuais mais bonitos da Região dos Lagos.

Cristóbal, filho de chilenos, que nasceu no Brasil, nos levou em um trekking para explorar as crateras. Subimos mais de 1.800 metros, dos 2.650 totais. Nevou durante nosso trekking e, por segurança, decidimos voltar no dia seguinte com sol e bom tempo. A recompensa valeu a pena: parecia que estávamos em um mar de nuvens.

A região de Puerto Montt tem uma média de 250 dias de chuva por ano. Após dias e dias embaixo de muita água, São Pedro deu uma trégua para nossa aventura em caiaque pelo fiorde Reloncavi. Fomos com Richard, francês que mora há mais de 20 anos no Chile, até uma baía que parecia um verdadeiro lago, onde as águas do Pacífico são totalmente protegidas dos ventos.

Logo nas primeiras remadas do caiaque nos apaixonamos pelo local, rodeado de muito verde, água limpa e entre os vulcões Osorno e Yates. Paramos para almoçar na pequena fazenda da dona Yolanda. Uma casa tradicional feita de *tejuela de alerce*, uma espécie de "azulejo" de madeira que era muito comum na Região dos Lagos e em Chiloé. De longe parece até uma casa coberta de gigantes escamas de peixe, pelo formato dos pedaços de madeira. Além da incrível estética, o *alerce* tem uma ótima resistência ao frio e à umidade. Remamos até a cidade de Cochamó. Ao todo, 15 quilômetros percorridos! A maior distância que fizemos em caiaque em mais de 30 anos de aventuras. Tiramos de letra, sem nenhum músculo doído.

UM TRIPULANTE MUITO ESPECIAL

Foi uma festa o emocionante reencontro com um ex-tripulante muito especial em Puerto Montt: Jaime Gatica. Há dezessete anos, neste mesmo porto, Jaimito se tornou tripulante na Expedição Magalhães, na segunda volta ao mundo. Na época, ele tinha pouca experiência em navegação, mas surpreendeu a todos com sua vontade de aprender e seu excelente trabalho e alto-astral. Quando voltou ao Chile, abriu um restaurante. Depois, especializou-se em veleiros e se tornou capitão. Jaime contou suas aventuras e desventuras a bordo, e como ser tripulante da família Schurmann mudou sua vida. Foram momentos descontraídos em que Jaime me ajudou a preparar o jantar, matando a saudade de sua vida a bordo. Ele se lembrou das brincadeiras e pegadinhas que David fazia com ele no Aysso, e das saudades que tem de Kat.

No porto de pescadores, Capitão conheceu Raul, um pescador artesanal que o convidou e o levou para participar da pesca do peixe-rei. Na madrugada, saíram para pescar, e Raul falou da preocupação dos pescadores com o meio ambiente e da ameaça ao futuro da pesca artesanal, da perda das tradições e costumes de seu povo. Os pescadores locais entendem como ninguém a grandeza e a importância dos oceanos. Falaram sobre o respeito às condições climáticas e à época de reprodução de espécies ameaçadas. No final, nos presentearam com peixes frescos para uma bela peixada.

Hora de partir. As chuvas não dão folga. Muitas questões de manutenção não puderam ser feitas, então providenciamos as mais importantes para deixar o barco perfeito para a velejada: reparo nas velas, reabastecimento de combustível e checagem dos equipamentos.

OS LABIRINTOS DOS CANAIS CHILENOS

Fernando Horn, que tinha assumido seu lugar como engenheiro elétrico e cozinheiro na expedição por seis meses, se despediu e voltou para o Brasil. E aqui embarcou Charlie.

Conhecemos Charlie Flesch em Ushuaia enquanto ele trabalhava em um veleiro que fazia charter para a Antártica. Sempre simpático e com alto-astral, criamos uma sinergia imediata com ele. Ele nos perguntou se estávamos precisando de um mergulhador e cozinheiro no oceano Pacífico. E, depois de alguns encontros e desencontros, Charlie embarcou em Puerto Montt.

Os últimos dias da Expedição Oriente na América do Sul foram de muito trabalho. Até a ilha de Páscoa, nossa próxima parada, seriam 1.997 milhas (3.700 quilômetros). Pelo menos, quinze dias em alto-mar, sem paradas. No Mercado de Peixe de Angelmó, o mais sortido e saboroso do Chile, fizemos as primeiras compras. Todos na tripulação pareciam crianças numa loja de brinquedos. Nem sabiam o que escolher. Capitão convidou todos para almoçar ali mesmo, no mercado. Os pratos tinham grande variedade de frutos do mar: as barracas vendiam polvos, caranguejos, centolas, salmões; mariscos dos mais diferentes, como a craca, disputavam espaço nas bancadas do mercado. Infelizmente, no dia seguinte ao consumo dos mariscos crus, alguns tripulantes foram surpreendidos por fortes dores de barriga e diarreia.

Nos despedimos da "Terra dos Vulcões" e demos *olá* ao Pacífico, rumo à mística ilha de Páscoa!

Fiz uma despedida romântica à terra do poeta Pablo Neruda, lendo um de seus poemas no mar:

O MAR
Necessito do mar porque me ensina:
não sei se aprendo música ou consciência
não sei se é onda só ou ser profundo
ou apenas rouca voz ou deslumbrante
suposição de peixes e navios.
O fato é que até quando adormecido
de algum modo magnético circulo
na universidade do marulho.

9. Cruzando o oceano Pacífico

7 DE JUNHO DE 2015:
PUERTO MONTT À ILHA DE PÁSCOA

Depois do barco bem abastecido de alimentos e combustível, saímos de Puerto Montt para a ilha de Páscoa, a 2.160 milhas (4 mil quilômetros). Senti um déjà-vu quando entramos no Pacífico. Uma emoção estar ali depois de 17 anos. Era a terceira vez que velejávamos no Pacífico. Vilfredo e eu passamos pela primeira vez com nossos filhos David e Wilhelm, em 1989, e na segunda vez, com David e Kat em 1998. As travessias foram sempre boas, com poucas tempestades, lugares que marcaram nossas vidas, e as lembranças de muitos amigos que fizemos nesse oceano.

Logo que partimos de Puerto Montt, no dia 7 de junho, os primeiros dias foram de adaptação dos tripulantes que nunca haviam feito uma travessia oceânica. Nesse momento, foram importantes as regras e instruções das manobras explicadas por Wilhelm.

Essa navegada do Chile para a ilha de Páscoa foi de treze dias. Nos primeiros dias de travessia — depois de navegar por dois meses nas águas protegidas dos canais chilenos —, o mar com ondas grandes e desencontradas junto ao forte vento contra não ajudaram, e alguns tripulantes ficaram mareados. Foi o primeiro teste para nosso diretor de fotografia, Frank Roig Soriano, que ficou muito enjoado, sem conseguir se levantar ou comer por cinco dias. Fiquei muito preocupada com ele e fiz um caldo de carne. Aos poucos ele foi recuperando suas forças.

Com as ondas quebrando na proa, a vida a bordo fica difícil também para quem está cozinhando. Charlie vira equilibrista na cozinha, onde tudo balança de um lado para o outro! De vez em quando os tomates e as cebolas rolam e vão parar no chão. Mas o bom marinheiro/cozinheiro nos mantém alimentados com deliciosas refeições.

Longe do continente, em alto-mar, a mais de 1.079 milhas (2 mil quilômetros) da terra, os únicos companheiros do veleiro Kat eram os albatrozes, esses magníficos e gigantes pássaros, que, para os marinheiros, são um sinal de boa sorte. O albatroz-errante do Pacífico Sul tem a maior envergadura de todos os pássaros, chega a até 3,5 metros, e voa longas distâncias, desde a Antártica até quase os trópicos, num show de dança no céu, rápido, sobrevoando e quase tocando as ondas. Fiquei horas observando esse majestoso pássaro. Tentei passar para os tripulantes esse meu amor por ele. Nunca me esqueço quando vi uma dessas criaturas pela primeira vez no mar em uma visão de um pássaro que, não acreditei, conseguisse voar quase sem esforço e deslizar no vento por horas sem bater as asas, singrando o vento! Penso que tem espírito *wanderlust*, um cigano dos pássaros, leve, elegante, bonito e que me invoca essa sensação de liberdade. Lembrei-me do ornitologista Robert Cushman Murphy, que escreveu: *Eu agora pertenço a um nível superior de poucos mortais: eu vi um albatroz.*

Como eles passam a maior parte do tempo no mar, inspiram e exercem um fascínio incrível em poetas e escritores e principalmente em marinheiros. Esses pássaros foram imortalizados no famoso poema "A Balada do Velho Marinheiro", escrito pelo inglês Samuel Taylor Coleridge, no "L'Albatros", do francês Charles Baudelaire, e em "O Navio Negreiro", do brasileiro Castro Alves.

Quando viu um albatroz pela primeira vez, Frank escreveu sobre esse momento com uma inspiração que me deixou emocionada:

— Estou há uma hora tentando me expressar em palavras o que foi para mim ver esse maravilhoso amigo alado. Me sentia fraco e desanimado depois de estar cinco dias navegando rumo à ilha de Páscoa, devido ao constante enjoo e sem poder me alimentar porque não sentia fome. Um dia, Heloisa

CRUZANDO O OCEANO PACÍFICO

me serviu um prato de sopa de carne com muito carinho e amor. Recuperei as forças o suficiente para levantar a cabeça e olhar o mar. Como o ventre de uma mãe, vi na linha do horizonte um albatroz voando. Me distraí observando esse pássaro, e nesse momento entendi por que vocês vivem no mar. Obrigado por compartilhar comigo esse momento. Do fundo azul-escuro de meu coração.

Passamos a observá-los do amanhecer até o anoitecer, e na metade da viagem acordei com o céu vazio. De repente senti solidão. Meus amigos foram embora. Somente via céu e mar até onde minha vista alcançava.

Com a mudança de tempo, o Pacífico fez jus ao nome. Durante praticamente uma semana, o vento diminuiu e o mar acalmou. Hora de inaugurar a vela assimétrica do veleiro Kat. Por ser a primeira vez, a manobra de levantar e manobrar a vela exigiu o envolvimento, e muita atenção, de todos da tripulação. Quando numa rajada a vela se abriu, comemoramos emocionados, e ela ficou linda com as cores da bandeira brasileira: verde, azul e amarelo!

Navegamos dia e noite, sem parar, quando cruzamos um oceano. O maior perigo, quando estamos navegando em alto-mar, é de alguém cair na água. Capitão e Wilhelm fizeram os treinamentos de homem ao mar e outros procedimentos de segurança. Quando chega a noite, escura como um breu, redobramos os cuidados com a tripulação usando salva-vidas que tem uma luz estroboscópica: no caso de alguém cair na água, a luz se acende automaticamente. Podemos avistar essa luz piscando forte a uma distância de 800 milhas (1,5 quilômetro) e isso tornaria um resgate mais eficiente. Mas, de qualquer maneira, a regra é: não cair no mar! Por isso, à noite ficamos sempre mais atentos!

Nessa nossa primeira longa travessia em alto-mar, do Chile à ilha de Páscoa, o trabalho a bordo não para. O turno é de três pessoas que ficam quatro horas cuidando da navegação, das manobras de velas, fazendo as refeições... e com isso temos oito horas de folga, a menos que haja uma manobra ou uma emergência. Quando Capitão dá a ordem *Todos os tripulantes no deck!*, todo mundo sai da toca (beliche) para ajudar.

Nas horas de folga, fazíamos nosso trabalho, cada um na sua função: manutenção, cozinha, posts nas mídias sociais, respostas a e-mails, pesquisas e planejamento do roteiro do próximo porto, pesca, exercícios físicos, leitura, música, xadrez e descanso. Era fundamental estar descansado para depois pegar o turno.

Nossa rotina mudou no décimo dia, quando pescamos um atum. Muita alegria na tripulação! Sushi no cardápio! Nos surpreendemos, pois era o primeiro peixe que nós pegávamos nessa viagem. Sentimos essa escassez de peixes desde que partimos nessa viagem. Na primeira e na segunda viagem havia mais abundância deles. Era só jogar a linha, que pescávamos um almoço ou um jantar rapidinho.

A viagem continuou nesse ritmo, e, depois de nove dias, Wilhelm deu um aviso de meteorologia.

— Preparem-se que o vento vai aumentar e chegar a 40 nós e as ondas serão grandes, de 6 metros para mais.

A essa altura, a tripulação já tinha pernas marinheiras e ninguém mais enjoava, mas, diante desses avisos, ficaram tensos e com todos os sentidos em alerta. Essa baixa pressão chegou, e o mar formou ondas de 6 a 8 metros, algumas cobrindo o barco e inundando o cockpit. Nessas horas, a atenção é redobrada. Fica impossível dormir direito com o barco sendo inclinado pelas ondas. No lado de fora, com roupas de tempestade (calças e jaquetas impermeáveis), todos usam cinto de segurança conectado à linha de vida (cabo estendido sobre a embarcação para segurança durante o trabalho), obrigatório em todas as manobras, e também o salva-vidas.

Com o vento forte, a velocidade foi aumentando também. Capitão e Wilhelm ficaram bem animados vendo os números na telinha do velocímetro. O recorde foi de 182 milhas (338,10 quilômetros) em um só dia, a maior distância percorrida em 24 horas, desde que começamos a navegar, há 31 anos! Em todo o trajeto não vimos nenhum navio ou barco. Nos sentimos tão longe da terra como os astronautas no espaço.

Uma coisa que nunca imaginei foi que minha vida seria regida pelos ventos. Quando comecei a velejar, em 1975, não pensava que esse elemento da natureza fosse tomar conta da minha vida dessa maneira.

No início foi só uma brisa que veio sussurrar no meu ouvido, nos meus pensamentos, meu modo de vida. Tão devagar, que nem percebi que estava se abrigando ali num canto do meu cérebro, e ficou quietinha.

CRUZANDO O OCEANO PACÍFICO

Quando compramos nosso primeiro veleiro, um barco pequeno, sem cabine, sem motor, somente com velas, movido pelo vento, a brisa começou o seu controle sobre minha vida. O vento passou a regular todos os nossos programas ligados ao mar:

— Esse fim de semana não podemos ir velejar.

— Por que não?

— Porque os ventos serão muito fortes e é perigoso sair com o barco.

Ou:

— Vamos velejar nesse feriado porque os ventos estão fracos e poderemos fazer uma boa navegada.

E assim, sem um aviso ou alarde, o vento se instalou em nossas vidas. Olhávamos os calendários, relógios, marés, mas quem ditava as regras era o vento. Trocamos o barco pequeno por outros maiores, mas, mesmo com motor, era a vela enfunada pelos ventos que nos levava a várias aventuras em nosso aprendizado para realizar nosso sonho de dar a volta ao mundo.

No nosso planejamento, examinávamos cartas náuticas, rotas dos oceanos além do horizonte, lugares longínquos, ilhas distantes e inexploradas que sonhávamos conhecer. Mas qual era o mais importante de nossos mapas? O mapa dos ventos! Eles são tão importantes que, como uma família, têm nomes: alísios, williwaw, siroco, pampeiro, chinook, mistral e kona, entre outros.

Assim, depois de dez anos sonhando e planejando, partimos. Nossa viagem de volta ao mundo foi baseada em qual tipo de vento encontraríamos para poder traçar nossa rota. Velejadores amam seguir com os ventos calmos e a favor, que domam os mares e tornam a vida a bordo fácil e confortável.

E assim aprendi com o vento: a manter meu rumo, quando as fortes tempestades balançam o barco com força e tentam desmanchar meus sonhos. A ter paciência quando não há ventos, o mar fica calmo, as velas murcham e o barco anda como uma casca de noz boiando com a correnteza. A ser corajosa quando uma rajada de vento muito frio bate no meu rosto e eu me encolho dentro da minha jaqueta e enfio meu gorro cobrindo as orelhas, enfrentando o desafio de continuar a navegar sob qualquer condição. A ser mais humana, ajudando as pessoas quando os ventos fortes levantam as ondas altas e fazem com que alguém fique mareado no veleiro; ou, se alguém sente medo, a dar um colo e um abraço. A ter respeito cada dia mais pelas

124   EXPEDIÇÃO ORIENTE

forças da natureza, que podem transformar um vento em furacão ou em um tornado, destruindo tudo ao seu redor. E a ter gratidão cada vez que os ventos fortes diminuem e sopram brisas gostosas, desmanchando meus cabelos.

E aqui no meio do Pacífico me sinto conectada ao mar, aos céus, mas sou regida pelos ventos.

Eu sempre achei que o Pacífico nos engana com esse nome e, às vezes, não tem nada de pacífico. Desta vez, o mar estava pior do que o trecho que a gente pegou desde perto do cabo Horn. Bem feio mesmo. Mas faz calor!

Nesse décimo terceiro dia, com muitas ondas altas, algumas chegando a 8 metros, finalmente Emmanuel gritou *Terra à vista* ao amanhecer e toda tripulação ficou na maior euforia ao ver a ilha de Páscoa depois de tanto tempo de mar. Cada um manifestava seu momento de emoção e seus planos em terra: *Quero esticar as pernas, andar na terra, subir montanhas, tomar cerveja à vontade, festar, conhecer umas minas, dançar, comer churrasco, tomar sorvete, ir dormir num hostel...* E, lógico, conhecer essa ilha mística!

Ancoramos em frente à cidade, bem ao longe, pois o mar estava muito mexido perto da costa, devido às ondas. Detalhe e regra na navegação: as tarefas do barco não acabam quando se chega a um porto. É preciso deixar tudo organizado e limpo antes de descer em terra.

Os trâmites de entrada na ilha foram tranquilos. E, como era meu aniversário, ganhei um presente de sonho: uma massagem em um hotel da cidade. Que mordomia! E quando voltei para o barco, mais uma surpresa: a tripulação tinha preparado um almoço especial, e Heitor fez um bolo com moais de chocolate. Ganhei presentes de toda a tripulação! Muito carinhosos.

A ilha de Páscoa, de nome nativo Rapa Nui, é uma das ilhas mais enigmáticas do mundo. Para mim tem um fascínio, como um ímã, e li vários livros e artigos e vi alguns filmes a respeito do lugar. Esse território chileno, com apenas 24 quilômetros de comprimento e 11 quilômetros de largura, está a cerca de 971 milhas (1.800 quilômetros) do seu mais próximo vizinho habitado, a ilha inglesa de Pitcairn a oeste; e não menos de 1.943 milhas (3.600 quilômetros) do Chile, a leste. A ilha era povoada por nativos rapanui por volta de 1000 d.C. quando os primeiros europeus, sob o comando do navegador holandês Jacob Roggeween, chegaram pela primeira vez em 1722 no dia de Páscoa. Uma das maiores curiosidades é que, segundo relatos feitos pelos europeus,

CRUZANDO O OCEANO PACÍFICO

os nativos não tiveram qualquer surpresa com a chegada dos estrangeiros, muito diferente da reação encontrada em outras ilhas da Polinésia.

Essa ilha ficou mais especial depois que estive aqui com Kat. Para ela era a ilha dos coelhinhos de páscoa. Ali era o lugar onde Kat acreditava que os coelhinhos moravam. Onde mais morariam os coelhinhos? Numa ilha de nome Páscoa, claro!

Essa era a segunda vez que chegávamos a esse lugar e, novamente, sentimos uma energia muito forte. Uma coisa é você ler, ver filmes e fotos sobre a ilha. Outra, é estar nesse local de tanto mistério e misticismo.

As pessoas vieram ao porto nos ver chegar e nos informaram que havia três dias não desciam aviões na ilha devido aos fortes ventos. *E vocês? Pegaram ventos fortes?*, eles perguntavam. A tripulação sorria em cumplicidade: *Vocês não têm ideia do que é esse vento forte no mar!*

David chegou dois dias depois com o amigo André Franco. Com um roteiro na mão, equipamentos em uma van, fomos explorar a ilha e gravar as histórias desse fascinante lugar. E preparar nosso programa Sonho e Ação.

Uma tripulante especial também chegou. Cynthia Van de Kamp, vencedora da primeira etapa do game da Expedição Oriente, que foi premiada com uma viagem para passar uma semana conosco. Além de ter provado ser uma apta navegadora virtual, mostrou também ser uma navegadora verdadeira. Foram dias de convivência e de aprendizado que ela passou aqui, e entendeu um pouco melhor como é a vida a bordo. Foi um prazer ter Cynthia conosco.

Ancorados no porto de Hanga Roa, bem em frente à cidade, fomos procurar nossos amigos da ilha. Que alegria reencontrar e ser recebido com muito carinho pela brasileira Rozeimere e seu marido rapanui, Victor Ika, amigos que conhecemos há 17 anos, desde quando passamos por aqui em 1998.

Eles nos receberam com muito carinho e fizeram com que nos sentíssemos em casa. Ficaram muito emocionados e tristes com o falecimento de Kat, e Victor fez uma conexão especial entre ela, a tripulação e o veleiro que leva o seu nome.

— O nome desse novo barco é Kat? Em homenagem à pequena marinheira?

— Sim, Victor.

— Ah, eu nunca vou esquecer o que ela falou quando fomos a Te Pito Kura, onde tem o umbigo do mundo, a pedra mística. Me lembro que você, Heloisa, perguntou a ela o que achava daquela pedra, o que pensava? Ela disse que para ela o mundo estava reunido ali, naquela pedra e que ela conseguia abraçar o mundo. Agora, como você me contou que o barco se chama Kat, parece o contrário: que vocês é que estão dentro dela, com ela abraçando todo mundo no barco.

— Que lindo! Sentimos muitas saudades da Kat. Muitas saudades.

De um pequeno restaurante com show, hoje eles têm um espaço cultural próprio com danças e vestimentas típicas e servem o tradicional prato *umu pae*, conhecido em espanhol como *curanto*.

A preparação do *curanto* é uma verdadeira arte. São quatro horas de preparo para um ponto perfeito de cozimento das carnes (peixe, frango e porco). Primeiro são colocadas pedras vulcânicas preaquecidas, depois as carnes são cobertas por folhas de bananeira. Por cima vão os legumes, também cobertos por mais folhas. Para finalizar, tudo é coberto por sacos de algodão e depois terra. E assim, "enterrados", os alimentos cozinham devagar.

Depois da deliciosa comida, assistimos a uma apresentação do grupo Haha Varua. Um espetáculo com canções que narram episódios da história da ilha. Nessa dança, os movimentos masculinos expõem toda a energia guerreira, enquanto as mulheres hipnotizam os homens com um gingado sensual e gestos que representam os elementos da natureza.

O fascínio pela ilha de Páscoa tem trazido visitantes, pesquisadores, místicos e curiosos para estudar, perguntar e investigar os mistérios do lugar. Existem diversas teorias e estudos, mas ninguém sabe ao certo o motivo que levaram os antigos habitantes da ilha de Páscoa a construir os moais. Seriam esculturas para reverenciar os deuses ou antepassados importantes? Símbolos de poder dos antigos clãs para afastar possíveis invasores? Com certeza uma civilização que tinha uma sintonia, para trabalhar em equipe e construir esses gigantes de pedra.

Poucos veleiros visitam a ilha, pois tem ancoragens bem difíceis. Em menos de três anos, cinco veleiros foram parar nas pedras e corais. Durante os dias em que passamos na ilha, tivemos que mudar de ancoragem várias vezes, dependendo de onde vinha o vento, e a segurança do local. Não existe uma baía abrigada e a regra é analisar todos os dias a previsão meteorológica e as mudanças dos ventos.

Para termos acesso aos lugares e facilidades nas filmagens, nos reunimos no Parlamento rapanui. Ele é formado por líderes nativos. Fizemos uma explicação mostrando o nosso propósito de levar a cultura rapanui para os lares brasileiros e recebemos um passe especial que facilitou muito nosso trabalho.

Na ilha, o Departamento de Turismo nos indicou um guia, Sebastian Paoa, que logo se tornou nosso amigo. Ele nos levou para explorar o vulcão Rano Raraku, um dos sítios arqueológicos mais extraordinárias do mundo. Lá foram construídas cerca de oitocentas estátuas, das quais quatrocentas estão espalhadas ao redor da ilha e outros 397 moais em diferentes etapas de construção, ainda dentro do vulcão. Parece que todas as atividades pararam subitamente e os rapanui abandonaram as construções sem terminar as estátuas. Temos a impressão de que elas foram construídas por gigantes de outro mundo!

Há um moai nunca terminado em Rano Raraku: o Gigante, que seria o maior de todos, medindo 22 metros de altura e pesando cerca de 270 toneladas. Ele impressiona pelo tamanho e sua posição, ainda deitado incrustado na pedreira.

Em uma encosta, afastado dos outros moais, a atenção dos Schurmann se volta agora para um moai muito diferente, o Tuku Turi — o único com formas arredondadas da ilha de Páscoa e que tem pernas e braços. Ele está sentado sobre suas pernas como numa posição oriental. Sua cabeça está mais inclinada para cima em direção ao vulcão ou ao céu, e tem uma pequena barba (cavanhaque). Parece um oriental e tem um barco esculpido no torso, na parte da frente. O barco não é uma canoa polinésia e sim um barco com três mastros de velas quadradas: um galeão europeu ou um junco chinês? De onde surgiu esse moai tão diferente dos outros?

Sebastian nos explicou também as várias teses de como eram movimentados os moais. Eram construídos dentro do vulcão e depois transportados para diferentes partes da ilha a distâncias de até 18 quilômetros por um "caminho" criado pelos rapanui.

128 EXPEDIÇÃO ORIENTE

Atualmente a teoria mais aceita que une história oral e estudos científicos é de que foram movimentados na posição vertical, deslocados lateralmente com cabos. Daí surge a lenda de que os moais "caminhavam". Outros especialistas também afirmam que foram utilizados troncos de madeira como uma espécie de esteira. Porém tudo são teorias. E o mistério continua a desafiar os estudiosos. Depois que o veleiro Kat, de 90 toneladas, foi construído, ele foi movimentado lateralmente assim com os cabos e "caminhou" em cima de pranchões de madeira, até ser colocado no rio. Dá para entender essa teoria.

Imagine mover todos esses monumentos com os poucos recursos dos tempos antigos — estima-se que a ilha tenha tido a primeira ocupação humana antes do ano 900. Vários estudiosos tentaram replicar o movimento das estátuas. Em 1987, o arqueólogo americano Charles Love conseguiu mover uma réplica de 10 toneladas. Dez anos após esse feito, o engenheiro checo Pavel e o aventureiro norueguês Thor Heyerdahl também construíram uma réplica e amarraram uma corda em torno da sua base. Depois, com a ajuda de mais dezesseis pessoas, eles conseguiram mover a estátua balançando-a de um lado para o outro.

O método foi confirmado mais tarde pelos americanos Terry Hunt e Carl Lipo, que também utilizaram as cordas e movimentaram as estátuas de forma que parecia um "andar". Sua equipe conseguiu mover uma réplica desta maneira por 100 metros. Eles também argumentam que isso explica o folclore rapanui de que as estátuas caminhavam, pois eram animadas por magia.

Esses mesmos cientistas explicam o extensivo desmatamento na ilha, que, durante muito tempo, foi atribuído à movimentação dos moais. Sua pesquisa recente diz que uma praga de ratos-do-pacífico (*Rattus exulans*) provavelmente chegou à ilha com os primeiros habitantes. Sem predadores locais, os ratos comiam as sementes e as raízes das novas árvores, impedindo o reflorestamento. Mas o que realmente aconteceu? Mais um mistério sem resposta.

O Ahu (altar) de Tongariki é o mais imponente, com quinze moais. Nossa equipe ficou em silêncio diante das estátuas! Realmente imponentes, elas são bem diferentes umas das outras, tanto na altura como no porte físico, e até mesmo com rostos diferentes. Os olhos eram feitos de coral branco e

CRUZANDO O OCEANO PACÍFICO

segundo a lenda local emanavam energia das estátuas. Somente um dos *moais* ainda tem o *pukao* sobre a cabeça: de rocha avermelhada, representando o penteado utilizado pelos antigos habitantes, um tipo de coque no alto da cabeça.

Ali é um local de respeito, pois debaixo do Ahu estão colocados os crânios dos antigos chefes guerreiros dos clãs. Em 1960, um tsunami causado por um terremoto na costa do Chile derrubou os moais de Ahu Tongariki. Foram precisos gigantescos guindastes e uma equipe especializada de arqueólogos durante cinco anos para restaurar o Ahu.

Estivemos na ilha em 1998, com Capitão, David e Kat, na nossa segunda volta ao mundo. Com pouco mais de 3 mil habitantes, era um lugar com alguns carros, uma dezena de lojas e uma única rua, onde as pessoas se cumprimentavam pelo primeiro nome e os "hotéis" eram hospedagem em casas de família. A gigantesca pista do aeroporto era da NASA, construída como plano alternativo de emergência para pouso de ônibus espacial.

Hoje, com 10 mil habitantes, cresceu o número de lojas, carros, motos, e surgiu uma próspera indústria de turismo com hotéis cinco estrelas e voos diários aterrissando no aeroporto.

Desembarcar foi rápido, pois ainda estávamos em território chileno. Depois de limpar o barco e fazer as listas de compras, fomos direto para o Ahu Tongariki.

Lá estavam eles, os quinze moais, um ao lado do outro, imponentes e misteriosos.

Fora da fila, a minha estátua preferida, o Moai Viajante. Ele recebeu este nome porque, segundo os arqueólogos, foi o que viajou mais longe para chegar àquele lugar. Vários países, além disso: na década de 1960 ele foi ao Japão para uma exposição. Ainda bem que voltou para casa. Triste saber que, pelo menos, onze dessas estátuas foram levadas da ilha de Páscoa e nunca foram devolvidas.

Uma nova descoberta mostra que ainda há muitos mistérios na ilha. Quando as estátuas foram escavadas, descobriram os corpos, as mãos e os pés dessas gigantescas figuras que somente tinham aparentes suas cabeças acima do solo.

130 EXPEDIÇÃO ORIENTE

Olhando para os moais, me senti mais segura. Sei que ali eles defenderão para sempre essa ilha mágica e sua intrigante história, que cativa e atrai pessoas do mundo todo.

Viemos para ficar dez dias e permanecemos vinte. Fomos revisitar a pedra mística, o Te Pito Kura, cheia de magnetismo, que é chamada de "umbigo do mundo". O seu magnetismo é tão grande que uma bússola analógica fica desregulada sobre ela.

Existe também um forte mana na pedra. Para os rapanui, o mana, ou o mágico poder espiritual, é uma crença muito forte que vem passando de geração a geração. Victor acredita que o mana nos fez voltar à ilha de Páscoa.

Um lugar importante que voltamos a visitar foi o museu, para ver os rongo-rongo, uma escrita misteriosa e indecifrável até hoje. Especialistas de diversas partes do mundo já estudaram, mas nunca conseguiram decodificar as mensagens. Os símbolos parecem representar animais terrestres e aquáticos, estrelas e elementos da natureza. A palavra rongo-rongo significa grande mensagem ou grande estudo. Os habitantes locais acreditam que, por meio das canções, os povos antigos ensinavam suas histórias e os pictogramas dos rongo-rongo ajudavam a lembrar a cultura e a tradição.

Victor Ika nos levou até a vila cerimonial de Orongo. No topo do vulcão, o Rano Kau, Victor, resgatando o respeito aos antepassados, falou desse lugar que é sagrado para os nativos.

Há muito tempo, os habitantes da ilha de Páscoa elegiam seu líder com uma competição realizada na primavera: tangata manu (homem-pássaro). Os diversos clãs da ilha se reuniam e cada um deles podia escolher um competidor que, se vencedor, teria acesso ao poder real e simbólico da sociedade rapanui. Os competidores tinham que descer uma íngreme ladeira de 300 metros até o mar, nadar em direção às ilhotas, com o perigo de serem devorados por um tubarão, encontrar um ovo de fragata (manu tara) — uma fonte de alimento que essa andorinha-do-mar deposita nos ninhos no início de setembro — e voltar com ele intacto para a ilha. O primeiro a chegar era nomeado homem-pássaro e governava a ilha durante um ano. A competição foi realizada até 1867, época em que a maioria dos habitantes foi convertida ao catolicismo.

Uma de nossas curiosidades foi rever o petróglifo astrológico dos rapanui. Em uma área de pedras lisas e planas, estão expostas as constelações

CRUZANDO O OCEANO PACÍFICO

gravadas com animais e objetos da cultura deles: tartarugas, peixes, polvos, anzóis etc. Eles não conheciam animais como o leão, o urso, ou o escorpião de nossas constelações.

A conscientização sobre o meio ambiente está bem desenvolvida na ilha. No comércio, não há sacolas plásticas. Eles estavam construindo a escola de música, a Toki, usando material reciclável, recolhido pelos moradores, que contribuem com garrafas pet e de vidro. Com uma arquitetura ousada, é um lugar incrível e resgata a cultura dos nativos rapanui. A pianista Mahani Teavi nos contou sua história e o seu trabalho com a fundação Toki. Nascida na ilha, desde cedo mostrou que tinha talento como pianista, e seguiu sua carreira de sucesso pelo mundo. Ela voltou para fundar na ilha a escola de música, onde se ensina piano, ukulele e violino.

Na escola (provisória) de resgate da cultura rapanui, onde os alunos frequentam as aulas sem sapatos, Vilfredo e eu ficamos encantados com o entusiasmo musical das crianças e cantamos uma cantiga de roda para eles, que retribuíram com uma canção tradicional de sua cultura.

Um dia, debaixo dos moais de Anakena, descansando, com a palma das mãos estendidas na relva, senti a terra tremer. Receosa, olhei rapidamente para o vulcão atrás de mim, mas o que vi foi uma linda manada de, pelo menos, uns cem cavalos selvagens correndo livres pela pequena planície. O que me surpreendeu foi saber que existem cerca de 3 mil desses maravilhosos animais que correm assim, livres pela ilha.

Senti uma conexão espiritual em cada baía onde ancoramos, protegidos pelos enigmáticos moais. Esse lugar tem um magnetismo e me trouxe de volta as mesmas perguntas sobre o mistério dos moais. O que querem dizer os moais de Tongariki? Quem é o moai sentado? Que escrita — o rongo--rongo — desenvolveram, que ninguém até hoje conseguiu decifrar? Quem construiu e como movimentavam esses gigantes de pedra?

Nas quase três semanas que passamos na ilha, filmamos o documentário para a *National Geographic* e registramos tudo em milhares de fotos. Os tripulantes fizeram amigos, exploraram a ilha a cavalo, em trekkings, em 4×4, e foram convidados para algumas festas. Wilhelm praticava windsurfe, surfe ou stand-up paddle.

132   EXPEDIÇÃO ORIENTE

Nossa festa de despedida foi feita com carinho por Victor Ika e Rozei-mere. E, como no Brasil temos a tradição do churrasco, eles têm o *umu* ou *curanto*. Dessa vez com a participação da família e tripulação, quando todos fizemos uma festa de confraternização cantando e dançando uma mistura de canções polinésias e brasileiras.

Na véspera de partir, foi festa no veleiro Kat, e todos os amigos vieram a bordo para a despedida. Alegria de música tocada ao som de ukulele e violão. Muita emoção para dizer adeus, mas ficou a promessa de voltar um dia.

Antes de partir, olhei pela última vez os moais, testemunhas silenciosas de uma cultura que desapareceu. Imaginei o que pensarão as futuras civilizações, daqui a cinco séculos, ao chegarem a uma cidade grande como Nova York ou São Paulo, com muitos prédios e poucas árvores. Perguntarão: "Quem foram os habitantes que construíram esses monumentos? Para quê? Que estranha escrita eles possuíam? Como conseguiram sobreviver sem água ou árvores? Por que desapareceram da face da Terra?"

Como na minha primeira visita, cheguei à ilha de Páscoa com muitas perguntas e, pela segunda vez, parti sem encontrar respostas.

10. De volta à Polinésia Francesa

14 DE JULHO DE 2015: ILHA DE PÁSCOA À POLINÉSIA FRANCESA

Partimos da ilha de Páscoa, e o mar nos saudou com fortes ventos a favor. O clima a bordo ficou animado e dia a dia retomamos nosso rumo de navegação. Passamos ao largo do arquipélago de Pitcairn, única ilha do território britânico habitada na Polinésia, que é formado por ilhas: Henderson, tombada como Patrimônio da Humanidade pela Unesco e hábitat de espécies ameaçadas de aves; Oeno; Sandy; e o atol Ducie, "berçário" de pássaros marinhos e com uma vida marinha ainda intocada. É um dos santuários dos petréis de Murphy: 90% da população global desta espécie é reproduzida no Ducie.

Já havíamos visitado as ilhas Pitcairn em 1998, e vivemos ali a experiência de conhecer os descendentes do famoso Motim do Bounty, cuja história tem fascinado leitores e amantes do cinema há gerações.

Tão isolada e desconhecida da maioria das pessoas, Ducie tem uma história ligada ao célebre Motim do Bounty e é também um ponto importante de referência geográfica moderna, o "Ponto Nemo". Esse lugar mais afastado da terra firme fica a 1,6 mil quilômetros equidistantes das costas de três ilhas bem isoladas e que formam um triângulo: Ducie, ao norte; Motu Nui (um ilhote perto da ilha de Páscoa), a nordeste; e Maher (na costa da Antártica), ao sul.

134 EXPEDIÇÃO ORIENTE

O nome "Ponto Nemo", ou Polo da Inacessibilidade do Pacífico, é uma homenagem ao famoso capitão Nemo, do livro de Júlio Verne. Um bom lugar para se esconder do mundo. Ele só foi descoberto em 1992, pelo engenheiro croata-canadense Hrvoje Lukatela, e é tão distante da terra firme que, muitas vezes, os seres humanos mais próximos são os astronautas a 416 quilômetros na Estação Espacial. As agências espaciais utilizam há muitos anos esse espaço como "lixão", pois é o lugar do planeta com menos habitantes humanos e uma das rotas de navegação quase sem navios. Pouquíssimos barcos se aventuram por essas águas (a não ser navegadores malucos como nós). Existem mais de cem naves e equipamentos espaciais nesse "cemitério", de satélites expirados à falecida estação espacial russa Mir, que caíram do céu e estão espalhados nessa área do oceano. Rimos com Capitão quando falou:

— Que risco estamos correndo! A qualquer momento pode despencar um pedaço de satélite espacial na nossa cabeça e afundar nosso barco!

Wilhelm fez uma previsão de meteorologia minuciosa, pois era importante o tempo estar bom para ficarmos ancorados ao largo do atol. Vimos a âncora tocar no fundo, com a claridade da água mostrando os corais, os peixes e até mesmo os tubarões ao nosso lado. A manobra de desembarque no atol foi de muita adrenalina. As ondas quebravam dos dois lados do estreito canal, parecia que iam cobrir o bote, e davam a impressão de que íamos bater no fundo. Ufa! Que alívio pisar na praia!

Fizemos duas viagens: uma com os tripulantes e equipamentos de filmagens e fotos, e outra com Capitão, Wilhelm, Emmanuel e eu. Ao desembarcarmos, aproveitamos para esticar as pernas naquele lindo atol, raramente visitado.

Caminhamos como Robinson Crusoé, na ilha só para nós, e tivemos o cuidado de não assustar os pássaros. O lugar é um santuário de várias espécies de aves marinhas que se reproduzem ali. E grande foi o nosso choque ao encontrarmos no paraíso uma quantidade enorme de *lixo*! Apesar de estarmos a centenas de quilômetros de qualquer terra habitada, a praia está repleta de lixo carregado pelas correntes marinhas rotatórias. A ilha fica dentro do giro do Pacífico Sul, uma enorme corrente oceânica rotatória que é limitada pela Austrália, pela América do Sul, pela linha do equador e pela forte Corrente Circumpolar Antártica. Por reunir um fluxo que vem

DE VOLTA À POLINÉSIA FRANCESA 135

de diversas áreas no oceano Pacífico, qualquer lixo flutuante que esteja no oceano viaja até encontrar um pedaço de terra onde possa aportar. E para justamente aqui, a única ilha em uma área muito grande do planeta.

A ilha tem uma quantidade assustadora de plástico, linhas e boias de pesca, caixas, garrafas pet, escovas de dentes, potes de margarina, tubos de xampu e sandálias plásticas. Parte desse material acaba se fragmentando numa infinidade de pequenos pedaços, os microplásticos. Mesmo assim, o lugar está repleto de vida no meio do caos. Muitos eremitas e outros caranguejos vivem em objetos de plástico, como garrafas, e as fragatas, aves gigantescas, atobás-mascarados, petréis e pequenas andorinhas-brancas usam esse material para construir seus ninhos.

Passamos parte da manhã em um mutirão, catando o plástico da praia onde estávamos. Colocamos tudo em um buraco bem longe do mar, em uma duna mais alta com vegetação, com a esperança de que um navio o recolhesse um dia. Fincamos uma bandeira vermelha, e ficamos tristes de não poder recolher mais. A maré estava descendo e tínhamos que sair da ilha antes que o bote ficasse encalhado.

A ilha Ducie, um atol descoberto em 1606 pelo navegador português Pedro Fernández de Quirós, por sua inacessibilidade e falta de água potável, nunca foi habitada. Em 1791 foi redescoberta pelo capitão Edwards, da Grã-Bretanha, que comandou o navio HMS Pandora enquanto procurava os amotinados do HMS Bounty. As histórias desses navios são conectadas entre si e são muito fascinantes, tendo dado origem a vários livros e filmes.

O MOTIM DO BOUNTY

Em 1787, o navio HMS Bounty zarpou da Inglaterra com uma tripulação de 44 homens com destino ao Taiti, no Pacífico, com a missão de colher sementes da fruta-pão, uma árvore frutífera. As sementes seriam transportadas à Jamaica, onde os britânicos pretendiam cultivá-las para servir de alimento aos escravos das lavouras.

A missão foi confiada ao tenente William Bligh, 33 anos, com vasta experiência por suas viagens transatlânticas.

A embarcação partiu da Inglaterra para contornar a América do Sul pelo cabo Horn. Fortíssimas tempestades com ventos contra impediram o navio de ultrapassar o temido cabo, por um mês. O capitão mudou de rota, seguindo pelo cabo da Boa Esperança, na África, e navegou pelo oceano Índico até finalmente chegar ao Taiti depois de dez meses no mar. Eles foram calorosamente acolhidos pelos habitantes polinésios, e os marinheiros se encantaram pelas mulheres.

Por cinco meses os britânicos permaneceram no Taiti. Colheram mais de mil mudas de fruta-pão e passaram a viver uma nova vida. Os marujos se relacionaram com as mulheres nativas e alguns até se casaram. Mas a missão de colher as mudas da planta havia terminado. Era hora de partir, e foi uma dura e dramática despedida entre nativas e marinheiros.

Depois de zarparem, os tripulantes ficaram cada vez mais descontentes com o tratamento rígido do capitão Bligh que, motivado pela falta de disciplina de seus homens, passou a infligir castigos humilhantes e brutais.

Apenas três semanas após a partida, os vários conflitos gerados entre o capitão e os tripulantes levaram a uma revolta, e o imediato Fletcher Christian, melhor amigo de Bligh, liderou o motim, mesmo sabendo que poderia ser punido com enforcamento.

Capitão Bligh e dezoito dos seus fiéis marinheiros foram colocados em um bote de 7 metros e abandonados em pleno oceano Pacífico, com água e comida para poucos dias.

Nessas difíceis circunstâncias, William Bligh provou que era exímio navegador. Sem cartas náuticas e calculando a rota de memória, o capitão usou como instrumentos náuticos apenas um sextante e um relógio de bolso, realizando uma das maiores façanhas marítimas inédita na história das navegações. Mantendo uma severa disciplina, e graças a um racionamento extremo dos alimentos, o pequeno grupo partiu das ilhas Fiji, onde foi posto à deriva, parou em ilhas de canibais, atravessou o perigoso estreito de Torres ao norte da Austrália e, após uma dura navegada de 3.240 milhas (6 mil quilômetros) em 48 dias, conseguiram alcançar, quase mortos de fome e sede, a ilha de Timor, de dominação holandesa. A motivação de Bligh era chegar a Londres, para pedir um castigo rigoroso para os amotinados.

DE VOLTA À POLINÉSIA FRANCESA

A VIAGEM ATÉ PITCAIRN

Nesse meio-tempo, Fletcher Christian, depois de se livrar de Bligh, levou o Bounty de volta ao Taiti, desembarcando os quinze homens que não quiseram aderir à revolta. Levando no navio nove marujos britânicos, seis homens e dez mulheres do Taiti, saiu pelos mares em busca de um refúgio contra a Marinha britânica que, com certeza, viria atrás dele e dos amotinados. O esconderijo foi a ilha de Pitcairn, no Pacífico Sul, encontrada por Fletcher ao descobrir que constava um erro de localização de quase 200 milhas (350 quilômetros), na carta náutica da Marinha britânica.

Estabelecidos na ilha, os amotinados retiraram todos os objetos de valor do HMS Bounty e atearam fogo no navio, que afundou.

Em Pitcairn eles sobreviveram da agricultura e da pesca, mas a pequena comunidade foi marcada por graves tensões de disputas pelas mulheres, pois cada amotinado inglês dispunha de uma mulher enquanto os taitianos deviam ficar com uma para cada dois homens. E a situação ficou totalmente fora de controle depois que um marinheiro descobriu um método de destilar uma planta nativa e produzir bebida alcoólica. Assim, a população dos amotinados e taitianos foi morrendo por alcoolismo, assassinatos e doenças. Os sobreviventes ficaram escondidos por dezoito anos, quando um baleeiro americano, o Topaz, aportou na ilha em 1808 e somente um dos amotinados estava vivo, John Adams. Ele havia se dedicado à administração e aos princípios religiosos da pequena comunidade composta de onze mulheres e 23 crianças. Finalmente, John Adams recebeu a anistia da corte britânica por sua participação no motim.

A BUSCA DOS AMOTINADOS DO BOUNTY

A sede de vingança da Marinha inglesa era implacável. Para encontrar e punir os amotinados do Bounty, em 1790 o Almirantado britânico enviou a fragata HMS Pandora, sob o comando do capitão Edwards, para caçar Fletcher Christian e seu bando. Com 160 tripulantes, a Pandora rumou para o Taiti, onde aprisionou os quatorze amotinados que lá tinham permanecido. Sob o comando do cruel Edwards, os presos foram algemados e trancafiados numa jaula de madeira colocada no convés. O sol inclemente, o espaço reduzido e as más condições de higiene geraram o apelido de "Caixa de Pandora".

Na procura dos outros amotinados, pararam na ilha Ducie, perto de Pitcairn. A busca foi incessante, mas nunca encontraram Fletcher e seu grupo. Em agosto de 1791 a fragata encalhou na Grande Barreira de Coral, na Austrália, e afundou em poucas horas, levando para o fundo quatro dos prisioneiros presos nas jaulas. Os amotinados sobreviventes foram levados até Timor e depois transportados para a Inglaterra, onde foram julgados, sendo três deles condenados à forca.

Mas, olhando essa linda e tranquila ilha no meio do mar, parece que estávamos numa cena de um anúncio de agência de viagem. "O paraíso é aqui".

Nos dias seguintes, com a visibilidade de mais de 15 metros, Charlie preparou os equipamentos de mergulho e fomos ver de perto esse impressionante aquário de peixes coloridos, raias e tubarões. Era nosso programa fazer o máximo de mergulhos nesse local tão inacessível e com vida marinha tão abundante. Foi chocante ver como esse local desabitado, o mais inacessível do planeta, está assim poluído. Nos fez refletir como quase todas as ilhas do mundo e quase todas as espécies marinhas nos oceanos estão sendo afetadas por nosso lixo plástico.

Wilhelm aproveitou as ondas perfeitas e o vento bom para praticar windsurfe. No final da tarde ele contou um pouco de sua interessante história de vida para a tripulação, em busca de seu sonho de ser windsurfista profissional. No jantar ele avisou que o vento iria mudar, e Capitão comunicou que era hora de irmos embora para outro paraíso.

18 DE JULHO DE 2015: DE DUCIE A MANGAREVA

Três dias depois, Capitão e eu estávamos no turno quando, de repente, nos tons claros da aurora, espremendo bem os olhos, vi ao longe a silhueta escura de uma montanha. Segurei meu grito de "Terra à Vista", pois uma parte dos tripulantes ainda estava dormindo. Mas, como uma criança impaciente,

DE VOLTA À POLINÉSIA FRANCESA 139

andei pelo barco de ponta a ponta várias vezes. *Calma, Heloisa*, me disse ele, *já estamos chegando*. Frank também já estava na proa, com Wilhelm guiando o veleiro Kat pelo canal cheio de cabeças de coral. Já estávamos entrando no canal balizado quando todos acordaram para ver a entrada de Mangareva. Aos poucos o azul, em mil tons, roubou nossa respiração. Que lindo! E o contraste com o verde das montanhas já tornava tudo muito espetacular. O cheiro de terra foi a primeira impressão que sentimos depois de nossa navegada pelo mar. Todos nós estávamos bem felizes. A ilha de Rikitea, capital de Mangareva, a maior e a mais central ilha do arquipélago de Gambier (Polinésia Francesa), está situada a 750 milhas (1.400 quilômetros) a sudeste do Taiti e tem uma população de 1.110 habitantes.

Depois de dezessete anos estávamos de volta à Polinésia! Pelo rádio a polícia nos avisou que todos teríamos que nos apresentar no dia seguinte, na sede da polícia, para ter liberada a entrada no território francês. Assim que ancoramos, caímos na piscina ao redor de nossa "casa". Que delícia! Bem-vindos ao paraíso! O resto do dia foi dedicado a nadar ao redor do barco, arrumar e organizar o veleiro, e curtir o visual.

Pela primeira vez em dois meses, desde que partimos do Chile, o barco não balançava. Parados, sem necessidade de ficar escorados ou com redinhas nos beliches, sem ter que segurar pratos e copos, que escorregam pela mesa, dormimos como bebês depois do "almojanta" com o tradicional Macarrão do Capitão.

Acordei ao amanhecer com um som diferente e que havia muito não escutava! Uma sinfonia de galos. Pensei em como a felicidade está em dar valor às coisas mais simples. Velejando por dois meses, sempre balançando, desconfortável para dormir, turnos com chuva, convivência a bordo, o pequeno espaço, é uma vida que não tem rotina. Foi navegando que entendi que o mundo não precisa estar do jeito que a gente quer. Mas, simplesmente olhando ao redor, percebi que a felicidade é a coisa mais simples que existe. E que, ao contrário do que se imagina, ela não está em grandes acontecimentos, mas nos momentos mais simples da vida. Para mim, é estar com quem amamos e em contato com a natureza.

De bote fomos para a vila, andando esquisito, meio que desequilibrados, depois de sessenta dias no mar. Uma única rua, deserta naquelas primeiras horas da manhã, fazia Rikatea parecer uma ilha fantasma. O pequeno escritório da polícia, cuja autoridade máxima era a imigração, aduana, estava fechado.

Depois de meses no mar todos os nossos sentidos ficam mais aguçados. Sentei-me debaixo de uma árvore de gardênia, que quase me deixava embriagada com seu perfume. Fechei os olhos e senti o ar com cheiro das flores. Cada lugar tem seu charme, e aqui, com altas montanhas e cercada por árvores, a vila não tem hotel (só duas pousadas), nem restaurantes, barzinho, boate, banco ou caixa eletrônico. Encontramos apenas três minimercados, um café com internet, o correio, a polícia e um pequeno posto de saúde com um médico e duas enfermeiras. Para que mais?

A tripulação comprou baguetes fresquinhas e crocantes e as compartilhou comigo. De repente, um carro, uma moto, um grupo de mulheres e crianças passam e, com um sorriso alegre, nos saúdam uma *iorana bonjour*! Em seguida vêm nos presentear com um doce *pamplemousse*, a deliciosa toranja, e saber de onde somos, o que estamos fazendo ali e nos convidar para ir às suas casas! As meninas convidavam os tripulantes para festas, para sair, nadar, remar e aos poucos o espaço ao redor do barco parecia mais um clube de férias. Imaginei os marinheiros do Bounty chegando aqui. E diziam "Olá" no idioma mangareviano: "Kia purotu koe!", com tradução: "Que você fique eternamente bonito."

POLINÉSIA: QUERO FICAR AQUI PARA SEMPRE!

Afinal, o policial nos recebeu, e com documentos vistos e carimbados, estávamos livres para explorar a ilha. Dia de folga para a tripulação.

Olhando as pessoas, as casas simples, ninguém desconfia de que existe uma grande riqueza nesta pacata ilha de pouco mais de mil habitantes, e que está onde não podemos ver: no fundo do mar.

Qual mulher não tem fascínio por pérolas, ainda mais as raras joias negras? Temos a romântica noção de que as pérolas são achadas de forma inesperada, quando alguém abre uma ostra. Mas, na verdade, a produção de pérolas negras, *Pinctada margaritifera*, ou ostra-dos-lábios-negros, é um

DE VOLTA À POLINÉSIA FRANCESA

processo detalhado e científico e que exige muito esforço e disciplina. Ela é a única "pedra preciosa" obtida a partir de um animal vivo, o que as torna ainda mais raras e valiosas.

Louie, que administra uma fazenda, nos contou as lendas da pérola negra. Dizem que essa pérola é chamada de Te Ufi, filha de Okano, o espírito dos corais, e de Uaro, a deusa das areias.

Oro, o rei da paz e da fertilidade, se apaixonou por Uaro, casada com Okano. Ele desceu à terra em um arco-íris e, como prova de seu amor, lhe presenteou com um tipo especial de ostra, a Te Ufi, para que ela oferecesse à humanidade. As cores de Te Ufi e do arco-íris de Oro se juntaram para formar a iridescência da pérola.

Uma outra lenda romântica diz que os raios brilhantes da lua brilham sobre o oceano para atrair as ostras perolíferas para a superfície, e as fecundam com abençoadas gotas de orvalho. As pérolas nascem dessa união.

Quando soube que éramos do Brasil e estávamos filmando sobre as culturas pelo mundo, Josephine Teakarotu nos levou para conhecer a fazenda de pérolas negras de sua família. Em Mangareva, existem mais de quarenta fazendas familiares, uma indústria que emprega mais da metade dos habitantes da ilha. Os especialistas em fecundação da pérola, um trabalho altamente técnico, é feito por profissionais chineses que vêm morar na ilha por um ano.

É difícil acreditar que aquelas casinhas precárias, em cima da água, escondem uma enorme indústria totalmente silenciosa, com seus "operários" trabalhando submersos muito lentamente e com um resultado final muito lindo.

Caminhamos nos equilibrando por estreitas pontes de tábuas acima da água, indo de uma casa flutuante à outra, aprendendo sobre como as conchas madrepérolas passam por processos de limpeza, de mudanças de lugar (profundidade), e demoram até dois anos para produzir pérolas de qualidade.

Para ver de perto como se faz o processo, Capitão e eu assistimos ao trabalho feito pela chinesa Lyn Wansi. Ficamos fascinados com seus movimentos delicados e precisos. Ela pegou uma madrepérola e, cuidadosamente, abriu a borda, e com um bisturi fez uma incisão no molusco. Depois introduziu no corte, com precisão cirúrgica, uma bolinha (feita do material de uma concha). A reação natural desse molusco contra invasores externos é envolver a bolinha, uma camada após a outra, com uma substância para cobrir a parte interna da concha (nácar). Assim, o corpo estranho se transforma em uma esfera bem rígida, a pérola. A concha é colocada de volta na água, e há uma espera de dois a três anos após a "fecundação" da pérola para a colheita. Durante esse tempo, os mergulhadores limpam a cada dois meses as conchas e as protegem de ataques de polvos e peixes. Um trabalho que se repete continuamente até as conchas ficarem prontas para serem colhidas.

Em outro momento, Lyn fez sinal para que eu me sentasse à sua frente. Devagar, abriu uma madrepérola e, com cuidado, extraiu a pérola negra e a colocou na minha mão. Linda. Redondinha e perfeita! Senti ali uma emoção de viver esse momento que era uma prova da sinergia entre o homem e a natureza. Apenas 20% das ostras cultivadas irão produzir uma pérola perfeita, que podem ser brancas, cinza, verdes ou pretas.

Mangareva é a produtora de 60% das pérolas negras cultivadas no território, que foram eleitas as mais lindas da Polinésia. O cultivo da ostra *Pinctada margaritifera*, as madrepérolas, somente se dá em águas puras, sem poluição. Hoje, as pérolas são o produto mais exportado na Polinésia Francesa, e a fonte de renda de milhares de nativos.

Os mangarevianos, mesmo trabalhando duro, estavam sempre com um sorriso no rosto e alegres, conversando conosco. Depois de visitar a fazenda de pérolas, convidamos as pessoas que ali trabalhavam para visitar o veleiro Kat. E quando chegaram a bordo, para nossa surpresa, Josephine e sua equipe nos presentearam com mamão, pomelo, limões, fruta-pão, peixes e cachos e mais cachos de bananas. E, claro... lindas pérolas negras, para toda nossa tripulação! Quanta generosidade!

As pernas de nossos tripulantes já estavam enferrujadas depois de quase dois meses sem andar. Mas a trilha de uma hora para subir 482 metros até chegar ao pico do monte Duff parecia ser fácil. Porém, na metade do caminho a escalada tornou-se um desafio. A mágica de subir ao topo de montanhas está em sabermos o que está nos esperando lá em cima, e o monte Duff não foi diferente. A vista do topo é mais do que deslumbrante, e foi um momento de reflexão. Até onde a vista alcança, só vemos o Pacífico — e o veleiro Kat, um pontinho branco no mar azul-turquesa. E sentamos, cansados e prontos para absorver toda a grandeza da natureza e sentir o privilégio de poder estar ali, tendo vencido muitos desafios e obstáculos para chegar a esse lugar.

DE VOLTA À POLINÉSIA FRANCESA

Ao lado do barco na água clara víamos os peixes, mas não podíamos pescar ou comê-los, pois causavam ciguatera, uma forma de intoxicação alimentar ocasionada pela ingestão de ciguatoxina, uma toxina presente em determinados tipos de peixes tropicais. Ela afeta o trato gastrointestinal, causando cólicas, vômitos, diarreia e mal-estar. O fenômeno da ciguatera, que já existia havia muitos séculos, só foi reconhecido oficialmente em 1976 e batizado com o nome científico de *Gambierdiscus toxicus*.

Impressionante como uma ilha afastada de grandes centros como essa tem tantas histórias.

Até hoje existe um silêncio — quase como se fosse um segredo, e ninguém fala quando perguntamos — sobre os testes nucleares franceses no vizinho atol de Moruroa. Esse atol fica a 240 milhas (450 quilômetros) ao sudeste de Mangareva, e foi ali onde a França iniciou seus testes nucleares. Entre 1966 e 1974 foram feitos 46 testes atmosféricos e 150 subterrâneos. Na época, a população de seiscentas pessoas nativas não foi informada do verdadeiro perigo dos testes. Ali moravam algumas famílias dos militares de Moruroa, e os mangarevianos não atentaram para os riscos da radiação a que foram expostos. Esse continua sendo um assunto tabu.

Domingo fomos à missa, e eu havia me esquecido da impressionante catedral Saint-Michel, que levou nove anos para ser construída e é a igreja mais impressionante do Pacífico Sul, com capacidade para 1.200 pessoas. Os altares são esculpidos em madeira e decorados em estilo mosaico com uma imensa variedade de conchas do mar e lindas pérolas negras.

Olhando a bela catedral, não dá para imaginar que foi um palco de horrores, quando desembarcou, em 1834, o padre jesuíta francês Honoré Laval. Com a intenção de criar "uma cidade de Deus", estabeleceu um governo opressor e desumano sobre os habitantes de Mangareva. Depois de impor uso de roupas, costumes europeus, prisões, trabalho forçado e regime de escravidão, ele ordenou que os polinésios construíssem mais de cem prédios, igrejas e conventos de pedra e coral. Ele exerceu o poder espiritual, político e econômico sobre os habitantes.

Durante as três décadas do reinado de Laval, de 1834 a 1870, no comando das ilhas Gambier, mais de cinco mil nativos morreram, muitos deles vítimas de trabalhos forçados. Laval sequestrou as jovens virgens e as trancou nos conventos. Muitas delas fugiam e se suicidavam pulando de um penhasco para o mar. Alguns remanescentes do trabalho de Laval permanecem na vila, e a igreja é um deles. Edifícios fantasmagóricos, sinistros, cobertos pela selva, me dão arrepios, como se as almas errantes vivessem ainda ali.

A pequena população da ilha, de forte tradição católica devido à influência do padre Laval, estava toda na igreja com suas roupas lindas de domingo, e algumas mulheres usavam coloridas e perfumadas coroas de flores. Uma simpática mulher, Marie, veio perguntar de onde éramos. Elogiei sua coroa de flores. Ela, sem titubear, retirou-a e a colocou em minha cabeça. Mais uma prova da generosidade desse povo!

À tarde recebemos mais visitas no barco e em volta do veleiro se formou outra vez um clube aquático. Canoas va'a, SUP, wakeboard, e a bordo o som do ukulele acompanhava as canções dos alegres polinésios.

Nossa vida social ficou bem agitada com convites para almoçar, jantar e até para uma festa com dança, onde a tripulação se divertiu até quase o amanhecer.

A família Yves fez banquete em nossa homenagem na casa deles. Em nenhum lugar do mundo poderíamos ter degustado uma comida mais gourmet de entrada: carpaccio de ostras de pérolas negras, coberto por molho de gengibre. Dissolvia na boca de tão macio e delicioso!

E assim passaram rápidos os nossos sete dias nesse lugar tão hospitaleiro e onde fizemos grandes e bons amigos.

Na hora de partir, ganhamos colares de conchas desses amigos, que nos avisaram: segundo a tradição, quando saímos da ilha devemos atirar o colar no mar, que, com certeza, nos trará de volta a Mangareva!

1º DE AGOSTO DE 2015: (ADEUS) MAROI MANGAREVIANOS: ILHAS DUCIE A AMANU

A maioria dos lugares onde navegamos tem desafios de navegação relacionados às condições do tempo ou à geografia. Na Patagônia, foram os fortes ventos; na Antártica, os icebergs; no Chile, os canais estreitos e profundos de difíceis ancoragens; na ilha de Páscoa, a mudança de ventos, que nos fazia

DE VOLTA À POLINÉSIA FRANCESA 145

alternar de baías com frequência; e agora aqui em Tuamotu — que é um lugar difícil de navegar, devido à pouca visibilidade das ilhas baixíssimas com formação de coral até as fortes correntezas que desviavam os barcos de suas rotas, por isso várias embarcações naufragaram em cima dos corais. É sempre algo diferente, e por isso nós, navegadores, aprendemos a ser humildes e respeitar a mãe natureza... ou nem sair do porto.

No passado, Tuamotu era conhecida pelos antigos navegadores como Ilhas Perigosas, e os velejadores evitavam esse arquipélago. Com a chegada da tecnologia dos satélites, radar e navegação eletrônica, GPS, mais barcos têm navegado por essa região, mas sempre com redobrada atenção.

Tuamotu é parte da Polinésia Francesa, em uma área enorme no oceano Pacífico Sul de cerca de 850 km², com 78 ilhas e atóis, e é a maior cadeia de atóis do mundo, com 18 mil habitantes.

Até quinze anos atrás, todo o sul desse arquipélago estava interditado para a entrada de qualquer embarcação, pois era o reduto dos testes nucleares do governo francês e do treinamento militar secreto, só acessível aos habitantes locais e aos militares. Hoje, os livros e guias listam ainda como área proibida, mas os velejadores podem velejar em toda Tuamotu, exceto em torno dos atóis de Mururoa e Fangatuafa, área dos testes nucleares até 1995.

Há poucas informações ou mapas sobre os canais de acesso, e todos os veleiros que conhecemos tinham a mesma dificuldade. Nossa rota era o atol de Hao, a cerca de 18 milhas (35 quilômetros) de Amanu. Com mil habitantes e até um aeroporto, o local tinha uma base militar francesa durante os testes nucleares.

Mas a tentação de ir a um lugar com 130 pessoas e raramente visitado por veleiros pesou na nossa escolha. No meio da velejada mudamos o rumo, e aí começou um trabalho de detetive de Capitão e Wilhelm.

Deixe-me explicar: para entrar no paraíso de Amanu, um atol formado por um anel oval de corais que protegem uma enorme lagoa de 240 m², a única entrada é um passe (entrada do atol) ao lado da cidade. É uma entrada estreita, sem sinalização, por onde passa a água regida pelas marés, que corre por cima do recife de aparência traiçoeira, criando enormes correntezas que sugam, como um monstro marinho, a água do oceano. Seis horas depois, a maré vira, e literalmente toda a água de sua lagoa escoa de volta para o mar, como se o monstro estivesse vomitando tudo de volta, com uma velocidade incrível de 10 nós.

Nossas informações incompletas não nos ajudaram. Chegamos no fim da maré vazante, e esperamos pela estofa (curto período durante o entra e sai das águas em que a maré para de se movimentar por alguns minutos). Entramos com ainda um final de maré vazante, com Pedro no alto do mastro para documentar nossa primeira entrada em um atol. Com muito cuidado, o barco manobrou canal adentro. A profundidade era de 9 metros bem no centro. Com o coração acelerado, friozinho na barriga, num "suspense" incrível, olhávamos para as margens, com a entrada parecendo uma pororoca, rezando para o motor não parar, para não sairmos um milímetro da rota. Olhando aquelas águas transparentes, os corais como garras gigantes, a corrente ainda contra, a 8 nós, passamos pelo canal, entramos na lagoa, ancoramos e finalmente conseguimos respirar. UFA!

Bem-vindos a Tuamotu! A primeira recompensa foi o visual das praias com os coqueiros sendo penteados pelo vento, e os tons de azul-claro, turquesa, verde do mar. Os tons da água formam uma paleta de cores criada, com certeza, por um artista muito inspirado! A segunda, conhecer uma vila com 130 pessoas, de uma hospitalidade incrível. Na única rua principal está o correio, um minimercado, a igreja e a prefeitura. Os únicos veículos são um pequeno caminhão da prefeitura e um trator para obras. Sem hospital ou enfermeiros, os habitantes utilizam a medicina natural de seus antepassados. Em casos de emergência são levados para a enfermaria de Hao, a três horas de distância de barco a motor.

Ao desembarcar, fomos recebidos por Madame Jenny, que nos presenteou com colares de conchas acompanhados da sorridente saudação "Iorana!". Alguns habitantes vieram nos saudar, e Benjamin e Vaihau nos convidaram para conhecer a igreja. Na caminhada pela ilha, as crianças nos seguiam, curiosas com os estrangeiros e o veleiro Kat. Isolados, sem tecnologia (somente três pessoas têm celular com "internet"), no máximo cinco veleiros por ano visitam a ilha.

O navio de abastecimento ancora do lado de fora da ilha, uma vez por mês para trazer suprimentos e recolher a produção de copra. Os diversos ilhotes com centenas de coqueiros são a base da economia dessas famílias.

DE VOLTA À POLINÉSIA FRANCESA

O coco seco, copra, é colhido para a extração de óleo para fins alimentares, cosméticos e medicinais. Os nativos usam totalmente o coqueiro: do tronco, a madeira para construir as casas; as folhas para fazer esteiras para telhados e esteiras que servem para forrar o piso da casa, as camas, e saias, além de chapéus de palha para as mulheres. A copra é a polpa de coco que seca, exposta ao sol da ilha; exportada para produção de óleo de coco, e é usada para fazer produtos variados como sabão, margarina, cosméticos e na indústria alimentícia. É um comércio lucrativo para os 130 habitantes da ilha. Como pescamos dois enormes atuns na travessia desde Mangareva, em Amanu nosso menu foi à base de peixe, ceviche, poisson cru, sashimi, tudo regado com leite de coco, que compramos dos moradores que espremiam fresquinho enquanto esperávamos.

Tentamos fazer uma transmissão ao vivo em condições precárias, com uma antena montada em um bambu. Foi o divertimento das pessoas que riam de nossas várias tentativas frustradas.

Caminhando pela ilha, encontramos uma turma de crianças. Tinu, um menino de 7 anos, me emprestou a bicicleta dele e todos riram e se divertiram ao me verem equilibrada na minibicicleta. Esqueci-me do tempo e da idade quando brinquei com eles. Fiz uma roda com Heitor e cantamos "Atirei o pau no gato", uma canção fácil de cantar, que as crianças se divertiram repetindo "gato-to-to, não morreu-reu-reu", e caímos todos com as gargalhadas no "miau" final. Depois nos atiramos no mar, eu de roupa como estava, e brincamos juntos. Que delícia escutar as risadas e ver a inocência dessas crianças.

Durante toda a estada, a tripulação, liderada por Wilhelm e Charlie, se dedicou aos mergulhos no passe do atol. Conhecido como Drift Dive, é um mergulho que iniciamos quando a água do mar entra para a lagoa. Mergulhamos e, com a corrente, deslizávamos, flutuando devagar no meio de um aquário gigante, enquanto ao lado passavam milhares de peixes como bacalhaus-do-mar, peixes-papagaio, tubarões e milhares de outras espécies. Os corais ainda intocados foram uma festa de cores debaixo da água.

No intervalo dos mergulhos, abrimos a bordo uma barbearia com Heitor, tosando as madeixas de toda a tripulação, que desde a ilha de Páscoa não via uma tesoura. O pior é que a nova moda foi de moicanos em todos os meninos.

O jovem Merenui e outros quinze moradores vieram a bordo e felizes nos contaram que era a primeira vez que visitavam um veleiro. Num instante, como é de costume polinésio, apareceu um ukulele, e música e risadas alegraram nossa turma.

A lagoa azul era um convite para que fosse praticar meu novo esporte, stand-up paddle. Equilibrada na prancha, na água clara, vi um enorme tubarão passar bem pertinho. Me desequilibrei e caí. Nunca subi tão rápido de volta à prancha. Todos os tripulantes, Frank, Heitor e Pedro se divertiram aprendendo a remar em pé.

Os três dias passaram num piscar de olhos, e tínhamos que partir. O ritual de despedida dos polinésios é muito carinhoso, e eles nos trouxeram presentes de artesanato: de colares de conchas e palha, doces e pães de coco. Ao sair, nos preparamos melhor para atravessar o passe, com a maré na estofa, mas o "suspense" ainda foi o mesmo, pois víamos com clareza o fundo transparente. Respiramos aliviados quando Capitão gritou: *Já estamos de volta ao oceano!* Olhei para trás e algumas crianças davam um entusiasmado adeus, com braços e mãos. Fiquei imaginando até quando terão essa pureza de vida.

10 DE AGOSTO DE 2015:
DO TAITI A RAIATEA: IORANA, VELEIRO KAT!

Desde que saímos nessa expedição, falamos e contamos sobre a Polinésia, onde já estivemos em 1989 e 1998. A tripulação cansou de ouvir nossas histórias desse lugar incrível, e as paradas em Mangareva e Amanu estavam comprovando, agora, o que falávamos sobre essa região das mais lindas que já vimos e de gente linda de coração.

Depois de quatro dias velejando com pouco vento desde Amanu, ficamos muito emocionados ao nos aproximarmos do Taiti. Acompanhávamos as altas montanhas verdes quando um vento forte, com nuvens baixas e chuva, encobriu nossa paisagem. Não víamos mais as montanhas, somente casas, edifícios, estradas e, mais perto, carros e ônibus.

DE VOLTA À POLINÉSIA FRANCESA

Quase na entrada da cidade de Papeete, capital da Polinésia Francesa, ganhamos um lindo presente: repentinamente o céu se abriu novamente, a chuva parou e surgiu um lindo arco-íris que, num momento mágico, iluminou as montanhas de um verde vibrante, nos dizendo: Iorana! Bem--vindo, veleiro Kat!

Estávamos eufóricos, felizes com o barco surfando as ondas numa velocidade incrível, ansiosos para chegar ao porto tão sonhado. Nesse momento, completamos em nossa expedição mais uma etapa do sonho: a preparação, a expectativa, o caminho e a realização. Aqui marcamos a travessia da metade do oceano Pacífico.

O Taiti é a maior ilha da Polinésia Francesa, localizada no arquipélago das ilhas da Sociedade, também conhecida como a Pérola do Pacífico, e tem cerca de 189 mil habitantes. A Polinésia é um território da França; os nativos são cidadãos franceses, com plenos poderes civis e políticos, e falam ambos os idiomas: taitiano e francês.

Nosso ritual, sempre que atracamos em um país, é hastear a bandeira de cortesia. Dessa vez, subiram duas — a da Polinésia e a da França.

Como já tínhamos feito a entrada em Mangareva, as autoridades liberaram sem demora o barco e a tripulação. Depois de uma arrumação completa no barco, foi folga geral para todos.

Desde Puerto Montt não atracávamos em uma marina, mas aqui ficamos na nova e moderna marina de Papeete, que pertence ao porto, com um apoio de serviços e restaurante, bem no centro da cidade, e com capacidade para 65 barcos de até 100 metros. A marina estava lotada e foi um choque ver os veleiros e vários superiates reunidos em um só lugar. Quatro deles tinham helicópteros, e um tinha um pequeno avião anfíbio. À noite, era muito lindo ver como as luzes debaixo do cais iluminavam a água azul transparente, que parecia uma piscina. Para nós, que viemos de ilhas pequenas e tranquilas, estávamos como crianças encantadas com tudo, os outros barcos, as luzes, o movimento e, lógico, as mordomias. Enfim, um privilégio para nós navegadores, e era só descer do barco e ali estava a cidade de Papeete, a nossa frente!

Depois de uma semana, nos mudamos para a marina Taina, outro lugar impressionante, pelo tamanho e pela infraestrutura: capacidade para 550 barcos de até 65 metros, abastecimento de combustível, lavanderia, wi-fi, controle do uso dos banheiros nos barcos, dois restaurantes, lojas e oficinas mecânicas, reparos em geral, realmente um paraíso para os velejadores. Ela é certificada com o selo Bandeira Azul de meio ambiente, e as águas são incrivelmente limpas; ao redor dos barcos, são como um aquário com peixinhos coloridos.

Como em uma cidade, na marina encontramos todo tipo de barcos e gente. Somos, na realidade, ciganos do mar; não importa o tamanho do barco, temos todos um amor comum: o mar. O veleiro Kat foi colocado no cais de fora, ao lado de megaiates do mundo todo, e todos os dias víamos uma tribo de marinheiros uniformizados, lavando, polindo e cuidando desses barcos. Parecia cena de filme.

Em cada cais encontramos veleiros, lanchas, botes. No segundo cais, bem atrás de nós, vivia uma outra tribo: a de barcos com moradores fixos. São famílias que moram em um barco, trabalham na cidade, e os filhos vão para a escola ali perto. Os barcos têm hortas, bicicletas e skates. No cais armam uma varanda, com churrasqueiras e cadeiras de praia e plantas. Morar na marina sai mais barato do que alugar um apartamento, e, nos fins de semana, eles desamarram o barco e vão para uma praia ou ilha "passear". Viver navegando nos ensina a ver o mundo com outros olhos, a ter paciência com as pessoas, amar aqueles que estão ao nosso lado, ser humildes perante a natureza e principalmente ter gratidão.

Nossa surpresa, para Capitão e eu, foi rever Papeete, cidade cosmopolita, com muito movimento de turistas, que cresceu muito desde que estivemos aqui em 1998. Mais edifícios, pessoas, trânsito movimentado. Wilhelm, com 13 anos na época, se espantou mais ainda. Ele se lembrava de um lugar tranquilo. Sem edifícios e sem tantos carros. Essa é a primeira cidade grande onde atracamos desde Puerto Montt, Chile, quatro meses antes.

Caminhando pelas ruas, ficamos felizes em ver que o charme polinésio continua o mesmo na cidade, no colorido das cangas e vestidos, nas camisas estampadas, no sorriso das pessoas, nas flores de gardênias cheirosas, nos cabelos das lindas mulheres. Dá para entender bem por que o pintor Paul Gauguin se apaixonou por elas, e nos deixou seus quadros retratando essas cores vivas do dia a dia e a sensualidade das belas jovens. O pintor Henri Matisse também imortalizou a cidade em vários de seus desenhos. Nos anos

DE VOLTA À POLINÉSIA FRANCESA

1960, outro apaixonado pelo Taiti foi o ator Marlon Brando, que veio filmar *O grande motim*, casou com a bela nativa Tarita Teriipia, e acabou dono da paradisíaca ilha de Tetiaroa.

Mesmo com a influência europeia, as manifestações culturais desse povo se mantêm vivas, como a reverência às flores, o amor à música, a culinária tradicional e o culto ao mar. Na verdade, ser polinésio é um estado de espírito, e adoro o jeitinho de como encaram as dificuldades, com um sacudir de ombros e, na expressão deles: Aita Pe'a Pe'a, que quer dizer ao mesmo tempo "não se preocupe e aproveite".

Lugar dos sonhadores que vêm em busca do Paraíso na terra desde o primeiro europeu a chegar ao Taiti, Samuel Wallis, a outros navegadores como James Cook, Bougainville, Capitão Bligh e outros velejadores modernos, como Moitessier, que aqui fundearam e nunca mais foram embora. E também muitos escritores que se inspiraram na cultura e no povo da Polinésia e nos levavam a viajar na imaginação com suas histórias: Herman Melville, Robert Louis Stevenson, W. Somerset Maugham, Pierre Loti, Jack London, Zane Grey, James A. Michener, Charles Nordhoff e James Norman Hall.

Quando estivemos aqui em 1989, conhecemos uma simpática família: Genevieve, Xavier e os filhos Laura, Sophie e Davis. Eles nos ajudaram, e nossos filhos brincavam juntos. Nossa amizade se tornou tão grande que, quando passamos aqui em 1998, eles prometeram ir à nossa chegada em Porto Seguro no ano de 2000. E que alegria foi o reencontro com o casal, no Brasil. Há tempos eles nos seguem pelas mídias sociais, e, no dia seguinte em que chegamos ao Taiti, lá estavam Genevieve e a filha Sophie, nos oferecendo carro, casa e o que mais precisássemos. A mesma hospitalidade e carinho de sempre.

Wilhelm, Emmanuel, Frank, Heitor e Pedro aproveitaram cada minuto da estada na cidade e estavam felizes. Saíam, tão logo terminávamos de filmar.

Com tantas atrações, ainda para mim um dos lugares mais interessantes era o mercado: ali encontrávamos uma mistura de gente, cores, aromas maravilhosos, sabores deliciosos e uma paleta de cores que desperta os sentidos neste lugar tradicional cheio de frutas exóticas, peixes tropicais coloridos, várias barracas de artesanato e de alimentos fresquinhos.

152   EXPEDIÇÃO ORIENTE

Nossas refeições eram sempre no barco, mesmo quando estávamos parados nos portos. Mas a turma podia experimentar outros cardápios sem gastar muito, quando íamos à noite aos food trucks ou vans/minirrestaurantes, localizados no cais no centro, onde uma variedade de cardápios típicos das etnias da cidade, de comida chinesa, indiana, europeia e taitiana eram bons e baratos.

Seguindo uma antiga tradição marinheira, Heitor, Frank e Charlie chegaram ao barco com lindas tatuagens no antebraço. Eles já queriam tatuagens havia muito tempo, mas somente agora, nas condições seguras, decidiram fazer. Na Polinésia, a tatuagem tradicional está proibida por lei, somente sendo possível ser tatuado com agulhas descartáveis, para evitar transmissão de doenças.

A arte é uma das formas artísticas mais antigas nos costumes dos polinésios. O mestre tatuador Tamati nos disse: "Nós vestimos nossa arte no corpo, enquanto vocês penduram sua arte nas paredes." Ele nos explicou que os desenhos de uma tatuagem contam a história da linhagem da família e também as habilidades de uma pessoa. No passado, as mulheres nativas cresciam admirando os homens tatuados, símbolo de coragem. Os primeiros marinheiros que chegaram à Polinésia, com seus corpos lisos e brancos, não as atraíam sexualmente. Para se tornarem atraentes para elas, muitos tripulantes dos navios começaram a se tatuar. Daí nasceu a tradição marinheira. Os missionários proibiram a tatuagem, mas ela vem sendo resgatada por uma geração de jovens orgulhosos de sua herança cultural, e, às vezes, como marca de rebeldia e oposição aos colonizadores.

Recebemos a bordo o casal de amigos Décio e a esposa Denyse, que vieram do Brasil para passar uma semana velejando conosco aqui na Polinésia. Vilfredo prestava assessoria financeira na área de projetos da empresa dele, a Weg S.A., e eles se conheciam havia 35 anos. Décio tinha o sonho de navegar conosco, em uma experiência oceânica. Sempre que se encontravam, ele dizia: um dia eu vou navegar com vocês. E foi muito especial navegar com eles, entre Taiti e Moorea, e poder compartilhar nosso modo de vida com alguém que estava realizando seu sonho.

O Taiti é dividido em duas partes, conectadas por um pequeno istmo. A parte nordeste é conhecida como Tahiti Nui (Grande Taiti), e a parte

DE VOLTA À POLINÉSIA FRANCESA 153

sudeste, muito menor, é conhecida como Tahiti Iti (Pequeno Taiti). Ali fica a vila de Teahupo'o.

Wilhelm, ao saber que em Teahupo'o estava acontecendo o campeonato mundial de ondas Billabong Pro Tahiti, ficou muito entusiasmado. Então, sob as ordens de Capitão, zarpamos imediatamente de Papeete, e tivemos uma agradável surpresa ao chegar a Tahiti Iti, um lugar bem tranquilo e pouco habitado. Nunca havíamos navegado por essa área.

Entramos no passe (abertura como a foz de um rio, na barreira de corais entre o mar e o oceano), e o veleiro Kat ancorou perto das gigantescas e mais temidas ondas.

A fama de Teahupo'o é devida às ondas locais com um volume brutal de água, que vem de uma profundidade de 1.400 metros e bate no paredão de coral de 1,5 metro. As ondas crescem mais em largura do que em altura, e podem chegar a 15 metros. O volume da água é muito forte e forma tubos com ondas perfeitas, perigosíssimas, que desafiam a perícia e a técnica do surfista. Se vacilar e cair, corre o risco de ser jogado em cima dos corais, onde pode se machucar muito ou até morrer. Todos nós fomos de bote, bem perto das ondas, ficando a poucos metros dos competidores. Nos campeonatos, Teahupo'o ganha uma verdadeira "arquibancada aquática" com dezenas de barcos e centenas de pessoas.

É uma adrenalina ver o surfista descer no tubo, e, quando a onda quebrar, ele sumir. Estiquei meu pescoço para ver ele reaparecer no meio da espuma... vivo. Emmanuel, com câmera submarina, mergulha para filmar no meio dos surfistas. Adivinha se eu fico tensa? Mas ninguém nota, sei disfarçar bem.

Nossa torcida foi pelos brasileiros, que brilharam no circuito mundial. Ficamos muito orgulhosos do alto nível dos nossos surfistas. Conhecemos Gabriel Medina (hoje campeão mundial) e Ítalo Ferreira (8º lugar na Liga). Alguns deles foram conhecer o veleiro Kat: Filipe Toledo (4º lugar na Liga) e seu pai, Ricardo Toledo, além de Bruno Santos (campeão em Teahupo'o, em 2008).

Wilhelm se tornou amigo de Matahi Drollet, promessa do surfe do Taiti, um jovem nativo de apenas 17 anos que ganhou em 2015 o prêmio Billabong Ride of the Year, XXL Big Wave Award. Ele contou que encarar uma onda gigante dá medo, "são 10 segundos que voam", mas com uma sensação de liberdade e adrenalina incomparável. Matahi, nascido e criado em Teahupo'o, desde os 8 anos já pegava ondas grandes. Ele compartilhou um pouco de seu modo de vida, levando Wilhelm para conhecer sua casa. Capitão e Emmanuel se aventuraram de jet-ski em vários lugares de sua vila, subiram o rio, onde mora a avó de Matahi, e exploraram as cavernas, aonde só se chega pelo mar! Ao passar em um lugar onde as ondas batem num paredão e voltam como uma cachoeira, Capitão e Emmanuel levaram um tremendo susto, se desequilibraram e caíram na água. Mais um mico que pagaram com nossas risadas por conta da inexperiência deles no jet-ski. Emmanuel afogou o celular...

Em Teahupo'o, nos encontramos com Pato, um surfista brasileiro especialista em ondas grandes, junto com a mulher Fabiana e a menina Nalu, de 8 anos, que vivem em um catamarã, surfando, navegando e se aventurando pelo mundo. Nosso encontro foi bem legal e trocamos experiências de nossos estilos de vida. Eles produzem o programa de TV *Nalu pelo Mundo*.

Dois pescadores da vila convidaram Pato e Wilhelm para um torneio de pesca, no barco de pesca típico taitiano, denominado poti marara, utilizando métodos tradicionais. Uma das técnicas é a observação dos pássaros, e tem que prestar atenção na passarinhada, pois, dependendo do tipo de pássaro, sabe-se que tipo de peixe tem na área. Wilhelm contou:

— Foi uma loucura, tinha muito peixe. Pescávamos com vara e molinete. Tivemos que puxar os peixes com uma rapidez incrível para colocar no barco; mal dava tempo de jogar a linha na água, lá vinha peixe. Pescamos quinze atuns, fora os que fugiram.

Foi um sucesso e muito divertido. Não é mentira de pescador, pois foi tudo filmado e documentado pela equipe de filmagem!

Frank e Heitor voaram o drone enquanto fizemos uma caminhada em Tahiti Iti, um lugar ainda pouco explorado, com vales lindos onde os cavalos selvagens correm entre as montanhas verdes e altas, totalmente preservadas, com cachoeiras, rios e cavernas, num cenário que me faz pensar que foi assim que Deus criou o paraíso.

Para Wilhelm, o lugar lembrava muito Papeete, quando esteve lá aos 13 anos (26 anos atrás), pois era muito tranquilo, e sentiu bem a diferença entre o Taiti e Tahiti Iti.

DE VOLTA À POLINÉSIA FRANCESA

ENCONTRO MARCADO COM AS BALEIAS

Depois do campeonato navegamos para Moorea, minha ilha favorita. Tranquila, continua a mesma, com seus jardins de flores de gardênia, sem edifícios, sem movimento de carros e com um povo muito hospitaleiro. A baía onde ancoramos permanece a mesma, com a paisagem linda das montanhas que parecem ter sido esculpidas e recortadas com contornos refletidos nas águas tranquilas das baías cristalinas da ilha.

Capitão e eu relembramos com emoção os bons momentos e as amizades que fizemos na ilha, quando passamos aqui com os filhos David, à época com 14 anos, e Wilhelm, 12, e permanecemos por um ano e meio, em nossa primeira viagem. Que saudades! Hoje vejo que demos a eles a melhor vida do mundo, criados livres em um barco. Foram educados com responsabilidade, mas cresceram na escola da vida e se tornaram pessoas felizes com as escolhas que fizeram.

Pela manhã, ancorados na tranquila baía de Opunuhu, eu estava fazendo ioga ao amanhecer na frente do barco e, de repente, escuto um ruído de respiração e cheiro de peixe bem ao meu lado. Não acreditei! Quando vi, era uma baleia que entrou na lagoa de recifes e nadou bem ao lado do veleiro Kat. A tripulação veio correndo ver o mamífero fazendo seu passeio matinal ao nosso lado.

Nossa ideia era ir mergulhar com as baleias. Seria possível? Ali em Moorea morava um expert em baleias e golfinhos, o dr. Michael Poole, biólogo marinho, que mergulha com os mamíferos. O americano veio fazer sua tese de doutorado, apaixonou-se pela ilha, casou-se com a taitiana Maeva e decidiu ficar. Michael foi o primeiro cientista a descobrir a comunidade de baleias jubarte ao redor de Moorea, e há 28 anos vem estudando e monitorando esses mamíferos. Capitão e Wilhelm conheceram Michael, que, muito simpático, disse que nos levaria para um mergulho com as jubartes, mas teríamos que solicitar uma licença do Departamento de Meio Ambiente para o mergulho. Somente em casos especiais, para filmar, e seguindo as regras específicas, são concedidas essas licenças de mergulhar com as baleias.

As jubartes viajam desde as águas geladas da Antártica e encontram ao redor de Moorea e de outras ilhas um bom local para o nascimento, ama-

156   EXPEDIÇÃO ORIENTE

mentação e criação de seus filhotes. É um refúgio dos predadores, principalmente a principal inimiga delas, a orca, e se protegem aqui também dos machos que estão em busca de acasalamento.

A Polinésia Francesa estabeleceu uma série de regulamentações e criou diversas reservas marinhas para proteger as baleias jubarte, os golfinhos, as tartarugas e os tubarões. A pesca foi proibida em alguns lugares, bem como o acesso de barcos e jet-skis, em busca de um balanço entre a ação humana e a preservação desse paraíso.

A população de baleias jubarte diminuiu globalmente em 97% devido à matança desenfreada. Em 1965 foi proibida a caça de baleias em diversas partes do mundo. Um dos episódios mais tristes para Michael ocorreu em 1989. Sem sinal nenhum de doença ou de ataque de outro animal, uma baleia morreu na praia. Fizeram uma autópsia e descobriram dentro do estômago um plástico em forma de estrela com as extremidades pontudas, que acabou perfurando seus órgãos. A conscientização das pessoas é fundamental para a sobrevivência dos animais marinhos.

Fui ao Taiti esperar David no aeroporto, e não fui mergulhar.

A equipe de filmagem e foto saiu no barco de Michael. Capitão me contou, com uma expressão de deslumbramento e com os olhos brilhando:

— Saímos da baía de Opunohu para fora da barreira de corais, costeando a ilha e em mar aberto. Nesse trecho, Michael nos passou as regras: para nadar ao lado delas é permitido apenas snorkel e nadadeiras, e nos explicou que as bolhas de ar são um gesto agressivo. Nadar devagar, não tocar e ter calma.

"Aguardamos ansiosos, e em poucos minutos ele gritou: borrifo, borrifo! Ele sabe o momento certo em que elas estão calmas e a qual distância podemos chegar para não as atrapalhar ou afugentar. Quando Michael deu o sinal fomos para o mar, sempre com muito cuidado. Ali, na imensidão do oceano, de início não vimos nada, mas, depois, um vulto nadando lentamente em nossa direção. Era um filhote. Fiquei paralisado, pois estava assustado. Relaxei, e o filhote, muito curioso, foi se aproximando cada vez mais, nadando com calma, para cima e para baixo como se estivesse nos observando, nos avaliando, isso a uma distância de mais ou menos 10 metros. Em dado momento ele ficou me olhando cara a cara; era o encontro de

DE VOLTA À POLINÉSIA FRANCESA

dois mamíferos: um olhando e o outro, eu, admirando a sua grandeza. E, pelo canto do meu olho, eu seguia sua mãe nadando perto dele, uma baleia gigantesca de uns 15 metros e o peso de cinco elefantes!

"Michael nos apontou a chegada de diversas fêmeas, algumas acompanhadas de seus filhotes. Um espetáculo e uma emoção indescritíveis.

"Confesso que nem senti medo, pois foi um momento tão sublime que nem passou pela minha cabeça qualquer temor. Foi uma das experiências mais especiais e lindas que já tive nesses 32 anos de vivência pelos mares do mundo."

Moorea, com seu charme e tranquilidade, atrai muitas pessoas de todas as partes do mundo. São pessoas que vão passar uma semana e acabam ficando a vida toda.

Fui ao correio colocar crédito no chip do celular e estava conversando em português com minha amiga Denyse, quando uma mulher na mesma fila começou a gritar:

— Não é possível, não acredito! Heloisa, não é você! Que imensa alegria!

Era Nita, nossa amiga polinésia casada com Sergio Macedo. Capitão e eu os procuramos em Moorea e não os encontramos! Nita e eu fizemos tanta bagunça, falando alto, nos abraçando, rindo, que a funcionária do correio gentilmente pediu que nos retirássemos do lugar. Que vexame!

Sergio Macedo, cartunista brasileiro, que vive há mais de trinta anos em Moorea, e Nita, professora de danças taitianas, são nossos amigos queridos desde 1989, e vieram ao Brasil em 2006 para a pré-estreia do nosso filme *O mundo em duas voltas*!

Quando vieram nos visitar, eles se emocionaram ao ver o nome do barco: Kat. E, quantos abraços deram em David, repetindo, "que saudades!". Fizemos uma festa de despedida com eles, e Michael e sua esposa. Quando os polinésios iam ao barco, a noite sempre terminava com música de ukulele (viola típica polinésia). Foram lindos e emocionantes momentos de danças polinésias e de música no ukulele nessa despedida dos amigos.

Levantamos as velas rumo a oeste, para a ilha de Raiatea. Ancoramos perto da cidade, pois a entrada da marina era muito rasa.

Na primeira noite na ilha fomos assistir a um show de um grupo de dança e comemorar a despedida de David, que, depois de uma semana conosco, já ia voltar ao Brasil. Conhecemos Marilyn Greig, a professora do grupo, muito simpática, que convidou nossa família para uma festa no dia seguinte em um motu — pequena ilha.

O veleiro Kat ancorou na frente do motu, e os tripulantes conheceram a verdadeira hospitalidade taitiana, compartilhando de todas as etapas da festa, da preparação dos alimentos, da música e assistindo a todos os shows na beira da praia. Tamure significa dança no idioma taitiano, e é realizada com energia e paixão inigualáveis.

Na festa, conversando com Marilyn, ela nos falou da cultura do lugar, sobre a história de Raiatea, "a ilha sagrada" e a sua flor símbolo: tiare apetahi. Uma das lendas diz que uma mulher chamada Apetahi, após descobrir a traição de seu marido, teve uma briga forte e fugiu para a montanha. Sozinha e muito triste, a mulher cortou a própria mão em um ato de desespero para morrer. Anos depois, naquele mesmo lugar, nasceu a flor de cinco pétalas em formato de mão. Essa flor se fecha à noite e se abre ao nascer do sol com um ruído baixo ("pop") que dizem ser o coração da jovem se partindo. Outra lenda defende a teoria de que a flor só nasce nos locais onde cinco donzelas eram sacrificadas aos deuses anualmente, e foram regadas com o sangue delas. Por isso não se consegue reproduzir essa flor em nenhum lugar do planeta. Botânicos de diversas partes do mundo já tentaram, mas nunca conseguiram fazer nascer em outros lugares. Nem mesmo em outras partes da ilha.

Seduzidos pela história, combinamos com Marilyn uma excursão para conhecer a misteriosa flor. Não é permitido visitar a flor sem um guia local autorizado. Às 4 horas da manhã do dia seguinte, a tripulação do veleiro Kat estava toda pronta para um trekking até o alto da montanha para descobrir a rara flor. Marilyn comunicou via celular ao serviço da Guarda Florestal nosso plano de trekking, com nomes dos tripulantes, idade e onde estávamos hospedados.

— Sim, em um veleiro. É a casa deles — dizia ela, sorrindo.

Subimos devagar, curtindo a natureza do estreito caminho, as montanhas, a vista linda da baía, onde podíamos ver o veleiro Kat, o coral e água azul de tons polinésios. Aos poucos uma neblina desceu pelos fiordes e o clima mudou drasticamente, começou a chover com ventos fortes e frios. Passamos

DE VOLTA À POLINÉSIA FRANCESA

por dentro de cachoeiras e estávamos com lama até os cabelos. E, à medida que subíamos, parecia que estávamos andando no meio das nuvens. Foram mais de cinco horas de trekking até o alto dos 772 metros no cume do monte Temehani, para encontrar a flor com cinco pétalas, única no mundo e considerada uma autêntica maravilha pelos botânicos. Eu estava cansada, gelada, e olhei para aquela flor — mesmo sem poder tocá-la, tive sentimentos ambíguos por ela. Feliz porque valeu a pena madrugar, perder o fôlego para subir até aqui só para ver essa rara e linda flor e cheirar seu perfume agradável. E fiquei triste também (será que fui influenciada pela lenda?) porque estava vendo uma raridade que precisa ser preservada, pois no futuro essas flores desaparecerão e serão vistas somente em fotos, filmes ou desenhos.

O governo da Polinésia estabeleceu uma multa de 1 milhão de francos (400 mil reais) para quem tocar ou estragar uma planta dessas. Marilyn contou que, no passado, sua avó fazia coroa de flores com a tiare apathi, mas exploraram tanto o recurso que hoje a flor virou raridade, e corre o risco de se extinguir.

Descemos a montanha, o tempo se abriu e foi lindo nosso trekking de volta.

Raiatea, a ilha sagrada, é o berço da civilização polinésia. Marilyn, que a essas alturas já era quase como nossa tripulante, nos deu apoio, transporte e informações. Ela trouxe Edouard, um pesquisador da história dos polinésios, para irmos juntos conhecer e explorar o mais importante marae (local sagrado) da Polinésia, o Taputapuatea, que foi o centro de influências religiosas e econômicas e o berço da civilização polinésia, de onde saíram as grandes canoas tradicionais para chegar ao Havaí, a Rapa Nui (ilha de Páscoa) e à Nova Zelândia.

Os marae são uma espécie de templo ao ar livre, com um altar chamado de ahu, feito de pedras vulcânicas e dedicado ao culto, cerimônias e vivências sociais em torno da religiosidade nativa. Também era um lugar de oferendas, sacrifícios humanos ao deus Oro, e onde os polinésios se comunicavam com os deuses. Muitos marae, assim como outras referências importantes da cultura nativa, foram destruídos pelos colonizadores. Este permanece para contar a história significativa da Polinésia, e hoje é patrimônio tombado pela Unesco.

160   EXPEDIÇÃO ORIENTE

Chamou a atenção o fato de que, antes de chegar a esses altares, os dois nativos que nos acompanhavam faziam uma prece/reverência aos deuses e reis do passado. Eles explicaram que estavam pedindo autorização e bênção aos antepassados. Pediram também nosso respeito ao lugar, e pude sentir a energia positiva, a "mana", nessa visita.

Para andar no altar é preciso tirar os sapatos. Como meus pés estavam queimando em cima das pedras vulcânicas, Cristian permitiu que eu usasse minhas sandálias. Capitão continuou firme, descalço. A manhã inteira caminhamos, escutando as explicações de cada monumento, cada altar, cada formação, e a história das grandes navegações desse povo canoeiro. Aqui, sacerdotes e navegadores se reuniam para ensinar a arte da navegação em alto-mar, utilizando as estrelas.

Havia uma profecia, feita pelo sacerdote Vaita, de que novos navegadores iriam chegar à Polinésia, a bordo de uma canoa sem outrigger (flutuador típico das canoas polinésias) e tomariam posse das ilhas. Quando James Cook chegou a bordo do *Endeavour*, em 1769, os nativos viram a profecia se cumprir.

Fomos ao marae dos guerreiros. Ali há uma enorme pedra, com cerca de 2 metros de altura. Diz a lenda que os aspirantes à guarda real tinham que ser da altura da pedra ou maiores. Quem se candidatasse e fosse de estatura menor era imediatamente decapitado.

Crianças e jovens que moram em uma cidade têm brinquedos como skates ou bicicletas. Como a casa de nossos filhos era o barco, e o mar, o nosso quintal, nada mais justo que seus brinquedos fossem na água. Mergulhar, remar, nadar e velejar. Todos os nossos três filhos velejaram de barcos Optimist, e David e Wilhelm começaram a prática de windsurfe aos 12 e 10 anos, respectivamente. Mas foi em Raiatea que nasceu a paixão de Wilhelm pela competição. Ali ele conheceu o velejador de windsurfe Noel Tsiong Tsing, que o incentivou a participar de uma regata. Daí em diante ele se apaixonou pelo esporte e, com dedicação, treino e perseverança, se tornou windsurfista profissional, conquistando cinco vezes o campeonato mundial e várias vezes os campeonatos europeu, norte-americano, sul-americano e australiano, além de deter mais de cem títulos nacionais e internacionais em seu currículo de atleta.

DE VOLTA À POLINÉSIA FRANCESA

Em 2000, Wilhelm disputou o Campeonato Taitiano de Windsurfe, realizado em Raiatea. O evento teve uma homenagem póstuma ao velejador Pierre Postaire, atleta local que morreu de câncer. No mesmo ano, foi inaugurado um lindo troféu de madeira com a imagem de um windsurfista, em memória a Pierre. O nome dos ganhadores, desde então, é talhado na vela do prêmio. O primeiro deles: Wilhelm Schurmann — BRA 999.

O encontro de Wilhelm com Noel Tsing 25 anos depois foi emocionante. E olhávamos para o mar e víamos as velas dos dois amigos, juntos, relembrando os bons tempos!

Nos despedimos de Raiatea, de nossos amigos, de David, e navegamos através da lagoa para Taha'a. Marilyn nos deu colares de flores e disse:

— Quando vocês chegam como os tradicionais polinésios, de barco pelo mar, não os consideramos "turistas" ou estrangeiros, e sim moas, amigos.

RAIATEA: DE VOLTA À CASA
DOS AMIGOS POLINÉSIOS

Cruzamos a lagoa de corais que liga Raiatea a Taha'a, em uma hora. Uma das ilhas mais tradicionais da Polinésia Francesa, com população de apenas 5.220 habitantes, poucos carros, coberta de montanhas verdejantes e protegida por um anel de motus.

Um lugar ainda bem desconhecido dos turistas, com a menor urbanização do arquipélago, suas aldeias são pequenas, o tráfego, escasso, e os barcos estilo pirágua são o meio de transporte usual. Com pouquíssimos hotéis, o estilo de vida é tranquilo, sem pressa nenhuma. Quase não tem praias e a vegetação cresce até a costa. Vários veleiros ancorados nos mostravam que ainda é o lugar favorito dos velejadores, que encontram águas protegidas para navegar e lugares seguros para ancorar.

Foi aqui que tivemos uma experiência cativante com as famílias dos habitantes, que nos deixaram lembranças de verdadeira amizade e saudosas marcas em nossos corações.

Quando ancoramos em uma pequena baía, no meio da ilha, os casais Hanna e Albert, e Maryse e Ben, nos receberam com muito carinho. Aos poucos, fomos nos tornando presença constante na vida deles. Nos levavam para a pesca, em passeios pela ilha, e quando nos viam chegando de outros lugares já preparavam uma festa com churrasco de leitão e assado de fruta-pão, e sobremesa de "poe", um típico doce polinésio (como um mingau feito de purê de banana, abóbora e amido de milho, cozido em folhas de bananeira).

Nossos filhos e os deles nadavam, jogavam vôlei, iam às festas; enfim, se divertiam juntos. Uma tarde, sentados à mesa do almoço, Hanna ergueu um brinde de água de coco e declarou:

— A partir de hoje vocês são parte de nossa família! — Assim fomos "adotados" pelas famílias Tissan e Aiho.

Em 1989, na despedida, prometemos que um dia voltaríamos. Ah! Quanta emoção, abraços e tanta alegria, ao chegarmos de volta ao mesmo lugar 25 anos depois, onde moravam nossos amigos. Felizes, eufóricos, eles não podiam acreditar que estávamos ali. Hanna ficou viúva e morava com uma neta em uma minúscula casinha na ponta do píer.

Ben e Maryse logo organizaram uma festa de boas-vindas. Convidaram todo mundo que nos conheceu naquela época e também a nova geração. Eles abraçavam e olhavam admirados em ver Wilhelm, um homem que haviam conhecido pequeno. As meninas amigas deles, também mulheres, mães de família, trouxeram seus filhos e outros amigos daquela época.

Mais de trinta pessoas vieram para a festa. Música, dança, boa comida e muita conversa. No lindo pôr do sol me deu uma saudade imensa desse estilo de vida tão tranquilo, num lugar onde as casas não são trancadas e não existe violência. Fomos transportados de volta no tempo, com os sabores, cores e aromas dessa deliciosa comida tradicional feita com tanto carinho.

Na noite seguinte foi nossa vez de levar nossos amigos para conhecer o veleiro Kat. Um momento de alegres risadas foi quando mostramos as fotos antigas de nosso primeiro encontro. Hanna, Ben e Maryse não cansavam de nos abraçar. Nossa tripulação estava surpresa com tanto carinho que eles também recebiam de todos.

Foi uma semana que passou muito rapidamente. Eles compartilhavam suas vidas, nos levando pela ilha para nos mostrar as novidades. Todas as atividades de negócios são feitas em conjunto pelas famílias de Hanna e Maryse. Eles fecharam a produção de pérolas negras e agora se dedicam à agricultura da

DE VOLTA À POLINÉSIA FRANCESA 163

baunilha, que, hoje, é a segunda especiaria mais cara do mundo (a primeira é o açafrão), já que seu cultivo e preparo para a venda é muito longo e trabalhoso. Taha'a produz 80% de toda a baunilha taitiana, e a especiaria perfumada é vendida para as indústrias de alimentação e cosméticos.

Fomos conhecer, e aproveitamos para filmar e fotografar essa experiência única na plantação deles. Eu fiquei fascinada ao descobrir que a fava de baunilha vem de uma planta hermafrodita, uma orquídea das mais formosas e frágeis que já vi! A produção é artesanal até hoje, muito delicada e trabalhosa. As orquídeas são plantadas e fertilizadas manualmente, uma a uma, com o próprio pólen, numa estufa. Depois de cerca de nove meses, as favas são colhidas e passam pela secagem e maturação, por cerca de quarenta dias, até ficar de cor marrom-escura e com aquele cheiro delicioso de baunilha!

Todos ganhamos vários favos de baunilha, que delícia!

Um dia pela manhã fomos convidados, Capitão, eu e nossa equipe de filmagem, para ir, num dos dois ônibus escolares da vila, até o colégio para conversar com os alunos, respondendo a suas perguntas. O ônibus, de madeira e com três fileiras de assentos ao longo de sua extensão, leva os alunos sentados e bem-comportados.

Assim, no trajeto desde as casas até a escola, por vinte minutos, fomos respondendo às perguntas sobre nossa vida, sobre o Brasil, o mar, o meio ambiente e outras curiosidades. Na escola fizemos um bate-papo com outros alunos também curiosos em conhecer mais fatos sobre o nosso país.

No ônibus em que estávamos, de repente, um jovem de 16 anos, com flor nos cabelos, começou a conversar com uma menina, olhos fixos no nosso neto Emmanuel. Risinhos, cochichos e olhares entre os alunos. Emmanuel, segurando o equipamento de som, olhava para os lados, sem graça. Como ele, nossa tripulação também já sabia sobre esta tradição dos mahus. Quando uma família polinésia só tem filhos homens, eles criam um deles como mulher (mahu). Em algumas famílias, é o próprio menino quem decide ser uma menina. Como em todas as famílias, os filhos crescem, se mudam da casa, e é o mahu que vai cuidar dos pais quando mais idosos. Eles se vestem como meninas, com flores nos cabelos, ajudam a confeccionar coroas de flores nas festas e fazem as tarefas tradicionais femininas das ilhas, como cuidar das crianças, cozinhar e arrumar a casa. Nós conhecemos mahus que se casa-

164 EXPEDIÇÃO ORIENTE

ram, têm filhos, e se vestem de bermudas, e também outros que decidiram seguir assumindo papéis femininos e usam cangas como vestimenta. Uma tradição da cultura que os primeiros missionários tentaram proibir, mas os costumes se mantiveram até hoje. Os mahus sempre foram respeitados por representarem os espíritos masculino e feminino em uma só pessoa.

Outro lugar que queríamos revisitar era o Jardim de Coral, onde mergulhamos em 1989, com todas as crianças e jovens da ilha. Assim, navegamos até o Motu Tau Tau, um lugar lindo para mergulho com snorkel, e com praias de areia branquíssima. Mergulhar naquele jardim é, realmente, descobrir um mundo novo de cores, de peixes, de corais, como um mergulho em um aquário onde a vida marinha é livre. Hoje há um resort ecológico com chalés em cima da água que ocupa parte da ilha, mas mantém um rigoroso controle do meio ambiente em suas dependências e nas águas ao redor do hotel.

Quando partimos da Polinésia Francesa, em 1989, as famílias de nossos amigos de Taha'a fizeram uma festa de despedida que durou três dias. Com a época de furacões se aproximando, tínhamos que seguir viagem.

Hora de partir. Nesse momento, do barco vimos uma camionete carregada de bananas chegar à estrada, e os membros da nossa família de Taha'a estavam todos ali na praia. Como formiguinhas, se alinharam na ponte trazendo vários cachos de bananas. Cada um do resto do grupo trazia um presente, colares de conchas, pulseiras, cangas, pérolas negras para mim e muitas frutas. Nossos tripulantes, que conheceram na Polinésia o verdadeiro sentido de hospitalidade, se espantaram ao ver homens grandes e fortes, mulheres e crianças, chorando copiosamente quando nos abraçamos na despedida.

— Vocês são a nossa família. Nossas casas e nossos corações estão sempre de portas abertas para vocês.

A emoção tomou conta de todos nós e chorei em cada abraço com aquela minha família de coração. Prometemos a nós mesmos que não deixaremos passar tanto tempo para outra visita.

Ao longe, já distante da ilha, víamos nossos amigos acenando com braços e cangas, até onde eu os enxergava. Nossa parada seguinte foi Bora Bora, uma ilha que povoa o imaginário de muitas pessoas, com sua alta montanha no centro de uma linda lagoa, de praias e águas cristalinas. A origem do

DE VOLTA À POLINÉSIA FRANCESA

nome Bora Bora foi perdida no tempo. Antes da chegada dos europeus, a ilha tinha vários nomes, mas o mais conhecido era Mai Te Pora, que significa "criado pelos deuses".

Ali, naquela famosa ilha com entardeceres românticos e clima paradisíaco, apagamos as velinhas do nosso aniversário! Um ano desde nossa partida de Itajaí, Santa Catarina. Comemoramos com a tripulação todas as conquistas, as descobertas e os desafios superados.

Dizem os nativos que, em algumas ocasiões, as águas da lagoa de Bora Bora refletem no céu. De longe, chegando pelo mar, vimos esse fenômeno fantástico. Um lugar bom para pilotar o drone, pois, de cima, o visual revela os contrastes do azul do mar com a praia branca, por onde caminhamos, Capitão e eu, lembrando os momentos felizes que passamos aqui com nossos filhos pequenos e Kat.

Desde que chegamos à Polinésia, acordamos várias vezes ao amanhecer com o som dos remadores das canoas, que passam ao lado do barco cantando no ritmo das remadas. Nas ilhas, onde fazia amizades, Wilhelm remou em canoas nativas, que continuam sendo o meio de transporte ali.

Sempre que possível conversávamos com os canoeiros e aprendíamos um pouco mais sobre essa forma de locomoção essencial na vida do povo das ilhas.

A colonização das ilhas polinésias — Taiti, Raiatea, Havaí, Aotearoa (Nova Zelândia), Rapa Nui (ilha de Páscoa) —, considerada por alguns pesquisadores uma das maiores aventuras marítimas da humanidade, se iniciou com a utilização das canoas polinésias va'a ou waka (nome tradicional) há aproximadamente 10 mil anos.

Além de exímios conhecedores da natureza, esses remadores tinham muita habilidade com as canoas, sabendo muito bem conduzi-las da melhor maneira para aproveitar o vento, as ondulações e as marés. Eles faziam a navegação se orientando, de dia, pelo voo das aves migratórias e pelo sol e, à noite, pelas estrelas, que lhes serviam como uma bússola gigante. Em muitas ilhas faziam mapas complexos com ramos de palha ou galhos entrelaçados. Esses mapas rústicos apontavam o local das ilhas, das estrelas e das correntes marítimas.

166   EXPEDIÇÃO ORIENTE

As canoas eram parte essencial na vida dessas civilizações que habitaram toda a extensão do triângulo da Polinésia. São embarcações extremamente simples, construídas por dois grandes pedaços de troncos unidos por um flutuador, para dar estabilidade, e uma vela central feita de fibras de coco. Ser canoeiro é uma tradição de honra, quase um ritual que se iniciava quando os construtores de canoas selecionavam seus discípulos ainda crianças, para escolher uma árvore na floresta. E eles cresciam responsáveis por sua árvore, cuidando e a reverenciando, até o momento em que os deuses da natureza e da sabedoria lhes davam um sinal para iniciar a construção da canoa, um ícone sagrado. Essa tradição se mantém até hoje.

Uma das coisas que não consigo entender é como esse lugar tão bonito se tornou uma base de guerra.

Após o bombardeio de Pearl Harbor na Segunda Guerra Mundial, os Estados Unidos usaram Bora Bora como uma base militar, mantendo uma força de suprimentos de nove navios, 20 mil toneladas de equipamentos e quase 7 mil homens. E, sem saber por que uma frota com tantas pessoas estava chegando, a população remou em suas canoas com flores, com a tradição de receber calorosamente os recém-chegados.

Os americanos construiriam tudo do zero. A pista de pouso se tornou, depois da guerra, o único aeroporto internacional da Polinésia Francesa, até o aeroporto de Taiti ser inaugurado em 1961.

A ilha, felizmente, não viu nenhuma batalha durante a guerra. A base foi fechada em junho de 1946, mas muitos americanos decidiram permanecer e formar família, e outros partiram, deixando seus descendentes na ilha.

Regidos pelo relógio do tempo, um marcador que não tem ponteiros, mas se manifesta através dos ventos, sabíamos que era hora de partir. Em dois meses, quando chegasse novembro, teria início a época de ciclones no Pacífico Sul. Era hora de ir para a Nova Zelândia, nos abrigar dessas fortes tempestades.

Com mar calmo e ventos fracos por dois dias a favor, fizemos uma parada em Mopélia, a última ilha a oeste da Polinésia Francesa, pouco visitada e com uma entrada de passe muito estreita e mais longa. A profundidade é de 4 metros, e a entrada, ainda pior que Amanu. A corrente forte é assustadora, e muitos velejadores evitam visitar a ilha por esse motivo. Dessa vez,

DE VOLTA À POLINÉSIA FRANCESA 167

esperamos com paciência até o momento certo da entrada. Mas não adianta, é uma adrenalina incrível.

Compartilhada entre cinco famílias, Mopélia é coberta de coqueiros, um paraíso de praias brancas e águas turquesa.

Um alegre jovem chamado Hio nos recebeu, oferecendo água de coco fresquinha e nos falando sobre a ilha. Contamos a ele que havíamos visitado o lugar 25 anos antes e mostramos fotos dessa visita. Ele olhou as fotos e se espantou: "Minha mãe, meu pai!" E na conversa descobrimos que, quando passamos pela ilha, ele era o bebê das fotos.

Hio tem uma vida de fazer inveja a muita gente. Sua família é proprietária de 25% da ilha e sua grande riqueza é o coqueiral. Com apenas 26 anos, tem seu próprio negócio, faz seu próprio horário de trabalho, vai trabalhar de bermuda, camiseta e descalço. Quando tem sede, toma água de coco e, quando tem fome, colhe frutas frescas e verduras de sua horta, pesca peixes deliciosos, lagostas e até o caranguejo-do-coco. Não tem celular, internet nem geladeira. Seu grande sonho era ter um carro para ir ao trabalho, uma plantação de cocos a 5 quilômetros de sua casinha à beira-mar. Ele vive na ilha com dez pessoas, sendo que três delas são sua família: sua mãe, Adriene, e suas irmãs Faimano e Karina. Ele mora em sua casa, e elas, em outra. Em ambas, a eletricidade vem dos painéis solares, que geram energia à bomba do poço.

Hio estava animado em ver um veleiro na ilha e gente para conversar com ele e com sua família. Convidou a tripulação para uma pesca noturna de lagostas. Uma aventura que começou com uma caminhada entre corais, com água na cintura até o recife. As ondas batiam forte em cima dos corais, e com muito cuidado para não pisar neles, usando tênis, com lanternas, e seguindo todas as recomendações de Hio, a tripulação pescava as lagostas. Só era permitido pescar as maiores, as menores eram devolvidas ao mar. Ancorados em uma lagoa cercada de corais de um azul muito lindo, ninguém se arriscou a nadar no mar. Ao limparmos os crustáceos, dava para ver a quantidade de tubarões que cercavam o barco. Hio disse que não eram perigosos, mas... quem sabe?

No fim da tarde, as duas famílias se reuniram para o jantar de despedida. O fogo da churrasqueira não tinha lenha ou carvão, mas sim cascas de coco seco, e o menu: salada da horta, lagosta grelhada e caranguejo-do-coco cozido. Sob a luz de duas pequenas lâmpadas, com eletricidade gerada por dois painéis solares, foram momentos inesquecíveis e cheios de histórias e risadas entre amigos que vivem isolados da civilização, mas felizes com sua vida.

Nosso maior presente para eles foi quando abrimos a pequena geladeira portátil e tiramos dali dois potes de sorvete (havíamos lido em um fórum de velejadores que, como eles não têm geladeira, sorvete é uma raridade). Foi imensa nossa alegria ao vê-los tão felizes!

A tripulação trouxe sacos de dormir e decidiu acampar em terra, sob a luz das estrelas e a música de ukulele.

Em um momento mágico como esse, entendo cada vez mais minha escolha de viver no mar. Chegar a ilhas como essa, onde o modo de vida simples dessas pessoas me faz parar para refletir e me lembrar que o tempo, este meu tesouro mais precioso, escorre como água entre os dedos, e que temos que viver esses momentos aqui e agora. Simples assim.

Com um adeus à Polinésia, iniciávamos o segundo ano de aventuras da Expedição Oriente! Pela manhã, partimos rumo a um novo porto, emocionados e contentes em ter vivido essa grande experiência.

11. Samoa Americana

14 DE SETEMBRO DE 2015

As ilhas Samoa formam um arquipélago que cobre uma área de 3 mil km²
no Pacífico Sul e faz parte da Polinésia.

O registro mais antigo que se tem de civilização no lugar data de 1050
a.C. As ilhas Samoa tiveram seu primeiro contato com europeus no século
XVIII, quando os navegadores Jacob Roggeveen e Louis-Antoine de Bougainville passaram por lá. Esse último informou a Europa sobre a existência
das ilhas. Ele as batizou com o nome de ilhas do Navegador.

Com o colonialismo das potências europeias, Samoa transformou-se
em alvo de britânicos, norte-americanos e alemães. No final do século XIX,
a Alemanha e os Estados Unidos dividiram as ilhas entre si. Os alemães
ficaram com o controle das ilhas de leste chamadas Samoa Ocidental, e
os americanos, com as de oeste, com nome de Samoa Americana. Esse é o
único território americano localizado ao sul do equador.

Embora haja uma forte influência dos Estados Unidos nas ilhas, os samoanos preservam orgulhosamente a herança cultural polinésia, mantendo
suas danças, músicas e idioma.

A ilha tem duas características interessantes: é americana nos aspectos de
excelentes serviços de correio, ótimos supermercados e lojas de equipamentos de reparos: e é samoana na essência de seu povo, alegre e hospitaleiro,
num ritmo de vida sem pressa.

170 EXPEDIÇÃO ORIÉNTE

O Fa'a Samoa é uma tradição em que todos de uma família têm responsabilidades uns com os outros, e o bem comum é mais importante do que o individual. Noventa por cento das terras no grupo de ilhas são de propriedade coletiva e são cultivadas pelas famílias. Há também um respeito muito grande aos matai, ou chefes.

Pago Pago, a capital e porto pesqueiro, estava cheia de barcos de pesca e muitos veleiros. Chovia muito e o calor nos fazia suar em bicas. Nem sabíamos dizer se estávamos suados ou molhados pela chuva.

Conseguimos uma boa ancoragem e, como nosso tempo era curto, em uma parada rápida, mal terminamos os trâmites de imigração, fomos buscar as encomendas que chegaram pelo correio.

Joe, o funcionário do correio, muito conversador, nos perguntou qual era a nossa religião. E, sem esperar resposta, ele começou a contar que existem cerca de mais de trezentas igrejas nas ilhas porque os missionários liderados por John Williams se instalaram no país convertendo a população ao cristianismo.

Os samoanos são profundamente religiosos, de maioria cristã. Muitas aldeias têm a oração da noite, com a presença da maioria dos habitantes, e quase todos os negócios fecham aos domingos. O que mais se vê em Samoa são igrejas. Joe nos disse que o país tem mais de trezentos vilarejos e que cada um tem uma igreja, mas as vilas maiores geralmente têm duas. Caminhando pela cidade por meia hora, vimos pelo menos oito delas.

Também aqui em Pago Pago, o escritor inglês Somerset Maugham escreveu um conto literário em 1916. Ele teve que ficar de quarentena de sarampo por duas semanas na cidade, e não pôde embarcar no navio para continuar sua viagem.

"Rain" — em português, "Chuva" — era ambientado em Pago Pago e contava a luta moral entre um missionário americano, o Rev. Davidson, e uma prostituta havaiana chamada Sadie Thompson. Reli uma parte, em que suas descrições do calor e da chuva são atemporais, podiam ser exatamente como agora: *Em terra, o calor, embora no início da manhã, já é opressivo. Fechado pelas colinas, nem um sopro de ar entrou em Pago Pago.*

A seguir, fomos ao consulado do Japão obter o visto para entrar naquele país. Capitão, Wilhelm, Pedro Nakano e eu demos os passaportes brasileiros.

SAMOA AMERICANA

A atendente sorridente nos entregava os documentos para preencher e se espantou ao ver o passaporte brasileiro de Pedro. Ele explicou que nasceu no Brasil, mas que seus avós são japoneses. Ela chamou outra mocinha e juntas examinaram o passaporte, entregaram os documentos e fomos tirar fotos. Rimos muito com a reação das atendentes. Nos deram visto de múltiplas entradas por um mês.

Para mim, o mais pitoresco e diferente de tudo que já vimos até hoje foi o meio de transporte: os ônibus Aiga, usados pelos habitantes. Não há sistema de transporte do governo. Os veículos pertencem geralmente a uma família, e todo o dinheiro arrecadado fica com ela. São feitos de carroceria de madeira, em construção artesanal, em cima de chassis de caminhões.

Procuramos um que fosse ao supermercado e nos chamou a atenção a criatividade das decorações. Pintados em cores contrastantes, rosa forte com verde-limão, roxo com amarelo, eram ainda decorados com cenas pintadas com spray: dragões, tigres, caveiras, ondas do mar, e com nomes e desenhos como Titanic, Homem-Aranha, Luz de Deus etc. Uma coisa que todos eles tinham em comum era um sistema de som. Do lado esquerdo do motorista, uma pilha de CDs, todos de hip-hop ou reggae, ligados a alto-falantes gigantes com uma única configuração de volume: ALTO. Foi uma farra andar nos ônibus, e com certeza ficaríamos surdos antes de voltarmos para o veleiro Kat. Os bancos eram de madeira sem estofado, e nos buracos você batia a bunda com força. As janelas eram folhas de acrílico que deslizavam para cima ou para baixo em trilhos de madeira, e geralmente ficavam abertas, com ou sem chuva. Os ônibus estavam todos lotados.

Procuramos um botão ou uma cordinha para avisar que queríamos parar, quando um homem na nossa frente deu uns socos no teto e o motorista parou. Assim descobrimos como parar o veículo. Para tomar o ônibus, também não há ponto ou sinal de parada. Acenando a mão, ele para.

Se o exterior dos ônibus é decorado em *art déco*, o interior é de acordo com o bom ou mau gosto do motorista — bandeiras, cartazes, decalques, fotos de família, luzes de Natal, bonequinhos pendurados, animais que balançam a cabeça, pinturas da Última Ceia em veludo preto, adesivos políticos para carros, anúncios de cerveja com jogadores de rúgbi, cartazes coloridos e algumas fotos de Jesus ou Maria. Os motoristas fazem seu próprio horário e saem dos pontos dos ônibus quando estão lotados ou quando têm vontade. São cerca de duzentos deles na cidade, o que torna o trânsito bem colorido.

Havia muitos barcos de pesca parados no porto, sem pescar. A economia é dominada pela pesca do atum, e as fábricas de processamento de atum em conserva é o principal produto de exportação. Com a escassez de peixe, eles estão vendo os problemas aumentarem. A agricultura se tornou um setor forte e mais recentemente o turismo vem sendo incentivado.

Com preços subsidiados pelo governo americano, alguns produtos são muito mais baratos que em outros lugares onde passamos. No enorme supermercado, Capitão, Emmanuel e eu acumulamos, depois de duas horas de compras, três carrinhos grandes repletos de alimentos não perecíveis. A tripulação toda ajudou no transporte e armazenamento das compras.

Abastecido de diesel até a capacidade máxima, devido aos preços mais baratos, saímos de Samoa rumo a Tonga.

12. Tonga: Wilhelm volta à escola

11 DE OUTUBRO DE 2015:
SAMOA AO REINO DE TONGA

Navegamos por três dias de vento em popa, e no início da tarde avistamos o arquipélago de Tonga, com suas 177 ilhas, também conhecidas como ilhas Amigáveis.

Chegamos ao norte do país, a Vava'u, a principal ilha do grupo de mesmo nome, do reino de Tonga — a mais velha e última monarquia de origem polinésia. Mesmo exposta às forças colonizadoras, o reino de Tonga nunca foi invadido, nem mesmo pelos europeus. Sempre teve um rei nativo do país, o que deixa os tonganeses orgulhosos de seu sistema governamental.

Quando passamos pela ilha na primeira volta ao mundo, o lema era: gordura é formosura. O rei de Tonga pesava 220 quilos, e este é um dos cinco países com mais obesos do mundo. Mais de 40% de sua população tem diabetes, e a expectativa de vida vem caindo ano após ano. Alarmado com as estatísticas, o rei Tupou IV, nos últimos anos de vida, perdeu um pouco de peso e foi fotografado fazendo exercício, em uma tentativa de estimular seus súditos a terem uma alimentação saudável. A dieta tradicional em Tonga consiste em peixe, legumes, verduras e coco, como deve ser em uma ilha repleta de palmeiras no meio do Pacífico. Mas, em algum momento na metade do século XX, sobras de carne de carneiro, enlatados e comidas processadas começaram a chegar às ilhas, exportadas por países vizinhos.

174 EXPEDIÇÃO ORIENTE

Em vez de pescar, era mais fácil comprar carne enlatada no supermercado. Aliada à televisão, à mudança de alimentação, e ao uso de automóveis, a população foi ficando cada vez mais sedentária.

DOMINGO SANTIFICADO

Em Tonga, a Constituição estabelece que o domingo é "dia santificado" e que nenhum negócio pode ser realizado nesse dia. Nenhuma loja abre, é proibido nadar, mergulhar, navegar de windsurfe, jet ski, e fazer barulho com festas. Os visitantes são alertados a não perturbarem esse costume. Nem barcos, navios ou aviões chegam às ilhas nos domingos. A exceção é feita para hotéis e resorts que fazem parte da indústria do turismo, onde as pessoas podem nadar nas piscinas.

Como o programa tradicional era ir à igreja, fomos assistir a um culto no templo Walesiana. Que surpresa! Regida por um maestro nativo, Sr. Alifeleti, a orquestra formada por jovens entre 18 e 21 anos, que tocavam trombone, saxofone, trombeta, bateria, apresentava, num ritmo de swing, deliciosa mistura de jazz com música gospel. O coro era composto por meninas bem-vestidas com uniformes e cabelos com tranças. Parecia que estávamos em outro mundo, que nada tinha a ver com uma ilha de nativos no meio do Pacífico. A congregação cantava e balançava o corpo ao ritmo da música. Nem vi o tempo passar. O pastor fez o sermão, em inglês, agradecendo a presença dos estrangeiros em sua igreja! Depois da cerimônia, conversamos com as pessoas, curiosas em saber de onde éramos e o que estávamos fazendo ali na ilha. O maestro adorou conversar conosco, e nos contou que, além do jazz e do blues, é fã da música brasileira. O resto do dia passamos sem muito alarde, nadando ao redor do veleiro e descansando.

WILHELM VOLTA À ESCOLA

Em Vava'u foi onde nós ancoramos por dois meses na primeira viagem (1984-1994), e onde nossos filhos fizeram amigos na escola.

TONGA   175

Era outubro de 1990. Nos seis anos em que estávamos no mar, David e Wilhelm estudavam por um programa de educação a distância. Mas, quando chegamos a Vava'u, decidimos, junto com eles, que iriam frequentar a escola da ilha durante dois meses. Os meninos adoraram e concordaram na hora. Falaram com o diretor, que achou uma ótima ideia a nova experiência para os alunos nativos.

Voltamos a essa escola na sexta-feira e fomos muito bem recebidos pelo diretor, Mr. Peni Lakai. Depois de ouvir nosso pedido de visitar a instituição, nos explicou que, devido aos exames e provas até segunda-feira, só poderia nos receber na terça-feira, dia 14, às 9h.

Eles foram os primeiros estrangeiros a estudar na escola local e, diariamente, saíam do veleiro cedinho para ir à aula na Vava'u High School. Foram recebidos com muito carinho pelo diretor, os professores e os alunos. Era muito legal ver a turma alegre de adolescentes que se reuniam após as aulas na frente do porto, para conversar e tomar sorvete, antes de irem para suas casas ou, no caso de nossos filhos, para o barco. Agora, 25 anos depois, estamos nós em Vava'u novamente, e Wilhelm viveu um momento inesquecível ao revisitar sua escola.

O diretor, Mr. Peni, que foi colega na mesma turma de Wilhelm, nos levou para a mesma sala de aula onde ele tinha estudado. Ali estava uma turma de vinte alunos, os meninos com o mesmo uniforme tradicional de lava-lava cinza e as meninas com vestidos cor de vinho com fitas amarelas nas trancinhas, todos com a mesma idade de Wilhelm quando frequentou a escola. Ansiosos, esperavam por ele. O mesmo professor de geografia de 1990, emocionado, não podia acreditar que seu lourinho aluno brasileiro estava de volta. Wilhelm se apresentou, e o aluno Michael o interrompeu:

— Bom dia! Você estudou aqui e é um ex-aluno. Queremos que você se sinta de volta à Vava'u High School. Aqui está um uniforme para você!

Wilhelm vestiu o uniforme e foi aplaudido pelos alunos e professores. Por 30 minutos ele falou e mostrou fotos sobre sua vida e sua estada em Tonga:

— Em 1984, quando começamos a navegar, meus irmãos e eu estudávamos a distância. Minha mãe era nossa professora, e a escola era no barco. Mas nós nunca havíamos frequentado uma escola de verdade. E essa foi nossa primeira escola para meu irmão e para mim, depois de seis anos navegando. Eu tinha 13 anos. Ficávamos nos perguntando: como vai ser estudar lá? E, para mim, foi uma das melhores experiências que já vivi, porque as pessoas daqui fizeram com que eu me sentisse em casa. Todos os amigos que fiz, os colegas de classe, os professores, fizeram com que nos sentíssemos parte da família. Parti de Tonga e segui minha vida. Escolhi ser atleta de windsurfe. Foram anos de muitos treinos, competições e principalmente de conquistas!

Também contou sobre a Expedição Oriente, a sustentabilidade do veleiro Kat e os lugares que visitou. Explicou que o importante na vida é sonhar e ir atrás dos sonhos. Depois da palestra de Wilhelm, os alunos, curiosos, fizeram várias perguntas. No final, quando ele já estava agradecendo, os alunos pediram que ficasse e se sentasse: *Temos uma surpresa para você!* Os alunos se levantaram e, juntos com a professora, cantaram uma linda canção que foi escrita por eles quando souberam da visita de Wilhelm. Todos nós nos emocionamos com esse gesto de carinho de pessoas que três dias antes não sabiam da existência desse ex-aluno.

ACIDENTE EM TONGA

As aventuras submarinas nos fascinam e dessa vez fomos mergulhar nas cavernas incríveis de Vava'u, com milhares de peixinhos pequenos, as manjubas, que envolveram os mergulhadores. Dia seguinte, saímos de Vava'u para uma tranquila navegada de dois dias até a ilha de Tongatapu, onde fica Nuku'alofa, a capital de Tonga. Nessa velejada, um recorde de pescaria: fisgamos mais de dez peixes em uma única tarde! Foi também nesse trecho que uma onda mais alta levantou o barco na lateral e me derrubou de um lado para o outro. Após uma tempestade tropical o mar estava um pouco mexido, com ondas de 2 metros, mas nada preocupante. Estávamos no través do arquipélago de Namuka, a 54 milhas (100 quilômetros) do nosso destino. Eu estava no sofá da sala, deitada lendo e, olhando para a janela em cima da cama, fiquei curtindo o movimento das ondas que cobriam o barco. Era como se eu estivesse dentro de uma máquina de lavar, com as águas espumosas banhando tudo ao meu redor.

TONGA 177

Peguei a minha câmera e comecei a fazer um vídeo despretensioso apenas para registrar, para mim, aquela situação tão inusitada, que poucas pessoas vivenciam. Pedro perguntou: *Tá ocupada, Formiga? Dá para me ajudar a escolher algumas fotos?* Não quis dizer que eu estava "ocupada" filmando as ondas e fui ajudá-lo. O barco balançava de um lado para o outro e eu me segurava na mesa com a pressão condizente com ondas de altura média. Inclinada, de meias, eu olhava as fotos no monitor. De repente, vinda do nada, uma onda gigantesca levantou o barco de lado num ângulo de 40 graus. Minhas mãos se soltaram da borda da mesa. As meias escorregavam no chão de madeira, não oferecendo nenhuma resistência. Senti-me como um cachorrinho de pelúcia nas mãos de uma menina malcriada, sendo atirado longe, atravessando os 3 metros de extensão da sala. Me choquei com um armário e minha mão bateu forte na tela do monitor das câmeras, que quebrou ao meio. Meu ombro foi de encontro à antepara do armário, e o braço bateu num puxador, abrindo um corte com muito sangue. Naquele nanossegundo — mas consigo rever a cena em câmara lenta —, Capitão e Pedro gritaram para que eu me segurasse. Eu não consegui. Continuei, quase horizontalmente, em queda livre, como descendo uma ladeira.

Quando a menina má terminou sua manha, o pobre cachorrinho de pelúcia estava num canto do barco, com muito sangue cobrindo seu corpo e uma dor como nunca havia sentido na vida. Todos correram, mas não deixei que me tocassem nem que me levantassem. No barco não temos o luxo de ter gelo, apenas dois saquinhos congelados como parte de primeiros socorros, mas temos muitas frutas e legumes congelados. A tripulação trouxe todos do freezer para colocar no meu ombro. Capitão examinou o corte, mas, embora profundo, não era nada muito sério. Ele fez um curativo na hora. Esses momentos reforçam a necessidade de preparação da tripulação para emergências. Eu fiquei tranquila sabendo que estava protegida pela vacina contra tétano.

Fiquei ali naquele cantinho, com travesseiros e ervilhas, cenouras e brócolis congelados em cima de mim, esperando o forte analgésico fazer efeito. Faltavam umas cinco horas para a ancoragem em Tongatapu. Ali nas águas de ilhas pequenas, com poucos nativos e sem infraestrutura, não havia como conseguir socorro. Mais que a dor, eu sentia medo. Medo de um diagnóstico sombrio, de uma cirurgia que me impedisse fazer manobras de vela, mergulhar na Grande Barreira de Corais, na Austrália, nadar nas águas azuis da Polinésia Francesa, e de subir, sem ajuda, as escadas do barco. Medo de me tornar incapacitada para velejar. Enfim chegamos e, com a ajuda de Capitão, tentei descer até o inflável para ir a terra ver um médico. Não consegui. O mar estava muito mexido, e só com uma mão, mesmo com toda a ajuda, não havia como entrar no bote que pulava feito um cabrito. Fui para a cama e tomei outro analgésico, pois a dor tinha voltado. Depois de uma noite sem dormir, acordei com o mar mais calmo e então foi possível ir a terra. Fomos na sede de informações turísticas para conseguir a indicação de uma clínica ou um hospital. A funcionária jogou um balde de água fria:

— Do jeito que você se machucou, desaconselho ficar aqui. Pegue um avião para a Nova Zelândia ou Austrália imediatamente, pois aqui na ilha não tem estrutura de assistência médica para lhe ajudar.

Tínhamos bons amigos na Nova Zelândia. Wilhelm ligou para eles e comprou uma passagem para o primeiro voo para Auckland no dia seguinte. O barco seguiria viagem sem mim. Os meninos fizeram as compras de abastecimento, e, quando fui para o aeroporto, do táxi olhei para o mar e vi o veleiro Kat navegando rumo à Nova Zelândia. Eu não estava a bordo.

Chegando a Auckland, Gerben e Nerida, amigos nossos, que são diretores da South Seas Film & Television School, onde David estudou, me levaram a um médico, que fez todos os exames, ressonâncias, radiografias etc. Eu havia rompido o principal ligamento do ombro, no manguito rotator, uma lesão difícil. *Bem, você vai ter que abandonar sua expedição, voltar para o Brasil e fazer a cirurgia*, disse o médico. *A recuperação vai levar tempo, com necessidade de fisioterapia por, pelo menos, um ano.* Eu estava quase chorando. "Abandonar a expedição?" Eu era tratada com todo o carinho pelos meus amigos, que me vestiam, penteavam meu cabelo e até compraram roupas mais confortáveis e fáceis de colocar e tirar. Tentavam me animar, e eu fingia que estava tudo bem. À noite, sozinha no quarto, eu chorava. Sabia que, na minha idade, a recuperação seria mais lenta, e mesmo assim não seria 100%. Saber que precisaria de ajuda para executar as funções mais básicas me deprimia. Como depender de alguém para me servir e cortar minha comida, me dar banho, me vestir? Eu chorava de novo (só depois me dei conta de que minhas lágrimas eram efeito colateral dos fortes remédios para dor que eu estava tomando). Depois de uma semana fui para Opua, a três horas de Auckland, para esperar o veleiro Kat chegar de Tonga. Eu queria ir para o barco, minha casa com minha família. Russel, neozelandês e amigo de Wilhelm desde nossa primeira passagem aqui, em 1991, e sua esposa, a brasileira Karin, me hospedaram na casa deles. Ela me ajudou com carinho o tempo que fiquei na casa deles. Quando, na beira da praia, vi as luzinhas do veleiro Kat se aproximando da ancoragem, adivinha? Chorei como uma criança. De novo.

13. Aotearoa: Terra da Longa Nuvem Branca

25 DE OUTUBRO DE 2015:
REINO DE TONGA À NOVA ZELÂNDIA

Caminhar em Opua, o primeiro porto de parada na Nova Zelândia para os velejadores que cruzam o Pacífico, é como andar em Santo Antônio de Lisboa, Florianópolis.

Um lugar onde me sinto em casa. Por muitas razões, a Nova Zelândia é um lugar bem importante na vida da minha família. Em 1991, em nossa primeira volta ao mundo, David e Wilhelm foram para a escola e fizeram amigos que até hoje fazem parte de suas vidas. Foi lá que David me disse que não continuaria a viagem conosco, que iria ficar em terra para cursar uma universidade. E lá David fez faculdade — Televisão e Cinema — e começou sua carreira de cineasta, trabalhando em produções locais. Também lá, Wilhelm conheceu Russel, de quem ele comprou uma prancha nova de windsurfe e decidiu competir profissionalmente. Foi lá que chegamos, quebrados e desmastreados, em 1991, depois de enfrentar a pior e mais devastadora tempestade de nossa vida de velejadores e onde fomos abraçados pelo carinho, apoio moral e material durante a nossa recuperação e a reconstrução do barco, vindos de pessoas que nunca tínhamos visto antes, e fizemos nossos amigos para a vida toda. E, sobretudo, foi lá que conhecemos

Jeanne e Robert, pais de Kat, que mudariam nossas vidas para sempre. Foi lá que Kat nasceu e onde a vi pela primeira vez, um bebê bochechudo, com olhinhos curiosos e espertos. E foi para lá que ela voltou, depois de viver no Brasil e de ter dado a volta ao mundo no nosso veleiro Aysso, para ficar, eternamente, ao lado de Jeanne e Robert. Relato de Capitão:

— O veleiro Kat cruzou as 1.042 milhas (1.931 quilômetros) entre Tonga e a Nova Zelândia, em sete dias. No meio da travessia, quando cruzamos o meridiano 180º, acertamos o relógio na linha da data, com mudança de fuso horário. Entramos nos mares orientais, em um reinado protegido pelo Dragão Dourado. Nós, navegantes, temos o maior respeito pelas tradições dos mares. Fizemos um brinde e pedi permissão a esse poderoso dragão para entrarmos em seu reino, e a tripulação comemorou com muita alegria esse momento importante da expedição. Passamos oficialmente a navegar nos mares orientais.

Eu havia chegado de avião de Tonga, e já estava há uma semana na casa de nossos amigos Karin e Russel, fazendo fisioterapia na clínica da cidade. Russel verificava a rádio marítima em busca de notícias do veleiro Kat. No meio da noite eles chegaram e, mal amanheceu, lá estávamos Russel e eu, ansiosos no cais de Opua esperando para entrar no veleiro Kat.

Chegar de veleiro à Nova Zelândia é uma operação de guerra. É um dos portos mais minuciosos na vistoria dos barcos que chegam de fora: verificam os alimentos (todos os alimentos frescos são colocados em sacos hermeticamente fechados e depois incinerados), inspecionam cabines, armários, condições de higiene na cozinha, banheiros, estação de tratamento das águas usadas, sala do motor. Antes de sair de Tonga, todos os temperos foram doados, e até a terra da horta foi jogada fora, e o recipiente foi bem lavado. Durante a travessia de Tonga para Opua, a tripulação cozinhou e comeu tudo o que podia, para evitar jogar muita coisa no lixo.

As autoridades fornecem orientações para navegar no país, como dispor o lixo e outras informações. As multas são pesadas para quem poluir com óleo, com uso dos banheiros jogando dejetos no mar, ou mesmo com a manutenção e pintura do barco.

Aguardamos mais de uma hora enquanto as autoridades faziam a documentação de entrada do veleiro no cais da aduana e imigração. Que saudades eu sentia de Capitão, Wilhelm, Emmanuel e de toda a tripulação! Nosso reencontro foi animado e feliz, com muitos bate-papos para colocar os assuntos em dia.

Quando, por fim, eles desembarcaram, a ordem do dia era um delicioso almoço na marina. Aí começamos a analisar minha situação. Eu já tinha enviado meus exames para o Brasil e o diagnóstico que recebi não era tão desesperador. Fui logo falando que não sairia da expedição, que faria todos os exercícios recomendados pelo médico e fisioterapeuta de Auckland e tudo daria certo. Capitão e Wilhelm não apoiaram minha decisão, mas sou teimosa e argumentei que ficaria boa logo.

Hora de ação: dividimos forças. Emmanuel, Heitor e eu fomos para o supermercado reabastecer a despensa com alimentos frescos, e Capitão e Wilhelm foram direto para o estaleiro tratar da subida do barco. Após um ano navegando mais de 6.209 milhas (11.500) quilômetros, enfrentando as mais diversas condições de mar, o veleiro Kat precisava fazer uma detalhada manutenção. Desde a partida de Itajaí em setembro de 2014, havia 1 ano e 1 mês, seria a primeira vez que o barco sairia da água. Chegamos na quinta--feira e já foi iniciada a preparação para retirá-lo. Com nossa vaga reservada, Capitão e Wilhelm providenciavam para deixar tudo pronto para as manobras.

Aqui no porto de Opua, numa pequena baía do lado norte com oitocentos habitantes, existem excelentes condições de manutenção para barcos, de estaleiro e capacitação profissional da mão de obra. Na sexta-feira o veleiro foi colocado entre as estacas e amarrado, esperando a maré encher. Chovia torrencialmente. Com a ordem de Nick Voorhoeve, administrador do estaleiro Opua Marina Boatyard, o barco começou a subir. Nick é um excelente profissional, bem-humorado, mas dava para se notar que ele estava bastante tenso. Começou por nos avisar:

— Vamos coordenar bem nossa manobra e, se não for seguro, interrompemos.

Todos estávamos tensos também. Chovia, mas para nossa sorte o vento estava fraco. Wilhelm deu as ordens à tripulação:

— Temos que nos segurar bem firme, caso o barco tombe. Assim, com a queda, ninguém vai parar debaixo do barco. Se segurem bem aqui no convés para não caírem enquanto o barco está se movimentando. Quem não estiver ajudando, saia do caminho.

184 EXPEDIÇÃO ORIENTE

Eu, Pedro e Frank fomos para terra. Pedro fotografou e Frank filmou debaixo de um toldo na rampa. Nick avisava: *O barco vai subir bem devagarzinho, está bem?* Com os cabos bem atados, a embarcação foi deslizando até se encaixar em um carro de encalhe com rodas e trilhos de deslocamento, similares a um vagão de trem. Com o guincho puxando devagar, ele foi levantado completamente para fora da água. Confesso que, em todos os barcos que tivemos, sempre fiquei muito nervosa cada vez que um deles saía do mar. Não é o lugar para eles ficarem em terra, no seco.

Sob muita chuva, a operação teve seus momentos de grande tensão, pois era a primeira vez que o estaleiro levantava um veleiro tão grande e tão pesado. Eram 20 metros e 90 toneladas sendo deslocados. Qualquer erro nessa manobra poderia prejudicar o veleiro Kat, o que seria fatal para nossa programação da Expedição Oriente. Ninguém respirava. Só se escutava o barulho da chuva e das roldanas do guincho. Olho e vejo Capitão com a testa franzida, Wilhelm com olhos de lince acompanhando cada detalhe. De repente, Nick grita: *PARE! Conseguimos! Hurra!* Batemos palmas aliviados e soltamos a respiração. Não sei de onde apareceu, mas uma caixa de cerveja surgiu para brindar mais essa vitória. Nem sentíamos mais a chuva. Olhando para aquele barco enorme ali, fora de seu hábitat, fiquei pensando como somos aventureiros. Navegar em um barco pelos oceanos, com a família ou com tripulantes, é uma aventura que nos prepara para a vida. A disciplina e a convivência no pequeno espaço são constantes lições para nós.

O barco ficou apoiado somente no bulbo de 14 toneladas e nos lemes traseiros. O pessoal do estaleiro colocou estacas laterais de reforço e também uma escada para locomoção da tripulação. Dessa vez foi Capitão quem reforçou as regras de segurança:

— Cuidado ao subir e descer as escadas e se movimentar no convés. Se cair daqui, são quase 5 metros, vamos ter que catar os pedacinhos de vocês. O estaleiro permite que a tripulação fique a bordo para dormir, mas tem que utilizar o banheiro do próprio estaleiro. As refeições serão feitas na cafeteria da marina.

Com meu ombro ainda imobilizado, eu não tinha condições de subir a escada. Ah! Que bom ter amigos como Karin e Russel para me abrigar na casa deles. As organizações de proteção ambiental na Nova Zelândia são muito rigorosas e o serviço de pintura e manutenção tem que ser feito por profissionais qualificados e treinados para não haver contaminação do meio ambiente. A parte do casco que fica dentro da água recebeu nova pintura com uma tinta especial, anti-incrustante. Wilhelm supervisionava cada detalhe, impressionado em ver o profissionalismo. O veleiro Kat ficou fora da água somente quatro dias, e foram feitas toda a raspagem da tinta de fundo e duas demãos de tinta nova. Mesmo depois que o barco voltou para o mar, a revisão continuou, com o ajuste e a regulagem do motor, do gerador, do mastro e de todos os outros equipamentos de navegação, além da parte elétrica.

Voltei para o barco. Agora estava pronta para me reintegrar ao dia a dia.

Certa manhã, Capitão levou a roupa para lavar numa lavanderia local. Quando voltou, colocou a sacola no beliche, como sempre, para que eu dobrasse e colocasse no armário. Olhei para aquela pilha de roupas e me dei conta de que não poderia fazer minha tarefa, algo que eu sempre executei, em minutos, nos últimos 35 anos. A sensação de impotência voltou forte. Tentei e dobrei devagar. Mas colocar no armário foi mais difícil. Levei quase uma hora, mas consegui. Só com uma das mãos!

Todos se revezavam na cozinha, nas listas de mantimentos, nas pesquisas, na escolha de fotos. E digitavam os textos que eu ditava. Eu me esforçava para esconder a dor e a tristeza que sentia. Nós tínhamos funções específicas e, se eu não pudesse ajudar e desempenhar as minhas, toda a dinâmica da vida a bordo estaria comprometida. Eu precisava encontrar alguém para me ajudar. Mas, como? Precisávamos seguir para a Austrália com tempo suficiente para escapar da temporada dos ciclones. Como conseguir e trazer do Brasil uma pessoa que pudesse cuidar do abastecimento e da cozinha, e que quisesse fazer parte da nossa tripulação?

Indo distraída para mais uma sessão de fisioterapia, não percebi que atrás de mim uma jovem correndo vinha em minha direção. Protegendo meu ombro e meu braço, com medo de uma colisão, virei a cabeça e me deparei com um sorriso lindo de uma moça de cabelos curtos. Ela para e me pergunta, em inglês, mas com sotaque que não sei de onde é:

— Você está no barco brasileiro? Que lindo veleiro! — Ela veio andando ao meu lado. — Meu nome é Erika e trabalho num barco aqui na marina.

Mas sonho em velejar pelo mundo. Por acaso vocês não precisam de uma tripulante para cuidar do abastecimento e da cozinha, e que queira fazer parte da sua tripulação? Eu gostaria de apresentar meu currículo.

Assim que a entrevistei gostei do alto-astral de Erika. Somado ao currículo e à experiência, depois do aval de Capitão e Wilhelm, ela se tornou nossa nova tripulante e chefe de cozinha.

Adoro a Nova Zelândia...

Opua ainda continua uma cidade pequena com cerca de setecentas pessoas. Mas é um lugar que respira vela e implantou uma infraestrutura que gera empregos para a cidade e seu entorno. Com a construção da nova marina, existem várias empresas que oferecem suporte aos quase quinhentos veleiros de todas as partes do mundo que aportam ali de novembro a maio. O fluxo de barcos é constante, e encontramos várias famílias com filhos pequenos e velejadores experientes, e todos trocamos experiências sobre as aventuras no mar, as dicas de peças e de equipamentos.

Para celebrar a chegada de todos esses veleiros que vêm se abrigar da temporada de ciclones no Pacífico Sul, são realizadas várias atividades para os velejadores, como a regata competitiva que acontece todas as quartas--feiras, no final da tarde, na linda baía de Opua. Os eventos se iniciam logo na abertura da temporada com a realização de uma festa à fantasia, com o tema Princesas do Pacífico. Só entra quem estiver a caráter, e cada participante procura ser mais criativo que o outro, uma diversão total. Dei boas risadas vendo nosso barco invadido por rainhas, princesas e bailarinas. Wilhelm e Emmanuel vestidos de bailarinas, e Frank de coelhinha da Playboy com orelhas e rabinho de pompom cor-de-rosa. Me vesti de princesa das borboletas. Foi uma festa muito animada e bem divertida!

Outra festa foi o aniversário de Capitão, reunindo toda a tripulação na casa de nossos amigos Karin e Russel, e suas filhas Ilha e Brisa. Russel, o amigo de Wilhelm, viajava para fazer windsurfe em Ibiraquera, Santa Catarina. Ele se apaixonou pelo Brasil e acabou casando com a brasileira Karin. Com a filha de 5 anos, também deram a volta ao mundo num veleiro. Hoje, de volta ao seu país, o casal vive com as duas filhas perto de Opua. Russel, que é muito animado, organizou uma reunião com nossos amigos de quase vinte anos, Warren Green e Werner Hennig, e suas famílias para colocar em dia assuntos de décadas, em somente um fim de semana! Foi um churrasco muito divertido, e nem parecia que tanto tempo havia se passado desde a última vez que nos encontramos. Impressionante como nós, velejadores, somos unidos em nossas amizades.

Russel nos indicou algumas aventuras para fazer na Nova Zelândia, uma delas, na baía de Matauri, perto de onde estávamos: um mergulho muito especial em um dos naufrágios mais icônicos da história da Nova Zelândia, o Rainbow Warrior, navio do Greenpeace naufragado em 1985. Este navio foi utilizado pelo Greenpeace nos anos 1970 e 1980 para protestar contra os testes nucleares no atol de Mururoa, no Pacífico. Na noite de 10 de julho de 1985, o Rainbow sofreu um ataque e acabou naufragando, perdendo um de seus tripulantes, Fernando Pereira, fotógrafo português. O trágico episódio ganhou as manchetes da época, e a Nova Zelândia se uniu para defender o fim dos testes com as bombas nucleares. Visitamos o Memorial do Rainbow Warrior no alto da colina antes do mergulho. Com a nossa tripulação vestida com trajes especiais, roupa seca para se proteger do frio, o mergulho nas águas geladas (16°C) e a 26 metros de profundidade no fantasmagórico Rainbow Warrior foi para todos um marco histórico. No casco submerso e enferrujado do naufrágio, há uma renovação da vida: a embarcação hoje é um viveiro de peixes, moluscos e corais. A tripulação desceu em um mergulho e abriu uma porta para conhecermos mais sobre o passado, revivendo a memória de todos os ativistas que participaram de uma importante luta.

De volta ao veleiro, era hora de trocar os mares azuis pelas paisagens verdes e deslumbrantes das montanhas, lagos e rios da Nova Zelândia, com certeza um dos países mais lindos do mundo. Partimos da marina de Opua e seguimos em direção a Auckland, a maior cidade do país. Wilhelm ficou no veleiro para finalizar os últimos ajustes da manutenção antes da nossa partida para a Austrália. Erika, a nova tripulante, ficou encarregada das compras e da preparação dos cardápios.

Como estamos acostumados a viver no barco, uma convivência num lugar pequeno, nossa escolha, em vez de alugar uma van e ter que parar em hotéis e embarcar e desembarcar bagagens, foi explorar o país em um motorhome. Na hora de alugar o veículo, uma surpresa: só quem tem carteira internacional em inglês pode dirigi-lo. Emmanuel era o único do grupo que tinha uma e, assim, tornou-se nosso motorista pelos 1.500 quilômetros da nossa rota, dirigindo do "lado contrário" da estrada. Copiloto metido foi o que não faltou. Todo mundo dando opinião, e o coitado, com muita paciência e atenção, nos dirigiu com todo o cuidado. Colocamos 150 quilos de equipamentos e bagagem, e Capitão, Emmanuel, Pedro, Frank, Heitor e eu nos despedimos de Wilhelm e Erika.

Em nossa casa de rodas de 12 metros de comprimento, partimos para explorar e conhecer a ilha norte do país. Paramos num supermercado, fizemos compras básicas para o café da manhã, alguns frios e comidinhas para beliscar na estrada. Frutas de montão, principalmente o kiwi, a fruta do país.

Lembrei-me do Natal de 1990, quando David e Wilhelm, então com 16 e 14 anos, percorreram por três semanas as ilhas norte e sul da Nova Zelândia, sozinhos, com suas mochilas. Foi um mês de aventuras para nossos filhos, e com a tranquilidade que poderiam percorrer o país de carona na maior segurança.

Estranhamos ao chegar a Auckland, pois desde Montevidéu, no Uruguai, não passávamos por uma cidade com mais de 1 milhão de habitantes e com tanto trânsito. Tivemos sorte em encontrar uma garagem grande e bem no centro da cidade para deixar nossa casa sobre rodas e saímos com equipamento de filmagem pelo porto e pelas ruas.

Auckland é conhecida como a Cidade das Velas e tem a maior relação de embarcação por habitante que qualquer outra metrópole no mundo. A tradição náutica, essa íntima relação com o mar de Auckland, está enraizada no DNA da cidade desde suas origens, com a chegada dos primeiros polinésios e dos nativos maoris em suas wakas, e também a dos primeiros colonizadores europeus em caravelas. Em 1995, a Nova Zelândia conquistou a America's Cup, a mais famosa e prestigiada regata em todo o mundo, e o mais antigo troféu do esporte internacional, antes mesmo dos Jogos Olímpicos modernos. Auckland sedia os times mais competitivos do mundo do iatismo.

Quando chegamos à cidade, fomos direto para a Sky Tower, a mais alta estrutura do hemisfério sul, dez vezes mais elevada que o Cristo Redentor, no Rio de Janeiro. Emmanuel queria pular lá de cima — 193 metros de altura — preso por um cabo, atingindo uma velocidade de 85 km/h. Capitão

AOTEAROA 189

também se animou. A aventura começou, e me deu aquele friozinho na barriga quando eles saíram do lado de fora do prédio — que medo! — para caminhar ao redor da torre. Mas a emoção deles foi incrível, como Emmanuel depois relatou:

— Apesar de estarmos amarrados por dois cabos, confesso que eu e Capitão chegamos a ter uma pontinha de dúvida se era realmente seguro. Depois de convencidos de que não corríamos risco, fizemos o percurso superando alguns desafios tensos, como andar para trás com os olhos fechados ou nos pendurar na borda da plataforma. O vento soprava e era impossível não sentir um pouco de medo. Mas esse medo foi bravamente enfrentado por duas gerações Schurmann: meu avô e eu. Não parei nessa caminhada. Estimulado pela sensação incrível de superar o medo, aproveitei para me jogar, literalmente, daquele enorme prédio. Sim! Muita adrenalina com essa modalidade de sky jump (quase um bungee jumping, mas se desce em pé). Foi o maior pulo da minha vida. Saltei e, em apenas 10 segundos, já tinha descido os 193 metros de altura e estava com meus pés no chão. Vivo, sem fôlego e tremendo. Pensei que meu coração iria parar de bater. Haja adrenalina!

Fiquei num observatório acima naquele momento, com o coração na mão, mas feliz em ver meu neto tão saudável e alegre. Ainda embalados pela emoção, pegamos a balsa e fomos explorar Waiheke, uma ilha a 35 minutos de Auckland. Foi uma verdadeira aventura ver Emmanuel manobrando o motorhome para colocá-lo na embarcação. Percorremos a ilha, tão pertinho da cidade vizinha e seus 1 milhão de habitantes, mas incrivelmente tranquila e sem trânsito, com uma população de apenas 9 mil pessoas. Meus olhos tiveram que se acostumar com a mudança de paisagem, depois de tantos tons de azul dos mares e céus, ver as nuances do verde dos campos salpicados de carneirinhos brancos. Em Waiheke, passamos nossa primeira noite "a bordo" de nossa casinha rodante. Paramos numa praia, Little Oneroa, com um lindo visual de frente para o mar. Tínhamos vizinhos em outros motorhomes, ingleses e australianos. Trocamos figurinhas de viagens enquanto os rapazes filmavam o pôr do sol e a lua que surgiu depois, por trás dos morros. Nem bem deram 21h, já nos instalamos para dormir. Capitão e eu na cama de casal, em cima da cabine do motorhome;

Emmanuel, Heitor, Pedro e Frank, cada um em seu beliche. Acordamos e tomamos nosso café, com pães fresquinhos e quentinhos que Capitão havia comprado. Atravessamos a balsa de volta e pegamos os 300 quilômetros até Rotorua, um dos destinos mais procurados pelos aventureiros que passam pela Nova Zelândia.

UM PÁSSARO CHAMADO KIWI

Assim que chegamos, Capitão e Emmanuel encararam uma descida dentro de uma bola de plástico gigante! Imagine só, 350 metros ladeira abaixo sendo jogados para lá e para cá. Eles não conseguiam parar de rir. Eu só podia olhar. Meu braço ainda estava na tipoia, imobilizado. Meus dois aventureiros não pararam por aí. Depois fomos ao Skyline Roturoa, um verdadeiro parque de diversão para os que buscam adrenalina. Avô e neto mais uma vez se aventuraram e desceram os 383 metros do monte Ngongotaha em uma espécie de tirolesa a 80 km/h. Ao chegar à base, ainda pularam (de costas) de uma plataforma: 10 metros de queda livre. Emmanuel, feliz, me disse:

— Formiga, há um ano, eu não poderia imaginar estar aqui, com vocês, me divertindo tanto.

Em Rotorua visitamos o Kiwi Encounter, que permite aos visitantes acompanhar o funcionamento de um criadouro de kiwi, um pequeno pássaro ameaçado de extinção e que deu seu nome à fruta. Com o nome científico *Apteryx australis*, ele não voa, tem hábitos noturnos e vive em buracos escavados no solo. Nesse criadouro, os kiwis são cuidados até chegarem ao peso de 1 quilo para então serem liberados na natureza. Conversamos com Clare Traves, especialista nesse animal e diretora do centro de conservação. Ela nos explicou que apenas 5% dos que nascem na natureza conseguem sobreviver, por causa da falta de hábitat natural e pelos predadores, como cachorros, gatos e furões. Esse símbolo da Nova Zelândia às vezes causa confusão nas pessoas, pois kiwi significa: 1) os nativos da Nova Zelândia; 2) a fruta; e 3) o pássaro.

Mergulhamos mais na cultura do povo maori ao conhecermos o Te Puia, um centro cultural que preserva as tradições do povo nativo da Nova

Zelândia. Fica localizado sobre uma área geotermal com gêiseres que jogam água e vapor a até 30 metros de altura. Rotorua, desde o século XIV, tem sido importante vila e local de abrigo para o povo maori. Assistimos a uma apresentação de haka, dança tradicional dos nativos dessa terra. Originalmente os maori faziam o haka antes da guerra para intimidar os oponentes, ou em ocasiões especiais. Hoje, o time de Rugby All Blacks o faz antes de cada jogo.

Fomos explorar uma das paisagens mais impressionantes da Nova Zelândia, o lago Taupo, formado na caldeira do vulcão de mesmo nome. É o lago com maior área da Nova Zelândia, com 616 km²!

O pesquisador Edward Dean estudou as teorias das civilizações chinesas na Nova Zelândia. Com base no livro *1421: o ano em que a China descobriu o mundo*, de Gavin Menzies, ele foi informado sobre as ruínas misteriosas da floresta de Kaimanawa, a cerca de 30 minutos do lago. Nos encontramos com o pesquisador perto do lago Taupo e ele nos levou para conhecer o muro de Kaimanawa, composto por blocos de pedra megalíticos, lisos e com cantos simétricos. Os blocos de pedra, datados de mais de 2 mil anos, com formas perfeitas, totalmente planos nas extremidades, se encaixam em vários níveis como a base de uma pirâmide. Incontáveis estudos já realizados não conseguiram revelar a origem dessas ruínas. Muitas hipóteses existem, mas o povo maori não admite que outra civilização tenha vivido antes deles na Nova Zelândia. Exploramos pelos lados e por cima das construções e ficamos muito fascinados. Mas também com muitas interrogações: seria a base de uma pirâmide? É uma formação natural ou foi construída pelos homens? Por que não há mais estudos sobre essas fascinantes ruínas?

Acampar na Nova Zelândia é uma experiência incrível. É o chamado camping responsável, com mais de quinhentos locais designados. Cada distrito tem regras e regulamentos próprios, com base nos quais o acampamento responsável deve ter seus próprios sistemas de coleta de esgoto dos banheiros. Há locais com latas de lixo, para separação. A infraestrutura de camping é excelente, em todos aqueles onde paramos tínhamos todo o conforto de um hotel: piscinas, cozinhas profissionais, minimercados e estacionamentos para as campervans, com eletricidade e água.

KAT

Depois de 1.500 quilômetros rodados, com inúmeras aventuras, a última parada foi em Auckland, com uma visita muito especial ao cemitério, onde estão as cinzas de nossa filha Kat. A história de nossa pequena marinheira será eternamente bastante especial. Em 1991, estávamos ancorados em Opua quando um neozelandês chegou em um bote e nos perguntou:

— Oi! Vocês são brasileiros? Minha mulher também é brasileira.

Foi assim que conhecemos Robert e Jeane. E a primeira coisa que Jeane falou para mim foi:

— Estou grávida!

Fizemos uma amizade muito grande com o casal e conhecemos a linda menininha Katherine, nascida em 1992. Voltamos ao Brasil em 1994. Em 1995 reencontramos Robert no Rio de Janeiro; ele veio ao barco com a filha Kat e nos contou sobre o falecimento da Jeane. Eles haviam descoberto que eram portadores do vírus HIV. Jeanne havia sofrido um atropelamento em 1989 e, durante uma cirurgia de seis horas num hospital de Belém do Pará, recebeu transfusão de sangue, sendo contaminada com o vírus. Eles nunca souberam que eram soropositivos até voltarem ao Brasil, quando Kat ficou doente; os médicos fizeram exames neles e diagnosticaram os três com HIV. Reatamos nossa amizade, e Robert e Kat se tornaram parte de nossa família, permanecendo algumas semanas conosco. Um dia, durante uma velejada, Robert virou-se para nós e falou:

— Estou muito mal e não sei quanto tempo de vida tenho. Eu queria saber se vocês podiam adotar a Kat. Queria que ela tivesse uma família como a de vocês.

Mal sabia, quando ele perguntou isso, que nós já estávamos apaixonados por aquela menininha. Ela me cativou no primeiro sorriso com os olhinhos que brilhavam como estrelas! Fizemos toda a documentação para adotá-la e foi ali, naquele momento, quando entregou a Kat para a gente, que ele me chamou num canto e disse:

— Vou te entregar uns papéis muito importantes. São os documentos do lugar que escolhi para repousar depois que eu partir; e Jeane também repousa lá. O cemitério é em Auckland. Espero que seja num futuro muito,

muito, muito distante, mas, se um dia ela falecer, gostaria que a Kat também ficasse conosco no mesmo lugar.

Eu nunca contei para ninguém de minha família, pensei que nunca fosse usar aqueles papéis, eram documentos que eu escondia no fundo da gaveta. Mas em 2006, vítima de complicações da doença, Kat partiu. Atendendo ao pedido de Robert, trouxemos as cinzas dela para estar reunida com sua mãe e seu pai. A saudade fez dessa visita um momento muito emocionante. Kat está presente para sempre, no veleiro e em nossos corações, e sua luz continua a iluminar nosso rumo pelos mares.

14. Austrália: cangurus, coalas e Kian

8 DE DEZEMBRO DE 2015:
NOVA ZELÂNDIA À AUSTRÁLIA

Depois de quarenta dias em Opua, o veleiro Kat parecia novo. Bem abastecido, com tudo preparado, estávamos prontos para ir para a Austrália.

A nova tripulante, Erika, agora nossa cozinheira oficial, rapidamente aprendeu a dinâmica de abastecimento e armazenamento dos alimentos. Ela também preparou várias refeições para a travessia. Faltando dois dias para zarpar, Capitão e Wilhelm conversaram comigo, aconselhando que seria melhor eu não fazer essa travessia. Seriam no mínimo dez dias, a previsão era boa para os próximos cinco dias, mas, se entrasse uma tempestade no meio do caminho, eu não poderia me segurar com o braço direito, e corria o risco de ficar imóvel por dias e piorar o estado de meu ombro e braço.

Assim, tive que ficar em terra. E lá fui eu, de avião, agora mais animada e feliz, para a casa de minha irmã Eliane, que mora na Austrália. A casa dela fica a 1h30 da cidade de Sydney, numa região de haras de cavalos de corrida e de competições equestres. Assim, não foi difícil conseguir uma excelente fisioterapeuta especializada em lesões decorrentes de quedas de cavalos. Foram dias excelentes. Eliane e eu conversávamos até tarde, ríamos muito, fazíamos planos. Meu ombro melhorava bem depressa. A fisioterapeuta me disse que meus ossos eram fortes como os de um jovem, sem artrite ou

196　　　EXPEDIÇÃO ORIENTE

osteoporose e que eu iria me recuperar completamente, sem necessidade de cirurgia. E eu me sentia melhor, com 70% dos meus movimentos recuperados, pronta para voltar aos meus sonhos e às minhas aventuras.

Relato de Wilhelm nessa travessia:

— Tudo pronto, demos saída nas autoridades, nos despedimos da Formiga, que ficou na marina com uma carinha bem triste. Daqui a dez dias vamos nos reencontrar. Íamos atravessar o mar da Tasmânia, situado entre a Austrália e a Nova Zelândia, com a distância de cerca de 1.080 milhas (2 mil quilômetros).

"Esse mar foi batizado em homenagem ao explorador holandês Abel Tasman, o primeiro europeu que chegou à Nova Zelândia e à Tasmânia.

"Já cruzamos os mais temidos e tempestuosos mares do mundo, o cabo Horn, o estreito de Drake, o cabo das Tormentas ou cabo da Boa Esperança e a passagem entre Nova Zelândia e ilhas do Pacífico Sul. Foi ali, a caminho de Tonga, a 600 quilômetros da Nova Zelândia, que enfrentamos uma das piores tempestades de nossas vidas, onde uma fortíssima tempestade com ventos de mais de 65 nós (120 km/h) derrubou os dois mastros do veleiro Aysso em 1991. Ficamos à deriva e à mercê de mais três tempestades, com ondas de mais de 10 metros por onze dias, antes de chegar de volta ao porto.

"Mas a má fama do mar da Tasmânia tem crescido à medida que mais barcos afundam ou desaparecem sem deixar vestígios. Na marina de Opua nos contaram sobre o desaparecimento de vários barcos com tripulações inteiras. Ainda está nas conversas dos velejadores o desparecimento em 2013 do veleiro Nina, de 70 pés, com um tarimbado capitão e sete velejadores experientes, que sumiu sem deixar vestígios durante uma tempestade nessa travessia.

"Contaram várias histórias de horror sobre o mar que íamos cruzar. Já tínhamos um planejamento adequado, preparação e treinamentos de outras travessias, mas, com Capitão, redobramos os avisos para os tripulantes e repassei todos os procedimentos de equipamentos de segurança, balsa salva-vidas, e a lembrança de se segurar sempre.

"Estávamos em novembro, quase no verão, e, por mais que eu estudasse a previsão do tempo, sempre via um mar tranquilo sem tempestades. Mas os ventos podem vir de qualquer direção, em qualquer época do ano, e poderíamos ser pegos repentinamente por uma tempestade tropical que viesse mais cedo.

AUSTRÁLIA 197

"Terminei o último procedimento burocrático exigido pela Austrália. Os veleiros tinham que enviar, para as autoridades portuárias e de imigração, o plano de navegação, porto de saída, de entrada, número e identidade dos tripulantes, os dados completos do veleiro e seus equipamentos, e a lista de mantimentos que temos a bordo.

"Chegou para fazer a travessia conosco nosso amigo André Preto, de Florianópolis, que mora aqui na Nova Zelândia.

"Semanas antes de partirmos, o nosso Inmarsat Satélite parou de funcionar. O técnico não tinha a peça de reposição, fez o pedido e o conserto seria feito somente na Austrália. A solução temporária foi comprar um sistema Iridium para fazer a navegação e previsão do tempo.

"Soltamos as amarras desse lugar, que foi a nossa segunda pátria, com saudades dos amigos que ficaram. Erika, a pedido de Formiga, trouxe flores para Iemanjá. E na entrada do mar da Tasmânia elas foram entregues por todos nós, com pedidos de bons ventos e mar de almirante.

"E ganhamos um baita presente. Uma surpreendente travessia de dez dias. Só tivemos alta pressão, ventos suaves, ou quase sem vento, em toda a passagem, e fizemos uma média de 8 a 10 nós, com a vela assimétrica na maior parte da travessia. A cada 200 milhas, tínhamos que informar nossa posição para as autoridades, com previsão de data de chegada.

"O clima a bordo estava ótimo, divertido, e com o mar calmo aproveitamos para pescar dois peixões, um bonito de quase 10 quilos, e um mahi-mahi (dourado) de 12 quilos, e mais quatro outros peixes que completaram as refeições à base de sushi, sashimi e peixe cru. Erika, em sua primeira travessia, não acreditava que o mar podia ser tão tranquilo. Esse trecho de tranquilidade marcou a travessia de ponta a ponta do mar da Tasmânia.

"André, o cabeleireiro, aproveitou também o mar calmo e cortou os cabelos de toda a tripulação, estilo mowak. Só escapou Capitão, que preferiu um corte mais tradicional.

"Estávamos nos aproximando da barreira de corais, as noites estavam lindas, e o espetáculo à parte da navegada foi a bioluminescência marinha na noite. Foi só deixar os olhos se acostumarem com a escuridão e apreciar o show. Parecia que o veleiro Kat estava flutuando num tapete que se iluminava, à medida que navegávamos. E, para completar essa noite mágica, o mar estava tão calmo que as estrelas se refletiam nele perfeitamente. Era impossível dizer onde o mar terminava e o céu começava, e parecia que estávamos suspensos dentro de uma esfera cheia de estrelas com o rastro de luz dos plânctons.

"Durante todo o tempo fiz a navegação bem cuidadosa para evitar qualquer surpresa. Formiga, da Austrália, também me atualizava diariamente com a previsão do tempo.

"Num dia de céu muito limpo, reunimos a tripulação para assistirmos ao incrível pôr do sol, e expliquei sobre o fenômeno do green flash. Em um dia como esses de condições favoráveis, podemos ver o raio verde, um fenômeno pouco conhecido. Quando o sol está nos seus últimos momentos, quase antes de mergulhar no mar, ele brilha como um flash de cor esmeralda. Dura somente um segundo. Porque é tão breve, ele é atribuído a uma das muitas ilusões de óptica produzidas quando se olha o pôr do sol. Mas o raio verde é real, já foi fotografado e somente em ocasiões especiais pode ser visto. Como a gente mora no mar, já vi vários. Com meus irmãos, víamos o green flash do deck e depois subíamos no mastro para ver outra vez. Vamos esperar o sol entrar no horizonte, até ficar de fora apenas uma minúscula beiradinha. Aí, olhos atentos, sem piscar, com certeza vamos ver a esmeralda de luz. Um show que a gente nunca mais esquece.

"Foi o melhor mar de almirante em que o veleiro Kat navegou até agora, e foi pela primeira vez que terminamos uma passagem mais descansada do que quando começamos. Algumas noites fiquei pensando no destino dos velejadores que se perderam nesse mar como um espelho, que acabamos de atravessar. Com certeza, os deuses do mar e do vento foram muito bons conosco.

"Chegamos a Mackay, ao norte da Austrália. Entramos no porto, no quebra-mar, e vimos uma figurinha acenando com um só braço e pulando! Que saudades, Formiga! Aqui está o seu diário da travessia como prometi. Beijos, Wilhelm."

Não via a hora de ir para o barco. E, quando faltavam dois dias para a chegada do veleiro Kat, peguei um avião para Mackay, na costa nordeste da Austrália, e, mais uma vez, encontrei-me naquela situação inversa de ficar em terra olhando para o mar, procurando a minha casa, que iria surgir no

AUSTRÁLIA

horizonte. Ninguém pode imaginar minha felicidade ao ver as velas lá longe e crescendo até entrarem no porto de Mackay. Só com um braço levantado dei as boas-vindas pulando que nem uma criança.

Minha casa estava de volta e eu estava de volta ao meu lar.

Tinha muitas saudades, mas para rever minha família no barco tive que esperar no cais da marina por mais de duas horas. As autoridades foram mais rigorosas do que na Nova Zelândia. Fizeram uma revista com um pente fino nas cabines, todo mundo teve que ficar fora do barco no cockpit. Abriram todos os armários, gavetas, levantaram colchões, olharam debaixo dos beliches e utilizaram um equipamento eletrônico de detecção de drogas. Enfim, liberaram a tripulação, e nos abraçamos felizes, fechamos o barco e fomos comemorar em um restaurante mais esse marco: acabamos de cruzar o oceano Pacífico!

Um dos primeiros europeus a passar pela região de Mackay foi James Cook. Afinal, ele foi responsável por mapear boa parte da região durante as suas navegações pelo oceano Pacífico. A cidade lida primariamente com negócios de açúcar e mineração de carvão e possui uma das maiores reservas de cana-de-açúcar de toda a Austrália. É conhecida como a "capital do açúcar", e sua população é de cerca de 78.700 habitantes.

Os brasileiros que encontramos no exterior são muito carinhosos e em quase todos os portos conhecemos alguém. Uma brasileira viu que estávamos chegando à Austrália, pelo Facebook, e enviou uma mensagem pedindo para nos encontrar. Assim que chegamos a Mackay, Kay, seu marido Darren e os três filhos vieram tomar o café da manhã conosco e visitar o veleiro Kat. Eles moram na região e passaram ótimas dicas de lugares para visitarmos. O curioso do encontro é que a avó de Kay também já nos visitou em Recife e até já jantou conosco quando navegamos pela costa brasileira em 2004. O mundo é realmente pequeno.

Além dos recifes e pontos de mergulho, a cidade também é cercada por diversos parques nacionais, totalmente preservados e protegidos.

Aqui na Austrália, temos muitos lugares para explorar e alguns animais dos mais exóticos do mundo para conhecer. Um dos animais que estávamos curiosos para ver era o ornitorrinco. Fomos ao Eungella National Park para ver esse bichinho estranho no rio Broken. Seu focinho, que parece o

200 EXPEDIÇÃO ORIENTE

bico de um pato, é coberto por uma pele igual à de uma capivara, e ele tem rabo de castor. O ornitorrinco desperta fascínio: é um dos únicos mamíferos do mundo que coloca ovos, mas as fêmeas não possuem mamas e o leite é diretamente lambido dos poros e sulcos abdominais. Quando os ingleses viram pela primeira vez um ornitorrinco no século XVIII, ficaram extremamente espantados. Eles são extremamente ágeis e velozes embaixo da água, medem cerca de 50 centímetros, vivem até 17 anos e se alimentam de lagostins, camarões e larvas de insetos.

Capitão, Frank, Heitor e Pedro ficaram mais de cinco horas no rio esperando até quase escurecer e fizeram dois mergulhos, com cilindros, na lagoa para avistá-los. Estavam quase desistindo, tremendo de frio, quando apareceu um ornitorrinco se alimentando. Realmente, ele é diferente de qualquer outro bicho que já vimos. Foi rápido, mas valeu a pena observar esse animal tão incomum.

Fomos explorar perto de Mackay, a 50 quilômetros ao norte, o Cape Hillsborough National Park. Madrugamos às 3h e dirigimos até o parque para ver outro símbolo da Austrália, o canguru. Compensou muito levantar cedo, pois ao nascer do sol é quando os cangurus e wallabies (tipo pequeno de canguru) vêm para a beira da praia correndo, procurar alimentos, no primeiro raio de luz na praia do parque. Impressionante, eles nem ligavam para nossa presença e vinham pulando pertinho de nós. Ao nascer do sol lindo, eu tinha certeza de que estava vivendo em um filme, ao vivo e em cores. Assim que o sol subiu mais um pouco, eles fizeram uma coreografia, pularam juntos e se embrenharam na mata.

OUTRO NATAL PARA COMEMORAR

Que alegria foi a chegada do nosso filho David e do neto Kian aqui a Mackay, para as festas de fim de ano. Kian mal chegou e já ajudou a colocar os enfeites e a árvore de Natal no barco, que é histórica. Criamos essa árvore desde 1985, e fomos acrescentando enfeites ao longo dos anos, e ela passou pela geração dos meninos crescendo, da Kat e agora chegou ao Kian. É muito especial, pois é uma árvore de tradições. E cada enfeite nos

AUSTRÁLIA 201

traz memórias felizes de um tempo que passamos juntos primeiro com os filhos, agora com os netos. Emmanuel, que está navegando conosco, e Kian, que vem nos visitar.

David reuniu a equipe de filmagem para dirigir as gravações nas Barreiras de Coral. Ali não tínhamos os perigos da região costeira, os tubarões ou os crocodilos de água salgada. De Mackay foi uma navegada tranquila até a paradisíaca Whitehaven Beach. Sabe aqueles lugares que a gente vê em fotos de revista e pensa que foram retocadas ou manipuladas, pois as cores parecem saltar da foto? Pois é, o lugar é assim mesmo, lindo. Uma praia com água cristalina e areias brancas, onde, mesmo no maior calor do sol de verão, andamos sem queimar os pés, pois a areia é 98% composta de sílica. Aliás, já gastei a minha cota por mais de mil vezes de falar *lindo*! Mas como resistir quando vejo algo que enche meus olhos de beleza?

Nesse lugar espetacular, exploramos a praia, remamos de stand-up paddle, nadamos e curtimos Kian e David. Foram momentos desses perfeitos que a gente tem vontade de que fiquem congelados no tempo. Navegamos pelos recifes da Grande Barreira de Corais para mergulhar e fazer snorkel. Velejar nesta região exige muito cuidado pela quantidade de recifes, cabeças de corais e variação da profundidade.

A Grande Barreira de Corais é um patrimônio mundial, possui mais de 1.500 espécies de peixes e quatrocentas espécies de corais, muitas delas raras e em perigo de extinção. Um dos maiores perigos para toda essa riqueza natural é o branqueamento dos corais decorrentes de mudanças climáticas, como o aumento da temperatura da água e a diminuição da salinidade. A poluição ou a contaminação da água também podem causar o branqueamento.

Foi o primeiro mergulho de Kian, protegido com roupa de mergulho contra águas-vivas, com o snorkel, máscara e nadadeiras, e com a ajuda de David orientando sua primeira experiência no mundo submarino. Podíamos ver seus olhinhos arregalados na máscara, e o susto quando um peixe grande passou perto dele. E assim, cada vez que mergulhávamos, ele queria compartilhar tudo o que o encantou nesse novo mundo debaixo da água. Imaginem que até para todos nós foi um sonho realizado! A tripulação estava feliz com esse presente de Natal!

EXPEDIÇÃO ORIENTE

Após mergulhar na Grande Barreira de Corais, navegamos até a ilha Magnetic, tomando cuidado em observar a bússola. A ilha recebeu esse nome depois de o capitão Cook ter notado que a bússola de bordo estava sofrendo um desvio ao navegar em torno dela. Ele acreditou que a ilha era magnética e tinha algum mineral que provocava o desvio. Vários estudos foram realizados posteriormente, mas até hoje não se sabe ao certo o motivo para o efeito mostrado na bússola de James Cook.

Lá, fizemos um trekking no Parque Nacional, subindo a encosta devagar, prestando atenção nas árvores e, pela primeira vez, avistamos coalas em seu hábitat natural, se segurando em um galho. Mais adiante avistamos outro. Kian ficou encantado com a calma e os movimentos "preguiçosos" desse marsupial que dorme aproximadamente vinte horas por dia. Os coalas estão ameaçados pelo desmatamento e pelos animais introduzidos pelo homem, como o cachorro.

Às vezes, não nos damos conta do quanto é assustador e perigoso o mar em alguns lugares do mundo, e nada tem a ver com ondas, tempestades ou correntes marítimas. Fomos nadar em uma praia diferente, com um cercado como se fosse uma piscina. Com muitas placas de aviso, e uma espécie de caixa de correio com uma garrafa transparente contendo vinagre, para uso em emergências por ataque de águas-vivas, e uma lista de instruções de como proceder. O imenso cercado estava protegido por duas redes, uma de malhas finas como um *coador* e outra de alumínio ou aço. Essas redes são para proteção contra ataques de crocodilos de água salgada, de tubarões e das águas-vivas, que podem matar adultos: a irukandji, bem pequena, do tamanho de uma unha humana, é uma das espécies mais perigosas que existem, e o cubozoário conhecido como *box jelly fish*, um dos animais mais mortais da face da Terra.

Sem querer assustar os mergulhadores, há avisos constantes na Austrália divulgando que essa água-viva é responsável por mais mortes do que por ataques de tubarões ou crocodilos, principalmente por não haver antídotos, e a vítima pode morrer em menos de cinco minutos se não tiver socorro.

Kian, Capitão e eu brincamos nesse piscinão de mar depois de uma caminhada. Fico pensando como esse país se prepara para receber visitantes de todo o mundo, com atrações sempre protegidas. Um salva-vidas fica

AUSTRÁLIA   203

cuidando dos banhistas, mas ele está também cuidando dessa rede. De vez em quando ele sai num caiaque e verifica todo o perímetro da rede.

Passamos o Ano-Novo em pleno contato com a natureza e, fazendo um balanço de 2015, nos demos conta de quantas aventuras, emoções, alegrias e descobertas vivemos desde a Patagônia até aqui. Desejamos que 2016 viesse com o mesmo alto-astral e com bons ventos!

Após passar a virada do ano na paradisíaca ilha Magnetic, rumamos para Cairns, no nordeste do país. Cairns é uma cidade com população de 200 mil habitantes. É o destino dos mergulhadores, pela sua proximidade da Grande Barreira de Corais. Fiquei surpresa ao saber que eles recebem cerca de 2 milhões de visitantes por ano.

Na época de verão, em Cairns, a temperatura é igual à do Amazonas, quente e úmida, variando entre 24 e 31°C. A marina fica na cidade, e não tínhamos opção de nadar no mar. Havia mais placas de Proibido Nadar devido ao perigo de crocodilos, tubarões e águas-vivas. E assim, do lado da marina, curtimos o Esplanade Lagoon, que virou nosso "quintal" na cidade. Cedinho, já com calor, todos os tripulantes saíam do barco, até mesmo antes do café da manhã, para correr no parque.

O governo da cidade construiu uma praia/piscina pública com areia branca e área de lazer em um enorme parque, com 4.800 m². É um oásis na cidade, e com um calçadão e parques ao redor. Várias atividades na piscina, como hidroginástica e aulas de natação, e ao redor yoga, meditação, jogos de vôlei, playground, pista de skate, ciclovia e pista de corrida/caminhada. Todas essas atividades eram gratuitas.

Os dias passaram muito rápido e, quando vi, já estava na hora de Kian e David voltarem para o Brasil. Fiquei muito emocionada na hora da despedida. Meu coração ficou apertado de saudades! Quando será que nos veríamos outra vez?

O jornal de Cairns fez uma reportagem sobre nós, e foi uma alegria encontrar alguns dos poucos brasileiros que vivem na cidade.

Conhecemos um casal muito querido, Larissa e Herik, com quem fizemos amizade. Nos trouxeram acarajé, vatapá, coxinha e pudim de leite! Para acompanhar, preparei um feijão e acabamos tendo uma noite bem brasileira! Eles nos ajudaram em tudo que precisávamos fazer na cidade, nos dirigindo para o supermercado, médicos e dando dicas sobre o lugar.

Com o sonho de morar fora do Brasil, muitos brasileiros não têm ideia de como é difícil vencer os desafios de fazer acontecer. É preciso garra, adaptação e determinação. Larissa sorri e nos conta:

— Nos conhecemos em 2007, quando ambos trabalhávamos em uma empresa petrolífera no Brasil, e, depois de sete meses de namoro, nos casamos. A vida não era fácil e tínhamos um sonho de morar fora do Brasil. Em 2009, eu fui despedida e, ao mesmo tempo, a construtora da qual compramos um apartamento na planta ofereceu um distrato porque iam atrasar a entrega do imóvel. Juntos decidimos que era hora de mudar de vida! Tiramos da gaveta a ideia de fazer intercâmbio, um sonho que parecia tão irreal, tão distante. Na agência nos ofereceram uma viagem para a Austrália, que só conhecíamos pelos cangurus e coalas. Decidimos vir para Cairns quando soubemos que era calor e a porta de entrada para a Barreira de Corais. Em três meses vendemos tudo, deixamos família, amigos e a vida no Brasil, e chegamos em dezembro de 2009 com visto de estudante para seis meses. Foi amor à primeira vista. Já na primeira semana decidimos ficar aqui para sempre. Em uma semana, mesmo sem falar inglês, comecei a trabalhar lavando pratos num restaurante italiano. Trabalho duro, mas que, após alguns meses, me rendeu a proposta para trabalhar na cozinha. Após um curto período, Herik também foi chamado para trabalhar como pizzaiolo, e, assim, nós dois ralávamos lado a lado. O dono ficou tão contente com nosso trabalho que nos ofereceu um visto de trabalho. Depois que Herik recebeu o diploma de Hotelaria, pedimos e recebemos o visto de residência em 2012. Já 2014 foi um ano muito especial: foi o ano em que conseguimos a cidadania australiana. Engravidei do meu filho, Victor, e construímos a tão sonhada casa!

Eles nos contaram que foi difícil e, mesmo com muitas saudades da família, continuaram trabalhando duro, mas a Austrália deu-lhes em cinco anos a oportunidade de realizar seus sonhos de vida. Ter uma casa, trabalho, oportunidade de viajar, continuar seus estudos e, principalmente, proporcionar uma excelente qualidade de vida para o filho; fez tudo valer a pena.

No almoço com um churrasco na casa deles, pude ver em seus olhos o brilho de uma determinação de duas pessoas batalhadoras, felizes e que continuam a evoluir juntas. Herik estava no terceiro ano de engenharia,

AUSTRÁLIA 205

e Larissa, fazendo curso de esteticista. Depois de anos de luta, Larissa é "madrinha" de muitos dos brasileiros que passam pela cidade. Ela e Herik ajudavam como podiam, oferecendo um ombro amigo, passando informações e até mesmo oferecendo hospedagem sem cobrar nada. Como disseram: — Nós caímos aqui de paraquedas, sem nem falar inglês num país estrangeiro. Sabemos como é dura e difícil a vida num lugar longe da família, quando você nem fala o idioma. Nossa família, além da que deixamos no Brasil, hoje são também os amigos que fizemos na Austrália. Somos felizes em um país que nos deu a oportunidade de crescermos e desenvolvermos nosso potencial como pessoas.

Enquanto esperávamos umas peças do barco chegar de Sydney, fizemos o abastecimento de alimentos, de diesel etc. Capitão e eu aproveitamos para fazer um check-up dentário, e também nos consultar com um médico brasileiro, dr. Fabio Ballestro, que vive em Cairns. Ele e sua família até vieram visitar o veleiro Kat. Sua esposa Bete trouxe novas mudas de tempero orgânico para nossa horta.

Quando os ingleses chegaram para colonizar a Austrália, em 1788, encontraram o país povoado por mais de 2 mil etnias diferentes, que viviam lá havia mais de 65 mil anos, e com uma forma de vida bastante conectada ao seu meio ambiente. Vivendo dos recursos naturais, eram em sua maioria caçadores e nômades. Um povo altamente crente nos dons da natureza e da terra, e em harmonia com os fenômenos naturais e sobrenaturais.

Os aborígines australianos são quase sempre associados a uma ferramenta bem diferente: o bumerangue. Trata-se de um instrumento de caça único, por voltar à mão do caçador caso não atinja o alvo. Isso ocorre devido à curvatura, que proporciona uma situação aerodinâmica diferenciada para a ferramenta. O povo aborígine possui uma rica história que ainda está sendo preservada em reservas.

Em Cairns fomos ao Parque Cultural Tjapukai conversar com descendentes do povo aborígine que habita a região há cerca de 40 mil anos: a tribo aborígine djabugay é um dos povos originários das montanhas, desfiladeiros e florestas do norte do estado de Queensland. Conhecemos Gudju-Gudju (que significa arco-íris), um dos representantes dessa tribo, e aprendemos muito sobre a relação de sua tribo com a natureza.

206 EXPEDIÇÃO ORIENTE

— Nossa conexão com essa terra vem de muitas gerações há milhares de anos. Quando nos tiraram um pedaço de nossa terra, foi como se tivessem tirado um pedaço do nosso coração — disse ele.

Os djabugay, como muitos povos aborígines, utilizavam bumerangue para caçar e proteger a tribo. Outro elemento forte em sua cultura é o didgeridoo, um instrumento muito antigo e tradicional, feito com madeira oca. O som é obtido com a vibração do ar passando pelos lábios e pode imitar e representar diversos animais. Capitão e Emmanuel tentaram tocar, mas era bem difícil. Eles também os ensinaram a usar o bumerangue. Nosso neto se saiu melhor ao atirar a arma, que parece bem fácil de jogar, mas não é.

Em conversa com Barry Hunter, um dos mais velhos descendentes e defensor da cultura djabugay, descobrimos que apenas 3% da população australiana é aborígine. Assim como os grupos indígenas de vários países, inclusive no Brasil, eles foram vítimas de massacres pelos colonizadores e discriminados por parte da população "civilizada".

Barry enfatiza que ainda há um ressentimento muito forte, pois a colonização aqui foi muito intensa:

— Nós tivemos que aprender a ser como os ingleses, no idioma, nas roupas. Nosso povo não sabia o que eram roupas. Nos proibiram de falar nosso idioma. Eles nos reconhecem como habitantes originais, mas pouco respeitam nossa etnia. Hoje, existem vários esforços por parte do governo australiano para melhor integrar os aborígines à sociedade. Este é um lado bem triste da história da Austrália: muitos nativos não conseguem oportunidades na cidade e se veem forçados a se isolar no interior ou mergulham em um mundo de decadência com abuso de bebida e drogas. Temos que lutar e ter esperança de que tudo vai mudar. Simplesmente não podemos desistir, pelo benefício da nova geração.

Um fato que eu desconhecia era sobre as "gerações roubadas", *stolen generation*, termo usado para descrever os filhos dos aborígines australianos e descendentes das ilhas do estreito de Torres e norte do país, que eram praticamente tomados ou raptados de seus pais. A maioria nunca mais encontrou seus filhos, levados aos "centros educacionais", onde aprendiam a viver como brancos. As crianças eram obrigadas a abandonar seus idiomas e costumes tradicionais, eram catequizadas e ensinadas em trabalhos rurais

AUSTRÁLIA

ou domésticos, para trabalharem em regime de escravidão. Essa prática aconteceu no período de um século (1869-1969), embora em alguns lugares as crianças continuaram sendo levadas de suas famílias, na década de 1970, pelas agências do governo do Estado e missões de igrejas, numa espécie de "limpeza étnica".

Fiquei muito triste com esse fato que vimos repetido através da história em vários países do mundo. Uma falta de respeito total a outro ser humano. Com certeza temos um legado triste também com a nossa história de escravidão em nosso país. Será que não vamos aprender nunca?

Uma das pessoas que lutam para que o idioma sobreviva é o linguista Michael Brian Quinn. Conversamos com ele, que desde 1986 vem resgatando o idioma dos aborígines, a língua tjakupai, que ele acredita estar muito perto do limite da extinção. Ele disse que, dos 250 dialetos que eram falados aqui, só vinte sobreviveram.

Professor e contador de histórias, Michael nos convidou para conhecer seu trabalho, em que ele usa o teatro como meio de ensino. Entramos num mundo de fantasia, como cair no buraco de Alice no País das Maravilhas. Ele tem um espaço com roupas, chapéus e material de música, que serviu para que todos nós da tripulação participássemos de uma pequena história, Cada um assumiu um personagem, decoramos um pequeno texto, e a peça foi superdivertida. Entendemos como sua metodologia está dando certo. Bom seria que todos os professores fossem criativos assim. E que as crianças aprendessem bem o conteúdo.

Ele fez uma reflexão bem interessante:

— A língua caminha de mãos dadas com a cultura. E você não pode tirar as crianças de seu povo e impor uma outra língua a elas e achar que serão "civilizadas".

Na marina, vimos um caíque grande com cabine. A imprensa estava lá com as câmeras. Fomos conferir e descobrimos que o britânico John Beeden, residente no Canadá, com 53 anos de idade, havia feito uma das maiores façanhas no oceano Pacífico. Ele foi o primeiro a realizar a travessia sem parar, de São Francisco, Estados Unidos, até Cairns, Austrália, em um minúsculo barco a remo. Partiu em junho de 2015, remando 7.400 milhas (13.700 quilômetros) e fazendo uma média de quinze horas por dia, percorrendo toda a distância em 209 dias. Sozinho e sem barco de apoio, ele perdeu 20 quilos nesse desafio! E quase não realizou seu sonho quando pegou uma forte tempestade, um ciclone em formação, e que se desviou para longe dele. No pequeno espaço do barco, foi instalado um aparato tecnológico impressionante, com comunicação via satélite.

Era hora de partir rumo ao norte para escapar dos ciclones dessa região. Já estávamos escutando o tique-taque de nosso relógio do tempo. Chegou o momento de nos despedirmos dessa cidade tão acolhedora, de nossos novos amigos, colocar rumo norte e zarpar.

Da Austrália seguimos para Papua-Nova Guiné, o primeiro país da Expedição Oriente que nunca tínhamos visitado.

15. Papua-Nova Guiné: no túnel do tempo

13 DE JANEIRO DE 2016: AUSTRÁLIA A PAPUA-NOVA GUINÉ

Saímos da Austrália preocupados com a meteorologia, pois já era o início da estação de ciclones. Sem ventos, atravessamos da Austrália até Papua--Nova Guiné. Foram 663 milhas (1.227 quilômetros) em uma navegada de cinco dias, sem pássaros ou golfinhos. Muito calor, mas um mar tranquilo.

Nossos amigos navegadores e os sites governamentais haviam avisado que o país era muito perigoso, com ataques a veleiros, pirataria, além de assaltos e violência nas cidades, então ficamos bem assustados. Nossa amiga Ann Green, que mora em Bougainville (e hospedou David na casa dela em 1991, em Opua, na Nova Zelândia), nos desaconselhou a ancorar para ir visitá-la, pois não garantia nossa segurança, mesmo se ficássemos no veleiro.

Sabendo desse fato, pela primeira vez desde que saímos do Brasil, Capitão e Wilhelm colocaram, ainda em Cairns, uma tranca com cadeado na porta principal do veleiro Kat. Até agora, simplesmente fechávamos a porta sem cadeado, ao sair do barco qualquer hora do dia ou da noite.

Quando navegamos para um novo lugar, a primeira coisa que podemos saber vem de livros, de pesquisas com outros velejadores e da internet. O resto é pura imaginação e, em alguns casos, apreensão.

210 EXPEDIÇÃO ORIENTE

Assim, ancoramos em Alotau, para dar entrada do barco. Alotau é uma das portas de entrada para algumas comunidades que vivem nas ilhas mais remotas do Pacífico Sul. A nossa surpresa foi grande quando as autoridades se surpreenderam ao ver um veleiro brasileiro na terra deles.

Desembarcamos e encontramos uma multidão, a maioria jovens, sentada debaixo das árvores e outros andando. Acho que todos os 15 mil habitantes da cidade estavam ali, sem fazer absolutamente nada. Na cidade vimos alguns pequenos supermercados, várias lojas, uma agência de banco e o mercado. E, de repente, caminhando, somos olhados como ETs. Éramos os únicos estrangeiros.

Era a primeira vez na vida que as pessoas olhavam para mim e a tripulação com curiosidade.

Qualquer um que visita as ilhas da região se espanta ao constatar que todos os habitantes têm as bocas e os dentes vermelhos. A tripulação ficou curiosa e Niel, o vendedor de coco gelado, explicou: lá tem uma fruta que se chama *betel nut* (noz-de-areca). Se for engolida, ela tem um efeito parecido com o do álcool. Mas não é isso que te deixa com a boca vermelha. São os outros dois ingredientes. Eles misturam um palito de planta — que chamam de mostarda — junto com um pó feito de coral. Quando você mastiga os três juntos, a boca fica vermelha. Mas não se deve esquecer de cuspir! Se engolir, você pode sentir tontura. Essa é uma tradição adotada por crianças também. E o governo vem tentando proibir essa tradição nas escolas, pois os efeitos colaterais (tontura) prejudicam a atenção dos alunos. Você pode imaginar como o chão das cidades fica vermelho e com aparência de sujo? Já há a proibição de cuspir no chão, mas mesmo assim ninguém obedece.

Nada havia me preparado para esse país. Papua-Nova Guiné ocupa a segunda maior ilha do planeta (Nova Guiné), além do arquipélago de Bismarck e várias ilhas na Melanésia. Com 8,085 milhões de habitantes, é uma das mais diversas culturas do Pacífico Sul. São mais de 852 dialetos e numerosas tribos de etnias diferentes. O país é também um dos menos explorados cultural e geograficamente, e supõe-se que muitas espécies de plantas e animais no interior de Papua-Nova Guiné ainda não foram descobertas.

O país já foi ocupado por diferentes nações: Espanha, Portugal, Holanda, Alemanha, Reino Unido, Austrália e Japão. A independência foi obtida em 1975, e a nação passou a integrar a Commonwealth.

1. Assim nasce um barco. Itajaí, 2013.

2. Família Schurmann no dia da partida para a Expedição Oriente. Itajaí, 23 de setembro de 2014.

3. Capitão, feliz, zarpando do Brasil na Expedição Oriente.

4. Com quilha retrátil, poderíamos atracar em lugares rasos, nos rios, nas praias e nos locais destinados a barcos pequenos.

5. Obrigada, Júlio Verne, por me inspirar desde criança a buscar meus sonhos. Demorei sessenta anos para conhecer o Farol do Fim do Mundo, na ilha dos Estados.

14. No golfo do Corcovado, no canal chileno, o mais espetacular arco-íris que vimos até hoje! Março de 2015.

15. Tongakiri, o mais importante conjunto de moais na ilha de Páscoa.

16. No atol Ducie, o "Ponto Nemo". O lugar mais afastado da terra firme, que fica a 1,6 mil quilômetros de qualquer continente, no oceano Pacífico.

17. Wilhelm pratica windsurfe no lugar mais inacessível da Terra, na ilha Ducie, em julho de 2015.

18. A estreita e perigosa entrada em Amanu, uma ilha com 140 moradores na Polinésia Francesa, à qual chegamos em julho de 2015.

19. Nas ilhas de Moorea, reencontramos amigos que não víamos havia 25 anos.

20. Em Moorea, na Polinésia, tivemos uma licença especial para mergulhar com as baleias jubarte em uma experiência inesquecível.

21. Wilhelm, na mesma sala de aula onde estudou em Vavau, Tonga. Na foto acima, aos 13 anos. E, abaixo, em outubro de 2015, aos 39.

22. Opua, nosso porto seguro na Nova Zelândia.

23. O veleiro Kat sai da água no estaleiro em Opua para pintura do fundo, em outubro de 2015, um ano depois da partida de Itajaí.

24. Erika, nova tripulante, italiana e chef de cozinha, embarcou em Opua, Nova Zelândia.

25. A horta orgânica precisou ser replantada com novos temperos na Nova Zelândia.

26. Com toda segurança, Emmanuel e Vilfredo fazem o percurso superando alguns desafios com os olhos fechados, andando na borda da plataforma do prédio de 328 metros, o mais alto de Auckland, na Nova Zelândia, em novembro de 2015.

27. Em Auckland, Nova Zelândia, com emoção e saudades, levamos flores para Kat, nossa eterna marinheira, novembro de 2015.

28. Depois da manutenção, o veleiro Kat parte para novas aventuras no oceano Pacífico.

29. Kian aprendendo com David a mergulhar de snorkel na Grande Barreira de Corais, em novembro de 2015.

30. Em dezembro de 2015, na praia de Cape Hillsborough, Austrália, o encontro do casal com um adorável canguru.

31. Abastecimento de frutas, legumes e verduras para atravessar os oceanos.

32. Nossa ancoragem na ilha de Gonubalabala, Papua-Nova Guiné, em janeiro de 2016.

33. Lydia, a líder das mulheres de Gonubalabala, fala sobre a vida de sua tribo no regime matriarcal, em janeiro de 2016.

34. Na Papua-Nova Guiné, em fevereiro de 2016, reencontro feliz com Jonathan, amigo que conhecemos através de uma mensagem na garrafa.

35. Em fevereiro de 2016, o veleiro Kat virou playground para as crianças de Yanaba, Papua-Nova Guiné, que vinham em suas frágeis canoas.

36. Heloisa, Wilhelm e Vilfredo com os moradores de Yanaba, ornamentados com as conchas do Kula tradicional, fevereiro de 2016.

37. Habitantes da Micronésia mascam a bétele, que é feita de noz-de-areca enrolada numa folha da pimenteira--de-betel e cal.

43. Prático chinês assume o comando do veleiro Kat em sua entrada em Xangai, em abril de 2016.

44. Xangai, uma realidade da China moderna vestida de luzes e néon.

45. Fato histórico: em abril de 2016, sendo o primeiro veleiro brasileiro a chegar em Xangai, fomos recebidos com honras pela cidade. Na foto, da esquerda para a direita, a equipe: David, Heloisa, Capitão, Emmanuel, Heitor, Frank, Erika, Wilhelm, Isis e Pedro.

46. Em Nanjing, Vilfredo se imaginou no comando do junco de Zheng He, explorando lugares desconhecidos pelo mundo, em abril de 2016.

47. O enorme junco em Nanjing construído em honra ao grande navegador Zheng He, abril de 2016.

48. Pescadora de aldeia flutuante de Halong, Vietnã, leva Heloisa e Vilfredo para pescar em maio de 2016.

49. No Festival da Lua Cheia de Hoi An, Vietnã, em maio de 2016, compramos barcos-lanterna e fizemos pedidos, colocando-os no rio.

50. No Parque Nacional Tanjung Puting, na Ilha de Bornéu, Indonésia, junho de 2016.

51. O desmatamento das florestas para cultivo da palma, da qual se extrai o óleo de palma, ameaça extinguir os orangotangos. Hoje restam somente cerca de 100 mil indivíduos da espécie.

59. Nana, a matriarca dos elefantes que ficou em uma reserva sul-africana para salvar a família.

60. Sob risco de extinção, os chifres dos rinocerontes estão sendo cortados preventivamente em parques nacionais e reservas privadas da África como forma de protegê-los da caça ilegal e da morte.

61. Heloisa se diverte e aprende a cultura da dança e da música com novas amigas da tribo zulu, em Richards Bay, África do Sul, setembro de 2016.

62. Wilhelm no final da competição de subida da Jacob's Ladder, maior escada em linha reta do mundo, com 699 degraus, na ilha de Santa Helena, novembro de 2016.

63. Heloisa e Erika saúdam Iemanjá na travessia do oceano Atlântico, novembro de 2016.

64. A tripulação da Expedição Oriente: Klaus, Heitor, Frank, Emmanuel, Erika, Wilhelm, Heloisa e Vilfredo retornaram ao Brasil, em dezembro de 2016.

65. Obrigada, veleiro Kat, por nos trazer de volta a Itajaí depois de nos levar por 812 dias na Expedição Oriente.

66. Oitocentos e doze dias de mar e de pôr do sol, um mais lindo do que o outro. Obrigada a todos que participaram e apoiaram a nossa Expedição Oriente!

PAPUA-NOVA GUINÉ   211

Erika e eu tivemos uma experiência incrível na visita ao mercado. Todos olhando perguntando, rindo e se divertindo com nossas perguntas. As crianças apontavam para nós e davam risadas. E nós, impassíveis, comprando frutas e verduras. A distância geográfica com o Brasil era enorme, mas as frutas e legumes eram as mesmas que encontramos em nosso país.

EM GONUBALABALA, SOMOS
DIM DIM — ESTRANGEIROS

Bem abastecidos de produtos frescos, saímos de Alotau, e depois de um dia a motor quase que os mastros do Kat roçaram no teto do túnel do tempo em que entramos. Chegamos à vila de Gonubalabala, uma ilha pequena onde vive o clã Mailulu, com sessenta pessoas.

Assim que descemos em terra os nativos vieram nos receber. Devagar, fomos chegando e, eles, tímidos, cumprimentaram em inglês: *Hello*. Crianças sorridentes imediatamente estabeleceram a comunicação e, em seguida, as mulheres e homens estenderam as mãos nos dando as boas-vindas. Para nossa alegria, as mulheres traziam cestos com água de coco fresquinha. Tratamento cinco estrelas para ilustres desconhecidos. E assim foi nosso tratamento em toda a semana em que passamos na ilha. Eles disseram: *Aqui quase não recebemos* dim dim. O que quer dizer isso? Significa *estrangeiros*. Pela inacessibilidade desse lugar, são pouquíssimos os visitantes na ilha, mas dali em diante nos trataram como parte da tribo.

Nossa tentativa de aprender a dizer "bom dia" e "olá" no dialeto dessa ilha gerou uma gargalhada geral.

Sem nenhuma infraestrutura de eletricidade, água encanada ou outro sinal de urbanização, as pessoas são extremamente amáveis e alegres. A tripulação foi fazer uma trilha para o alto do morro, e as fotos que tiraram mostravam o veleiro Kat ancorado na baía de águas claras, e, do outro lado, altas montanhas verdes formavam um cenário de um cartão-postal. Todos nós estávamos surpresos com a ilha.

Voltei ao barco e peguei meu globo inflável e colorido. Sentada com mais de vinte pessoas ao meu redor, apontando para o Brasil e deslizando o dedo em volta do globo mostrei a eles a distância que tínhamos percorrido para vir conhecê-los. Foi um sucesso. Eles ficaram espantados e não acreditavam que demoramos mais de um ano para chegar à ilha deles.

Gonubalabala é uma vila linda, e 39 dos moradores são crianças. Elas estavam de férias; para estudar, precisam ir para outra ilha maior. As escolas para crianças de até 16 anos, em regime de internato, são mantidas pelo governo do país. Uma lancha vem buscá-las, e elas voltam para casa somente nos feriados e nas férias.

Tudo é muito limpo, as árvores são frondosas e proporcionam uma sombra que atenua o sol e o calor. As mulheres varrem a areia e recolhem as folhas para fazer fogo. As casas são de palha, e os bancos e as redes colocados ao longo da praia contribuem para a sensação de paraíso. Vimos uma quadra de vôlei onde os jovens estavam numa disputada partida.

Aproveitando o clima amigo e hospitaleiro, ao fim do dia eu já havia visitado as casas das três famílias que moram na ilha e feito novas amigas, que nos ensinavam o idioma. Uma das nativas tinha uma máquina de costura, com pedal, e me pediu roupas usadas que eu tivesse a bordo, porque ela as reforma para as crianças.

Uma tarde, enquanto os homens mergulhavam, Erika e eu sentamos à sombra das árvores com as mulheres, as crianças e com bebidas de água de coco. Conversamos como velhas amigas. Nós mulheres temos uma afinidade incrível, sem barreiras de qualquer espécie, e os assuntos foram os mais variados. Cinderela, a habitante mais antiga da ilha, era a mais divertida também. Vestiu as roupas tradicionais e dançou, cantou e convidou Erika para aprender os passos. Ela nos contou sobre os costumes enquanto nos ensinava a fazer saias e chapéus. Parei para tirar fotos e, de repente, a beleza da cena, muito real, intensa, me fez sentir como se estivesse vivendo em outra dimensão. Nem sempre apreciamos a beleza ao nosso redor, porque nos esquecemos de parar para olhar.

Vivendo a bordo e tão próxima à natureza, eu podia perceber essa magia, essa beleza, a vida tão simples, as necessidades básicas tão diferentes de nossa realidade.

Aprendi que as mulheres de Gonubalabala têm tradições culturais e comportamento social diferentes das outras tribos. É uma sociedade matriarcal,

PAPUA-NOVA GUINÉ

e elas se prepararam para ter uma família, plantando árvores, aprendendo a tecer esteiras e participando da construção de sua própria casa. Isso demora pelo menos de dez a quinze anos. A nativa Lydia Ledibo, líder da tribo, se casou aos 35 anos e teve seu primeiro filho aos 38. Ela se preparou para a maternidade plantando muitas árvores — fruta-pão, abacate, coqueiros, bananeiras e mangas, para que sua família esteja sempre bem alimentada. Seu candidato a marido trabalhava na lavoura e se tornou bom pescador, liderando e trabalhando na construção da casa. Lydia me disse ainda que as jovens querem casar cedo e nem estão preparadas para isso. *E como vão alimentar os filhos, se as árvores nem estão dando frutos?*

A educação das crianças é feita com muito amor e não se pode bater nelas. São repreendidas e obedecem ou ficam de castigo. Mas bater, nunca. As crianças estão sempre juntas e cuidam umas das outras.

As mulheres organizam a vida da vila e fiscalizam os homens para não pescarem peixes muito pequenos. Elas são muito solidárias e cuidam umas das outras e das crianças em situações como parto, doenças, perda em família ou falta de comida. São independentes e autossuficientes.

A vila não tem água encanada, eletricidade ou sistema de esgoto. Mas é mantida limpa, e as mulheres têm muito respeito ao meio ambiente. Elas se reúnem uma vez por semana, e com Lydia, uma vez por mês. Ela escuta as outras mulheres, suas queixas ou sugestões, verifica o artesanato, faz planos de plantio, ensina as meninas a se cuidarem, aulas de educação sexual para meninos e meninas, dá dicas para as grávidas, organiza os partos, e todas seguem as suas orientações.

Uma das mulheres, Nydia, conversou muito conosco e trocou receitas com Erika.

Também fomos presenteados com muitos cocos. E, como eles não têm gás ou forno na ilha, durante essa semana Erika fez vários bolos de coco e de chocolate, e cada vez que ela trazia as travessas com bolo tudo virava festa de aniversário dos nativos e de nossa tripulação também.

Dormir à noite sem se preocupar com qualquer perigo, inclusive de piratas, foi bom demais. No dia seguinte saí cedo do barco e fui andar pela ilha. Sentei-me num dos bancos da praia e admirei as crianças livres, criadas sem medo, sem nenhum tipo de limites para viver suas infâncias. Sinceramente,

214 EXPEDIÇÃO ORIENTE

fiquei com inveja da intimidade delas com o mar, onde nadam, remam, velejam e brincam. Acho que é resultado do poder mágico que algumas tradições e costumes têm para transportar os visitantes através do tempo para um passado misterioso. Elas cantavam e dançavam suas músicas tradicionais.

Vendo as crianças correndo na praia, crescendo livres e tão inocentes, me lembrei da antropóloga Margaret Mead, uma mulher que admiro, pois ela quebrou muitas barreiras em uma época em que as mulheres estavam buscando um lugar ao sol. Em seu livro, *Crescendo na Nova Guiné*, a antropóloga fez vários estudos da cultura e comportamento dos nativos desse país. Ela tinha uma predileção por Papua-Nova Guiné, já que era o lugar que mais visitou na vida. Teve ideias feministas que chocaram sua época: realizava estudos e lutava pelos direitos das mulheres e das crianças nas comunidades que visitava no Pacífico Sul. Além do livro sobre suas descobertas em Papua-Nova Guiné, ela também produziu um vasto e valioso material em Samoa. Mesmo depois de sua morte, seus estudos ainda geraram polêmica, por ela ter utilizado métodos fora do sistema tradicional de seus colegas antropólogos.

Após 35 anos navegando pelo mundo, aprendemos que nas culturas das ilhas do Pacífico Sul a tradição era que os visitantes, ao chegarem, se apresentassem ao chefe local e oferecessem alguns presentes para ganhar sua bênção e aceitação. Atualmente esse gesto é apenas simbólico, uma gentileza. Mas no passado era obrigatório. Quem chegasse a uma dessas ilhas de mãos abanando não era bem-vindo.

Assim, antes de ancorar em Gonubalabala, separamos camisetas, biscoitos, arroz para oferecer ao povo local. Quando entregamos os presentes ao chefe, eles ficaram extremamente agradecidos, pois vivem praticamente da agricultura e da pesca. Em retribuição, nos levaram para andar por todos os cantos da ilha. Mas, embora feliz com nossos artigos, o líder do clã nos revelou o que realmente precisavam: água!

A ilha, abundante em peixes e cocos, estava atravessando um período de seca. A última chuva forte tinha sido na primeira semana de dezembro, mais de seis semanas antes. Estavam lavando a louça e tomando banho com água do mar, as plantações estavam morrendo e a situação era alarmante. A distância do continente e a localização afastada agravavam a situação.

PAPUA-NOVA GUINÉ

Em suas pequenas canoas, os moradores de Gonubalabala não têm como transportar grandes quantidades de água.

Contamos para eles que nós fazemos água. *Como assim fazem água?* Explicamos, e nunca tivemos uma audiência tão atenta. Ato seguinte, colocamos nosso dessalinizador para trabalhar. Produzimos água a noite inteira, 140 litros por hora, e pudemos encher as caixas-d'água dos moradores de Gonubalabala. A alegria foi imensa, eles cantavam para nós, batiam palmas, riam, nos abraçavam e as crianças dançavam. Cada viagem de bote entre o veleiro e a praia com tonéis cheios de água era uma festa. Não paravam de nos agradecer. Acho que, dos presentes que já espalhamos pelo mundo, este foi o mais gratificante.

O pescador James precisava de anzóis, e Wilhelm o presenteou com alguns. Então ele convidou Capitão para ir pescar. Convite aceito, os dois pescadores passaram a manhã toda numa canoa com braço lateral (piroga). Capitão contou:

— Logo que colocamos a linha na água, ele fisgou um peixe pequeno. Fui me acostumando com o balanço da piroga, muito estreita. É preciso juntar os pés para poder se acomodar dentro e se equilibrar. Logo em seguida, perdi um peixe, puxei muito rápido o anzol. Para eles, perder um anzol não é bom, é a perda de material que custa muito para eles. Logo em seguida ele pegou mais dois peixes. Demorou um pouco e trouxe um peixe maior do que havia pescado. Ele gritava e sorria de contente. Suas mãos encarquilhadas feito um cascão, com a pesca de todos os dias, nem sentiam a pressão da linha na puxada do peixe que corria em seus dedos. No peixe que eu pesquei a linha me feriu um pouco na dobra do indicador. Mas garantimos o almoço.

Em retribuição ao nosso presente precioso, a vila inteira se reuniu para nos oferecer um almoço. Tudo muito tradicional, fazendo fogo com dois pauzinhos, cozinhando com fogão feito em cascas de coco e potes de barro. E uma deliciosa refeição, à base de peixe fresco, foi o presente da vila aos tripulantes do veleiro Kat.

O motivo de visitar Gonubalabala foi para mergulhar em um local conhecido como estação de limpeza, onde as arraias gigantes se reúnem para serem limpas por outros peixes. Essa tribo de Mailulu tem observado os hábitos dessas jamantas que se reúnem em grande número perto da praia e se autodenominaram como "guardiões das jamantas". Passamos cinco dias mergulhando, e mesmo depois de várias tentativas não encontramos esse lindo animal.

Um grupo de pesquisadores italianos veio estudar as jamantas e se hospedou nas casas das famílias. Para dar prosseguimento às suas pesquisas, doaram material para que fossem construídos dois bangalôs na ilha. Nydia e seu marido, Nelson, estão construindo o bangalô para os pesquisadores. Ela nos mostrou uma construção com quarto, banheiro e cozinha. No teto, captador de água da chuva, além de banheiros de compostagem e chuveiros de balde.

No sábado, reunimos oito mulheres, inclusive Cinderela — que morria de medo de andar de barco pois não sabia nadar, mas foi de colete salva-vidas —, para irmos ao mercado na ilha vizinha. Queríamos nos abastecer de frutas, verduras e legumes. Na ilha ganhamos cana-de-açúcar, cocos e bananas de nossos amigos, mas precisávamos de mais legumes. As mulheres trouxeram seus artesanatos de palha ou esculturas de madeira de seus maridos, e bananas e cocos para vender no mercado. Depois de uma navegada de meia hora em nosso bote, chegamos lá. Um galpão transformado em mercado. E foi uma festa com vários barcos, algumas canoas tradicionais e outras a motor, vindos das outras ilhas trazendo seus produtos, porcos, peixe seco, aipim, abóboras, batata-doce, abacaxi. Saímos no lucro porque nossa tribo barganhava por nós e o preço ficava bem reduzido. As mulheres se reencontravam, conversavam, vendiam seus produtos e, ali perto, os homens jogavam bola ou dominó.

Voltamos cantando alegres, fazendo brincadeiras. Não dá para acreditar que esse povo tão feliz, descontraído, era o mesmo povo que há menos de quarenta anos eram canibais e guerreiros.

Era hora de partir. Novamente. A despedida da ilha foi emocionante. Todos visitaram nosso veleiro e estavam imensamente curiosos com nossa casa, com as fotos dos lugares por onde passamos; mas a maior atração foi a Antártica. Distribuímos lápis e papel e as crianças fizeram desenhos lindos. A maioria tinha o barco como tema, e eles nos abraçaram um por um. Fiquei muito impressionada com o comportamento deles: ninguém mexeu em nada, sentaram-se bem quietos, mas curiosos. Olhei mais uma vez para aquelas crianças, aqueles sorrisos lindos, e desejei que permanecessem assim por muitos anos afora.

Fomos a terra e foi difícil controlar as lágrimas, pois eles choravam e nos abraçavam: *Prometem que um dia vocês voltam? Vão se lembrar de nós? Mandem notícias. Vocês são parte da nossa família. Lhes desejamos muito amor: gadosisi.*

Enfim conseguimos partir. Nem dá para acreditar que uma semana antes nós nem os conhecíamos!

Partimos com um pôr do sol lindo, uma constante nesse lugar abençoado. Toda a tripulação da Expedição Oriente estava no deck gritando alto *Eyawedo!* (tchau, na língua local) e acenando ao som de lindas canções que vinham da praia. E quando ficou escuro avistamos as luzes de lanternas piscando.

UMA GARRAFA MÁGICA
NOS TRAZ NOVOS AMIGOS

Na vida a bordo, as datas importantes são motivos de comemoração. Um marco histórico é comemorar os dias de navegados pela expedição. Em Yanaba, em Papua-Nova Guiné, celebramos com bolo, champanhe, filmes, fotos e muita alegria: completamos quinhentos dias de navegação!

Quando iniciamos nossa história no mar em 1984, eu escrevia meus diários de bordo num caderno à mão. Tínhamos uma máquina de escrever e, na primeira viagem, mandávamos cartas, tipo newsletter e fax. Falar ao telefone, quando estávamos em um porto, somente numa emergência. Muitas das ilhas por onde passamos nem tinham telefone, e quando estávamos em uma cidade, fazer uma ligação era tarefa difícil, demorada e muito cara.

Para saber as notícias, escutávamos rádios do mundo inteiro, em inglês, francês, espanhol e português. Nossas estações preferidas eram a BBC de Londres, a Rádio França Internacional, a Voz da América e as rádios locais. Nosso elo com o Brasil era a rede de Rádio Amadores Brasileiros, que fazia uma ponte de comunicação com nossas famílias.

Era uma expectativa chegar aos portos e ir verificar as correspondências, que geralmente eram guardadas na Posta Restante de uma agência de correio ou nas casas de amigos. Com os braços cheios de envelopes e caixas, nos sentávamos num café, quase sempre tomando sorvete (um prêmio para quem não tinha freezer a bordo), enquanto abríamos devagar, uma por uma, as cartas da família, os envelopes da escola de correspondência com os deveres corrigidos pelos professores, cartões-postais dos amigos, caixas com equipamentos de manutenção etc. Um momento de reencontro com o dia a dia da vida de nossas famílias, de conexão com amigos e de receber muitas surpresas!

Atualmente, muitos nem sabem o que é uma carta. Na era das mensagens via wi-fi ou nas redes sociais, a comunicação ficou mais fácil, rápida e muito melhor. Com a tecnologia de hoje posso contar uma história e rezar com meus netinhos na hora de colocá-los na cama, acompanhar uma aula de natação, um aniversário ou uma formatura, independentemente do país onde eu ou eles estejamos.

Em Bornéu, na Indonésia, a mais de 18 mil quilômetros de distância e com oito horas de diferença do Brasil, todos os meus filhos e netos combinaram de estar online na hora em que soprei as velas de meu aniversário. Inesquecível ver as carinhas de sono, mas felizes pelo encontro na telinha!

Mas existem ainda métodos mais antigos do que os correios para enviar mensagens. A magia do mar traz nas marés várias surpresas para quem é romântico. Com certeza, todos nós, velejadores, algum dia, depois de tomar um vinho, já arremessamos uma garrafa ao mar com uma mensagem. Uma onda que jogue uma garrafa do mar para a areia, com uma mensagem que viajou por meses, traz um mistério e uma história a ser descoberta.

Em tempos de redes sociais e aplicativos que aproximam pessoas, independente da distância geográfica, talvez seja difícil imaginar como uma mensagem numa garrafa foi o ponto de partida em nossa busca para encontrar, 22 anos depois, um jovem de Papua-Nova Guiné.

Essa é a história real de uma mensagem encontrada em uma garrafa.

Em 1993, na travessia de Vanuatu, no Pacífico Sul, para o estreito de Torres, na Austrália, Capitão e eu jogamos no mar uma garrafa de vinho com uma mensagem escrita em inglês. O texto contava que éramos uma

PAPUA-NOVA GUINÉ 219

família navegadora viajando ao redor do mundo. Pedíamos que a pessoa que encontrasse a mensagem nos enviasse uma carta, dizendo onde a encontrou e seu endereço. A garrafa tinha a missão de fazer um novo amigo, e lhe enviaríamos uma lembrança.

Quando chegamos ao Brasil em 1994, depois de nossa viagem de dez anos no mar, recebemos uma carta de Boitau Jonathan, um jovem de 17 anos, de Papua-Nova Guiné. Ele estudava na cidade de Alotau, muito longe de sua ilha, e estava terminando o ensino médio. Jonathan nos passou seu endereço e fez um pedido: se podíamos presenteá-lo com um relógio, uma câmera fotográfica ou um rádio. Respondi à carta explicando que era difícil enviar o que ele havia pedido, e mandamos uma camiseta da expedição. Quem sabe, talvez um dia nós iríamos a seu país.

Mais de vinte anos depois, a rota da Expedição Oriente nos levou rumo a Papua-Nova Guiné. Havíamos feito uma programação de mergulhos de naufrágios da Segunda Guerra Mundial, que são a atração dos mergulhadores do mundo inteiro. Na travessia entre Austrália e Papua, conversamos muito sobre a possibilidade de irmos em busca de Boitau Jonathan. Mas, será que, depois 22 anos, ele ainda estaria em sua ilha? Ele poderia estar morando em outra vila, cidade, ou até outro país. Nós tínhamos trazido nosso antigo Diário de Bordo, com a mensagem original, e a carta dele. Aquela garrafinha navegou 794 milhas (1.470 quilômetros) em trinta dias, "andando" uma média de 25 milhas por dia. Foi jogada no mar em julho de 1993 entre Vanuatu e Torres (15°09'S 164°03'E) e foi encontrada um mês depois no atol de Yanaba, em Papua-Nova Guiné.

Capitão e Wilhelm revisaram nossa rota de navegação. O local era um pouco fora de nosso caminho, mas era um atol lindo, com excelentes mergulhos nos corais e com uma cultura interessante para conhecer. Ajustamos o plano de navegação para irmos a Yanaba, depois de conhecermos a ilha Gonubalabala.

Nessa navegada, Wilhelm, Erika e eu fizemos o turno da noite. Estava muito escuro, e de repente vi um vulto na proa. Uma luz minúscula, como um vaga-lume, se acendeu e deu para ver uma canoa grande com velas negras quase cruzando a proa do veleiro Kat. Wilhelm mudou de rumo e por pouco não atropelamos a embarcação que estava velejando devagar com pouco vento e sem nenhuma luz. Passamos bem pertinho e vimos seis homens no barco, e a luz do cigarro que um deles estava fumando. Nesta região, o maior perigo são essas embarcações tradicionais, como as jangadas do Nordeste brasileiro. Precisamos redobrar a atenção.

Depois de duas noites de mar tranquilo, chegamos ao amanhecer ao atol de Yanaba. Um grupo de golfinhos nos acompanhou em nossa chegada. O suspense ficou por conta do ecobatímetro, que mostrava a mudança brusca de profundidade: de centenas passou para, de repente, 7,5 metros. Cabeças de coral trançavam labirintos na água, que de tão transparente fazia o veleiro Kat parecer estar levitando no oceano.

Sabe aqueles filmes de Hollywood, como os que tratam do Motim do Bounty, onde os primeiros navegadores chegavam a uma ilha com seu navio e os nativos curiosos vinham em suas canoas para ver quem eram?

Ao entrarmos no atol fomos recebidos por uma dúzia de canoas de bambu, com crianças e adultos, curiosíssimos e espantados com a aproximação do veleiro Kat. Um deles chegou bem mais perto e, falando em inglês, nos deu as boas-vindas.

— Welcome to Yanaba. O que os traz aqui?

— Alô! Somos do Brasil e estamos procurando por Boitau Jonathan.

Espantados, quase caíram de suas canoas:

— O conselheiro do chefe?! Como vocês conhecem Boitau?

Imaginem nossa emoção e alegria. Depois de 22 anos, finalmente íamos conhecer o jovem que respondeu à nossa mensagem. Contamos a história da garrafa e o rapaz respondeu:

— Meu nome é Paul, e fui eu quem encontrou a garrafa na praia. Sou irmão de Jonathan. Aqui na ilha ninguém sabia ler, guardamos a mensagem até as férias de Natal quando ele veio para casa e leu a carta para nós.

Imediatamente fomos para a ilha para encontrar Jonathan.

— Que emoção! Não posso acreditar que vocês realmente vieram até aqui, a esta longínqua ilha, para conhecer o meu irmão.

A história da garrafinha foi uma alegria e curiosidade em toda a vila! Com cerca de 300 habitantes e um respeito muito grande pelo mar, eles consideraram nossa visita um milagre que aconteceu em sua ilha.

PAPUA-NOVA GUINÉ 221

Jonathan, feliz, visitou o barco e, emocionado, releu a carta que havia enviado há 22 anos. E nos contou sua história.

— Eu fui o primeiro nativo de minha ilha que saí para estudar na capital da província. Sempre fui muito estudioso, e queria progredir para trazer educação para minha tribo. Depois de muitas batalhas, hoje a ilha tem escola fundamental completa.

"Morar na cidade, que é longe da minha ilha, custa caro e a maioria dos pais não tem recursos para manter os filhos, e poucos frequentam o curso secundário. — Ele havia ganho uma bolsa de estudos do governo. — Voltei depois de terminar o ensino médio, me casei e sou pai de três filhos."

Ele é admirado e é um exemplo para os jovens, pois o estudo abriu-lhe portas e o levou ao cargo de conselheiro do chefe. Antes de voltar para a sua vila, ficou muito emocionado ao receber o relógio que Capitão lhe deu de presente.

— Você se lembrou!

Jonathan nos fez sentir em casa. Os nativos nos saudaram com muito carinho e com seus sorrisos vermelhos. Os dentes manchados de *betel nut* (aquela tradição que deixa os dentes avermelhados ao longo dos anos) contrastavam com variados tons de pele entre o marrom e o preto. E os cabelos diferentes davam outro toque de cor e forma, das encaracoladas madeixas ruivas ao cabelo canela, alguns afros, e até mesmo fios loiros.

A vila à beira da praia é bem pitoresca, com uma única rua ladeada por dezenas de casas de bambu, madeira de coqueiros e telhados de palha, enfileiradas. São construídas sobre estacas e estão a 1 metro de altura, com exceção das casas dos idosos, que são construídas a um palmo do chão. Muito limpas, elas não têm mobília e as pessoas dormem em cima de esteiras, sem roupa de cama ou travesseiro. Algumas casas são mais elevadas do solo, e embaixo têm redes onde se reúnem as mulheres e as crianças. Com o calor do sol, os bebês são embalados pelas mulheres nessa área de sombra, enquanto as crianças maiores brincam ali ao lado. Me espantei em ver que todos têm uma incrível intimidade com areia. Têm o rosto, corpo, roupas completamente cobertos de areia. Parece uma grande tribo de gente à milanesa.

222 EXPEDIÇÃO ORIENTE

Não vi nenhum brinquedo na ilha, a não ser uma única bola e cordas de pular. Os maiores brinquedos são as canoas, que os pais constroem para seus filhos quando eles têm cerca de 5 anos e aprendem a navegar com os mais velhos. Nessa bicicleta do mar, eles remam, pescam e velejam soltos pela lagoa sem a supervisão de adultos. As mães e os pais não estão nem um pouco preocupados com elas. Será que ninguém pergunta: cadê o fulano? Aonde foi o sicrano? Muito *relax* esse jeito de criar os filhos tão próximos ao mar.

A cozinha, geralmente ao lado das casas, fica em uma varanda aberta e o fogão é feito no chão. Para preparar a comida, usam o fogão rústico: uma fogueira ou brasas feitas de cascas de coco. As panelas de alumínio brilham ao sol.

Aqui, todos os objetos trazidos pelo mar (boias de pesca, caixas, garrafas plásticas) são reaproveitados e reutilizados.

O banheiro comunitário, separado por cercas de bambu, fica no fundo da vila. Um simples buraco fundo no chão. Não senti cheiro de banheiro público. Foi quando vi os adolescentes fortes com baldes, trazendo água do mar para limpar o rústico espaço.

As duas únicas cadeiras, que pertenciam ao chefe e à sua família, foram colocadas na frente da vila, na beira da praia, e nos sentamos que nem realeza enquanto todos os nativos vieram nos dar boas-vindas. Dois bebês começaram a chorar alto quando viram nossos tripulantes de pele clara. As mães explicaram que nunca tinham visto um homem branco.

O chefe nos convidou para uma cerimônia especial aos visitantes ilustres: ele organizou a "Motetawaga", a Dança da Serpente, característica da ilha. A coreografia imita os movimentos de uma serpente sagrada de mesmo nome. Segundo a lenda local, a ilha Yanaba surgiu e foi moldada por uma gigantesca serpente que veio pelo mar. Conta a lenda que a serpente se arrastou e foi criando a ilha. Depois se escondeu numa caverna, onde vive até hoje. Vista de cima, a ilha tem o formato do animal peçonhento. É proibido entrar nas cavernas da ilha.

Lá não há eletricidade, mas oito casas têm painéis solares, e a água para as tarefas do dia a dia é recolhida da chuva. Não há carros, hospital, médicos, lojas, bancos ou mercado. A dieta dos moradores é à base de

PAPUA-NOVA GUINÉ

peixes, porcos, galinhas e o que plantam: mandioca, inhame, batata-doce, fruta-pão, banana, coco e limão.

A escola abriga 120 alunos, que no momento estavam de férias. Uma cabana com desenhos esculpidos na porta é o templo evangélico. Um pastor visita a ilha a cada seis meses para realizar casamentos. Tinham muita curiosidade sobre nossa vida a bordo e sobre como fazemos água doce no meio do mar salgado! Algumas pessoas estavam com dengue e tinham febre. Eles usam medicina natural, de folhas de sua ilha, mas algumas mães me pediram remédios (de médicos da cidade) e comida. Fizemos uma distribuição de alimentos, roupas e um estojo completo de primeiros socorros, que doamos para a escola. Entregamos remédios sem aspirina para Samson, o responsável pelo atendimento médico, uma espécie de curandeiro da ilha. Já ajudamos muitos casos de doenças nas ilhas por onde passamos pelo mundo. Mas foram casos de cortes, feridas infeccionadas, queimaduras, e em nenhum momento eu administro remédios para os nativos.

A cerimônia de Dança da Serpente foi o momento mais solene na ilha. Em fila, os homens vestidos com trajes típicos dançaram com o movimento de uma serpente. Usamos o drone para filmar de cima, e também de mais alto o formato da ilha. Durante a festividade, as crianças, os adultos e até os cachorros ficaram como que enfeitiçados, com olhos grudados naquele aparelho voando no céu. Algumas mulheres se protegeram debaixo das casas, mas os outros habitantes estavam todos imóveis.

E foi ali naquele momento que me dei conta de que a tecnologia que estávamos utilizando para ver o mundo de cima era uma experiência mágica. Nós víamos o mundo de cabeça para baixo, desde que iniciamos a Expedição Oriente, e já estávamos familiarizados com nosso drone, batizado de Crazy Eyes, ou Olhos Malucos. Com ele, as imagens tomaram outra dimensão de cor e textura, nos dando oportunidade de voar sobre os icebergs, montanhas, florestas, baleias, ilhas, sobre nosso veleiro e incontáveis lugares espetaculares. Estávamos em contato com a natureza vista do ar, e em lugares a que não tínhamos acesso nem orçamento para voar em um helicóptero.

Depois da dança, Heitor fez um voo rasante na rua da vila e o drone foi perseguido por dezenas de crianças, que gritavam e se divertiam com a novidade.

224 EXPEDIÇÃO ORIENTE

Caminhando pela vila, fomos atrás de um dos mais fascinantes aspectos da cultura dos nativos de Yanaba. A ilha pertence ao sistema Kula, e, intrigada pelo que eu já havia pesquisado e pelo relato de Jonathan sobre essa fascinante tradição, fomos entrevistar um membro do Kula, o guerreiro Naiho. Quase na extremidade da vila, o encontramos em sua casa. Sorrindo, ele nos recebeu e tentou explicar de maneira detalhada o que é o Kula. Para nós, que nascemos numa sociedade que está acostumada com o dinheiro e os conceitos de prosperidade, sucesso e poder, foi como aprender a falar do zero.

O Kula é um sistema intertribal milenar praticado na região e existente ainda hoje, que envolve a troca cerimonial de dois objetos. Os participantes do Kula viajam de canoa para bem longe, pelas dezoito ilhas pertencentes ao Círculo Kula. Os longos colares de conchas vermelhas denominados *soulava* são levados às ilhas no sentido circular dos ponteiros do relógio. Os braceletes de conchas brancas denominados *mwali* seguem para o lado oposto.

Ninguém guarda o colar ou a pulseira que são trocados, e as peças passam de mão em mão até voltar ao dono original para recomeçar outro circuito.

O antropólogo Bronisław Malinowski documentou, entre 1914 e 1918, as práticas de navegação e o encontro ritual dessas tribos, e ressalta que, muito mais do que uma simples troca de objetos, há um cerimonial ligado ao Kula: a construção das canoas, a preparação do equipamento, o abastecimento de provisões para a expedição, o estabelecimento de datas e a organização social do empreendimento.

O elemento mais importante do Kula são as canoas. Sem elas, não existiria meio de transporte para alcançar outras tribos. As waga (canoas) dessas viagens são bastante diferentes das usadas para pescar ao redor da aldeia. A produção é um longo processo, que vai desde a escolha dos bambus até a seleção de quem vai construir a embarcação. A canoa tem que ser grande o suficiente para levar cerca de dez homens e permitir viagens de grandes distâncias e em mares bravios. A construção é um ritual e cada detalhe perpetua uma tradição. A popa de cada canoa é esculpida em madeira e pintada com símbolos que mostram a importância de suas crenças e da interação e do respeito com a natureza: o desenho do homem denota o espírito do

PAPUA-NOVA GUINÉ 225

líder da canoa que procura o rumo no oceano; uma ave marinha simboliza o cuidado do líder com sua equipe e a figura mística do Kaitari, o poderoso encantador das ondas e das marés.

Os chefes e os guerreiros que se tornam membros do Kula não podem deixar de pertencer ao Círculo: uma vez em Kula, sempre em Kula.

Outros objetivos do Kula são buscar esposas e participar de casamentos, funerais e de cerimônias de transferência de poder entre chefes.

Frank, nosso diretor de fotografia, tentava entender o conceito de valores baseados em conchas e não em bens. Para nos explicar como funciona, Naiho apontou para Erika:

— Se eu quisesse uma esposa como ela, eu teria que levar vinte porcos para o seu pai. Depois teria que fazer várias viagens para visitá-la, comprovando que sou um guerreiro valente e atravesso os mares em minha canoa. Só assim ganharia prestígio e status suficientes para que o pai me permitisse casar com ela.

Nesse momento descontraído, rimos muito e Erika virou motivo de brincadeira na tripulação. Vinte porcos, que fortuna!

Depois de mais de três horas de conversa com Naiho e os outros homens, entendemos que Kula é uma instituição extremamente complexa, tanto na sua extensão geográfica quanto no papel importante de comércio, de relacionamento, de prestígio e de status.

Mais do que uma simples tradição de trocas, o Kula dá ao povo força, motivação e harmonia entre os diferentes ilhéus. Uma tradição quase mística das ilhas de Papua-Nova Guiné.

Mas, lado a lado com a troca cerimonial de braceletes e colares de concha, os nativos desenvolvem também, entre uma ilha e outra, intensas formas de interação e de trocas, um comércio de grande variedade de bens indispensáveis, mas impossíveis de serem obtidos em sua própria ilha. Nesse processo, alguns dos produtos mais valiosos são a *betel nut* e o inhame.

Durante nossa visita ao atol de Yanaba, as crianças fizeram do veleiro Kat um parque de diversões. Subiam e pulavam da plataforma para mergulhar e a tripulação se divertia com elas. Nunca tivemos tantas crianças no nosso barco. Muitas delas traziam frutas para trocar por roupas. Todos nós fizemos uma verdadeira limpa em nossos armários para praticarmos o escambo. Uma camiseta valia duas dúzias de limões, ou de bananas. Doamos revistas e livros para a escola.

Volta e meia uma carinha sorridente aparecia na janela do barco e pedia um doce, um biscoito ou outra guloseima. Na distribuição de alimentos que fizemos, fiquei surpresa quando as crianças abriram os pacotes de açúcar e devoraram o conteúdo com sofreguidão.

A tradição das canoas ainda é muito agregada aos costumes deles. São lições que eles nos ensinam sobre o elemento de vida deles, o mar. Wilhelm e Erika foram velejar com Elias, que mostrou sua manobra à vela. As canoas têm duas proas e para mudar a direção somente se muda a posição das velas. E com solenidade olhou para Wilhelm e disse:

— Todos nós temos que tratar bem nossas mulheres. Porque o mar e o vento são mulheres. E, se não tratarmos bem, elas se vingam e podem afundar nossa canoa. — E a seguir disse para Erika: — Pode chamar o vento, pois você é uma mulher e ele vai te escutar.

Jeremias, um senhor que mal falava inglês, me chamou e pediu à neta que traduzisse o que ele queria dizer:

— Primeiro o mar trouxe a garrafa, e depois trouxe vocês. Porque a garrafa com a mensagem era mágica. Por isso vocês estão aqui. E agora estamos unidos como amigos. Para sempre.

Amém, falei baixinho...

MERGULHOS NO PARAÍSO

Voltamos para Milne Bay, onde realizamos uma série de mergulhos com o especialista em destroços de guerra, o australiano Dorian, que mora em seu barco. Ele veio a bordo e planejamos os mergulhos em aviões submersos. Os mergulhos em Papua-Nova Guiné nos ofereceram uma impressionante variedade de espécies marinhas nos recifes de barreira, paredões de coral, recifes de borda e leitos de algas marinhas, juntamente com espetaculares naufrágios da Segunda Guerra Mundial, e era uma surpresa em cada lugar.

PAPUA-NOVA GUINÉ

Esse país foi palco de várias ações militares, durante a Segunda Guerra Mundial. Base de 6.500 soldados japoneses, que foram bombardeados pela Força Aérea da Austrália e dos Estados Unidos.

Fomos a Kavieng, onde a tripulação fez dois mergulhos explorando o naufrágio de um avião japonês da Segunda Guerra Mundial a 40 metros de profundidade. Um deles, descoberto há mais de cinquenta anos, está praticamente intacto exceto pelas hélices, que se romperam, mas foram recuperadas mais tarde e colocadas perto do naufrágio. A visibilidade da água era de mais de 40 metros e foi impressionante ver a vida marinha colorida que se criou no destroço.

16. West Fayu: uma ilha de lixo

13 DE FEVEREIRO DE 2016: PAPUA-NOVA GUINÉ A GUAM

Saímos rumo a Guam. Mas decidimos conhecer o atol Piagailoe. A navegação teve que ser feita com extrema cautela, pois há dois navios afundados no local onde a água é rasa e cheia de cabeças de coral. Wilhelm ficou preocupado com a média de profundidade na entrada do atol, que fica entre 6 e 9 metros, e colocou a quilha para cima. Assim, o barco fica a 2,20 metros do fundo do oceano, e consegue entrar com tranquilidade. O atol tem uma única ilha, a de West Fayu, com cerca de 600 m² e desabitada. Ele faz parte do maior arquipélago da Micronésia, as ilhas Carolinas. A ilha mais próxima fica a 26 milhas (50 quilômetros) e o continente mais próximo é a Ásia, a 1.835 milhas (3.400 quilômetros) de distância.

De repente, Wilhelm avisa que o local que estava marcado na carta não está muito preciso, pois o navio afundado está quase meia milha fora da carta náutica. Mas Capitão segue a rota marcada por Wilhelm, e o Kat entra sem problemas.

Os polinésios eram grandes navegadores. A navegação por distâncias de até centenas de quilômetros entre as pequenas ilhas e atóis da Micronésia exigia um considerável conhecimento, para eles se lançarem ao mar em suas embarcações. Eles não tinham cartas náuticas ou bússolas. Na falta de escrita, os navegadores locais tinham que memorizar seus conhecimentos sobre as estrelas, como ler a direção e o tamanho das ondas, a direção das nuvens, a cor, o cheiro e gosto da água, o movimento dos cardumes dos peixes e o aspecto do céu. Desde pequenos, eram escolhidos os que seriam navegadores, e somente depois de muitos anos no mar e de treinamento pelos mais velhos eles se tornavam mestres. A navegação das ilhas Carolinas foi a mais desenvolvida e continua em uso atualmente.

Canoas à vela das ilhas vizinhas, Polowat e Satawal, velejam para West Fayu na temporada de verão para pescar peixes, lagostas, mariscos gigantes e caranguejos-do-coco, e outros alimentos para levar de volta para suas ilhas. Esses navegadores preservam a ilha com muito cuidado, porque aqui é onde está sua fonte de alimentação.

West Fayu é tradicionalmente usada como uma ilha de "teste" por navegantes aprendizes das ilhas vizinhas de Lamotrek, Satawal e Polowat, para ver se eles aprenderam as lições ensinadas sobre navegação. Usando as estrelas, e em canoas à vela construídas tradicionalmente, eles têm que encontrar a ilha na sua primeira viagem.

O visual é impressionante, com água azul cristalina! Mas, assim que descemos do veleiro para explorar o local, fomos surpreendidos por uma enorme quantidade de plástico de garrafas de água, chinelos, pequenos recipientes, boias, redes de pesca e outros lixos. Foi um choque!

Nessa região está a Grande Porção de Lixo do Pacífico, descoberta em 1997 pelo pesquisador Charles J. Moore. Hoje, calcula-se seu tamanho em 680 mil quilômetros quadrados, aproximadamente as áreas de Minas Gerais, Rio de Janeiro e Espírito Santo somadas. E cresce continuamente. O fenômeno ocorre por causa de correntes marítimas que trazem o lixo do leste e do oeste, depositando toneladas e toneladas de garrafas plásticas e outros detritos nas águas do Pacífico Norte. Muitas vezes as pessoas não imaginam ou não têm consciência de que um lixo jogado em uma cidade ou na praia coloca em risco a vida marinha e polui verdadeiras pinturas da natureza. O plástico no mar é um grande perigo, levando animais e aves marinhas à morte.

A reação foi imediata. Capitão pediu, entusiasmado: vamos limpar a praia. Com a tripulação reunida, trabalhando sem parar, em menos de

WEST FAYU

uma hora recolhemos mais de trezentas garrafas plásticas. Levamos tudo ao barco para compactar e depois levar a um centro de reciclagem na ilha de Guam. O mais curioso é que encontramos lixo de diversas partes do mundo. Com as correntes, essas garrafinhas, que demoram centenas de anos para se decompor, acabam viajando milhares de milhas. Nós sabíamos que nosso gesto não iria interromper ou reverter a poluição dos mares, mas não podíamos passar direto, sem fazer nada.

Temos encontrado muito plástico no mar. As estatísticas mostram que todos os anos cerca de 8 milhões de toneladas de lixo plástico são lançadas nos oceanos, uma triste realidade. Já ficamos presos em redes de pesca, a hélice do barco enrolou em cordas de lixo, vimos tartarugas, aves e mamíferos mortos sufocados ou enrolados por plástico.

Os ventos para seguir para Guam estavam contrários e decidimos ficar abrigados ali. Na ilha, caminhamos, encontramos um rústico abrigo de pescadores, e muitos cocos. Erika e Wilhelm trouxeram braços cheios enquanto o resto da tripulação "construía" uma churrasqueira. Os peixes da pescaria nas travessias foram assados e nos sentimos como Robson Crusoé. Sentamos ao redor da fogueira conversando sobre nossa limpeza de praia e sobre ilhas desertas. Impressionante o fascínio que elas exercem sobre nós. E imaginar que existem milhares delas iguais a essas por esses oceanos. Desde que Platão escreveu sobre a Atlântida, as ilhas despertam nossa imaginação com centenas de histórias de aventuras, descobertas e mistério. Quando estávamos preparando nossa primeira viagem, tínhamos uma biblioteca sobre elas: *Robinson Crusoé*, de Daniel Dafoe; *A ilha do tesouro*, de Robert Louis Stevenson; *A ilha do dr. Moreau*, de H. G. Wells; *A ilha perdida*, de Maria José Dupré; e, a minha favorita, *A ilha misteriosa*, de Júlio Verne. Lembro que discutimos quando os meninos estudavam no barco, e eles fizeram um trabalho sobre *O senhor das moscas*, de William Golding, e falamos por dias sobre o enredo do livro. Hoje um dos meus livros prediletos é *O conto da ilha desconhecida*, de Saramago.

Ah, se pudéssemos ficar aqui mais tempo. Somos regidos pelos ventos, e há aqueles que são favoráveis e que nos levam ao nosso destino. Alguns deles, porém, são como dragões soprando ventos tão fortes que destro-

232 EXPEDIÇÃO ORIENTE

em tudo pela frente: furacões, tufões, ciclones. Esses superfortes podem terminar nossa expedição, por isso os respeitamos e, por mais seduzidos que estejamos por uma ilha mágica, temos que continuar nossa navegada e sair da rota deles.

Nos despedimos da linda West Fayu e seguimos para Guam. A saída do atol foi uma verdadeira aventura, com ondas de 2 a 3 metros quebrando na proa do veleiro Kat. Wilhelm monitorava os corais ao lado de Erika, e estava sinalizando a saída para Capitão.

BATISMO DE NETUNO

Navegando rumo ao norte em direção às ilhas Carolinas, cruzamos a linha do equador, uma marca importante para os navegadores, celebrada em muitas embarcações com um ritual de passagem, o Batismo de Netuno.

Os historiadores acreditam que a tradição começou no período das grandes navegações a cada vez que os portugueses ou espanhóis conquistavam um marco marítimo, como o cabo da Boa Esperança, por exemplo. Os marinheiros mais experientes que já passaram por este marco são chamados de Shellbacks — filhos de Netuno — e realizam um trote nos marujos iniciantes. É uma espécie de colação de grau do mundo da navegação. Wilhelm iniciou os tripulantes que nunca haviam cruzado a latitude 0º. Os novos marujos são salpicados de restos de comida e têm que fazer algumas penitências, como lavar o convés para limpar o lixo com o qual são batizados. Depois levam um banho de balde de água do mar.

Vestido de rei Netuno, Capitão, com um tridente, condecorou os mais novos Shellbacks do veleiro Kat: Erika, Emmanuel, Heitor e Frank.

A cada dia nossa tripulação estava mais afinada e experiente; além disso, o ritual marcou oficialmente nossa passagem para o hemisfério norte — até então, na Expedição Oriente, só havíamos navegado na parte sul do globo.

Apesar de ser uma súdita de Netuno há muitos anos, ainda assim fiquei emocionada de cruzar a latitude 0º. O veleiro Kat, agora, começava a deslizar na outra metade do planeta.

Apesar da tensão e emoção inicial, a navegada até Guam foi boa e, com ajuda dos ventos, percorremos 215 milhas (398 quilômetros) em 24 horas.

CONTRASTES DE CULTURA EM GUAM

Chegar a Guam foi uma surpresa e um choque cultural. Sede de uma importante base americana da Marinha e da Força Aérea, existem imensos navios militares por todos os lados na entrada do porto. Depois de um mês nas isoladas e desabitadas ilhas de Papua-Nova Guiné, foi difícil se adaptar ao barulho e ao trânsito de uma cidade movimentada, luxuosos hotéis, lojas das mais famosas grifes e redes de fast-food. Um milhão e meio de turistas do mundo todo, a maioria deles asiáticos, descem todos os dias no aeroporto para curtir as praias e as atrações da ilha.

Guam é a maior e mais meridional das ilhas Marianas, com 48 quilômetros de comprimento e 14 quilômetros de largura. É a maior ilha da Micronésia, onde moram cerca de 165 mil habitantes, de várias etnias. Todos que nascem no arquipélago têm cidadania americana, e os nativos são da etnia chamorro, povo que habita a ilha há aproximadamente 4 mil anos.

Os europeus chegaram em 1521, com Fernão de Magalhães em sua viagem de circum-navegação do globo. Ao longo da história, a ilha foi ocupada por japoneses, alemães e americanos. Após a Segunda Guerra Mundial, virou oficialmente um território dos EUA, ponto estratégico para os militares, com Base Aérea e Base Naval de grandes proporções, com cerca de 7 mil soldados (dados não são oficialmente divulgados). Há uma brincadeira que diz que Guam é o maior "porta-aviões americano" sem navegar.

Esta foi nossa segunda passagem pela ilha, onde aportamos durante a expedição da segunda volta ao mundo, em 1999. Aqui conhecemos e fizemos amizade com Tony Ramirez, descendente e historiador da cultura chamorro. Quando o reencontramos, ele ficou muito feliz e se comoveu ao saber que Kat era uma estrelinha no céu. Ele nos "raptou" para sua casa e preparou um delicioso almoço chamorro para nós: o prato mais característico da ilha, o kelaguen, uma iguaria feita com frango (que tem variações com peixe ou carne), limão, cebolas e coco, cozidos no limão, criando um verdadeiro mosaico de sabores.

Nos dias seguintes ele nos deu entrevistas contando sobre as lendas da ilha e nos levou para explorar os lugares sagrados da região. Uma das coisas mais interessantes de sua cultura é a força feminina. Na grande maioria das lendas e mitos chamorro, a mulher não só é a protagonista, mas também a heroína. Até no mito da criação do mundo, para os chamorro, foi a mulher quem moldou e criou a vida na Terra. Ela é Fu'una, a protagonista feminina. Na história, ela, juntamente com seu irmão, Puntan, elabora um plano para usar seus corpos e espíritos para trazer vida à terra e à humanidade. Ela usa seu espírito, e pede para dividir as partes do corpo de seu irmão para criar a terra e os céus. Ela também cria a flora e a fauna. Depois, quando Fu'una vê que o corpo de seu irmão já cumpriu sua missão, ela se joga na terra e se transforma numa pedra que hoje é conhecida como Lasso 'Fu'a (Pedra Fouha). Dessa rocha nasceram os primeiros seres humanos.

E fomos conhecer o local onde está a pedra, em Fouha Bay, local sagrado para os chamorro.

Essa ilha foi também palco da Segunda Guerra, tendo sido invadida pelos japoneses e depois ocupada pelos americanos. Guam tem uma das histórias mais incríveis de um fugitivo de guerra, um japonês que ficou muito famoso na década de 1970: o soldado Shoichi Yokoi.

Em 1972, o sargento japonês Shoichi Yokoi foi descoberto nas selvas da ilha de Guam, no Pacífico, 27 anos após o fim da Segunda Guerra Mundial. Ele se tornou um herói nacional por sua dramática história de sobrevivência e sua adesão incondicional ao código do exército imperial japonês de jamais se render.

Yokoi se alistou no Exército Imperial Japonês em 1941 e foi enviado à ilha de Guam, então ocupada pelos japoneses. Quando os norte-americanos se estabeleceram na ilha em 1944, Yokoi embrenhou-se na selva para evitar ser preso e se render às tropas inimigas. Ele cavou um esconderijo no solo, como uma pequena caverna subterrânea, onde se mantinha quieto durante o dia, só saindo à noite, para caçar pequenos animais e pescar enguias em um riacho próximo. Ele usava as plantas nativas da ilha para fazer roupas, forro para cama e estocagem de alimentos.

Shoichi temia ser morto caso caísse nas mãos dos habitantes de Guam, e por isso se escondeu por 27 anos, recusando-se a se entregar mesmo após encontrar folhetos que anunciavam o fim da guerra. Em 1972 Shoichi Yokoi foi descoberto nas matas de Talofofo por dois caçadores locais, que

WEST FAYU 235

o entregaram às autoridades. Seu aparecimento, quase trinta anos após o fim da Segunda Guerra Mundial, o transformou em uma celebridade e alvo de reportagens na mídia mundial, e despertou atenção, simpatia e curiosidade de milhões de japoneses. Ele eventualmente se casou e foi morar na área rural de Aichi.

Tendo vivido solitário numa caverna por 27 anos, tornou-se um adepto da vida austera, e chegou a ministrar vários cursos de sobrevivência na selva para grupos interessados em suas técnicas. Aos 75 anos, Yokoi foi recebido em audiência pelo imperador do Japão, Akihito. Ele morreu em 1997, aos 82 anos, de ataque cardíaco, em Nagoya. No museu Senator Antonio M. Palomo Guam Museum & Educational Facility, em Guam, somente há fotos do japonês. Todos os seus pertencentes foram levados para o Memorial Shoichi Yokoi, aberto em 2006, em Nakagawa-ku, Nagoya.

Guam também é conhecida como um dos principais pontos de mergulho do Pacífico Norte. Lee P. Webber, proprietário da Micronesian Divers Association (MDA), nos recebeu e organizou nossos mergulhos em Guam. Mergulhamos em um local onde estão dois navios afundados, um alemão da Primeira Guerra Mundial e um japonês da Segunda — que estão, curiosamente, lado a lado no fundo do mar. O Cormoran, de 88 metros (290 pés) de comprimento, afundou no começo da Primeira Guerra Mundial e mantém o casco intacto, com muitas estruturas para se explorar. O Tokai Maru, de 134 metros (439 pés) de comprimento, afundado por um torpedo na Segunda Guerra Mundial, tem um porão de carga cheio de peças de caminhão etc. É o único lugar do mundo onde se pode esticar os braços e tocar dois navios de guerras diferentes, da Primeira e Segunda Guerra. Uma experiência única!

Capitão e eu levamos para um centro de reciclagem os fardos de lixo recolhidos em West Fayu, contendo todo tipo de plástico, principalmente cerca de trezentas garrafas de água. Fiquei impressionada com a quantidade de lixo nesse centro de reciclagem. A gente só se dá conta de quanto produzimos de lixo quando vemos essa montanha, essas paredes de plásticos. Por mais que estejamos diminuindo nosso consumo de plástico a bordo, é preciso que nos esforcemos muito mais.

Guam possuiu centros de recolhimento, mas precisa despachar o lixo reciclável para fora, geralmente para países da Ásia, a fim de ser processado. A fundadora do programa I-Recycle, a ambientalista Peggy Denney, nos confessou que o preço pago por materiais recicláveis diminuiu muito, tornando quase inviável a exportação do lixo. Ela então fundou esse programa, em que trabalha junto a escolas, aos militares e à população, para conscientizar os jovens e a comunidade sobre a importância da reciclagem. Além disso, organizou também um sistema de reciclagem de plásticos e de latas de alumínio nas escolas, cuja renda obtida na venda dos materiais é revertida aos programas escolares. Ela tem apoio das escolas de mergulho, inclusive organizando limpezas no fundo do mar.

Um desses eventos estava acontecendo naquele fim de semana e nossa tripulação foi convidada. O mergulho foi na região de Cemetery Wall, onde as correntes ao redor da ilha trazem lixo que fica acumulado nesse ponto. Em uma hora conseguiram recolher quatro grandes sacos de lixo com latas de alumínio, restos de roupas e até um pedaço de telhado. Ficamos chocados, porque a empresa de mergulho MDA já havia feito uma limpeza na mesma área apenas dez dias antes.

Da frenética Guam, velejamos para a tranquila Saipan, em menos de 24 horas.

WINDSURFE EM SAIPAN

Na ilha, a tripulação foi mergulhar em um dos dez lugares considerados os mais lindos do mundo. Sem poder colocar cilindros ainda, devido ao meu ombro, fiquei lá em cima olhando todos sumindo num grande buraco na terra. Pensei: onde será que vão mergulhar ali no fundo? A Blue Grotto, uma enorme gruta de pedra calcária, é uma caverna de difícil acesso, com apenas uma entrada por um espaço onde é preciso descer uma escadaria de cem degraus, carregando todo o equipamento pesado de mergulho, inclusive os cilindros. A saída é uma passagem pelo mar. Emmanuel filmou e me contou tudo nos mínimos detalhes.

— Chegamos lá embaixo e o visual era lindo. Depois de entrar em uma piscina cristalina subimos pelas pedras. Não é uma entrada fácil, e é considerado um mergulho muito difícil. Tivemos que passar por outra pedra, com as ondas batendo em cima, pois o mar entra por baixo. Aí mergulhamos do penhasco dessa pedra para a imensidão da caverna, quando deu até um friozinho na barriga. Ao cair na água fomos transportados para um novo mundo e uma nova dimensão de cor azul. Estava claro, descemos primeiro a uns 10 metros de profundidade com uma visibilidade grande e podíamos ver a luz do sol através da água. Me senti suspenso como um astronauta num mundo silencioso, fascinante e misterioso. Depois de dois minutos olhando ao redor, vimos que era uma caverna imensa, acho que cabe uns cinco ônibus lá dentro de tão grande. Começamos a descer na caverna e ver a claridade das três passagens. Mergulhamos em uma caverna atrás da outra, flutuando devagar entre os paredões de pedras e, como mariposas atraídas pela luz, seguimos o rastro do sol para sair da caverna. Saímos por uma passagem com aquela luz azul maravilhosa. Vimos muitos peixes, um tubarão pequeno. Um mergulho realmente inesquecível. A saída também não é fácil, porque temos que esperar a onda ficar calma para subir nas pedras. Mas a parte mais difícil do mergulho é subir a escadaria de volta com todo o equipamento pesado depois do mergulho. Estávamos exaustos. Wilhelm, que já mergulhou em muitos lugares, disse que foi um dos mergulhos mais espetaculares que já fez.

A primeira coisa que Wilhelm viu quando entramos com o barco em Saipan foi o pessoal velejando de windsurfe. Ele, assim que teve oportunidade, preparou o equipamento e foi velejar. Encontrou logo um amigo japonês que treinava com ele em Mali, no Havaí.

Desde que essa expedição começou a ser planejada e realizada, Wilhelm teve pouquíssimo tempo para se dedicar ao windsurfe profissional. Para quem vinha competindo de 20 a 25 vezes por ano, ele teve apenas seis oportunidades de participar de campeonatos nos últimos dois anos e meio em que acompanhou a construção do barco. E, desde que assumiu a função de primeiro imediato no veleiro Kat há um ano e dois meses, não participou de mais nenhuma prova.

Nossa estada em Saipan coincidiu com a realização do Micronesian Open Windsurfing Cup, o mais longo e tradicional campeonato de windsurfe, realizado há 34 anos. Wilhelm foi convidado para participar. Imaginem a adrenalina dele, há três anos sem competir, e sua paixão pelo esporte sendo posta à prova ali, para enfrentar os melhores da Ásia. E, em particular, uma disputa acirrada entre ele e o amigo japonês número 2 da categoria, Akinori Goshi. Com muita garra, Wilhelm voou pelas águas cristalinas e a tripulação toda estava na torcida por ele. Nosso drone gravou imagens aéreas incríveis de Wilhelm, com sua vela verde-amarela, BRA999, a toda velocidade! No final ele também realizou um sonho: ganhou o Campeonato! E, com o veleiro Kat ao seu lado, uma vitória no "quintal de casa".

A entrega de prêmios, com uma festa em um hotel cinco estrelas, foi um prêmio para todos os tripulantes do veleiro Kat. Parabéns, Wilhelm!

O vento estava nos chamando. Hora de partir para novas aventuras rumo ao Oriente. No pôr do sol dissemos adeus a Saipan e, com velas içadas, zarpamos!

Próximo porto: Okinawa, Japão.

17. Rumo à Terra do Sol Nascente

13 DE MARÇO DE 2016: SAIPAN A OKINAWA
BRASILEIROS EM OKINAWA

Navegando em direção ao Japão, entendi a expressão "terra do sol nascente", uma daquelas coisas que a gente fala e ouve a vida toda, mas nunca pensa numa explicação.

Daquela nossa perspectiva, parecia que, realmente, o sol estava surgindo da ilha nipônica. Como se o astro-rei tivesse passado a noite em uma caverna na ilha, descansando, recarregando calor, penteando seus raios dourados, em preparação para mais um lindo dia. Nipônico vem de "nippon", que quer dizer "nascente do sol". E lá ia nosso veleiro Kat, um brasileiro pioneiro naquela rota, levando uma tripulação ansiosa para desembarcar nos mistérios de uma cultura nova para nós.

Em 10 de novembro de 1990, lá na Samoa Americana, conhecemos o casal Mitsumasa e Yukako Kaiwa. E, quando zarpamos com nossos veleiros de Fiji para a Nova Zelândia, eles nos deram uma bandeira japonesa e disseram: *No dia em que vocês forem ao Japão, já terão sua própria bandeira.*

Naquela época, era difícil encontrar navegadores japoneses e também era remota a possibilidade de irmos a esse país. Yukako morou em São Paulo por algum tempo e aprendeu a falar e escrever muito bem o português. Eles tinham residência em Kawasaki, na província de Kanagawa. Ficamos amigos

240 EXPEDIÇÃO ORIENTE

enquanto navegávamos pelo Pacífico e depois mantivemos contato por mais de nove anos, e um dia se mudaram e perdemos totalmente o contato com eles. Sempre repetiam o convite: *Venham conhecer o Japão!* Agora estávamos a caminho da terra deles e trazendo a bandeira que nos presentearam para hastear no mastro quando chegássemos a Okinawa.

Nessa rota, entre Saipan e Japão, passamos por um dos lugares mais misteriosos e profundos do planeta. Em 1875, o navio inglês HMS Challenger, medindo as profundidades no oceano Pacífico Ocidental, registrou o lugar com maior profundidade dos oceanos: a Fossa das Marianas atinge 11.034 metros no oceano Pacífico, a leste das ilhas Marianas, no encontro entre as placas tectônicas do Pacífico e das Filipinas, e é um dos lugares de maior atividade sísmica naquele oceano.

Naquele momento histórico do veleiro Kat, cruzamos a Fossa das Marianas. Para mim, o lugar tinha uma curiosidade e expectativa muito maiores do que os dados geográficos. Será que foi aqui que Júlio Verne, meu autor favorito, teria se inspirado para escrever o livro *Vinte mil léguas submarinas*, que conta as aventuras do submarino Náutilus, sob o comando do capitão Nemo e sua tripulação que em profundezas incríveis viveram aventuras épicas, encontrando criaturas enormes, fantasmagóricas e assustadoras? Outros escritores se inspiraram no lugar para escrever seus livros. Um dos mais famosos, e que depois virou filme, é *A vida de Pi*, que situa o naufrágio de um navio sobre a temida Fossa das Marianas.

Milhares são os alpinistas que já escalaram com sucesso o monte Everest, o ponto mais alto da Terra. Mas apenas três pessoas desceram ao ponto mais profundo do planeta, no epicentro da Depressão Challenger.

A primeira descida foi em 1960, pelo tenente Don Walsh e o cientista suíço Jacques Piccard, que passaram 20 minutos no fundo do oceano, numa expedição que durou ao todo 9 horas a bordo do batiscafo Trieste da Marinha norte-americana. Em 1985 o oceanógrafo Robert Ballard e o pesquisador Dedley Foster utilizaram um ROV (veículo submarino operado por controle remoto) com o minissubmarino Alvin. Em 2012, a Fossa das Marianas foi explorada pelo cineasta James Cameron (diretor de *Titanic*), com o submergível Deep Sea Challenger. Ele filmou todo esse mergulho com o objetivo de promover descobertas científicas. O que mais marcou nessa

RUMO À TERRA DO SOL NASCENTE 241

expedição foi a sua impressão de encontrar um mundo totalmente alienígena no nosso próprio planeta.

E enquanto o veleiro Kat navegava aqui na superfície, por cima desse lugar, minha imaginação estava a milhares de metros nas profundidades, com lembranças das fotos dos animais estranhos que foram encontrados aqui; pensava como o fundo do oceano é tão desconhecido para nós. O que será que imaginavam os navegadores que por aqui passaram depois da descoberta da Fossa? E que monstros marinhos cogitavam existir nessas águas? Confesso que também me passou um pensamento muito fugaz quando diziam que "o veleiro é uma casquinha de noz": o que separa o nosso barco dessa profundeza abissal é um ínfimo casco de 5 milímetros de espessura!? Não dividi com ninguém meus pensamentos.

Como esse mundo desconhecido nos passa essa expectativa e esse respeito devido à sua atração enigmática, de poder e dimensão desconhecida! O oceano é a nossa casa, a estrada que nos leva a mundos a serem explorados, e fico feliz em poder ver, sentir e viver esses momentos.

Nessa região do Pacífico, o local ganhou fama de misterioso, e é conhecido como Mar do Diabo ou Triângulo do Dragão, com uma ponta a 100 quilômetros do sul de Tóquio, outra ponta até a ilha de Guam e a terceira, ao norte das Filipinas, com uma área com mais de 1,2 milhão de km².

No Oriente, o Triângulo do Dragão ou Mar do Diabo é muito conhecido e bem temido: há mistérios e lendas sobre o assunto. O escritor americano Charles Berlitz escreveu um livro chamado *O Triângulo do Dragão*, no qual relata que os fenômenos — desaparecimentos de navios e aeronaves militares, comerciais e civis, desde a Segunda Guerra — ocorreram ali com uma frequência muito maior do que no Triângulo das Bermudas. Suas afirmações foram contestadas por cientistas, que afirmam que eventos sísmicos, vulcões e outras ocorrências nada paranormais são os verdadeiros responsáveis pelo grande número de desaparecimentos na região.

O local serviu de inspiração para o game de 2013, *Tomb Raider*, protagonizado pela jovem Lara Croft, que se vê naufragada numa ilha no Mar do Diabo.

Mas nossa preocupação real, ao nos aproximarmos da costa do Japão, era o movimento intenso de embarcações. O cuidado passou a ser redobrado, e as seguíamos no AIS, um transponder do mar, que nos dá mais uma segurança. Ele fornece todas as informações das embarcações — como nome, rota, rumo, velocidade, tipos de carga, tamanho, distância e o tempo que uma embarcação passa pela outra para evitar uma possível colisão. Mesmo assim, ficamos de olho no radar com alarme. Qualquer obstáculo em 360 graus de cobertura o aciona prontamente. Como podemos regular a distância no radar, o programamos com um alcance de 5 milhas (9 quilômetros). Passamos por mais de oito navios e ficamos sempre atentos ao rumo deles.

Também temos que ficar de olho nos espinhéis (boias com cabo e muitos anzóis, vara e uma bandeira preta no topo). Como a bandeira é feita em plástico, não é detectada pelo radar, tornando-se quase imperceptível à noite.

Esses equipamentos são colocados por pescadores perto da costa e a quantidade deles é muito grande. Caso um deles engate na quilha do veleiro, dá um trabalhão para se safar — ainda mais com ventos fortes. E, se por acaso se enrolar na hélice, aí é um desastre que nem gostamos de pensar (isso já tinha acontecido no Chile).

Com essa multidão de barcos e armadilhas de pesca, pensávamos não ter chance de pescar nada. Pois bem, pegamos cinco peixes, entre dourados e atuns, garantindo assim peixe fresco a bordo.

Desde quando saímos de Itajaí em 2014, costumamos analisar a meteorologia e esperamos o melhor momento para zarpar nas travessias. A previsão meteorológica é fundamental para uma navegação segura.

Wilhelm, nosso "filho do vento" com mais de vinte anos de experiência adquirida em suas competições de windsurfe, é muito minucioso nas previsões. São captadas informações de três fontes principais: "Predictwind", "Windyty" e "Meteoworld". Esses sites nos indicam a melhor rota de acordo com a previsão dos ventos, ondas, chuvas, tempestades e oferecem informações precisas para quem navega.

Quando saímos de Saipan, a maior das ilhas Marianas, por exemplo, a rota indicada era para orçar (navegar) o máximo para o norte, para em seguida pegarmos ventos favoráveis de través. Foi exatamente essa a rota da navegação e não teve erro.

Os turnos foram de quatro horas para cada dois tripulantes.

RUMO À TERRA DO SOL NASCENTE · 243

E com bons ventos e mar calmo passamos uma semana no mar desde Saipan até Okinawa, no Japão. Não vi monstros marinhos e chegamos ao reino dos Dragões e à Terra do Sol Nascente! Uma conquista! Um país que sempre sonhamos conhecer e, para tornar este momento ainda mais especial, chegamos exatamente no dia em que a Expedição Oriente completava um ano e meio da partida de Itajaí, no Brasil.

Estávamos ainda mais ansiosos porque a navegação de aproximação e ancoragem na ilha de Okinawa não permitia a mínima distração. E provou ser um grande desafio com ventos fortes de mais de 35 nós, contra um mar agitado, que tinha pouca visibilidade. Nossa atenção estava no ecobatímetro, que nos mostrava uma profundidade de 60 metros. E, de repente, o alarme começou a tocar, alertando para uma profundidade de 4,5 metros. E isso acontecendo de 5 em 5 minutos. Defeito no equipamento? Não, nós estávamos navegando em cima de uma cadeia de montanhas submersas. Capitão e Wilhelm, olhos na tela, e eu, metida, acompanhava o sufoco, dedos cruzados. Mas, depois de passar pelas duas maiores montanhas, a profundidade estabilizou-se, e daí em diante águas mais profundas se estendiam para a passagem do barco.

E eu voltei minha atenção para a ilha, esperando o sol acordar de seu merecido descanso.

"KONNICHIWA OKINAWA"

Atracamos na Marina de Okinawa e a chegada do veleiro Kat, a primeira embarcação brasileira a atracar na ilha, foi um fato muito admirado pelos japoneses.

Mal atracamos na marina e nosso barco foi literalmente invadido pelos brasileiros de Okinawa, que seguiam nossa viagem pelas redes sociais. Nos sentimos em casa, recepcionados por essa comunidade de conterrâneos. E não tínhamos ideia de quantos brasileiros viviam na cidade. Mas havia até um time de futebol com muitos brasileiros. Foi, sem dúvida, o local onde recebemos o maior número de pessoas a bordo do veleiro Kat. Foi uma alegria, pois elas nos ajudaram de todas as maneiras possíveis. Nas filmagens,

244 EXPEDIÇÃO ORIENTE

nas permissões oficiais para filmar, nos deram todas as dicas da cidade e, para nossa surpresa, nos levaram guaraná, feijoada e até pão de queijo.

A primeira impressão que tivemos dos japoneses foi a sua organização e a educação incríveis. Os japoneses desse arquipélago são conhecidos como o povo mais descontraído do Japão. As palavras que se tornaram mais importantes, e que eu sabia falar, eram *Arigato gozaimasu*: obrigado. As pessoas falam várias vezes repetidamente, enquanto curvam suas cabeças em cumprimento.

Também nos chamou a atenção a limpeza das ruas e estradas. Andamos e dirigimos dezenas de quilômetros e não encontramos lixo nas vias.

A tecnologia está em todos os lugares. Carros elétricos sendo carregados no posto de gasolina e máquinas de comprar bebidas, e todos os tipos de alimentos.

E me surpreendi com os banheiros japoneses. Existem dois tipos de banheiro: o tradicional japonês (washiki), que é um buraco no chão. Esses são encontrados nas estações de metrô e demais locais públicos. São muito simples, pequenos e limpos. E se usa o método natural de se abaixar para utilizá-lo. No banheiro high-tech (washlets), aparentemente como nosso banheiro ocidental, fiquei que nem uma criança perdida. Já de cara levei um susto; a tampa do vaso sanitário se abre sozinha! Depois, quando olhei com atenção, vi o painel de controle com um monte de botões. Custei a usar, até ler para que servem: lavar as partes íntimas, jatos de água nas partes da frente, na parte de trás, secar com ar, e aquecer as tampas para sentar. Mas aprendi rapidinho.

Que bom comer uma comida brasileira que nossos amigos trouxeram e da qual estávamos com saudades. Também nos deliciamos com a culinária japonesa. Sem dúvida uma das nossas preferidas. Provamos o tradicional sobá de Okinawa, uma espécie de macarrão em uma sopa, com carne de porco e legumes. O porco cozido é um alimento muito comum no Japão. Uma novidade para nós foi saber que existem milhares de okinawenses no Brasil. A tripulação adorou sair para comer fora, e todos foram unânimes em afirmar que foi a comida mais deliciosa de toda a viagem.

Festas também entraram no programa da galera, e se divertiram muito com as sessões de karaokê.

RUMO À TERRA DO SOL NASCENTE 245

Também chegaram a Okinawa Rubens Lopes e Nilson Noris Franceschetti, do Instituto Oceanográfico da USP. Vieram do Brasil para realizar a manutenção dos equipamentos que analisam água do mar.

Nas ruas e quando fomos ao mercado vimos muitos idosos de idade bem avançada. Okinawa abriga a maior concentração de pessoas centenárias no planeta. Com uma população de pouco mais de 1,2 milhão de habitantes, há uma média de 34 pessoas centenárias para cada 100 mil habitantes. Isso é o resultado de uma boa alimentação, do estilo de vida calmo e de baixo estresse, das atividades físicas regulares, da socialização entre os idosos e da espiritualidade dos habitantes.

Um dos segredos dessa longevidade é o sentido do ikigai, uma palavra japonesa para a qual não existe tradução, mas que pode significar *uma razão para estar vivo* ou *a alegria de se manter ativo*.

Faz diferença a dieta nutricional com baixo teor de gordura e sal. Os alimentos mais consumidos são sushi, sashimi, lamen (porções gigantes), sobá, nabe, tofu, goyá tyanpuru, carne de porco, cabeça de peixe, polvo, lula, gohan e muitas outras coisas que não tínhamos a menor ideia do que eram — nem ousamos perguntar.

Fomos convidados para um almoço na casa de uma família na vila dos centenários. A senhora Meise, de 85 anos e uma vitalidade jovial, me colocou na cozinha para me mostrar como preparava a refeição. Todas as hortaliças tinham vindo do jardim, o peixe, direto do barco de pesca da praia ali pertinho, e com muita calma passamos quase duas horas fazendo uma dúzia de receitas diferentes. A culinária tradicional dessas ilhas baseia-se na ideia de "comida e medicamento são a mesma fonte". Então, tudo tem que ser fresco, orgânico e com ervas de tempero. Aprendi com Meise a preparar o champuru, que combina pratos fritos de legumes e outros ingredientes, como tofu shima e carne de porco. Cada tigela pequena continha a quantidade certa de alimentos para uma pessoa. Achei que, com a fome da minha turma, aquilo era somente aperitivo. Ledo engano. Frank, Heitor, Pedro, Emmanuel e eu comemos muito bem, e estávamos satisfeitos com o delicioso almoço de tigelinhas. Aliás, ser convidado para ir à casa de alguém no Japão é uma grande honra, mas também um desafio, se você não conhece os costumes. Antes de chegar à casa da senhora Meise, Marcelo nos lembrou: entrar na casa sem sa-

246 EXPEDIÇÃO ORIENTE

patos; nas mesas baixas você terá que sentar-se no chão sobre uma almofada; a maneira correta de comer é pegar a pequena tigela com a mão e levá-la até perto da boca, e a importância de não apontar com o *hashi* (os pauzinhos) para ninguém e também nunca os fincar verticalmente no arroz!

Que experiência incrível foi esse delicioso almoço!

Okinawa tem cerca de 112 quilômetros de comprimento e 15 de largura, e ao contrário do resto do Japão, Okinawa é a única ilha localizada na zona subtropical. Possui um clima muito agradável o ano todo, mesmo no inverno. A ilha tem praias lindas e ótimos centros de mergulho e por isso mesmo recebe anualmente mais de 4 milhões de turistas, do próprio Japão e de todos os lugares do mundo.

As altas temperaturas e as chuvas frequentes mantêm as ilhas verdes o ano todo. Com esse clima tropical, a ilha é um grande produtor de cana-de-açúcar, abacaxi, carambola, banana, batata-doce, mamão e outras frutas tropicais. O mercado lindo e muito colorido, com frutas e legumes, também vendia rapadura e pé-de-moleque. Parecia ser no Brasil.

Aliás, a ligação desse arquipélago com o Brasil vem desde a época das migrações japonesas. Dos cerca de um milhão de imigrantes japoneses no Brasil, 10% vieram de Okinawa, chamados de "kenkeijin". A falta de terras, a perda de suas casas e as condições pós-guerra em que passavam fome, somadas à falta de perspectivas, fizeram com que muitas famílias de Okinawa deixassem a terra natal e fossem para o Brasil. O motivo do grande número de imigrantes no pós-guerra foi a Batalha de Okinawa, considerada a mais sangrenta no eixo do Pacífico durante a Segunda Guerra Mundial. Nesse período, o local foi atingido por violentos e constantes bombardeios.

Assim, há um elo de tradições como a culinária, a música, a dança e até mesmo o idioma, que mantêm a cultura viva aqui no Brasil. Ser okinawano é um estado de espírito, conhecido como "uchinanchu", e isso eles nos contavam com muito orgulho.

Nossas aventuras foram conhecer os lugares incríveis dessa civilização tão tradicional. Abriram-se os pesados portões do Castelo de Shuri, que foi o palácio do Reino Ryukyu. Em 1945, na Batalha de Okinawa, ele foi quase destruído por completo, mas reconstruído totalmente em 1992. Aliás, a maior parte do patrimônio histórico de Ryukyu foi perdido na guerra.

RUMO À TERRA DO SOL NASCENTE

Viajamos no tempo andando pelas escadarias e chão de pedras e depois nas ruas de uma antiga vila tradicional ao redor do palácio, com suas casas de madeira e paredes de papel de arroz.

O estilo arquitetônico é diferente das demais regiões do Japão. As casas são feitas de concreto (enquanto no restante do país são de madeira), e me causou surpresa ver as janelas com grades de ferro mesmo nos andares mais altos, e telhados cimentados. Tudo isso para suportar os frequentes tufões. As grades protegem dos objetos que voam nos tufões e que poderiam entrar nas casas ou apartamentos e ferir as pessoas. Nas ruas, as máquinas de venda de refrigerantes, os postes de sinalização, ou qualquer letreiro, são também fortemente cimentados. Os tufões são constantes, principalmente no final do verão e início do outono, e castigam as ilhas com ventos fortíssimos de até 252 km/h.

A religião, ou a principal atividade espiritual de Okinawa, é o culto e a reverência aos antepassados e ancestrais. Eles acreditam na espiritualidade da alma, criando um forte vínculo social e familiar. O costume é essencialmente espiritualista, não pertencendo a nenhuma entidade religiosa. A cidade até hoje consegue manter os seus costumes tradicionais, por meio dessa reverência aos ancestrais, ao divino. Nas casas que visitamos havia um altar no centro da sala, com retratos das pessoas que já faleceram. As pessoas não rezam para deuses e sim para seus antepassados, sempre pedindo saúde e proteção; a família toda "conversa" com os ancestrais pedindo ajuda em momentos difíceis.

Alguns japoneses que emigraram para outras partes do mundo têm de voltar para cuidar destes altares, se não houver ninguém mais na família para cumprir este dever. Soubemos até de brasileiros que largaram tudo no Brasil e voltaram ao Japão devido a essa tradição.

A posição privilegiada entre a ilha principal do Japão, a China e o Sudeste Asiático fez com que Okinawa se tornasse um porto atrativo para comerciantes e navegadores. O almirante Zheng He esteve aqui entre 1417 e 1419, quando era denominada Ryukyu Islands. As ilhas desenvolveram uma cultura particular em relação ao resto do Japão, pois até o século XIX elas foram um reinado independente. Antes do domínio do império japonês, as principais relações econômicas e culturais eram com a China. A influência chinesa é marcante na arquitetura, nos jardins e nas crenças.

Ficamos bem intrigados ao ver na entrada das casas, em telhados ou diante de portões, estatuetas muito similares ao cachorro-dragão chinês (fu-dog). Nosso guia, Marcelo, nos explicou que são chamadas de shisa. Usadas na proteção das casas, geralmente estão em pares: uma fica com a boca aberta, para espantar os maus espíritos, enquanto outra com a boca fechada mantém os bons espíritos dentro da casa. Ele nos contou a lenda que explica a sua origem:

— Um emissário chinês em visita ao castelo de Shuri trouxe de presente para o rei um colar decorado com a figura de um cão shisa. O rei gostou e passou a usá-lo por baixo de suas roupas.

"Um dia, enquanto o rei visitava a vila de Madanbashi — que era frequentemente aterrorizada por um dragão do mar que comia os habitantes e destruía suas propriedades —, aconteceu um novo ataque. Todos correram e se esconderam. Mas uma "noro", sacerdotisa da vila, havia sonhado que o rei deveria apontar a figura de shisa na direção do dragão para derrotá-lo, e, então, pediu a um garoto, Chiga, que levasse a mensagem ao rei.

"Com a figura de shisa, o rei desafiou o monstro. Imediatamente, um poderoso rugido de leão ecoou por toda a vila. Foi então que uma pedra gigante caiu do céu, esmagando a cauda do dragão, que, sem poder se locomover, morreu. O local existe até hoje e é conhecido como o bosque de Gana-mui. Os nativos construíram um grande shisa de pedra para protegê--los do espírito do dragão para sempre."

Outra influência chinesa está na música. O instrumento tradicional de Okinawa é o sanshin, que veio da China no século XVI e se tornou o principal símbolo musical do período Ryukyu, o reinado independente da ilha. Era usado em apresentações de danças e recepções de pessoas célebres.

Fomos até um atelier para observar como é a confecção do sanshin. Numa sala pequena, cheia de peles de cobra, madeiras e instrumentos de carpintaria, encontramos o artesão Rinjiro Reruya, que se dedicava à fabricação do instrumento havia mais de trinta anos. Ele nos explicou cada etapa do processo de fabricação, e uma unidade do instrumento demora um mês para ficar pronta. É feito com uma madeira especial e sua árvore leva aproximadamente um ano para crescer. São três cordas e uma pele de cobra. Simples assim.

RUMO À TERRA DO SOL NASCENTE 249

Admiramos o cuidado e a reverência com que o artesão faz o instrumento. No final de nossa visita, ele nos falou com uma voz melancólica que devido às restrições em cultivar e cortar a árvore da madeira com que se fabrica o instrumento, e com a falta de interesse dos jovens em aprender a profissão, o que estávamos vendo era o último atelier artesanal do sanshin. Novos lugares para fabricação, com material e processos diferentes, já estão surgindo, mas o sanshin produzido não tem o mesmo som de um tradicionalmente artesanal.

Ficamos bem tristes em ver uma tradição milenar condenada a desaparecer.

Assistimos a uma dança tradicional ao som do sanshin. A melodia produzida pelas três cordas do instrumento, combinada com os movimentos da dançarina, produz um efeito de paz impressionante.

O quimono ryuso usado na dança é especial: as cores do tecido e o chapéu hanagasa remetem à natureza, às ondas e à flor típica de deigo, símbolo de Okinawa. Em uma cerimônia muito especial, nossa anfitriã, Yoshiko, me ensinou sobre a tradição dos quimonos; tive o prazer de ser vestida com um — até com o chapéu!

— Não é vestir o quimono, simplesmente. Tudo é feito sem pressa, um verdadeiro ritual, que demora mais de meia hora. Primeiro coloca-se a tabi (meias brancas) e depois a roupa interior, um quimono branco de algodão (nagajuban) amarrado com um cinto (datemaki) e, por fim, o quimono — tradicionalmente feito de seda, e amarrado com o obi (faixa decorativa).

Não é um processo simples. Para se ter ideia da complexidade dessa tradição, existem escolas especiais que ensinam a técnica de se vestir às novas gerações.

Outra experiência incrível que tivemos aqui foi conhecer melhor a filosofia do caratê. Okinawa é o berço do caratê (karaté), uma arte marcial única que apresenta um caráter inconfundível. A cidade pertencia à China durante a dinastia Ming e, após o final dessa dinastia, as ilhas passaram a ser dominadas pelo Japão. Para evitar uma rebelião, os japoneses proibiram o uso de armas de fogo em Okinawa. A população começou a utilizar pés e mãos como forma de defesa em um sistema de combate corporal sem

250 EXPEDIÇÃO ORIENTE

armas, a arte marcial das "mãos livres". Os treinos eram secretos e os mestres selecionavam os alunos. No século XIX o uso de armas de fogo foi liberado e a partir daí o caratê começou a ser praticado como educação física em 1905.

O americano Ron Breines, que é professor e faixa preta, nos convidou para ir ao Dojo do Masaaki Ikemiyagi, um dos maiores mestres do caratê em Okinawa.

Nossa tripulação assistiu à demonstração dessa arte marcial. Eu confesso que fiquei impressionada com a classe dos alunos de caratê, composta por vinte homens, mulheres e jovens, até mesmo crianças. Para mim, um dos momentos mais impactantes é a realização de uma série de movimentos feitos em primorosa sincronia e que mais parecem uma dança.

Sensei Ikemiyagi supervisiona e acompanha individualmente cada aluno. O treinamento físico trabalha o corpo, a coordenação e a respiração. O corpo fica em total sintonia com o espírito, e a disciplina torna-se evidente em cada movimento executado pelo aluno. É surpreendente o nível de disciplina e respeito entre cada participante e seu mestre.

No final, o mestre revelou o segredo do Caratê Okinawa: uma arte marcial com objetivo de paz. Nas palavras dele:

— A verdadeira força não está na força física, mas na humildade e gentileza de uma pessoa.

Certa tarde, ele nos convidou para ir a uma praia onde, com um lindo pôr do sol, nos fez uma demonstração de kata, uma série de combinações de movimentos de ataque e defesa que mostram força e sintonia entre corpo e mente. Naquele fim de tarde, o sensei Masaaki Ikemiyagi, famoso por sua força e golpes, lembrou que o verdadeiro "carateca" é aquele que *não treina para a briga* e sim *pela paz*.

De todos os países por onde passamos até hoje na viagem, foi em Okinawa que tivemos mais dificuldade de comunicação. Com uma população de 26 mil militares americanos em suas 32 bases e 48 campos de treinamento, eu esperava que o inglês seria mais falado. Mas as pessoas foram imensamente amáveis. Quando nos perdíamos, elas nos ajudavam. E quando não nos entendiam claramente, buscavam de várias formas superar aquele obstáculo, mesmo que fosse encontrando alguém por perto que

RUMO À TERRA DO SOL NASCENTE

falasse inglês ou conectando alguém pelo celular para traduzir o que fosse necessário para a comunicação. Foi muito bom ter o brasileiro Marcelo Tokuno conosco, morador na ilha que foi um verdadeiro anjo da guarda em toda nossa estada por lá. Foi nosso guia, acompanhou a tripulação aos locais visitados, agilizou autorizações de filmagens, fez as traduções necessárias e foi nosso motorista.

Em todos os lugares que visitamos, a primeira pessoa com quem todos falavam animados, em japonês, era Pedro Nakano, nosso tripulante sansei. Ele é brasileiro de nascimento, mas seus avós por parte de pai eram japoneses, que se mudaram para o Brasil após a Primeira Guerra Mundial. Pedro não entendia nada de japonês, e isso confundia os okinawanos, que se dirigiam a ele como se fosse um nativo da ilha. E ele se divertia muito com a confusão. Para Pedro, voltar à terra dos antepassados foi especialmente emocionante.

No Japão conhecemos somente o arquipélago de Okinawa. E ficamos surpresos de encontrar japoneses que, ainda hoje, não consideram Okinawa como sendo parte do Japão. Houve até uma tentativa da China de reaver o reinado que era deles. Eles desenvolveram uma cultura própria e até um dialeto exclusivo (uchinaguchi). Parte de sua história é diferenciada do resto do Japão.

Mas a grande emoção mesmo, que senti em três semanas que passamos no Japão, foi ver o jeito brasileiro de ser, de receber e dar carinho, de se emocionar com as alegrias e as conquistas de nossos conterrâneos.

A presença brasileira na região é provavelmente uma das mais antigas em relação ao Japão continental, remontando perto de trinta anos. A forte ligação familiar e cultural dos okinawanos com a terra natal talvez seja uma das grandes responsáveis pelo pioneirismo deste fluxo de retorno. Segundo dados do governo okinawano, existem entre duzentas e trezentas famílias brasileiras morando atualmente na ilha. Okinawa tem pelo menos um restaurante brasileiro, uma pastelaria e um carnaval anual de rua. E agricultores que plantam abacaxi. O futebol vem promovendo uma verdadeira invasão brasileira, que deverá aumentar ainda mais esse contingente brasileiro. Um novo recorde, em se tratando do paraíso okinawano.

Conhecemos Saty, bióloga e ambientalista brasileira, filha de japonês, que emigrou com o marido para o Japão. Em visita ao barco, ela pediu para comemorar os 18 anos da filha Jessica com uma pequena festinha a bordo. A jovem é jogadora de futebol no Vicsale, em Okinawa. Adoramos a ideia. As famílias e os amigos chegaram ao barco com bolo, brigadeiro e docinhos de festas brasileiras. Foi uma alegria poder proporcionar essa festa aqui a bordo. Emoção de todos.

Ao amanhecer, faríamos uma transmissão ao vivo com o Brasil, antes de partir. Assim que terminamos, o barco foi invadido pelos nossos amigos brasileiros, e os braços foram poucos para os abraços apertados de nossos novos amigos. Ao ir embora de Okinawa, meu olhar estava fixo na ilha que ia se distanciando de mim. Queria ter ficado por lá mais tempo.

Só parei de olhar quando o sol, espreguiçando-se, sorriu para mim e, sem que ninguém mais ouvisse, prometeu-me que um dia eu iria voltar.

18. China, inspiração da Expedição Oriente

2 DE ABRIL DE 2016: OKINAWA A XANGAI

Zarpamos de Okinawa rumo a Xangai, a 400 milhas (740 quilômetros) com uma boa previsão do tempo. O vento soprava de E/NE com intensidade de 8 a 10 nós e navegávamos contravento a uma velocidade de 6 a 7 nós. Ao largo da ilha, passamos por uma cratera do vulcão submarino Izena Tai.

Depois do primeiro dia, o vento mudou e assim melhorou ainda mais as condições para irmos direto ao nosso destino. Na terceira noite passamos por uma flotilha de barcos de pesca num total de 29 embarcações uma ao lado da outra, e tivemos que ter muita atenção para desviar de cada uma delas. Todas as embarcações tinham AIS, que as identifica e também nos dá a segurança de que não são barcos piratas.

Com essa movimentação de pesqueiros, são inúmeras as boias com espinhéis e redes. Wilhelm estava bastante preocupado:

— No Chile a gente pegou um pedaço de rede com uma boia que tinha uma argola de metal, e ele quebrou um pedaço da hélice. E o perigo é ficar sem motor. Se a gente pega uma boia dessas que estão amarradas juntas com redes, elas acabam se enroscando na hélice, na quilha e prendem o barco.

Algumas têm a marcação feita por luzes vermelhas e verdes. Outras, uma boia preta sem luz nenhuma. A 100 milhas (180 quilômetros) de Xangai tivemos uma forte corrente de través de dois nós. Nessa noite, mesmo com a tripulação em atenção redobrada, avistamos uma boia, mas não deu para desviar, e o cabo atingiu o leme de bombordo. O barco parou, e com muito trabalho conseguimos soltar com o croque (uma ferramenta do barco que é uma vara de metal com um gancho na extremidade, e serve para puxar boias nas ancoragens, retirar peixes fisgados do mar etc.). Nesse caso, serviu para "pescar" o cabo da rede que estava enrolado no leme. Quase na entrada do rio o movimento aumentou, e Capitão e Wilhelm não desgrudavam os olhos do radar. Às vezes só dá para ver uma luzinha pequena e temos que desviar. Com mais de sessenta barcos ao amanhecer, o veleiro Kat estava simplesmente ziguezagueando no meio dos demais.

XANGAI, PARIS DO ORIENTE

Na entrada do rio Huangpu, com 52 milhas (97 quilômetros) de extensão, no delta do rio Yangtzé, houve um dos momentos de mais tensão de entrada de porto que passamos até agora. Capitão e Wilhelm eram um time sincronizado, preocupados com a entrada e ancoragem no porto, estudavam a tela que mostrava, em tempo real, centenas de monstruosos navios de contêineres — o porto de Xangai tem o maior movimento de navios do mundo. Eram os quatro olhos deles e mais o resto da tripulação atenta no visual ao nosso redor. Em nossos cinco anos de preparação fomos informados sobre o procedimento obrigatório de entrada nesse porto. Com bastante antecedência tínhamos contratado uma agência, que se encarregou de marcar nossa entrada nesse porto com um prático (práticos são guias altamente qualificados que ajudam as embarcações a navegar com segurança em portos e canais). Esse serviço, para fazer toda a documentação e pedir as licenças, não sai barato. Se não contratar, não entra no porto. Eles estão acostumados com navios e o preço desse serviço é altíssimo, mesmo que a embarcação não tenha atividade econômica, como a maioria dos veleiros. Conseguimos um preço especial por meio das autoridades chinesas e da embaixada da China no Brasil.

CHINA, INSPIRAÇÃO DA EXPEDIÇÃO ORIENTE

Frank e Heitor filmavam o que estava acontecendo ao redor, Pedro tirava fotos, Emmanuel também registrava e eu e Erika ajudávamos, de olho também, e amarrando as defensas, os cabos para a chegada ao grande porto. Não podíamos deixar de sentir orgulho por atingir mais um marco em nossas vidas de velejadores. O porto, o país e seu povo me causavam expectativa, mas, naquele momento, nada maior do que as emoções sentidas em cada sonho realizado nesses últimos 32 anos.

Estamos aqui na porta da China, depois de um ano e meio navegando pelo Atlântico e pelo Pacífico, em uma jornada para descobrir até onde os chineses realmente chegaram durante as sete expedições marítimas que fizeram no começo do século XV.

Nos inspiramos nas teorias controversas dessa nossa maior aventura. Estamos ansiosos para encontrar alguma evidência concreta.

Os práticos ficavam em um pequeno navio, que funcionava como um hotel para os 350 guias que entravam e saíam com as embarcações a qualquer hora do dia ou da noite. Ele estava nos esperando às 7h30 da manhã.

O GPS nos deu o ponto de encontro informado pela agência; ficamos rodando uma meia hora no local indicado. E passavam monstruosos navios bem ao nosso lado. Chamamos pelo rádio e nada. A agência, não conseguindo nos localizar, ligou para o celular da Ligia, do escritório de logística da Expedição Oriente, em São Paulo. Eles perguntaram pelo navio, que não conseguiam ver e localizar. Recebemos, então, uma ligação a bordo e demos a nossa posição. O prático estava esperando e procurando um navio, e não um veleiro, por isso não conseguiam nos ver.

A embarcação do prático estava a uma milha de distância. Numa lancha, ele veio ao nosso encontro. E foi com as caras de surpresa de Capitão e dos marinheiros da lancha, numa manobra bem sincronizada, que ele embarcou no veleiro Kat. Desse ponto até onde iríamos aportar, no porto de Xangai, situado no rio Yangtzé, eram 45 milhas (83 quilômetros).

O prático, Lu Yueming, um chinês muito simpático, disse que era sua primeira vez entrando em um veleiro. Depois soubemos, pela autoridade portuária, que havia mais de vinte anos que um veleiro não ancorava no porto. Dá para entender, com as dificuldades de logística e o preço altíssimo, por que esse porto se torna inacessível para os velejadores.

256   EXPEDIÇÃO ORIENTE

O prático nos perguntou qual a velocidade máxima do veleiro. O veleiro conseguia, com os dois motores, chegar ao máximo de 10 nós. Na realidade, na máxima potência, sem ondas, pode chegar a até 13 nós.

Então ele disse:

— Por favor, temos que ir a 10 nós.

No canal de entrada do porto existe uma verdadeira fila indiana, um navio atrás do outro e a velocidade média das embarcações é de 15 nós. Capitão ficou na roda do leme até chegar ao centro de Xangai. Foram 5 horas no timão, sem arredar pé. A solicitação do prático de iniciar pela manhã fez sentido, porque tínhamos que aproveitar a maré de enchente cuja velocidade é de dois a três nós, dependendo da Lua. Assim, a velocidade real do veleiro Kat foi de oito nós. Tínhamos que manter o ritmo até porque parecia fila de estrada na hora do rush.

O rio tem duas mãos, como uma estrada. Estavam circulando pelo menos quinhentas embarcações, de todos os tipos. As que entram em direção a Xangai ficam no lado direito, e as outras, no sentido contrário, se mantêm à esquerda. Com a impressionante movimentação de navios cargueiros e petroleiros, nos chamou a atenção o movimento das barcaças ou chatas que transportam de tudo: tubos, cimento, brita, carvão, madeira etc., é um vaivém frenético. Com 25 a 30 metros de comprimento, são geralmente operadas por um casal que vive no barco como sua residência, algumas até com cachorros. Muitas delas têm vasos de flores no parapeito das pequenas janelas e cortinas de rendas.

Lembrei que esse mesmo rio foi mencionado por Júlio Verne na épica viagem de Phileas Fogg, no livro *A volta ao mundo em 80 dias*. Aliás, a cidade de Xangai inspirou vários escritores e diretores de cinema, e foi cenário dos filmes *007: Skyfall*; *Transformers: a vingança dos derrotados*; *O Expresso de Xangai*, entre outros.

Após tanto navegar pelo mundo, chegar aqui foi um momento de maior emoção para todos nós. Passamos por baixo de uma enorme ponte, a Nanpou, que tem a altura de 48 metros. O mastro maior do veleiro Kat tem 30 metros. Mesmo assim, a impressão era que iríamos bater. Na orla dos dois lados do rio há inúmeros estaleiros de navios de grande porte e algumas bases da Marinha com vários navios de guerra. Vimos chatas carregando

CHINA, INSPIRAÇÃO DA EXPEDIÇÃO ORIENTE   257

e descarregando suas mercadorias ao lado dos navios. Também na orla há instalações de alguns quilômetros com vários navios nos cais e enormes guindastes para movimentar os contêineres. É o porto de maior movimentação de contêineres no mundo.

Xangai quer dizer "Cidade no Mar" e está localizada no delta do rio Yangtzé, que tem 6.300 quilômetros de extensão, o mais longo da Ásia e terceiro maior do mundo, atrás do Nilo e do Amazonas. Até o meio do século XIX a cidade era apenas uma vila de pescadores, mas depois da Guerra do Ópio virou um ponto de comércio exterior.

Tinha lido muito sobre a China, sobre os chineses, seus costumes, crenças e sociedade. Eu pensava estar preparada para o que me esperava do outro lado daquele rio. Ledo engano. À medida que o barco avançava e subia o rio, sentíamos a dualidade entre o passado e o presente. Na margem direita surgia Pudong, a China pós-colonial, que caracteriza a mais ocidentalizada e cosmopolita cidade chinesa. O visual futurista dos edifícios é incrível, com torres altíssimas, de arquitetura ousada, como a Shanghai Tower, com 632 metros, a segunda mais alta do planeta. Na margem oposta está o charme da arquitetura colonial ainda preservada do passado, como o prédio da Alfândega e o Big Ben, o Hong Kong e o Bank of Shangai.

A cidade tem uma personalidade própria e cativante. Por isso é chamada de "Paris do Oriente". De dia, é uma cidade de negócios. Lógico que fizemos comparações com outras grandes cidades como Nova York e Hong Kong. Enquanto nos aproximávamos de Xangai, fui sendo cativada pela maior cidade chinesa com uma população beirando os 24 milhões de pessoas. E olha que cidades grandes não me fascinam, mas essa tinha uma certa mágica no ar que eu não sabia explicar.

Nosso prático disse que, com tanta experiência no mar, ele é quem estava aprendendo conosco sobre os lugares fascinantes do mundo. Ele se sentiu seguro de deixar Capitão no comando e deu uma rápida visitada no interior do veleiro. Também contou que para ser prático na China é exigido um curso de quatro anos com nível universitário. O salário que recebe dá para ter uma vida confortável com a família: de 1,5 a 2 mil dólares por mês.

Depois pediu para fazer uma selfie com Capitão e a tripulação toda. Emmanuel, todo feliz, falou com ele em mandarim. Ele seguiu conosco até o veleiro Kat atracar no píer flutuante no porto, perto dos navios de cruzeiros, enfileirado às diversas lanchas de 30 a 50 pés. Na nossa proa, um imponente iate de 150 pés. O local tem uma boa infraestrutura, com água e eletricidade. A água é grátis, mas a eletricidade é cobrada à parte.

Após seguir todos os trâmites necessários, fomos informados de que o Kat foi o primeiro veleiro brasileiro a atracar em um porto chinês. Muito difícil conseguir essa permissão.

O veleiro Kat finalmente atracou no porto, em Bund, na área nova de infraestrutura para navios de cruzeiro e com uma vista impressionante dos arranha-céus iluminados por milhares de luzes multicoloridas na margem oposta de onde estávamos!

Há emoções que sentimos e não conseguimos mensurar. São sentimentos que quase podemos tocar de tão intensos que são. Assim é nossa felicidade de pisar na China.

Foram mais de cinco anos de muito trabalho envolvendo centenas de pessoas no Brasil, desde que iniciamos nosso sonho. Construímos um barco, planejamos a rota nos mínimos detalhes, formamos equipes competentes em terra e no mar, enfrentamos mudanças de culturas, de países, de clima e da rota traçada. E, em cada milha que passava por baixo da quilha, nossos pensamentos eram de chegar à China.

A entrada do veleiro Kat se tornou um fato histórico. Assim que atracamos, as autoridades vieram a bordo. Nunca tivemos tanta gente dentro do veleiro — o pessoal da Alfândega, Imigração e Segurança somavam oito pessoas dentro do barco, todas muito simpáticas. E chegaram com mais papelada. Nós já tínhamos preenchido antes mesmo de chegar aqui, através do escritório em São Paulo, um calhamaço de documentos. Mas preenchemos mais formulários e, em vez de um visto, nós ganhamos um *salvo-conduto*, sem carimbar nossos passaportes. Tínhamos enviado uma lista de todos os aparelhos e equipamentos que tínhamos a bordo, desde nossos celulares, telefone via satélite, câmeras, o drone; enfim, tudo esmiuçado nos mínimos detalhes. Eles revisaram as listas, não pediram para ver nada, e colocaram cinco carimbos nos documentos. Ficaram muito impressionados com o veleiro e com o fato de que estamos pesquisando e filmando tudo sobre o grande navegador chinês Zheng He.

CHINA, INSPIRAÇÃO DA EXPEDIÇÃO ORIENTE   259

Todas as autorizações estavam prontas; nos deram as boas-vindas e nos liberaram para ir para a terra. Nós podíamos desembarcar. Avisaram que a área dentro do porto onde estava o barco é restrita e controlada: para sair e entrar, existe um cartão de identificação. Guardas patrulham a área, mantendo o barco seguro.

Enfim liberados, a tripulação teve folga, pois no dia seguinte teríamos uma recepção pelas autoridades da cidade e da embaixada do Brasil.

Saímos todos, e a movimentação nas ruas e a quantidade de estabelecimentos comerciais impressionam. Uma cidade que não para, considerada um dos principais centros financeiros da China.

Apesar de utilizarmos o telefone via satélite a bordo, para usar telefone em terra todos da tripulação, antes de chegar aqui, tinham aberto uma conta com um aplicativo que estabelece conexão possível de ser usada na China. Por medidas de segurança nacional, todas as redes sociais mais conhecidas são barradas no país. Sem essa conta extra, a pessoa fica incomunicável com o resto do mundo.

Muita novidade em um dia só. Quanta saudade de David! Chegou hoje, feliz de estar aqui também. Veio com ele a gerente de projeto da Expedição Oriente, Isis Prujansky, do escritório em São Paulo. Aqui nós iniciaríamos a nossa pesquisa e as filmagens sobre Zheng He e suas viagens.

Wilhelm, Erika, Emmanuel, Pedro, Heitor, Frank e eu estávamos deslumbrados com a cidade. Ela é bem movimentada e é uma cidade de negócios, com muitos executivos e um comércio também bastante ativo. O trânsito tem um movimento intenso de muitos carros e bicicletas; ai de quem reclama do congestionamento nas cidades grandes no Brasil. Aquela ideia que eu tinha das bicicletas da China mudou totalmente, pois hoje 60% delas são motorizadas. Os ciclistas não respeitam a sinalização, e tínhamos que tomar um cuidado incrível olhando para os dois lados das vias antes de atravessarmos, para não sermos atropelados. As avenidas são modernas, e uma parte da cidade cresceu muito rapidamente, bem planejada e cortada por viadutos, com ruas largas e arborizadas.

Em qualquer metro quadrado gramado, um espaço menor que uma quadra de tênis, um grupo de pessoas pratica o tai chi chuan. Imersas em gestos de meditação em movimento, me transportando para um oásis de

260   EXPEDIÇÃO ORIENTE

tranquilidade, mesmo que eu esteja no meio do trânsito de bicicletas, motocicletas, carros e gente, gente e mais gente. Numa calçada mais larga vejo uma senhora caminhando de costas! Como assim? Nos dias seguintes, vejo mais pessoas que também caminham assim e, curiosa, quis saber o motivo. Simples: para manter a coluna reta, para a musculatura e treinar a coordenação motora. E todos saem do caminho delas, concentrados em suas caminhadas no sentido normal.

No primeiro lugar do mundo onde não consegui me comunicar no idioma local, o mandarim, eu me senti estrangeira. E minhas poucas palavras chinesas — *nihau* (olá) *e xie xie* (obrigada) — provocavam risadas dos chineses. Emmanuel, que estudou seis meses o idioma, sabia até pedir cerveja, e logo conseguiu se comunicar e aprendeu mais palavras. Heitor, que também sabia um pouco do idioma, se virava melhor.

As avenidas com jardins e o florido Parque do Povo atraem turistas e casais de noivos, e as mulheres com elaborados vestidos posam para fotos, num cenário diferente. Grupos de turistas se juntam, com algumas dezenas de chineses apreciando a cena.

A população veste roupas modernas, jeans... e as mulheres, principalmente no setor financeiro, de salto alto e bem maquiadas. Algumas pessoas mais velhas ainda usam as vestimentas tradicionais, num contraste do antigo com o novo, a tradição e o moderno. Também caminhamos na área mais antiga, pelas ruelas estreitas e entre as construções antigas de casinhas cinza e lojinhas, uma ao lado da outra, com roupas, utensílios de cozinha, fogos de artifício etc. Tudo junto e misturado em uma cena típica que eu sempre imaginei ser a China: panelas fumegantes com óleo quente, mulheres e homens fritando bolinhos, fazendo macarrão, sopas e essas comidas de rua. É de chamar a atenção a quantidade de roupas penduradas para secar em varais nas calçadas, nas marquises dos prédios ou do lado de fora das janelas. Mas esse cenário vai estar completamente mudado dentro de alguns anos, pois estão renovando a cidade e as novas construções estão tomando o lugar desses bairros mais antigos.

Dia seguinte tivemos que mudar o veleiro no píer flutuante — uma distância de 200 metros — devido a um evento marcado para nós. Para mover o veleiro de lugar veio o prático para acompanhar a manobra, que teve de ser feita com bastante atenção devido à correnteza do rio.

CHINA, INSPIRAÇÃO DA EXPEDIÇÃO ORIENTE 261

Nossa Expedição Oriente à China se tornou um evento diplomático e de grande importância nas mídias do país. Fomos recepcionados pelas autoridades da cidade e da Marinha chinesa, junto com o consulado brasileiro de Xangai, que nos prepararam uma recepção. Capitão foi assediado pelos repórteres, e depois todos nós da família demos diversas entrevistas para a imprensa, falando sobre nossa história e experiências de mais de trinta anos de navegação. Abrimos o veleiro Kat para a visita das autoridades e da imprensa, que ficaram encantadas com o nosso dia a dia e também com as inovações sustentáveis a bordo.

Quando acabou o evento e a visita das autoridades chinesas e brasileiras no veleiro, tivemos que aguardar outro prático para colocar o veleiro no espaço onde estávamos antes. Não é permitido mover qualquer embarcação estrangeira no porto sem um prático. E para qualquer coisa cobravam pelo trabalho.

A tripulação tirou folga e Capitão disse:

— Cuidado, aqui se cunhou a frase "Let's Shanghai a crew".

Era muito comum nos séculos XVIII e XIX, entre os chineses e britânicos, visitar os bares da cidade e raptar os marinheiros bêbados e inconscientes para seus navios e partir. Quando eles acordavam, já estavam em alto-mar, e eram obrigados a ficar trabalhando sem pagamento por muitos anos. Até 1915 esse trabalho escravo foi amplamente utilizado a bordo dos navios mercantes ingleses e americanos. A tradição que começou aqui se espalhou por outros portos do mundo.

Na manhã seguinte, nos reunimos para começar, dessa vez por terra, a pesquisar a história de Zheng He e suas grandes navegações. Fomos em uma van, Capitão, David, Isis, Frank, Heitor, Pedro, Emmanuel e eu, e, além do motorista, tínhamos um guia e intérprete, Júlio. Logo gostamos de Júlio, um chinês que falava português bem; aprendeu o idioma sem nunca ter ido ao Brasil ou a Portugal, mas a Macau. Bem-vindo a bordo, Júlio.

Nossa pesquisa e investigação sobre as grandes navegações chinesas para esclarecer a teoria de Gavin Menzies começaram aqui em Xangai, no China Maritime Museum, que reúne diversos documentos e tesouros das antigas viagens e também réplicas dos grandes navios chineses. A tecnologia de navegação chinesa é impressionante. Eles inventaram a bússola, e já sabiam navegar pela estrela Polar. Foram um dos principais responsáveis pela evolução da maneira de navegar para o resto do mundo. Eles construíram os barcos em seções estanques, reduzindo o risco de naufrágio no caso de um choque com recifes ou icebergs. O veleiro Kat também foi construído assim, e na frente do barco há uma porta estanque que é fechada; no caso de um choque com um contêiner, ou qualquer outro objeto, esse compartimento estanque não deixa a água passar para as outras seções.

Estávamos no museu e, de repente, chegaram cerca de trezentas crianças de escola, com idades entre 7 e 10 anos. E nosso espanto foi grande, ver todos aqueles chinesinhos, educadíssimos, obedecendo a seus professores, falando baixinho e quase todos de celular ou tablet nas mãos fotografando as réplicas e os quadros. Com muita educação perguntavam se podiam tirar fotos conosco. Uma cena muito linda. Uma turma se sentava no chão esperando a professora terminar com a explicação e depois eles trocavam de lugar com outro grupo, tudo muito disciplinado.

Júlio nos explicou que faz alguns anos que revisaram a história e o grande navegador Zheng He foi elevado a herói dos navegadores. Seus feitos são ensinados nas escolas em toda a China. Vi nos olhinhos dos estudantes respeito e admiração.

As viagens do almirante Zheng He tinham objetivos diferentes dos europeus. Eram viagens diplomáticas e a intenção era difundir a cultura chinesa e estabelecer novas relações de intercâmbio cultural e econômico.

ZHENG HE: UM HERÓI NACIONAL NA CHINA

Já falamos alguns fatos sobre Zheng He. Mas a importância dele em nossas vidas cresceu ainda mais aqui na China.

Ele nasceu em 1371, no sul da China, de origem hui, um grupo étnico muçulmano chinês. Seu nome de nascimento era Ma He — Ma é uma abreviação de "Maomé", indicando a herança islâmica de Zheng He. Aos 10 anos, sua cidade foi invadida pelo exército da dinastia Ming. Ele foi capturado e, após ser castrado, foi levado para a capital, Nanjing, onde serviu na casa imperial como eunuco. Mesmo nas condições difíceis em que vivia, Ma He

CHINA, INSPIRAÇÃO DA EXPEDIÇÃO ORIENTE

se tornou conselheiro do príncipe, Zhu Di, que se tornou imperador e deu o título honorífico "Zheng" para o jovem Ma.

Em 1403, o imperador Zhu Di Yongle ordenou a construção de uma enorme frota de juncos capaz de navegar por todo o oceano Índico. A supervisão da construção ficou ao encargo de Zheng He, seu homem de confiança. Sua missão: ser o embaixador da cultura e da boa vontade de uma nação poderosa, mas pacífica. Suas frotas transportavam peças de laca, porcelana e seda feitas por artesãos Ming para serem comercializadas em portos distantes.

Em 11 de julho de 1405, após uma série de orações para a deusa protetora dos marinheiros, Tianfei, a esquadra partiu para a Índia, já sob o comando de Zheng He. A expedição com uma tripulação de 27.800 homens, divididos em cerca de 250 navios, 62 deles conhecidos como Frota do Tesouro, em virtude de sua grande dimensão. Algumas descrições dizem que mediam 137 metros de comprimento e 55 metros de largura, tamanho cinco vezes maior que as caravelas europeias. Outras afirmam que atingiam no máximo entre 61 e 76 metros de comprimento.

Após deixarem Nanjing, o primeiro porto estrangeiro de onde as embarcações saíram, viajaram para o reino de Champa no Vietnã. De lá, partiram para a ilha de Java, na Indonésia, depois para Malaca (Malásia), Sumatra e Andamão e Nicobar, na extremidade leste do golfo de Bengala. Depois de visitar o Ceilão, atual Sri Lanka, eles chegaram a Calicute, na costa ocidental da Índia, um dos principais portos comerciais do mundo naquela época.

Voltaram à China carregados de pedras preciosas, marfim, especiarias, madeiras tropicais e outros itens de luxo valorizados pelos chineses.

Com o sucesso dessa primeira viagem, Zheng He, seus oficiais e marinheiros receberam as recompensas do imperador Yongle, que ficou muito satisfeito com os resultados da expedição, as homenagens prestadas pelos embaixadores estrangeiros e o aumento do prestígio da China no oceano Índico.

A partir daí foram realizadas mais seis expedições a partir de 1409 a 1422, percorrendo distâncias cada vez mais longe da China, alcançando a Arábia e o leste da África. A expedição era carregada de animais exóticos, sendo a girafa o mais reverenciado, uma criatura mitológica (*Qilin*) venerada na cultura oriental como um ser generoso e que tem respeito à vida.

O imperador Yongle faleceu em 1424, e um dos sucessores, o jovem imperador Xuande, com espírito aventureiro, determinou uma nova viagem da Frota do Tesouro, sob o comando de Zheng He, aos 59 anos, e já com a saúde debilitada. Essa, que seria a última expedição, durou três anos e passou por dezessete portos diferentes. Zheng He supostamente morreu em águas indonésias. Antes de sepultá-lo no mar, lugar mais digno de sua grandeza, a tripulação recolheu uma trança de seu cabelo e o par de sapatos que usava, levando-os de volta à China e enterrando-os em Nanjing.

Além de grandes feitos na economia e política, um dos outros objetivos desta grande frota foi alcançado com sucesso: como muçulmanos, divulgavam regularmente o Islã em todos os destinos. O Islã tinha começado a se espalhar no Sudeste Asiático havia algumas centenas de anos antes por meio do comércio da Arábia e Índia. Zheng He apoiou ativamente o crescimento contínuo da religião nessas áreas.

Com a ameaça da invasão dos mongóis ao noroeste da China, e as elevadas despesas das viagens marítimas pelo oceano Índico, as expedições foram proibidas e seus feitos foram esquecidos pelos séculos seguintes. O confucionismo não encorajou o comércio e levou os imperadores da dinastia Ming a fechar as portas do país para ideias e diplomacia internacionais e pessoas estrangeiras. Eles aparentemente destruíram os registros das viagens épicas e até mesmo os próprios navios da Frota do Tesouro. Porém, os monumentos e artefatos chineses encontrados em lugares tão distantes como a costa do Quênia fornecem sólidas evidências da passagem de Zheng He e da Frota do Tesouro por tais regiões.

Os únicos registros das várias viagens foram escritos por Ma Huan, Fei Xin e Gong Zhen, participantes nos navios. Esse material se tornou fonte de pesquisas para confirmar a verdade dos fatos sobre essas aventuras ocorridas há seiscentos anos.

Com o passar do tempo, pessoas dentro e fora da China tomaram conhecimento desse período grandioso quando a gigantesca frota de Zheng He navegava pelos mares. E o livro de Gavin Menzies inspirou nosso fascínio crescente, possibilitando-nos estar aqui para explorar mais a fundo essa história tão inspiradora do almirante Zheng He.

CHINA, INSPIRAÇÃO DA EXPEDIÇÃO ORIENTE

O BERÇO DA FROTA DO TESOURO

Partimos em uma van, toda a equipe de filmagem, David, Isis e nosso guia, Júlio. A pedido das autoridades portuárias, Wilhelm e Erika ficaram cuidando do barco. Estávamos muito eufóricos com esse momento histórico e com o motivo que nos trouxe até aqui, à China.

No caminho para Nanjing, foi a nossa vez de admirar as estradas largas, movimentadas e ladeadas de dezenas de edifícios retangulares nos dois lados. Tínhamos a impressão de que eram peças de dominó enfileiradas. Havia pouco espaço dedicado à lavoura, e a sucessão de cidades menores se acotovelavam e se juntavam umas às outras.

Para quem está acostumado a se deslocar por mar sem muito trânsito, as quase quatro horas de viagem, com um tráfego incessante entre Xangai e Nanjing, passaram bem devagar.

Pernoitamos na cidade de Nanjing, a antiga capital chinesa. Eu ainda não conseguia me acostumar com a multidão de pessoas na rua, o barulho de tanta gente falando e principalmente as buzinas de carros.

Pela manhã nossa programação foi intensa, para explorar o antigo estaleiro dos barcos da Frota do Tesouro. No centro da cidade de Nanjing, durante a dinastia Ming, havia o maior estaleiro do mundo. Com uma área de 280 hectares, e empregando mais de 30 mil pessoas. Capitão se animou em ver o lugar:

— Aqui era um estaleiro ao ar livre, tinha comportas... eles saíam daqui e iam para o rio Yang-Tsé, e de lá navegavam até Xangai e depois ao mar. Mais ou menos como o veleiro Kat, construído no estaleiro e movido para a água em um rio.

Em 2005 foi criado aqui o Treasure Park Ship, uma praça oriental com a réplica do Templo de Tiju, o centro administrativo do estaleiro. O templo foi reconstruído no estilo do edifício daquela época. O salão de tesouros está no templo, exibindo os presentes e tributos dos países que Zheng He havia visitado durante as viagens. No centro há uma impressionante estátua gigante do almirante. De norte a sul, o parque é composto por quatro regiões que mostram respectivamente a cultura de Zheng He, a tecnologia marinha, a produção no estaleiro e a vida dos antigos fabricantes de navios.

EXPEDIÇÃO ORIENTE

Foi literalmente uma viagem pelos céus, caminhar por um corredor com o teto exibindo as estrelas, de 200 metros de comprimento, marcando as rotas das expedições de Zheng He e contando as histórias sobre os enviados estrangeiros que visitaram a China durante a dinastia Ming.

Conhecer por dentro os modelos de navios antigos foi como se estivéssemos cruzando o oceano com os homens de Zheng He.

Uma seção tem a produção simulada do estaleiro, diferentes oficinas com modelos de trabalhadores em tamanho real que mostram como um navio surge a partir de um pedaço de madeira, e também o local de treinamento onde os marinheiros foram instruídos e preparados, tudo recriado de acordo com os registros históricos.

Ficamos impressionados com as dimensões da réplica do barco com 62 metros de comprimento. Subimos a rampa, entramos nele e nos sentimos em 1421. Vilfredo e eu parecíamos crianças. Tudo que imaginamos, sonhamos e pesquisamos estava ali ao vivo e em cores. Eu fechei os meus olhos aqui e imaginei ordens sendo dadas, levantar as velas, seguir a navegação, seiscentos homens! Parei, pois é difícil imaginar toda essa tripulação trabalhando aqui nesse deck. Vilfredo se imaginou capitão desse navio, comandando essa dimensão de barco e tripulação em uma tempestade, responsável pela embarcação. Duvidou da estabilidade com tanta construção de casario acima da linha-d'água.

Visitamos as relíquias de madeira que pertenceram à frota de Zheng He, e Capitão se impressionou com um leme de 10 metros de comprimento. Para usar esse leme, o barco teria que ter pelo menos de 80 a 100 metros de comprimento. Cada passo dentro do parque nos levava ao passado histórico e rico de histórias desses navegadores chineses.

Um voo de drone acima do parque quase causou uma confusão na rua. O drone levantou voo do estacionamento, e, como crianças e adultos queriam ver de perto como funcionava, ficamos cercados de gente. Júlio, nosso guia, repetia: "Só pode voar até a altura de 300 metros." Tivemos que proteger Frank e Heitor das pessoas se acotovelando querendo ver as imagens do drone na telinha. E na China, quando falamos juntou gente, queremos dizer que perdemos a noção de quantidade de pessoas, e em pouco tempo

CHINA, INSPIRAÇÃO DA EXPEDIÇÃO ORIENTE 267

uma multidão cercou nossa equipe de filmagem. Sorte de ter Júlio conosco falando mandarim e afastando as pessoas.

Em Nanjing, visitamos o castelo Yue Jiang Lou, idealizado em 1437 e construído nos anos 2000, preservando ainda as tradições da arte, as cores originais, e um espetáculo em cada detalhe, em cada forma, no mural imenso dedicado às viagens diplomáticas do almirante Zheng He.

Antes de partir, prestamos nossa homenagem no monumento — o túmulo do grande navegador. Em 1983, sua tumba foi reconstruída de acordo com os costumes islâmicos. Subimos a íngreme escadaria devagar, quase como uma peregrinação. Cada escada tinha 28 degraus de pedra divididos em quatro seções, e cada seção tinha sete degraus. Isso representava as sete jornadas de Zheng He para o Ocidente. No topo do túmulo estão gravadas as palavras em árabe "Allahu Akbar" ("Alá é grande").

Durante todas as nossas visitas, a equipe de filmagem e o fotógrafo não paravam. De repente, David mandou parar tudo. Um grupo de cinquenta muçulmanos chegou para prestar uma homenagem a Zheng He. Nos acolheram surpresos por sabermos da existência desse navegador famoso no Brasil e nos convidaram para participar, desde que sem fotos ou filmagens. Assim nos juntamos à belíssima cerimônia, escutamos as orações, as músicas e os discursos da homenagem. Quando foram embora, David disse:

— Tem momentos como esse, e outros em nossas viagens, que são muito especiais, e são somente para os nossos olhos.

Em cada país procuramos os restaurantes locais e tradicionais. Perguntamos a Júlio onde havia um restaurante assim. Para nossa surpresa ele para na frente de um KFC. "Aqui está o mais tradicional restaurante da China." E ele matou nossa curiosidade contando a história: o KFC foi a primeira rede de fast-food a se instalar na China em 1987. Os chineses amaram o conceito do frango frito, e este passou a ser o programa de fim de semana das famílias — ir comer no KFC. Hoje em dia, a China é o maior mercado da rede no mundo, com 5.224 unidades localizadas em mais de oitocentas cidades. Um dos fatores de sucesso dessa cadeia em território chinês é o congee, um café da manhã típico do país, uma espécie de sopa com macarrão de arroz que pode conter diversos tipos de carne. Mesmo assim, agradecemos a Júlio e optamos por um tradicional restaurante chinês perto do hotel.

Existem alguns itens que só são encontrados na China, como as receitas de frango e pato com molhos apimentados, palitos de massa frita e bebidas à base de soja. Em todo lugar, quando não tínhamos Júlio conosco, aprendemos a pedir o que os locais pediam e, claro, nos preparar para uma surpresa ou outra. Dependendo do lugar, ou ninguém fala inglês ou todos falam. Apontar para outros pratos e usar um tradutor no celular são técnicas que ajudam bem. Passo a passo: a bebida quente (chá) sempre vem como bebida principal. Depois, um arroz ou uma sopa (normalmente com algas), sempre servidos no formato cozido ou fervido. Nada de saladinha. O resto vai depender sempre do que o garçom entende. Para mim, barata, escorpião e cachorro viraram lenda. Mas também pode ser que eu não tenha procurado o suficiente. E acho melhor assim.

Fazia diferença utilizar nos shoppings ou nos restaurantes internacionais o sistema de banheiros. Nos pequenos restaurantes em que paramos na beira da estrada, os banheiros não eram tão limpos e eram de se agachar, pois a privada fica direto no chão, não há vaso sanitário.

Depois de alguns dias em Nanjing, voltamos para Xangai, onde estava o veleiro Kat. Wilhelm e Erika nos relataram que era intenso o movimento das embarcações à noite. Navios, barcos de cruzeiro, barcos-restaurantes, todos iluminados, com turistas, em uma grande movimentação, subindo e descendo o rio a cada minuto.

Sentada no cockpit, minha impressão era que a cidade de Xangai é uma mulher vaidosa que à noite revela sua personalidade. Ela se veste de cores, com luzes néon, purpurina e paetês e mostra seu lado vibrante com a iluminação em prédios e torres, como a Pérola Oriental, que brilham convidando para uma grande festa na *night* cosmopolita da cidade. De camarote, eu sentia a magia de estar em Xangai.

Já estávamos com datas marcadas no início da semana para entrevistar os professores e pesquisadores chineses, e conversar com eles, especialistas sobre o navegador Zheng He.

Aproveitamos os dias livres para conhecer melhor a cidade. Fomos percorrendo a pé as ruas estreitas e, de repente, o que mais nos impressionou foi um shopping e-nor-me! São nada menos que 5 quilômetros de shopping! Esse a que fomos tinha um parque náutico e uma roda-gigante

CHINA, INSPIRAÇÃO DA EXPEDIÇÃO ORIENTE

para atrair os clientes. Grifes famosas de roupa ou um fast-food de rede internacional estão no shopping. Sem escutar o idioma e ver os cartazes em mandarim, poderíamos estar em qualquer lugar do mundo: Paris, Nova York ou São Paulo.

Caminhamos por todas as partes. Às vezes por ruas menores, paralelas às ruas principais, vendo a vida dos chineses em seus prédios, no seu dia a dia. Foi como um mergulho no passado desse povo e em sua vida tradicional. Fomos descobrindo Xangai, sentindo os aromas dos mercados de frutas (adoro as laranjas pequenas), das verduras como as raízes de lótus, dos tanques de enguias pequenas no mercado de peixes, que tentam fugir pelo meio de meus dedos, e dos ovos de diferentes tipos, tamanhos e cores. Vários serviços são prestados na rua, como o de sapateiro, onde você pode se sentar, tirar seu sapato e esperar para que seja consertado ou que sua bolsa seja costurada. Nas animadas mesas de carteado e de vários jogos com apostas, pediam que "não tirem fotos". Em qualquer lugar aonde vou, vejo um povo obcecado por jogos.

Um lugar sagrado que todos visitamos foi o Templo do Buda de Jade (Jufo Si), construído em 1882. Durante a perseguição religiosa da Revolução Cultural na época de Mao Tsé-Tung na China, o templo permaneceu fechado, tendo sido reaberto em 1980. Quando a Guarda Vermelha de Mao chegou para destruir o templo, os monges tinham colocado uma imagem de Mao sobre as portas do templo, o que ajudou a salvar a sua estrutura.

Nesse Templo, fiquei mais introspectiva, e o lugar era um convite à meditação diante de um Buda de jade feito de um único bloco dessa pedra. Os sons da sala ao lado eram monges concentrados que entoam seus mantras. Sempre encontrava um grupo de pessoas praticando o tai chi. Imersos em gestos de meditação em movimento, me transportavam para um oásis de tranquilidade, ainda que estivesse no meio do trânsito de bicicletas, motocicletas, carros e gente, gente e... mais gente. Lindo lugar!

Finalmente, iniciamos nossa conversa com os catedráticos que iriam nos esclarecer as dúvidas sobre as grandes navegações chinesas. Afinal, o grande almirante Zheng He foi quem nos inspirou para chegarmos até aqui.

Conversamos com três importantes especialistas na história do almirante. Zhu Jian Qiu, professor e vice-diretor do Zheng He Research, que há mais de vinte anos estuda as viagens desse grande navegador; Shi Ping, da Shangai Maritime University's Institute of Marine Culture e diretor do Zheng He Research, que pesquisa o grande almirante há mais de trinta anos, sobre suas técnicas de navegação, registros, objetivos das viagens e tudo mais; e Zhou Ru Yan, professora do Zheng He Research.

De acordo com as principais informações que obtivemos, podemos concluir que a maioria dos estudiosos acha que Zheng He não esteve nas Américas.

Zhou Ru Yan nos disse:

— Acredito que eram capazes de alcançar tais feitos, mas não encontramos relatos sobre o assunto. É claro que gostaríamos de, futuramente, descobrir registros de Zheng He que nos contassem sobre as idas às Américas, com mais provas. Até o momento não há indícios suficientes para comprovar.

Os três catedráticos se baseiam em mapas e registros oficiais encontrados e expostos nos três museus que visitamos. Eles afirmam que o almirante navegador Zheng He e sua gigantesca frota navegaram pela Ásia, indo até a Índia, depois ao golfo Pérsico, chegando até a costa da África, onde hoje é Moçambique.

Eles dizem que não há registro de uma viagem transoceânica de volta ao mundo. Eles já estiveram com Gavin Menzies e reconhecem o grande trabalho de pesquisa do autor, mas debatem sua teoria.

Vilfredo perguntou se não havia a possibilidade de o imperador ter um plano secreto e ter enviado embarcações em uma missão para além do continente africano. Eles responderam que, se houvesse, existiria alguma prova registrada por Zheng He. Na sua volta à China, a suposta volta ao mundo seria documentada e divulgada.

O almirante Zheng He tinha ordens expressas do imperador de navegar pelos mares que haviam estudado antes de zarparem do porto. Também, se houvesse uma volta ao mundo, os marinheiros chineses comentariam algo, como na época das navegações espanholas e portuguesas, quando houve registros das terras conquistadas, e não somente do escrivão-mor.

Explicaram que o imperador tinha que cuidar muito bem do seu país, que estava em constantes guerras e não tinha ambições, mesmo dispondo de uma numerosa frota. As viagens realizadas pelos chineses não tinham

CHINA, INSPIRAÇÃO DA EXPEDIÇÃO ORIENTE 271

como objetivo conquistar novos países e sim estabelecer novas relações culturais e mais rotas de negócios, como as vendas de seda e cerâmica, que na época era de um valor muito alto; diferentemente dos portugueses e espanhóis, que em cada lugar aonde chegavam, à força ou através da religião, obrigavam os dominados a seguirem seu mando e exigiam a mudança da crença nativa.

Também fizemos uma entrevista interessante com Liu Gang, advogado, proprietário de uma banca de mais de 250 advogados em Beijing, que veio a Xangai especialmente para nossa entrevista. Ele tem como hobby a busca por relíquias em livrarias e em lojas de antiguidades, e se considera um curioso e também astrônomo amador. Há alguns anos encontrou em um antiquário um mapa datado em 1763, e afirma que foi desenhado a partir de um mapa de 1418. Foi esse mapa que Gavin Menzies apresentou como uma de suas evidências mais contundentes de suas teorias, embora a comunidade acadêmica não o aceite como prova, pois ele foi feito em 1763, ou seja, mais de três séculos depois da última expedição feita pelos chineses no século XV.

Liu Gang nos falou que fez a análise do papel do mapa na Nova Zelândia, e tem um laudo que confirma a autenticidade de 1763, mas defende que as inscrições e o tipo de escrita no mapa apontam para um outro mapa mais antigo, supostamente de 1418. Segundo ele, que defende a tese de Menzies, os chineses teriam chegado até a mais lugares do que o próprio autor inglês aponta.

Seguiríamos investigando e realizando mais entrevistas em Hong Kong.

Nos 25 dias que ficamos na China não tivemos problema algum para filmar ou tirar fotos quando entramos com câmeras, drones e equipamentos, e todas as permissões e autorizações necessárias e com o guia e intérprete. As pessoas eram sempre curiosas, querendo saber o que estávamos filmando. Entre filmagens, caminhando pelas ruas, era sempre divertido atender alguns pedidos de locais querendo tirar fotos com a gente. *Ué! Somos famosos na China e nem sabíamos*, brincávamos. Mas a realidade é que, depois de pesquisar, vimos que é algo típico. Como não veem muitos estrangeiros, do Brasil ainda menos, eles gostam de tirar selfies e depois mostrar para os amigos. E nem todos os estrangeiros permitem tirar fotos com eles.

No meu imaginário, desde criança, a Grande Muralha da China estava tão distante quanto a Lua! Quando começamos a sonhar com a Expedição Oriente, eu a imaginava em um local ainda de difícil acesso, pois está a mil quilômetros do porto de Xangai, onde iríamos aportar.

Ao chegar à China, a minha vida se transformou. Vivi cada dia como uma semana e cada momento como se fosse um dia. Com um planejamento detalhado, eu, Vilfredo, Wilhelm, Erika e Emmanuel embarcamos em um trem-bala, muito confortável, dormindo uma noite nele, de Xangai até Beijing, para conhecer a Grande Muralha e a cidade. Aliás o trem, com quatro beliches, homens e mulheres na mesma cabine, era limpíssimo, banheiros, idem, e todo o serviço bem supervisionado por dois seguranças em cada vagão.

Passamos por um vexame quando perguntei à comissária de bordo se podíamos mudar para uma cabine vazia, pois estávamos todos separados. Creio que ela não entendeu meu inglês, mas fez sinal que sim com a cabeça. Assim, mudamos todos para a mesma cabine. Meia hora depois, já instalados, o trem parou na última estação antes de ir direto a Beijing e chegou o dono da cabine, furioso com aqueles estrangeiros sentados no lugar reservado para ele e sua família. Que vergonha! Até hoje eles riem de mim quando contam sobre essa viagem.

Nosso guia Júlio nos preparou um roteiro com uma guia, Mei, que nos recebeu em Beijing. Por duas horas andamos pelas estradinhas para fora da grande cidade. Os campos de arroz lembravam aquelas cenas de filmes com várias pessoas cultivando ou arando, às vezes víamos búfalos e raramente um trator. Homens e mulheres com chapéus de palha transportavam fardos de colheita nas costas, algumas mulheres carregavam um bebê e se dobravam cultivando os campos. De dentro do carro isso parecia uma cena romântica, mas nossa guia explicou as condições duras do trabalho, em que não há folga e o trabalho é de sete dias por semana.

Ao longe vimos a Muralha, mas, ao chegar perto, a emoção tomou conta de todos nós. Para nossa surpresa, o local tinha um teleférico para subir até um patamar, onde podemos caminhar para a Muralha. Quando chegamos ao alto da montanha, foram sentimentos de alegria e deslumbramento, e a certeza de realização de um sonho. Foi meu encontro mágico e romântico com a China.

CHINA, INSPIRAÇÃO DA EXPEDIÇÃO ORIENTE 273

Mei, nossa guia desfez o mito em que sempre acreditei: não se pode ver a Muralha do espaço. O astronauta Alan Bean, da Apollo 12, declarou: nenhum objeto feito pelo homem pode ser avistado do espaço. Na verdade, até a data, não existe nenhuma construção erguida pelo homem visível a mais de 480 quilômetros de altitude. O astronauta Yang Liwei, do programa espacial chinês, confirmou isso em 2003 e desde então o governo do país teve que atualizar os textos dos livros didáticos e guias dos visitantes.

E me transportei para mais de mil anos atrás, ouvindo o vento entre as pedras nas galerias da torre dos guardas. É de perder o fôlego. É preciso energia e bom preparo físico para explorar a Muralha. Em alguns trechos, as escadas de degraus de diferentes tamanhos e alturas chegam a ter até 498 degraus. Às vezes eu parava, ofegante, respirava e pensava: *Continue, Heloisa! Você veio até aqui, não pare agora.*

Em cada lance de escadas estreitas e altas fazíamos uma pausa para descansar, apreciar e curtir esse momento em uma das sete maravilhas do mundo. Em uma das torres, a cena era espetacular. Por mais de 3 quilômetros podíamos avistar os muros serpenteando pelas montanhas. Tão lindo que nas escadarias abaixo se acotovelaram vários artistas: uns pintando, outros desenhando e outros tirando fotos. Conversei com alguns e encontrei pessoas de diferentes partes do mundo que vieram para retratar esse incrivelmente belo pedaço da Muralha.

A Grande Muralha começou a ser construída em 215 a.C. O imperador Qin Shihuang a ergueu para proteger a região da invasão de nômades vindos de outras regiões. Os últimos trechos da obra foram erguidos por volta de 1568. E demorou vinte séculos para ser finalizada. Com uma extensão de 8.850 quilômetros atravessando nove províncias e cem condados, a Muralha foi declarada Patrimônio da Humanidade pela ONU.

Estima-se que cerca de 2 milhões de trabalhadores tenham trabalhado na construção da Muralha da China. Ela é a construção mais longa em comprimento já realizada pelo homem. Cerca de 10 milhões de pessoas a visitam anualmente. Mas essa multidão deve ter ido a outros lugares quando estivemos lá, parecíamos os únicos ali.

Depois da Muralha, fomos explorar Beijing, mais precisamente a Cidade Proibida, o complexo arquitetônico mais emblemático de toda a China e que representa ainda hoje um centro simbólico do mundo chinês.

Encontrar tanta gente junta mudou meu conceito da palavra multidão. Antes de visitar a China, eu não tinha ideia de que esse termo tem um alcance muito maior do que a palavra...

Ao chegar à Praça da Paz Celestial sentimos emoções mistas de estar nesse lugar histórico da China. No portão da Cidade Proibida, há um enorme retrato de Mao Tsé-Tung. Foi ali que ele proclamou a independência da República Popular da China em outubro de 1949. Também foi lá o palco do corajoso protesto estudantil de junho de 1989, quando mais de 100 mil estudantes reivindicavam maior abertura política, e o Exército atirou sobre os estudantes, causando um massacre, com milhares de mortos.

Ali naquele mesmo lugar senti um arrepio e fiquei em silêncio. Nossa guia também. Júlio já havia nos avisado que na China não se fala de política, nem de governo, nem de nada que poderíamos ver e achar diferente de nosso conceito de democracia. Silêncio nos lembrava ele. E, principalmente, aqui nenhum chinês fala sobre esse momento sombrio do passado.

Me lembrei da imagem daquele momento histórico, conhecido como "Homem do Tanque" ou "O Rebelde Desconhecido". Passou como um filme o momento daquela cena. Para conter a rebelião o Exército enviou os tanques para a Praça da Paz Celestial. De repente, apareceu um homem com duas sacolinhas nas mãos, que ficou na frente de um tanque, que estava seguido por uma fila de mais dezessete deles. O significado desse momento marcou a vida de milhões de pessoas.

Que coragem, pensei quando vi as imagens. O tanque se moveu para bloqueá-lo e ele, como num passe de dança, pulou de um lado para o outro e ficou firme impedindo a passagem de um exército da maior nação do mundo, com mais de 1 bilhão de pessoas. O tanque parou e desligou o motor. Ele subiu no tanque e falou com o soldado, mas nunca saberemos o que disse. Quando desceu, o tanque ligou o motor e começou a andar, mas ele foi novamente para a frente do tanque, que parou. Logo depois duas pessoas o levaram embora imediatamente. Sua identidade e seu destino são até hoje um mistério, e, passados mais de vinte anos, nunca se descobriu quem era ou o que havia acontecido, mesmo sendo considerado um símbolo da luta pela democracia. O Homem do Tanque foi eleito uma das pessoas mais influentes do século XX.

CHINA, INSPIRAÇÃO DA EXPEDIÇÃO ORIENTE

Não tive tempo de parar, pois estávamos seguindo no rolo de pessoas. Mas não parei de pensar em outras situações de guerra, violência, ditadura por várias partes do mundo e me pergunto sempre: por que o homem não aprende?

Entramos no oposto do que representa a praça. No conjunto de palácios de 720 mil metros quadrados da Cidade Proibida, que foi moradia da família imperial nas dinastias Ming e Qing, cerca de 10 mil pessoas viveram aqui. A denominação Cidade Proibida tem base na astrologia chinesa antiga, que significa a morada celestial do imperador, sendo a cidade proibida a residência terrestre do rei, e ninguém podia entrar ou sair do palácio sem permissão do imperador.

Ele é o maior palácio do planeta e demorou quatorze anos para ser construído, de 1406 a 1420, e precisou do trabalho de milhões de trabalhadores e artistas. Caminhamos pelas galerias, sobre os pisos de "tijolos dourados", que têm seis séculos. No interior dos muros, ficamos admirados com a grandiosidade das construções, os detalhes da arquitetura, das esculturas, das estátuas de pedra, dos muitos leões e dragões, das portas de madeira entalhadas com símbolos. Os telhados são amarelo-ouro, a cor do imperador, com uma fila de estatuetas de guardiões.

Tudo é grandioso, e os pavilhões têm nome de pureza, tranquilidade, união, harmonia. Erika se encantou com as cores, e em cada lugar víamos a beleza e a história. Um privilégio estar nesse lugar!

De volta a Xangai tivemos um encontro de muita emoção. Depois de desencontros nas datas e horários conhecemos a brasileira Cristina Marote, do blog China na Minha Vida, que mora na cidade há dez anos. Foi muito especial conhecer seu modo de vida e a incrível experiência dela nesse país, desde que deixou o Brasil. Ela nos contou sobre os desafios e alegrias de morar em Xangai. Cristina trabalha como consultora para pessoas interessadas em viver, estudar e conhecer o país.

Vir à China foi uma descoberta, uma aventura e uma imersão na cultura desse país de muitos contrastes que me fascinou, com as dinastias sábias, as tradições milenares, o feng shui e a medicina chinesa, as artes, o tai chi chuan e a sabedoria de Confúcio.

EXPEDIÇÃO ORIENTE

Em dois dias nosso salvo-conduto (visto) iria expirar. Hora de partir, embora esse fosse um lugar onde gostaríamos de ficar mais tempo. Houve muita preparação em compras de víveres no mercado, e, depois de um ritual de documentação para ser preenchido, fomos liberados para seguir viagem.

Hora marcada com o prático, Capitão passou o leme outra vez para um jovem alegre, Si Huang, também feliz de pilotar um veleiro pela primeira vez. Conversou muito conosco e nos contou que tem planos de levar sua família para um cruzeiro ao Japão. E a tensão da saída pelo rio foi tão intensa quanto a nossa chegada, com maior movimento de navios.

Adeus, Xangai. Próximo destino: Hong Kong.

19. Hong Kong: dragões e a Deusa do Mar

28 DE ABRIL DE 2016: XANGAI A HONG KONG

A navegada entre Xangai e Hong Kong poderia ser descrita como um video-game de suspense, mas em tempo real e ao vivo e em cores: entre centenas de barcos e boias pesqueiras, era de arrepiar ver de dia o movimento dessas embarcações, e à noite, um suspense total. Sem vento, fomos a motor.

Com a tripulação sempre em turnos e bem atenta, ultrapassávamos esses obstáculos com segurança e depois de 890 milhas (1.650 quilômetros), em cinco dias de navegada desde Xangai, chegamos a Hong Kong.

Quando estávamos chegando, fomos surpreendidos: em mais de trinta anos navegando nunca tínhamos presenciado uma bioluminescência tão forte! Pedimos informações ao Laboratório de Sistemas Planctônicos do Instituto Oceanográfico da USP, que coleta imagens de organismos micros-cópicos para análise. Os pesquisadores da universidade nos informaram que essa "luz azul" foi causada por um tipo de plâncton chamado de Noctiluca. Embora esse organismo seja comum e abundante em águas não poluídas, sua presença em Hong Kong tem sido atribuída à poluição. O esgoto não tratado e as águas contaminadas por pesticidas, fertilizantes e poeira desembocam no mar da região, aumentando o nível de nitrogênio na água, propiciando um ambiente favorável para a proliferação de outros organismos do plâncton que servem de alimento para Noctiluca. A beleza hipnotiza, mas também serve como um grande alerta para todos nós!

A ilha de Hong Kong está no estuário do rio das Pérolas e convive momentos de grande prosperidade com intermitentes chegadas de refugiados e tensões políticas. O território adota duas línguas oficiais, inglês e chinês (mandarim como oficial, e cantonês, mais falado nas ruas).

A história dessa ilha é repleta de invasões estrangeiras. A China cedeu a ilha ao Reino Unido, em 1842, após a Primeira Guerra do Ópio. Em 1860, incorporaram-se os novos territórios de Kowlon e a ilha de Lantau, que foram arrendados pelos ingleses.

No começo do século XX vieram duas levas de refugiados da China, uma depois da criação da república em 1912 e outra duas décadas mais tarde, quando o Japão invadiu a Manchúria. De 1941 a 1945, durante a Segunda Guerra Mundial, o território foi ocupado pelos japoneses. Em 1949, com a tomada do poder da China pelos comunistas, chegou uma terceira onda de refugiados, e as relações entre Reino Unido e China ficaram abaladas até os britânicos devolverem o território para o governo chinês em 1997.

Hong Kong, hoje, tem autonomia comercial, social e jurídica até 2047. Isso se reflete em seu alto grau de desenvolvimento econômico, um dos maiores do continente asiático. As empresas com sede na região empregam milhões de trabalhadores na província vizinha chinesa de Guangdong. A economia do território foi gradualmente deixando o setor manufatureiro e atualmente é baseada em serviços. Destaca-se ainda um importante centro empresarial e bancário, bem como um canal para as exportações crescentes da China. O seu porto de águas profundas é um dos mais movimentados do mundo.

A Ásia nos parecia quase como um outro planeta e vivíamos uma descoberta atrás da outra. Não entramos na linda baía de Sai Kung, pois nossa permissão era para ir direto ao Royal Hong Kong Yacht Club, que já tinha reservado uma vaga para o Kat no píer flutuante. Para nós, que víamos os inúmeros arranha-céus a distância, chegar ao Shelter Cove, uma baía parecida com o litoral de Angra dos Reis, foi como encontrar um oásis a 40 minutos da cidade. A documentação de entrada foi eficiente e logo estávamos liberados para desembarcar.

HONG KONG

O sistema de transporte supereficiente nos levou ao centro de Hong Kong: metrô, ônibus, táxi e trole, uma mistura de bonde com ônibus de dois andares que circula por toda a cidade. A quantidade de gente transitando nos transportes públicos é enorme, mas todo mundo respeita a fila. Incrível não ver ninguém passando à frente de outros, nem nos dias de muita chuva. Tudo muito organizado.

Vindo de Xangai, uma cidade com milhares de prédios, é impressionante constatar que o número de edifícios de Hong Kong é muito maior. Com pouco espaço para expansão em todo o seu terreno montanhoso, a cidade tem, hoje, uma das mais altas densidades demográficas do mundo, com 7,3 milhões de habitantes, e é uma das regiões metropolitanas com maior número de arranha-céus do planeta. Edifícios, templos budistas, centros comerciais e mercados tradicionais disputam o limitado espaço disponível. Quase toda a população reside em prédios, e grande parte dos apartamentos são minúsculos. De longe pareciam bloquinhos de Lego de tão juntinhos que estavam, e altíssimos. Mas esse é um dos mercados imobiliários mais caros do mundo.

Fiquei com o pescoço doendo de tanto olhar para o incrível colorido de roupas secando, penduradas para fora das janelas. Elas dividem espaço com algumas varandinhas feitas de bambu, construídas pelos moradores, que não têm espaço em casa e onde colocam objetos como carrinhos de bebê, bicicletas, patinetes e cadeiras de roda.

Abastecemos o barco na última semana e o motorista do táxi, Yeung Ying, que trouxe Erika e eu do supermercado para o Yacht Clube, ficou curioso ao saber que vivemos em um veleiro. Primeira pergunta: qual é o tamanho de uma cabine? Ele ficou surpreso ao ver uma foto e disse:

— O apartamento onde moro com minha mulher é do tamanho de sua cabine. Vivemos num cubículo.

Pensei que não tinha entendido. E ali aprendemos uma realidade do incrível contraste entre a riqueza dos apartamentos da cidade com os apartamentos-gaiola. Ele contou que existem entre 50 e 100 mil pessoas que vivem em habitações pequeníssimas, em apartamentos subdivididos em cubículos minúsculos ou preenchidos com caixas de madeira e metal para dormir.

— O nosso tem dez cubículos, um banheiro e uma pia. Cada um tem seu fogareiro. Temos o espaço de 4 m² com cama de casal, pelo qual pago US$ 167 por mês, pois tenho renda de motorista de táxi. Minha mulher não trabalha, mas ajuda no centro comunitário e recebe arroz e outros alimentos gratuitos uma vez por mês. Temos sorte de que no nosso espaço só há casais e somos apenas vinte pessoas. Mas existem apartamentos como o nosso onde vivem até trinta pessoas. — Quando o carro parou, ele nos mostrou uma foto de sua casa-cubículo.

Ele nos ajudou a levar as compras até o barco e pediu para visitá-lo. Seu rosto se iluminou quando viu o interior, e o que mais o impressionou foi o tamanho das cabines.

— Puxa, aqui poderiam residir até vinte pessoas com muito conforto. Três banheiros, um luxo. — Vendo nossa tripulação de oito pessoas, disse: — Que sorte vocês têm de estar vivendo aqui.

Na despedida, um pouco encabulado, nos pediu:

— Tenho 62 anos, sou forte, posso ajudar no barco, minha mulher, na cozinha, nos levem para navegar com vocês? — Capitão lhes explicou que estávamos em uma expedição e só podemos levar nossa tripulação. À noite, custei a dormir. Às vezes penso que nossa cabine poderia ser maior...

Nos chamou a atenção quando vimos que não havia andaimes de aço ou alumínio. É tudo de bambu. Pode ser numa estrutura pequena, no meio ou em um alto prédio de mais de trinta andares. Às vezes dava até medo de passar perto desses edifícios. Essa técnica antiga tradicional ajuda o meio ambiente, pois o material é muito resistente, pode ser reaproveitado e é sustentável. Como a cidade possui um alto índice de tufões, esse também é um sistema seguro. Os ventos fortes podem balançar, mas não fazem cair, pois é um material bem flexível.

A cidade é verde e cheia de parques, e me surpreendeu saber que 40% de toda a região é destinada a bosques, parques e jardins.

A cidade tem uma rua para cada mercadoria: rua dos tênis, rua dos óculos, dos eletrônicos, dos bonés, das flores, dos utensílios de cozinha, e outras cheias de tudo o que você imagina que se possa vender. A mais bizarra que conhecemos foi a da medicina chinesa, que tem desde ervas, grãos, óleos medicinais até ingredientes muito exóticos, como ninhos de pássaros, sapos, lagartixas, minhocas, centopeias, peixes secos, chifres de rinoceronte, cavalos-marinhos, misturados com chás variados, unguentos de cobra, expostos em vidros espalhados pelas prateleiras das lojas e pendurados em sacos de plástico nos tetos.

Conversamos em uma dessas farmácias com a médica Fu Wai Man da medicina chinesa tradicional, e ela nos explicou que grande parte da população ainda se trata com medicina tradicional. Mesmo com hospitais de alta tecnologia e bons médicos, ainda confia na sua cultura e em seus remédios antigos.

Sempre que precisava perguntar algo em inglês, porque achava que me entendiam, me metia em alguma situação engraçada. Num desses dias, em uma vila de pescadores, perguntei a uma mulher onde havia um banheiro. Ela me deu um sorriso, saiu comigo, atravessou a rua e me levou a um minimercado, e mostrou uma prateleira cheia de produtos de limpeza e higiene, onde havia frascos específicos para limpar banheiro. Ri muito, ela riu comigo, não entendeu nada, mas procurei e enfim encontrei uma senhora que me entendeu e me levou a um banheiro. Aliás, essa foi uma característica de todos, sorridentes e prestativos para nos ajudar.

Em nossa busca por respostas sobre a teoria de Gavin Menzies, procuramos professores, pesquisadores renomados e os maiores estudiosos na área das Grandes Navegações Chinesas que nos ajudassem a responder às dúvidas que pairam sobre o assunto. Depois de visitar Nanjing e conhecer o estaleiro e a réplica dos grandes juncos chineses, nossas perguntas eram: teriam os chineses chegado às Américas, à Oceania, à Antártica, e circum--navegado o globo quase um século antes dos europeus? Como teria sido a era das Grandes Navegações Chinesas? Quais seriam os objetivos desses navegadores? Até onde poderiam ter chegado?

Fomos buscar respostas no famoso Museu Marítimo de Hong Kong. Libby Chan, curadora do museu, nos recebeu para uma visita e nos mostrou com muito profissionalismo o acervo de embarcações e documentos da época das grandes navegações. E nos contou sobre a motivação por trás das viagens de Zheng He.

— Naquela época, de fato, havia muita competição entre vários grupos na corte imperial da dinastia Ming. Por que o imperador estava tão ansioso para

282 EXPEDIÇÃO ORIENTE

enviar os maiores navios para outros países? Porque vários grupos de apoio, incluindo o grupo dos comerciantes, queriam ganhar poder, e, para isso, tinham que ter dinheiro; consequentemente, eles precisavam fazer negócios.

Fiquei curiosa com um modelo de junco que tinha olhos pintados no casco, um de cada lado da proa.

— Os juncos chineses sempre tinham um par de olhos. Porque eles acreditavam que havia muitos monstros marinhos e este tipo de barco tem os olhos para proteger os marinheiros, mantendo-os em segurança.

Entrevistamos o escritor e historiador Philip Snow, da Universidade de Hong Kong:

— Importante ressaltar que o objetivo principal das viagens da Frota do Tesouro não era realmente a exploração. Foram missões diplomáticas planejadas para elevar o prestígio de um imperador inseguro de uma nova dinastia. Com certeza, eles conseguiram abrir caminho ao redor da costa do oceano Índico até o leste da África. A ideia era permitir que o imperador fosse visitado por emissários de muitos países diferentes que vinham comercializar com os chineses, que consideravam uma honra e um modo de cobrar tributos. Isso melhoraria a posição do imperador em seu próprio país. E também, se um dos esquadrões de Zheng He tivesse se lançado através do Atlântico Sul para o completo desconhecido, isso, na minha opinião, iria contra o propósito limitado das viagens.

Vilfredo me confessou que estava bem impressionado com cada detalhe que o museu nos mostrava desse universo fascinante e rico das tradições e cultura desses grandes navegadores. Imagine se eles tivessem continuado suas expedições pelo mundo, como teriam mudado a história da nossa civilização?

Na Universidade Hong Kong fomos recebidos por Stephen Davies, ex--oficial da Marinha Real Britânica, com uma longa carreira na história da navegação. Depois de se formar, fazer mestrado e lecionar por muitos anos, Stephen foi seduzido pelo canto da mesma sereia que nos levou a navegar. Ele comprou um veleiro e por quinze anos navegou mais de 50 mil milhas, visitando 27 países. De volta a Hong Kong, continuou a lecionar. Ele escreveu um livro, *The Star Raft: China's Encounter With Africa*.

HONG KONG 283

— Eu faço parte de um grupo de historiadores marítimos da China e estamos juntos há quase dez anos tentando contrapor o que vemos como uma história seriamente mal informada. Não há evidência alguma para apoiar a tese de Gavin Menzies em 1421. Do começo ao fim, ela está mais próxima da ficção do que da história. Para que até mesmo sua tese básica funcione, para o período em que as viagens estão acontecendo, é preciso reverter o padrão de vento e os padrões atuais do mundo. Caso contrário, não pode funcionar. E, claramente, o mundo não reverteu seus padrões de vento e corrente pelo período em que ocorreram as grandes viagens.

Com tantas evidências ficamos ainda mais curiosos sobre qual teria sido o caminho de Zheng He. Continuamos em busca de respostas.

Hong Kong, com vários templos, com o gigante Buda de ouro, me mostrou uma cidade espiritualizada onde convivem todas as religiões. Curiosamente, ninguém lhe pergunta sua religião ou em que você acredita. Mas a deusa mais venerada e popular é Tin Hau, protetora dos pescadores e gente do mar. Só em Hong Kong existem setenta templos dessa deusa. E, por sorte, estávamos no mês do aniversário dela.

A comemoração se estende por dois meses de festividades, quando milhares de pessoas se reúnem do lado de fora do templo para rituais taoistas, danças tradicionais e exibições de altares em papel. Ficamos fascinados com esse culto imenso de Tin Hau, uma deusa cuja principal atribuição é proteger pescadores e marinheiros, que são ocupações dificilmente consideradas importantes na Hong Kong de hoje.

Participamos dos principais desfiles de rua em Yuen Long, a parada dos dragões, leões e danças e óperas em sua homenagem. Nos disseram que passar a mão no dragão trazia sorte. Adivinhem se Capitão e eu fizemos carinho em pelo menos dez desses dragões! Vilfredo foi até convidado para dançar dentro de um deles. Tudo muito colorido e movimentado nas cerimônias do templo e nas apresentações de ópera cantonesa em teatros de bambu.

Fomos ver a parada de barcos de pesca em Aberdeen, enfeitados com bandeiras coloridas. Lembrou um pouco as embarcações de nosso país, no dia de Iemanjá e Nossa Senhora dos Navegantes.

O professor Lin Tik-sang, antropólogo cultural da Universidade de Ciência e Tecnologia de Hong Kong, nos relatou a história dela:

284 EXPEDIÇÃO ORIENTE

— Tin Hau, cujo nome significa "rainha celestial", existiu de verdade. Ela era uma menina da dinastia Song chamada Lin Moniang de Weizhou, da província de Fujian. Nasceu há cerca de mil anos e diz-se que tinha dons incríveis: a capacidade de prever o clima e proteger os pescadores durante as tempestades violentas. Dependendo dos relatos históricos, aos 28 anos ela morreu no mar enquanto tentava salvar seu pai e seu irmão de um naufrágio de barco. Após a sua morte, a família de Lin passou a acreditar que ela "subiu ao céu" e se tornou uma deusa por causa de seu ato de bravura. Depois de décadas de sua morte, muitos milagres foram atribuídos a ela, e o tribunal Song do Norte a reconheceu oficialmente como "um ser celestial". Uma deusa do mar que também é venerada em Macau e Taiwan, pelos marinheiros. Isso porque se acredita que Tin Hau seja capaz de conceder desejos e de livrar seus seguidores dos espíritos malignos.

Para conhecer mais sobre o povo que vive em barcos na vila de Aberdeen, a simpática capitã Wey Li nos levou em sua pequena balsa, que transporta os pescadores até suas casas flutuantes, ao sul de Hong Kong. Vivenciamos de perto o contraste entre o antigo modo de vida e a modernidade. Lá, centenas de pescadores vivem em uma comunidade, em seus "barcos-casa", numa baía onde há mercados, pessoas estendendo roupas, cuidando das plantas, descansando e cozinhando nos decks, tendo lado a lado velhos juncos e lanchas milionárias, e a baía ladeada por arranha-céus residenciais.

Outra curiosidade de Hong Kong foi a culinária bem variada e muito gostosa: frutos do mar fresquinhos, muitos bolinhos recheados e cozidos em gamelas de barro, algumas frituras, macarrões, arroz e uma quantidade enorme de padarias com pães variados e docinhos deliciosos. Nossos tripulantes eram bons de garfo e comiam sem pestanejar todo tipo de comida. Algumas sopas de macarrão vinham com algo que achei serem cogumelos, e umas carnes que também pensei serem de porco. Na dúvida fechei os olhos, comi e gostei.

Fomos muito, mas muito bem recebidos pelo consulado brasileiro, e o embaixador e toda a sua equipe nos ajudaram e deram todo o apoio. Aqui, mais trocas de tripulação. Chegou nosso neto Sebastian, que aproveitou as férias da universidade e veio para navegar conosco. Emmanuel, seu irmão mais velho, deu um curso sobre as técnicas de som e as funções dele a bordo do Kat. Depois partiu para a Flórida a fim de realizar seus exames médicos.

HONG KONG

Em Hong Kong, Pedro desembarcou para voltar ao Brasil. Momento de despedida de um tripulante muito querido que esteve conosco desde Piriápolis, no Uruguai, e deixou saudades em todos os nossos corações. Agradecemos a Tin Hau toda a proteção desde que saímos de Itajaí e, com sua bênção, nos despedimos da China rumo ao Vietnã, a 665 milhas (1.230 quilômetros) de distância.

Nossa passagem por Hong Kong foi curta, mas fizemos um excelente trabalho de pesquisa e de filmagens.

20. Vietnã: um país de belezas e tradição

7 DE MAIO DE 2016: HONG KONG AO VIETNÃ

Saímos de Hong Kong no dia 7 de maio rumo a Nha Trang, no Vietnã. Nosso novo tripulante, Sebastian, foi aos poucos se acostumando com o balanço do barco e tudo de novo ao seu redor. Navegamos com muita atenção e tensão entre os pequenos barcos de pesca com redes, mas Capitão decidiu navegar nas rotas dos navios para escapar dessas redes. Não desgrudou os olhos nem as mãos do leme um segundo, e nossa atenção estava 100% no tráfego intenso dos navios que, à medida que nos aproximávamos da costa, foi diminuindo. Aí encontramos os barcos de pesca de lula, com suas luzes possantes que víamos de longe e pareciam uma imensa cidade. Nas condições de um mar tranquilo, aproveitamos a noite para assistir a alguns filmes sobre o Vietnã. *Bom dia, Vietnã*, de Barry Levinson, foi o favorito da tripulação.

Nos impressionou, nesse tempo em que passamos no mar da China, a quantidade de plástico, linhas e redes de pesca abandonados no mar. Com a pesca desenfreada e muito lixo no mar, pegar um peixe é coisa rara. Mas nossa tripulação não desistia e sempre colocava uma linha atrás do barco, na esperança de fisgar um belo exemplar. A persistência da turma foi premiada, e Heitor pegou uma cavala de 12 quilos. Que delícia um sashimi fresquinho no cardápio!

288 EXPEDIÇÃO ORIENTE

Chegamos a Nha Trang depois de cinco dias de navegação, 665 milhas (1.230 quilômetros) de tempo bom, somente a motor e sem vento nenhum. No Boat Show, em Hong Kong, Wilhelm conheceu o holandês Ruurd van Putten, um agente marítimo que está construindo com investidores vietnamitas uma marina para 220 embarcações, a primeira marina do Vietnã.

Ele já estava nos esperando, em seu bote, no ancoradouro onde iríamos ficar, na frente do Museu e Instituto de Oceanografia. Não pudemos atracar com nosso veleiro, por ser muito raso, mas havia ali um pequeno píer de fácil acesso para nosso bote.

Muito eficiente, Ruurd veio a bordo nos dar as boas-vindas. Preenchemos a papelada e entregamos todos os documentos a ele, que foi providenciar os carimbos e as autorizações e nos liberar para desembarque.

Uma van veio nos buscar e seguimos para a cidade, onde fomos recebidos por diversas autoridades do governo, o prefeito da cidade, pessoas ligadas ao ramo náutico e a mídia. Imagine, depois de cinco dias vendo somente mar e céu, a mudança que foi quando nos levaram como VIPs pela Organização de Marketing de Destino de Nha Trang (NTDMO) para a cobertura! Era um prédio altíssimo, com uma visão de 360° de toda a cidade. Lá nos esperavam mais de sessenta pessoas, num coquetel para celebrar nossa chegada e nos dar boas-vindas. O primeiro veleiro brasileiro a aportar no Vietnã. Fizemos uma coletiva de imprensa e depois entrevistas individuais. Tudo muito intenso. Mas uma recepção bem carinhosa por parte de todos.

Para mim, foi uma grande surpresa chegar a Nha Trang, a mais famosa cidade de praia do país. Parece muito com as cidades praianas brasileiras, com altos prédios à beira-mar e um grande calçadão. As praias são espetaculares, de águas limpas e mornas, cheias de turistas, vindos principalmente da China, da Rússia e da Europa. Nossa imaginação sobre o Vietnã era baseada no passado, em livros e filmes de guerra, mas chegar a uma cidade moderna como essa foi uma realidade bem diferente!

Folga da tripulação, que saiu cedo do barco e alugou motos para passear e conhecer a cidade. Vilfredo e eu andamos pelas ruas, e o que encontramos foi um povo alegre, que usa a bicicleta como meio de transporte da família, levando quatro ou cinco pessoas e até mesmo cachorros. Me chamaram a atenção as mulheres de roupas longas, cobrindo os braços e pernas, com

VIETNÃ 289

luvas, máscaras especiais no rosto e chapéus para se protegerem do sol. Tudo isso sob um calor de 35ºC.

Aqui, todas as atrizes e modelos famosas têm a pele branca e cabelos negros. Conversei com algumas mulheres que me falaram que a pele clara passa uma imagem mais saudável, bonita e aparenta uma sensação de juventude. As vendedoras do mercado me diziam que eu iria ficar velha e enrugada por tomar sol no barco. Ser bronzeada como eu significa que você vem de casta inferior, que trabalha no sol para ganhar a vida. Hum... é bem verdade. Mas expliquei que vou ao dermatologista sempre e que uso bloqueadores solares, chapéus e evito tomar sol das 10 às 15 horas. Mais do que beleza, era importante cuidar da saúde.

Vilfredo e eu tomamos um riquixá, que é como bicicleta, em que o motorista pedala e leva ainda mais uma ou duas pessoas à sua frente. Bem turístico, mas muito divertido. Fomos almoçar perto do mercado, cheio de gente, numa confusão incrível, com as motos passando e quase nos atropelando. Aliás, o trânsito aqui é caótico. As motos são muitas e andam todas juntas. Quando param no semáforo o trânsito é só delas: são dezenas formando imensas filas. E fiquei pasma, pois os motoqueiros não respeitam faixa nem mão dupla, ultrapassam pela direita, pela esquerda, pelo meio, nas ruas e nas estradas. Atravessar a rua é quase uma tourada! Nós caminhávamos no meio da rua e eles iam se desviando. Nossos ouvidos também não estavam acostumados a tanta buzina. Ai que barulheira!

Por todos os lugares onde passávamos, o contraste dos prédios altos, hotéis de cadeias internacionais e turistas estrangeiros se dava com centenas de cartazes espalhados pela cidade, elogiando e propagando o comunismo. Enquanto o consumismo da população aumentava, o vermelho dos cartazes lembrava quem mandava no povo.

Hoje o país está recuperado de várias guerras e em pleno progresso, mas a Guerra do Vietnã mudou para sempre o curso da história dessa região. O Vietnã é o único país do mundo a ter derrotado três grandes potências: China, França e Estados Unidos. O pequeno país tem um povo guerreiro, determinado e muito trabalhador. Foram mil anos de dominação da China. Em 1847, a França iniciou quase um século de ocupação na chamada União da Indochina — Vietnã, Laos e Camboja. E, em 1941, os japoneses invadiram o Vietnã. Terminada a guerra, em 1945, o comunista Ho Chi Minh fundou a República Democrática do Vietnã. Mas os franceses não aceitaram sair da região, e assim nasceu a Guerra da Indochina contra a França, que durou quase uma década, terminando em 1954 com a divisão do Vietnã em dois países: o Vietnã do Norte, comunista, dirigido por Ho Chi Minh e apoiado pela China, e o Vietnã do Sul, anticomunista e apoiado pelos Estados Unidos. Em 1965, os primeiros soldados americanos desembarcaram no porto de Da Nang. (Nos anos seguintes, os Estados Unidos bombardeariam o país com o dobro da quantidade de bombas jogadas na Segunda Guerra Mundial.) Durante nove anos, com a participação de aproximadamente 500 mil soldados, a alta tecnologia militar americana foi sendo derrotada pela guerrilha de um povo ideologicamente motivado. Enfim, foi uma guerra com perdas incríveis: 58 mil norte-americanos e entre vietnamitas civis e militares foram 1,2 milhão de vidas perdidas.

A Guerra do Vietnã foi um importante marco para a formação de uma consciência global dos jovens sobre a paz. Diferentemente de outras guerras, essa foi televisionada e plenamente divulgada pelos meios de comunicação, o que teve um efeito contrário ao esperado pela mídia dos Estados Unidos: o público norte-americano se indignou diante de tanta violência. Surgiram, em diversas cidades americanas, movimentos de jovens, da geração da Paz e Amor, contra a guerra. Na primeira metade dos anos 1970, os EUA começaram a retirar as suas tropas do Vietnã. Vitorioso, o governo comunista do Vietnã do Norte se encarregou de investir na economia do país e trabalhar a favor de uma reunificação pacífica. Com o passar dos anos, o governo foi se abrindo para o mercado e a economia se desenvolveu ainda mais.

O que não posso deixar de enfatizar é a alegria e a simplicidade do povo nessa parte da Ásia. E os vietnamitas têm ainda outra característica apaixonante: sua culinária. Um misto das cozinhas dos países que os invadiram. Há influência chinesa, francesa, e até mesmo indiana, com um tempero exclusivo: gengibre, alho, coentro, canela, pimenta, limão, manjericão e hortelã. Eles também comem muitas espécies de sopa. Bún bò Huế é uma das sopas mais populares no Vietnã, cujos principais ingredientes são macarrão de arroz bem fino e carne. O prato se destaca pelo balanço entre os sabores apimentados, azedos, salgados e doces. Mas o prato de que eu mais gostei

VIETNÃ 291

foi o bún chả, uma carne de porco ou de boi feita na grelha, servida com macarrão de arroz e ervas. Rega-se com um molho chamado nước chấm, em que vai um pouco de tudo: doce, salgado e levemente picante.

Para meu neto Emmanuel, foi aqui que ele comeu algo nunca antes imaginado.

— Tive coragem de experimentar: salada de água-viva. Sim, estranho! E, como você pode concluir, não gostei. A textura é um pouco estranha, mas, pelo menos, sei que tentei... — confessou.

Nosso tempo de estada no país seria curto, e com a assessoria especial do Ruurd elaboramos um roteiro para explorarmos o Vietnã de avião, van, ferryboat e barco. Ele providenciou uma guia vietnamita que falava inglês, Linh, que iria nos levar até onde estavam as maravilhas naturais que planejávamos tanto conhecer.

Infelizmente não tínhamos como deixar o barco sozinho, e Wilhelm e Erika ficaram a bordo e foram conhecer a cidade e os arredores de bicicleta.

Partimos de Nha Trang e depois de duas horas de viagem de avião chegamos ao aeroporto de Hai Phong. Embarcamos em uma van que nos levou até o ferryboat e seguimos então para Cat Ba, onde ficamos hospedados em uma pousada rural. Foram quase cinco horas de viagem.

As mulheres vietnamitas que estavam trabalhando nas plantações de arroz, ou nas hortas, nos sorriam e acenavam quando viam nossa van passar. Era como se tivéssemos voltado no tempo, com as construções tradicionais e alguns templos pelo caminho. Linh nos contava as histórias dos lugares por onde passávamos a cada paisagem diferente, com búfalos nas plantações de arroz, com canoas descendo o rio e muitas outras cenas que impediam a equipe de sequer descansar a câmera, porque tudo o que víamos era bem interessante.

Depois de uma noite na pousada, saímos em um barco tradicional para explorar Halong Bay, um arquipélago com cerca de 3 mil pequenas ilhas, declarado Patrimônio Mundial da Unesco em 1993.

Segundo uma lenda local, para proteger o Vietnã da invasão dos chineses, os deuses enviaram uma família de dragões que jogou pedras de jade no mar. Essas pedras se transformaram em ilhas, formando assim uma barreira contra os invasores. A história é interessante, mas as pedras calcárias se formaram no fundo do oceano e, com a ação do mar e dos ventos, adquiriram os mais variados tamanhos e feitios, repletos de vegetação densa, que emergem das águas verdes do mar. Essa ação de milhões de anos resultou em um cenário único no mundo!

Nosso barco nos levou a uma região a sudoeste pouco visitada e, por isso mesmo, quase sem barcos. Foi muito mais do que esperávamos: um visual incrível das águas verdes com as altas ilhas.

Em uma das baías completamente deserta, fomos barrados por uma embarcação com guardas da Reserva, pois só poderíamos entrar ali com permissão especial. Na mesma hora Linh fez várias ligações e depois de uns trinta minutos nossa liberação chegou. Entramos, então, na reserva ambiental. Se já estávamos boquiabertos com o que víamos até aquele momento, a entrada nesse local foi uma passagem para um mundo místico, com absoluto silêncio ao nosso redor e uma leve neblina, que nos revelava a sensação de um lugar sagrado. Uma mistura de sonho e realidade.

Ali, naquele cenário todo, por um segundo tive a nítida convicção de que estava na Terra do Nunca, do Peter Pan, um lugar que eu acreditava só existir na imaginação do escritor escocês J.M. Barrie. Meu entusiasmo foi tão grande que olhei ao redor para ver se o barco do Capitão Gancho estava ali, ou os garotos perdidos em alguma ilha. Para mim, foi um momento de extrema magia. Sem dúvida, é o lindo cenário do filme do menino que não queria crescer.

Mais para dentro da baía, Linh nos mostrou as ilhas mais altas, local de outro filme que revelou esse lugar inacreditável. Aqui foi rodado *Kong: ilha da caveira*, de Jordan Vogt-Roberts.

Saímos da reserva e fomos conhecer as vilas flutuantes, uma comunidade de cerca de quatrocentas casas e 1.200 pescadores. Nosso barqueiro contatou uma família que vivia na vila de Viet Hai e acertou o preço de uma visita com almoço. A família de Thi Nguyen Hai, com oito pessoas, vive numa casa feita de bambu sobre a água; e várias outras "balsas" abrigam a criação de galinhas, peixes e moluscos. As crianças andam soltas, se equilibrando nas pontes de tábuas. Elas se encantaram com Sebastian, nosso neto, e deram boas gargalhas diante das várias brincadeiras que fez com o telefone celular, tirando fotos e fazendo caretas. Frank e Heitor filmavam tudo, e os pescadores mostravam seu modo de vida bem simples.

VIETNÃ   293

As mulheres vietnamitas constituem a força de trabalho, e com elas Vilfredo e eu fomos pescar peixes e lulas para o almoço. Em seus barcos sem motor, a remo, iam em silêncio deslizando por entre as ilhas e pescando com rede. Elas prepararam um almoço com lulas, siri, peixe e arroz. Nos sentamos em esteiras de palha — as casas não têm mesas nem cadeiras — e as crianças só começaram a comer depois que nós tínhamos começado. Uma delícia de almoço!

Fizemos várias perguntas e, com nossa guia traduzindo, íamos aprendendo sobre a tradição desse povo que habita esse lugar há um século. Os pescadores tinham uma preocupação muito grande com o meio ambiente, pois a poluição de lixo e de material plástico ao redor das vilas estava crescendo e poderia acabar com os viveiros de peixes e moluscos, a base alimentar deles. As mulheres recolhiam o plástico que encontravam. Por outro lado, as mães queriam dar melhor educação para os filhos, e muitas famílias já se mudaram para terra firme, perto de uma escola. Foi uma experiência incrível conviver com essas pessoas.

No dia seguinte nós acordamos às quatro da manhã para subir a montanha de 400 metros e admirar o visual de Halong Bay lá de cima. Precisamos de uma hora e dez minutos para subir e não foi fácil, era muito íngreme. Havia muitas florestas, pedras, sem um caminho certo. Era difícil, escorregava... mas valeu a pena ver as ilhas até onde o olhar alcançava.

Ainda pela manhã embarcamos no avião para a cidade de Da Nang. Toda a cultura do antigo templo champa se encontra nessa região, em um vale cercado por montanhas. Esse templo é um dos mais famosos monumentos arquitetônicos e esculturais no Vietnã.

Perto de Da Nang, fomos conhecer os vestígios arqueológicos do santuário de My Son, o mais importante da civilização champa, declarado pela Unesco como patrimônio da humanidade.

A economia champa foi baseada na agricultura (arroz molhado), na pesca e no comércio por via marítima. Quando novas rotas comerciais foram abertas entre os séculos V e VI, aquela era uma das primeiras paradas das expedições chinesas. A Frota do Tesouro, liderada pelo almirante Zheng He, passou por lá em seis das suas sete viagens. Ficamos imaginando os enormes barcos da frota dele entrando no porto de Hoi An.

Quando o reino champa ficou sob a influência da religião hindu, muitos templos foram construídos para as divindades Krishna e Vishnu, e para a principal, Shiva, num total de oito templos de torre, com diferentes estilos arquitetônicos em tijolos cozidos e com desenhos talhados. Dos setenta monumentos catalogados, somente cerca de vinte estão parcialmente conservados. Os restantes foram bombardeados ou destruídos durante a Guerra do Vietnã. Mas exploramos a área toda e caminhamos entre os monumentos com uma sensação de paz e tranquilidade.

Nós tivemos a sorte de estar no lugar certo, na hora certa. E isso acabou se tornando um dos lemas de nossa família. No nosso roteiro, iríamos conhecer a antiga cidade de Hoi An. Justamente nessa noite estavam celebrando o Festival da Lua Cheia, quando todas as luzes da vila se apagam ao mesmo tempo, a eletricidade é trocada pela lua cheia e na cidade não circulam carros ou motos. A única iluminação são as lanternas coloridas ao redor do rio. Participamos do ritual que revive as antigas tradições, reverencia os ancestrais, homenageia Buda e traz boa sorte e prosperidade aos participantes. Dentro de um bote a remo, descemos o rio carregando nossas coloridas flores de lótus, feitas de papel, com nossas velas acesas, iluminando nossos rostos. Meus olhos brilhavam como os de uma criança, e me sentia feliz em fazer meu pedido. Vilfredo e eu colocamos as velas cuidadosamente no rio, com muita emoção. As outras pessoas nas margens colocaram também seus pedidos, e o rio se iluminou com barquinhos de esperança descendo com a correnteza. De repente, somos parte de uma cerimônia milenar em que sentimos a energia do lugar, das luzes e da lua.

No dia seguinte, fomos a Da Nang, e a van passou pelos campos de arroz, mercados e frutas e as incontáveis bicicletas e motocicletas num trânsito caótico — cenas típicas do país. Paramos em um café bem no meio de um lago com muitas flores de lótus brancas. Ali nos serviram uma deliciosa salada com flor de lótus. A simpática garçonete parecia uma menina, e nos contou que essa flor é considerada sagrada e é um dos símbolos mais antigos e mais profundos de nosso planeta. Muito valorizada e respeitada na Ásia. Ela nasce em meio à lama e ao lodo de lagoas e lagos, e sobe à superfície para florescer pura, limpa e linda.

VIETNÃ 295

Nos ensinamentos do budismo e hinduísmo, a flor de lótus simboliza o nascimento divino, a iluminação, a pureza do coração e da mente. Diz a lenda que, quando Sidarta, que mais tarde se tornaria Buda, deu os seus primeiros sete passos na terra, sete flores de lótus brotaram. Assim, cada passo representa um degrau no crescimento espiritual.

Em Da Nang, um lugar muito importante que conhecemos foi a Marble Mountain, as Montanhas de Mármore. Majestosas, com altura de 800 metros e 2 quilômetros de comprimento, em uma área de 15 hectares, são cinco montanhas de pedra e mármore conhecidas pelo nome dos cinco elementos: fogo, terra, água, metal e madeira.

Uma equipe levou um drone para filmar esse lugar de visual incomparável, com vários pagodes e templos, e o que parecia ser do lado de fora apenas uma montanha revelou-se o contrário. Existem muitos santuários, esculturas e templos na montanha para ser visitados. Capitão e eu subimos os mais de trezentos degraus das escadarias, como os peregrinos que estavam ao nosso lado, e em cada patamar havia uma surpresa: cavernas enormes com teto alto que mais pareciam uma catedral, com estátuas gigantes de Buda, templos budistas com monges em orações ou caminhando pelos jardins, e construções da civilização champa. No monastério budista, onde se fazem retiros espirituais, pedimos a um monge para falar conosco sobre a filosofia do budismo. Os monges colocaram um robe por cima de minhas roupas e nos levaram a uma sala lateral do templo, onde, sentados no chão com simplicidade e humildade, em um inglês quase sem sotaque, ouvimos o Mestre Thien falar sobre o budismo e sua prática hoje:

— Há uma tendência entre as pessoas no Ocidente de identificar o budismo como uma religião monástica desligada do mundo, voltada exclusivamente para a prática da meditação. Trata-se de uma visão distorcida e inadequada, sobretudo quando se busca captar o budismo do século XX e nos dias de hoje. O budismo não é uma religião, mas uma filosofia de vida, e a doutrina se baseia nas mensagens transmitidas por Sidarta Gautama, Buda. Nessa filosofia, o conhecimento, a sabedoria e o intelecto têm um grande destaque, e qualquer pessoa que assim o deseja pode praticar o budismo, mesmo na vida moderna de hoje. Depois de mais de 2.500 anos de sua origem, o budismo ensina lições de não praticar o mal, cultivar o bem e a própria mente, visando a atingir o Nirvana. Ser budista é encontrar a liberdade da alma.

Foi um momento de reflexão, e a sensação que ele passou foi de paz absoluta. Namastê!

Terminada nossa aventura, voltamos para Nha Trang, e a bordo do veleiro Kat tivemos uma surpresa: o delicioso almoço preparado com as receitas que Erika aprendeu em um curso de culinária vietnamita na cidade. Nossa chef italiana, a cada porto onde parávamos, procurava diversificar sua culinária fazendo cursos. Muito dedicada, ela aprendia tudo sobre frutas, verduras, legumes e temperos de cada país. Quem saía ganhando éramos nós, com os pratos de receitas diferentes que ela fazia. Muito bons, Erika.

E aqui reembarcou também Emmanuel, nosso neto, depois de fazer seus exames de rotina e estar superbem de saúde.

A IMPORTÂNCIA DE SABER NADAR

Cresci na praia de Ipanema, nadando e pegando jacaré. Quando eu tinha 10 anos, meu irmão Fernando, de 12 anos, morreu afogado na piscina do Clube dos Caiçaras, no Rio. Estavam todos os irmãos no clube, e havia um salva-vidas. O que aconteceu? Estávamos brincando em um grupo de dez crianças, e corríamos ao redor da piscina, ele escorregou, bateu com a cabeça na borda e caiu dentro da água. Ninguém viu. Quando deram o alarme, uns três minutos depois que demos falta dele, o retiraram da piscina com vida. Fizeram respiração boca a boca e depois disso me tiraram dali e me levaram para casa. Só me informaram que meu irmão tinha morrido afogado.

Cresci com medo de mergulhar. Tinha pavor de morrer afogada. Tive aulas de natação, pegava jacaré, mas mergulhar de snorkel, nem pensar. Meus filhos aprenderam a nadar tão logo aprendiam a andar. Nunca os deixava sozinhos em piscina. E viraram peixinhos desde crianças. Eu só aprendi a mergulhar com cilindros quando tinha 37 anos. E depois disso me apaixonei. Adoro mergulhar, é um mundo silencioso, o reino de Netuno e das sereias, com muitos mistérios e onde estou em comunhão completa com o oceano.

VIETNÃ 297

Nós, que vivemos no mar, nunca tínhamos enxergado uma triste realidade constante nas estatísticas desse país, e ficamos chocados com o número de afogamentos que ocorrem: 32 crianças se afogam todos os dias, num total de aproximadamente 11 mil crianças anualmente. E ainda há milhares de crianças lesionadas e com deficiências para o resto da vida, consequência de incidentes de afogamento não fatais.

Existe um projeto, criado na Austrália em 2012, sem fins lucrativos, no qual um grupo de profissionais presta assistência contínua na tarefa de garantir às crianças habilidades de segurança na água, seja no mar ou no rio. Hoje, voluntários realizam esse projeto junto ao Governo Provincial do Vietnã, e fomos acompanhar de perto o lindo trabalho deles nas praias de Nha Trang, quando ensinavam técnicas de salva-vidas para crianças e jovens.

Não é só nas praias que eles estão atuando, mas em toda a região do rio Mekong, a fonte de vida para mais de 1,5 milhão de pessoas. O rio é um perigo constante para crianças e adultos que vivem e trabalham ao longo de suas margens.

Fomos nos despedir de Ruurd e sua família, e na casa vi um quadro com uma foto em sépia de dois bebês lindos e idênticos. Curiosa, perguntei quem eram. E a história que me contou Thi, a esposa de Ruurd, me levou às lágrimas.

Essa era a foto dela e de sua irmã gêmea Kin. Seus pais moravam aqui e tinham ideologias políticas diferentes.

— Minha mãe era comunista, mas meu pai, pescador, não era. Depois de muitas brigas, eles se separaram quando ainda tínhamos três meses de vida. Minha mãe decidiu, então, ir viver nas montanhas com a família dela, e não podia levar as duas bebês. Levou minha irmã e meu pai ficou comigo. Fui criada junto ao meu irmão dois anos mais velho, e era feliz ao lado do meu pai. Quando estava com 8 anos, os americanos desembarcaram na cidade, e meu pai, preocupado com nosso futuro diante de mais uma guerra iminente, tirou-me da cama numa noite enquanto dormia e me levou junto com meu irmão para a praia. Ainda dormindo, fui colocada em um barco de pesca com o irmão e mais dezenas de pessoas que estavam fugindo no meio da noite. Quando acordei, com os gritos e choro das pessoas, ainda tive tempo de abraçar meu pai se despedindo. Logo, a embarcação partiu para alto-mar. Eram ao todo cerca de cinquenta fugitivos espremidos no barco cheirando a peixe, todos com a roupa do corpo e uma trouxinha com seus pertences. Muitos ainda estavam em choque e eu abraçava meu irmão, que me protegia e me assegurava de que logo voltaríamos para casa.

"Não havia comida a bordo, mas na trouxinha do meu pai havia peixe seco, que comíamos escondidos, pois todos estavam com fome. E no terceiro dia, os refugiados descobriram que o capitão do barco e dois marinheiros tinham fugido em um bote a remo e deixado o barco de pesca à deriva, sem água, comida ou combustível. No quarto dia desse horror de incertezas, um navio holandês mudou sua rota e veio prestar auxílio. O capitão ordenou aos marinheiros que prestassem socorro aos feridos, e distribuiu água e alimentos. Todos choravam e imploravam ao capitão para levá-los no navio. Pelas leis da Marinha Mercante, um navio não pode levar refugiados a bordo. Somente se fossem náufragos. Mas esse não era o caso. Ele comunicou então que já havia pedido socorro a um barco para vir rebocá-los de volta para terra. Nesse momento o desespero tomou conta de todos. Sabiam que, se voltassem para águas vietnamitas, com certeza seriam mortos. Uma das senhoras idosas estava muito mal e não parava de chorar, e outra desmaiou várias vezes. O capitão ficou penalizado ao ver que as mulheres estavam em condições críticas e que poderiam morrer. Assim, deu ordens de resgatar todos os náufragos da embarcação.

"Ele levou os cinquenta refugiados para Singapura e prometeu que pediria à rainha da Holanda que desse asilo ao grupo. Durante oito meses, fiquei no campo de refugiados. O capitão do navio voltou para a Holanda e pediu à rainha que trouxesse os refugiados para o país. O asilo foi concedido, e mais uma vez minha vida mudou drasticamente. Ir morar num lugar frio, sem arroz e sem seu pai, foi muito difícil. Fui adotada por uma carinhosa família holandesa, meu irmão, por outra, e várias famílias adotaram e deram abrigo a todo o grupo. A partir da chegada dos refugiados à Holanda, todos os anos eles se reuniam para fazer uma festa para o capitão, que se tornou padrinho de casamentos, de bebês e das formaturas de seus refugiados.

"Aos 20 anos, depois de muito trabalhar e economizar dinheiro, voltei a Singapura para, de lá, voltar ao Vietnã e rever minha família. Foi um grande choque. Descobri que não possuía visto de entrada para o meu país, pois meu

VIETNÃ 299

passaporte era holandês. Durante seis meses consecutivos tentei mas não consegui entrar em minha terra natal. De volta à Holanda, me dediquei com mais afinco aos estudos, me formei na universidade e abri uma empresa de eventos e festas. Aos 25 anos, dessa vez com um visto de entrada em mãos, voltei finalmente ao Vietnã. Meu pai e minha mãe já tinham falecido, mas reencontrei minha irmã e ficamos juntas por uma semana resgatando uma felicidade há muito sufocada. De volta à Holanda, conheci Ruurd, que era capitão de veleiros, com quem casei e tive três filhos.

"Oito anos atrás, meu marido abriu um escritório de assessoria a barcos e navios. E, para meu espanto o destino ainda me reservara mais uma surpresa: Ruurd havia recebido o convite para assumir o cargo de supervisor na construção de uma nova marina da cidade de Nha Trang. Eu não podia acreditar que estaria voltando para o exato lugar de onde havia partido há 45 anos. A amizade com minha irmã gêmea Kin, que pouco desce das montanhas, pois tem sua terra e seu cultivo para cuidar, foi fortalecida."

Thi convidou sua irmã para viajar até Nha Trang para nos conhecer e nos contar também o lado dela nessa extraordinária história. Foi um momento muito lindo e emocionante o reencontro das duas. Olhando-as juntas, tagarelando e rindo, refleti que não há guerra nem distância que possam separar o amor entre irmãs. Que saudade grande senti de minha irmã Eliane.

Pena que ficamos pouco tempo nesse país que tanto nos encantou. Como é bom se surpreender com novos lugares!

Próximo porto: Malásia!

21. Bornéu: terra dos orangotangos

2 DE JUNHO DE 2016: VIETNÃ A BORNÉU

Depois de cinco dias de navegação 90% a motor desde o Vietnã, chegamos à cidade de Kuching, na Malásia Oriental, com 350 mil habitantes, a nordeste da ilha de Bornéu. Entramos no rio Sarawak, que corta a cidade de norte a sul, com muito cuidado, devido aos bancos de areia, com áreas bem rasas dos dois lados. Nessas horas vemos como é importante a quilha retrátil. Ela nos dá acesso a lugares incríveis. O canal não é balizado e a navegação foi feita com posições no GPS. Ancoramos num local lindo e tranquilo, bem longe da cidade, ao lado do monte Santubong, a maior montanha da região, com 810 metros de altura. Quatro veleiros menores eram nossos vizinhos: um americano e os outros neozelandeses.

Pela primeira vez nessa expedição, estávamos em uma cidade de maioria muçulmana. Já estivemos em vários desses países pelo mundo e aprendemos a respeitar suas culturas, mas a Malásia nos surpreendeu por permitir que outras crenças sejam praticadas em paz e harmonia. O Islã, a principal religião do país, não é uma obrigatoriedade. Fiquei admirada ao observar que as mulheres não muçulmanas andam nas ruas com roupas comuns e usam somente um lenço (hijab) para cobrir a cabeça, dispensando o uso da burca ou do véu.

A cidade de Kuching é a capital do estado de Sarawak, e o seu nome significa "gato" no idioma malaio, pois a população acredita que esse animal é importante e traz sorte. Eles fizeram disso marca registrada e bom motivo para o turismo e o comércio. Lojas no mercado e até butiques chiques vendem camisetas, lenços, bonés e uma variedade de suvenires com esse tema. Também existem dezenas de estátuas dos felinos nas praças, na frente de prédios, e até mesmo um Museu do Gato, com 2 mil estátuas que narram histórias e crenças interessantes desses animais. A mais curiosa para nós, marinheiros, é que ter um gato preto no barco dá sorte. Além do lado prático de comerem os ratos que invadem os barcos (como tivemos em Ushuaia), acredita-se que o gato preto tem poderes sobrenaturais que podem proteger a embarcação de tempestades. Mas, se o bichinho cair na água, a sorte acaba e é um aviso de que uma tempestade se aproxima e o barco vai afundar. E, se o veleiro conseguir escapar da tormenta, a tripulação terá nove anos de azar. Melhor não ter gato a bordo!

Em Kuching, recebemos mais uma vez Rubens Lopes e Nilson Noris Franceschetti, professores e pesquisadores da USP, para fazer a manutenção do equipamento que coleta água do mar continuamente dos lugares onde navegamos e analisa os dados dos plânctons.

Havia uma grande curiosidade dos moradores quando andávamos nas ruas, e vinham nos perguntar de onde éramos. *Ah, do Brasil? Onde fica?* Aí, tivemos uma ideia: Emmanuel e eu pegamos nosso globo terrestre inflável e saímos pela cidade fazendo uma pesquisa muito divertida. Perguntamos para mais de quarenta pessoas, comerciantes, empresários, estudantes: vocês sabem onde fica o Brasil? E pedíamos que eles indicassem no globo. Mais de trinta pessoas nos responderam mostrando lugares tão distantes como a Austrália e até mesmo a Antártica. Somente oito pessoas acertaram e apontaram o local certo. Foi uma experiência bem divertida. Mas Vilfredo lembrou bem.

— E se fizéssemos essa pesquisa no Brasil? Você sabe onde fica a Malásia? Quantos acertariam a resposta?

RUMO À FLORESTA DOS ORANGOTANGOS

Durante a navegada pelo mar de Java, desde Kuching, Malásia, para Kumai, Bornéu, surgiu um lindo pôr do sol. O veleiro Kat deslizou no mar calmo, escoltado por um bando de entusiasmados e saltitantes golfinhos!

BORNÉU

Na metade do trajeto, passamos do hemisfério norte para o hemisfério sul, cruzando a linha do equador. E, como manda a tradição, Sebastian e Newton receberam o batismo de Netuno. Os tripulantes veteranos se divertiram com as brincadeiras e pegadinhas com os novos batizados. Coitado do nosso neto Sebastian, que ficou coberto de lixo, de pó de café e restos de comida, e teve que puxar muitos baldes de água do mar para se limpar.

Um dia antes de chegar a Kumai, o barco sofreu um problema no sistema de circulação de água doce, que causou aquecimento de um dos motores. Tivemos que entrar no rio que dá acesso à cidade com um só motor, e só conseguiríamos consertar o outro em Jacarta, capital da Indonésia.

Fizemos as contas e descobrimos que, quando chegamos a Bornéu, o veleiro Kat já tinha levado a bandeira brasileira a quarenta portos.

O porto de Kumai, na ilha de Bornéu, Indonésia, é muito especial. Às vezes ancoramos para nos abrigar de uma tempestade. Outras, pela importância histórica do lugar. Ou ainda pela curiosidade em conhecer uma nova cultura.

Mas, ao desembarcar na cidade, nenhum desses motivos nos levava ali. Paramos na ilha só para conhecer o animal mais ameaçado de extinção no mundo: o orangotango. Nosso programa era viajar pelo rio Kumai até a reserva do parque florestal e visitar os centros de reabilitação dos orangotangos. Mal sabia eu a experiência que me esperava!

Wilhelm e Erika ficaram cuidando do barco, ancorado em um rio onde a corrente era forte e grandes barcaças e lanchas rápidas das mineradoras e rebocadores trafegavam diariamente. Passamos do nosso veleiro, com malas e bagagens, diretamente para o klotok, um dos barcos de madeira locais cujo motor de dois cilindros faz um barulho igual à pronúncia do nome. A embarcação é estreita, adequada para viagens no rio, e possui dois andares: a equipe (cozinheiro e marinheiros) reside no nível de baixo, enquanto nós (Capitão, Emmanuel, Frank, Heitor, Sebastian, Klaus e eu) nos acomodamos na parte de cima.

E lá fomos nós, klo-tok-klo-tok-klo-tok, rio acima, à procura dos orangotangos.

O capitão do nosso barco era bastante experiente. E cabia à sorridente Melati, a cozinheira, o trabalho mais difícil a bordo: preparar as refeições em dois pequenos fogões de querosene em uma cozinha sem muito espaço. As refeições eram, surpreendentemente, deliciosas, e vinham acompanhadas de uns bolinhos de banana fritos irresistíveis. Eu me preocupava com a hora de lavar a louça, e assistia à cozinheira usando a água do rio, que, de tão preta, poderia ser confundida com tinta. Melati me tranquilizava, garantindo que a água era limpa, pois estávamos numa reserva no meio da floresta, sem casas, esgotos ou outra poluição. Ela fica com essa cor devido à decomposição dos húmus no solo das terras adjacentes ao rio, que são transportados para o rio lentamente, tornando sua água negra. Para beber, fazer chá e café, usavam água mineral de garrafas.

A uma curta distância de Kumai, entramos num rio menor. A paisagem ao nosso redor mudou rapidamente da cidade portuária empoeirada para a margem da selva. A água era barrenta, com cor de café com leite. Aves barulhentas por trás das palmeiras povoam as margens do rio.

À medida que avançávamos pelo rio, a sua largura se estreitava e a vida selvagem começava a aparecer. Harry, nosso guia, pedia silêncio para aprendermos a escutar o sussurro nas árvores. Este era o sinal de que os pongos nos espiavam atrás das folhas. Quebrei a regra do silêncio: *Olha ali!* E apontei para um majestoso martim-pescador num voo rasante. E, no mesmo momento, uma águia do mar se exibia para nós, voando na direção oposta.

A tripulação registrava as maravilhas que flutuavam além do nosso olhar. Capitão mantinha a atenção na navegação do rio e eu, curiosa, fazia muitas perguntas e anotava tudo.

Entramos por um outro afluente que se estreitava até o ponto onde podíamos quase tocar a vegetação em ambas as margens, literalmente no meio da selva.

Durante a viagem, que durou três horas, podíamos ver na floresta, bem próximos do barco, vários tipos de macacos, como o macaco probóscide — aquele que tem um narigão — e o gibão-cinza, vivendo naturalmente à beira do rio. Cômicos, por serem narigudos, pulam por entre as copas das árvores altas. De repente, um deles chegou até a pontinha de um galho no lado direito. Momento de suspense. Será que vai pular para o outro lado do rio? A distância era grande, e eu, sentada na proa do barco, prendi a respiração.

BORNÉU

O macaco esticou os braços e as pernas e, num salto de trapezista, tentou agarrar o galho do outro lado. Tchibum! Caiu no rio, bem à minha frente. Que susto! Nem sabia que macacos podiam nadar tão rápido assim! No mato, os outros fizeram uma zoeira e seguiram o seu caminho no alto das árvores, enquanto nosso Tarzan alcançou a margem, subiu por um cipó e sumiu na floresta.

Harry contou que os macacos nadam rápido no rio porque temem a presença dos crocodilos. Os mais espertos simplesmente esperam uma lancha passar para então atravessar o rio nadando. Ou, se não houver barco na água, eles usam uma cobaia: um outro macaco como "isca". Se ele conseguir atravessar sem ser atacado, o resto do grupo faz a travessia a nado. Macacos bem espertos. No Brasil, temos o boi de piranha, usado pelos homens. Hum... essa informação tirou completamente nossa vontade de nadar no rio.

O barco atracou em um píer bem pequeno ao lado da selva, no rio Sekonyer, dentro do Parque Nacional Tanjung Puting, onde está a base de estudos sobre os orangotangos. Saltamos devagar a fim de não fazer movimentos bruscos, nem falar alto. Tudo com cuidado para não assustar a mãe e seu bebê que examinavam nossos movimentos.

Tive que me controlar para não chegar mais perto e fazer carinho na cabeça do filhote orangotango, que se aconchegava no colo da mãe. De repente, um macho enorme se aproximou e me deixou paralisada de medo. Mas os guias nos avisaram que ele era tranquilo, pois já vivia no parque havia alguns anos. E continuou apenas olhando.

Há ainda hoje um crescente mercado de exportação ilegal de orangotangos bebês para a Ásia, especialmente para a China, vendidos como animais de estimação, e os caçadores não hesitam em matar suas mães, cuja carne é comercializada. Outra crueldade que me impressionou muito foi ver fotos de orangotangos fêmeas vestidas, maquiadas e acorrentadas para serem usadas como escravas sexuais em bordéis. Todos esses fatores, aliados à destruição de seu hábitat natural pela indústria de óleo de palma, estão contribuindo para a diminuição da espécie.

Muitos dos primatas locais foram mortos ou retirados da selva para serem domesticados, o que levou o parque a criar mais áreas de apoio. Uma delas é destinada à reabilitação dos animais recuperados antes de voltarem à selva. Por isso, aqui os orangotangos não têm medo das pessoas. Vê-los tão de perto comprova a semelhança conosco, principalmente pelo olhar. Eles têm 97% do DNA igual ao do ser humano e são muito inteligentes.

Chegando ao centro de estudos Campo Leakey, conhecemos o trabalho iniciado pela dra. Birutė Galdikas, antropóloga, primatologista, conservadora e etologista, que veio do Canadá aos 25 anos por influência de seu professor, Louis Leakey. Antes dos estudos realizados por ela, muito pouco se sabia sobre a vida dos orangotangos, e as pesquisas ajudaram não só a compreender os hábitos desses primatas, mas também foram fundamentais para a criação do Parque Nacional.

Eles vivem de quarenta a sessenta anos e povoam apenas a Ásia, Sumatra e Bornéu, de acordo com os dados da associação americana Orangutan Conservancy. Os orangotangos são os primatas que cuidam por mais tempo dos seus filhotes, que permanecem aproximadamente oito anos com a mãe, mesma idade em que podem se reproduzir. Estima-se que há apenas 20 mil orangotangos vivos no mundo e que, se essa situação continuar, a raça poderá ser extinta em apenas dez anos.

A grande ameaça aos animais é o desmatamento clandestino e os incêndios provocados na limpeza dos terrenos para as plantações de palma, e que reduzem drasticamente a extensão da floresta tropical de Bornéu, uma das maiores do mundo — depois da Amazônia —, causando grande impacto ambiental.

Um dos grandes objetivos do parque é informar e conscientizar os habitantes sobre a necessidade da preservação da área, pois a plantação de palma tem grande importância econômica para a população local, que vive em situação bem precária de saneamento básico e água potável.

Conversamos muito com os guardas do parque. Um deles, que ficou cego devido a um acidente, ajudava os colegas, pois, com sua prática de muitos anos junto aos animais, conseguia chamar os orangotangos emitindo o som igual ao do primata macho.

Passamos quatro dias na floresta, hospedados no barco, e choveu torrencialmente por dois dias. Mas, mesmo assim, nem esperávamos amanhecer e já estávamos de pé, animados com a oportunidade única de fazer trilha no meio da selva e dos riachos, para observar os orangotangos em seu hábitat natural. Logo no primeiro dia, ao desembarcar no cais, um enorme macho, Mário, estava bem interessado em nossos movimentos. Descemos uma trilha de madeira que serpenteava o campo onde esperávamos ver nossos primeiros orangotangos semisselvagens. Harry nos deu as instruções de como interagir com os primatas, lembrando sempre que, mesmo acostumados com a presença dos humanos, eles não são domesticados: 1) não tocar em um orangotango; 2) não o alimentar; 3) manter uma distância de, no mínimo, 5 metros; 4) não carregar câmeras soltas, nem comida, mesmo que nos bolsos; 5) por último, lembrar sempre que, apesar de menor em estatura, o orangotango tem vinte vezes a nossa força. E imprevisível.

No caminho de volta, Mário estava bem no meio da trilha, como se estivesse esperando por nós. Passamos ao lado dele, bem devagar, e sentei com meus netos, Sebastian e Emmanuel, a uma distância segura, para observá-lo. Em passos rápidos e largos, Mário veio para o meu lado. *Não tocar, não tocar*, me lembrava da regra número 1. Mas ninguém falou o que fazer no caso de um orangotango tocar em você. E foi isso o que aconteceu. Com muito carinho, ele segurou e acariciou a palma da minha mão. Depois puxou devagar minha mão e a colocou no seu peito, sobre o coração, e ficou assim por alguns segundos, me olhando nos olhos. Nem respirávamos. Falar, nem pensar. Devagar, ele colocou minha mão no chão e pulou da trilha para uma árvore. Como descrever esse momento mágico? Senti todas as emoções juntas: surpresa, ternura, alegria e humildade. Em nenhum momento tive medo, tão lindo era o sentimento de conexão entre nós. Preciosos segundos de uma experiência incrível.

Harry contou que Mário foi criado como animal de estimação na Tailândia. Era ainda uma criança de 5 anos e tinha muito o que aprender antes de ser solto no lado selvagem da floresta. Uma das lições mais importantes era reconhecer mais de trezentas plantas para se alimentar e sobreviver na selva. Os guardas-parques disseram que, por conviverem entre as pessoas quando pequenos, alguns dos orangotangos chegam perto dos humanos e são facilmente mortos por caçadores ilegais.

Aproximadamente cem pessoas, de várias partes do mundo, estavam ao nosso lado para conhecer o centro de visita e observação dos primatas. Esses lugares são plataformas altas onde os guardas-parques colocam alimentos para atrair os orangotangos. Nós ficamos a uma distância demarcada pelo parque, mas sem nenhuma cerca que nos separasse deles. As regras eram lidas, reforçando a palavra SILÊNCIO, e as dúvidas, respondidas na hora.

Olhamos ao redor, e entre as árvores começaram a surgir, sem barulho, os primeiros animais de cor laranja, quebrando os tons verdes da selva. Devagar, sempre atentas e olhando em sua volta, vieram as mães com os filhotes pendurados nas costas, e em seguida apareceram os jovens. Com uma sincronia perfeita, escorrendo pelos galhos, eles chegaram à plataforma. Aí começou a festa! As mães mastigavam os alimentos e passavam para a boca de suas crias, uma conexão muito linda. De repente, com um urro, apareceu um enorme macho. Confusão e gritaria. As fêmeas fugiram, levando seus bebês para o alto das árvores. Ele veio procurar uma fêmea para acasalar.

O "rei" desses primatas se sentou sozinho, com toda a comida para ele. Depois de se alimentar, foi embora. E, como em um teatro, o segundo ato começou com as mesmas fêmeas e os mesmos jovens voltando para se alimentar. Em minutos, a plataforma estava vazia. E, assim como vieram, esses enormes animais desaparecem silenciosamente na floresta.

No outro dia, chegou um barco com carregamento de bananas, e os primatas vieram buscar um pouco de comida. Sem outros visitantes, somente nós, foi um presente estar ali por horas e poder observar junto com os guardas essa movimentação.

Foram quatro dias de muito aprendizado, que mudou para sempre nossas vidas.

O óleo de palma, um dos óleos vegetais mais consumidos no mundo, é um dos grandes vilões no extermínio do orangotango. Utilizado nas indústrias cosmética, farmacêutica e de alimentos, tem como um de seus maiores consumidores o mercado europeu, o segundo maior importador mundial de óleo de palma. Como biodiesel, o consumo do Velho Continente atingiu o índice inédito de 46% em 2015. Na Indonésia, há cerca de 4,5 milhões de pessoas que dependem do cultivo do óleo de palma, que causa desmatamento, queimadas e incêndios nas florestas, além de mortes dos animais. Mas, para os agricultores, a sobrevivência de suas famílias é mais importante do que a fauna local.

BORNÉU 309

Uma das contribuições que demos para o parque foi fazer um vídeo panorâmico com nosso drone, que mostrava as áreas devastadas pelos desmatamentos e incêndios. Harry nos agradeceu muito.

Voltamos da expedição ao parque muito tristes com uma realidade que mal conhecíamos. Mudamos o consumo de alimentos e passamos a ler todos os rótulos das embalagens: se houvesse óleo de palma no produto, nos lembrávamos do olhar doce de nossos amigos de pelo laranja. Tem sido uma triste surpresa ver que esse ingrediente faz parte da dieta comum de todos nós.

Ficamos mais três dias em Kumai, enquanto Wilhelm e Erika foram explorar o Parque dos Orangotangos. Eles também tiveram experiências incríveis de encontro com os animais. Houve um susto grande pela manhã, quando um orangotango resolveu entrar no barco em que estávamos e roubar o café da manhã!

AS FLORESTAS AMEAÇADAS

Temos a maior floresta do mundo e precisamos redobrar a conscientização e o cuidado para não perdermos os animais e as plantas da Amazônia.

Bornéu tem uma das mais antigas florestas tropicais do mundo. No passado, era majestosa e tão densa que o acesso a ela era difícil. Infelizmente, nos últimos trinta anos, o país perdeu 40% de sua floresta. Várias espécies de animais e insetos foram documentadas em Bornéu e ainda existem inúmeras outras cientificamente desconhecidas. Até hoje, pesquisadores continuam descobrindo novas espécies na região, enquanto, a respeito de outras, jamais teremos conhecimento, pois já foram extintas.

A ilha guarda um tesouro botânico com plantas de propriedades fantásticas, que podem ajudar no tratamento de várias doenças, mas algumas dessas plantas correm o risco de ser extintas pelo desmatamento. As indústrias de óleo de palma e o corte ilegal da madeira continuam destruindo a floresta, e restam somente 50% da selva original.

Ancoramos na frente da cidade e havia me esquecido das mesquitas e de seus alto-falantes, que acordam a cidade em chamados para orações a Alá, desde o amanhecer até o pôr do sol, cinco vezes por dia. Parecia que o som estava dentro do veleiro Kat.

Caminhando pela cidadezinha de 40 mil habitantes, no final da tarde, fiquei quase surda com a zoeira de milhares de pássaros ao redor de pequenos prédios, no centro. Yasuf, o motorista de uma van que contratamos para fazer as compras no supermercado na cidade vizinha, nos contou que os prédios eram, na realidade, condomínios de passarinhos.

Como assim? As construções, que parecem um edifício de apartamentos, tem a fachada com janelas pintadas de cores alegres, como se fossem de um apartamento de verdade. Mas são cinza na lateral e atrás, e algumas têm até quatro andares. As janelas e portas nunca abrem, mas o prédio tem centenas de buracos pequenos para o acesso dos pássaros e para manter os predadores do lado de fora.

Dentro, abrigam os ninhos de pássaros que começaram a surgir na cidade há cerca de dez anos, quando investidores chineses perceberam que o clima e a situação eram adequados para criar o andorinhão-preto. É um ambiente próprio para que esses investidores construam seus valiosos ninhos.

No galpão, o proprietário instala um sistema com caixas de som e, constantemente toca um CD, reproduzindo o pio das andorinhas. Com isso, elas são atraídas e começam a aninhar no local. O ninho não é feito de galhos e folhas, mas sim com a saliva do macho, uma espécie de baba que, ao contato com o ar, endurece, formando o que parece ser um casulo do bicho-da-seda. Os ninhos são recolhidos antes da postura dos ovos, e as andorinhas, desnorteadas ao perceberem o sumiço dos ninhos, se apressam em construir outro. E, assim, os pobres passarinhos fazem vários ninhos para que possam colocar seus ovos. Depois da terceira tentativa, afinal eles colocam os ovos e nascem os filhotes.

E por que isso? A sopa de ninhos de andorinha é uma especialidade da culinária da China e a iguaria é comparada ao caviar. O povo chinês começou a consumir essa sopa durante a dinastia Ming e, em alguns contos, acredita-se que Zheng He, explorador chinês, diplomata e almirante da frota, foi a primeira pessoa na história chinesa a experimentar a iguaria.

O preço de 1 quilo de ninhos pode atingir 10 mil dólares, e uma tigelinha de sopa custa até 100 dólares nos sofisticados restaurantes chineses. Acredita-se que a sopa é boa para a saúde, para tratar infecções, para dar mais vitalidade e, como tudo na medicina tradicional chinesa, aumentar o

BORNÉU 311

vigor sexual! Mas quando me contaram como são produzidos os ninhos, fiquei bem triste com a ganância do ser humano.

Os milhares de aves que povoam a cidade sujam todos os lugares, fazem um barulho ensurdecedor e são uma ameaça à saúde, com seus excrementos e a poeira, que podem desenvolver doenças respiratórias. Os habitantes reclamam, mas acabam aceitando a situação, porque a economia local está cada vez mais dependente do andorinhão.

Todos sabem que adoro aniversários! E nesse dia 22 de junho a tripulação me preparou uma surpresa, e foi mais uma vez inesquecível. Um almoço especial com todos e uma chamada via Skype com David e Pierre, no Brasil, e minha irmã Eliane, na Austrália.

Nosso neto Sebastian teria que voltar para a universidade em breve, e Pierre, nosso filho, estava chegando a Jacarta. Hora de levantar âncora e navegar rumo ao sul.

24 DE JUNHO DE 2016: KUMAI A JACARTA

Zarpamos de Kumai, no mar de Java, para Jacarta, capital da Indonésia. Distante 320 milhas (590 quilômetros). Tínhamos planejado ir a Singapura, mas, devido aos frequentes ataques de piratas na região, resolvemos seguir outro rumo.

A Indonésia é o quarto país mais populoso do mundo, com 267 milhões de habitantes, atrás de China, Índia e Estados Unidos, e esse território está espalhado em mais de 17 mil ilhas.

Passamos por diversos rebocadores puxando chatas com cabo de aço com mais de 300 metros, sem equipamento de identificação, AIS nem luz. Tínhamos que ficar atentos. Chegamos ao canal de entrada da Marina Batávia à meia-noite, a maré já estava descendo. Na maré baixa, o calado é de 2,20 metros, e nós não queríamos correr o risco de ficar encalhados.

Entramos com cuidado no lugar que já tínhamos reservado para o veleiro Kat. Nem acreditamos quando vimos a marina com certificação internacional: mais parecia um clube exclusivo, cinco estrelas, do que um lugar para atracar o Kat. Água e suprimentos de eletricidade 24 horas, serviço de bancas, armários, remoção de lixo e limpeza dos barcos e uma oficina de reparo de emergência. E a segurança de guardas 24 horas.

E, pasmem, a mordomia geral: banheiros, chuveiros, serviços de restaurante, bar e mesa de bilhar, charutos e vinhos, TV via satélite, wi-fi, materiais de leitura e jornais ingleses, lavanderia terceirizada, e uma deliciosa e tentadora loja de sorvetes italianos. E isso tudo está num prédio que parece um palacete do tempo dos colonizadores. Incrível!

Atracamos no píer, fizemos uma limpeza geral, lavamos roupa na marina, e Wilhelm foi atrás de um mecânico e das peças para consertar o motor. Ele e Erika iriam fazer a manutenção e o abastecimento inicial de alimentos secos para cruzarmos o oceano Índico. Uma cidade como Jacarta, com 10,135 milhões de habitantes, tem toda a infraestrutura de bons mercados de alimentos e peças de reposição para barcos.

Jacarta surgiu no século IV, quando se tornou um importante centro de comércio do reino de Sunda. Ela também foi a capital dos holandeses na região, cuja colônia se chamava Índias Orientais Holandesas.

Chegamos ao país no meio do Ramadã, que é um mês especial para mais de um bilhão de muçulmanos por todo o mundo. Na Indonésia existem 225 milhões de muçulmanos e lá estavam eles professando suas tradições religiosas.

Seguindo o calendário lunar, o Ramadã é comemorado em diferentes datas, e durante este período o povo muçulmano coloca em prática um ritual de jejum por trinta dias seguidos. É um período de reflexão espiritual e absoluta devoção a Alá. Começando na alvorada e terminando quando o sol se põe, todos os dias é realizado um jejum, sem bebida, fumo e sexo, sua crença é que essa prática ensina generosidade, paciência, modéstia e espiritualidade.

São realizadas cinco orações por dia durante o mês de jejum, mas podem ser feitas duas refeições leves ao dia. Durante a madrugada, por volta das 4h30, um pequeno café da manhã. No final de cada dia, após o pôr do sol, os muçulmanos quebram o jejum comendo tâmaras, e se reúnem com a família e amigos numa celebração que inclui a saída para a oração na mesquita.

E todos os horários do comércio e das jornadas de trabalho são alterados em função desse mês especial. O trabalho público reduz a carga horária de

BORNÉU 313

oito para cinco horas por dia. O comércio abre das 10h às 17h, e depois fica aberto após a última reza até a meia-noite. E ai de nós, leigos, que precisamos seguir nossa vida num mundo tão diferente de nossa cultura. Ri muito com a tripulação que dizia às vezes querer ser dessa religião, pois podem ter várias esposas ao mesmo tempo. Só não sabiam das regras do mês do Ramadã.

Nossa intenção era ficar somente uma semana em Jacarta para consertar o sistema de refrigeração do motor do barco. Por e-mail, contatamos o representante da Volvo Penta de Jacarta, e com apoio da subsidiária no Brasil solicitamos que o mecânico estivesse na Marina Batávia assim que chegássemos. Tudo deu certo: o mecânico chegou ao veleiro Kat e durante uma manhã detectou o problema. Precisávamos colocar um novo trocador de calor. Não tinha nenhuma peça em estoque, só em Singapura ou Estados Unidos, com demora de até duas semanas.

Nosso filho Pierre estava vindo do Brasil para Jacarta e devido a essa emergência alterou o seu voo, passando por Miami para apanhar a tal peça.

Essa logística ultrarrápida e urgente deu certo. Avisamos à Volvo em Jakarta que a peça chegaria no sábado, e já na segunda-feira o mecânico veio ao veleiro para avaliar o problema. Mas só poderiam consertar depois do Ramadã.

Com a chegada de Pierre, nossa felicidade de ter uma reunião de família estava quase completa. Éramos Vilfredo, os dois filhos Pierre e Wilhelm e os netos Emmanuel e Sebastian. Faltava o David. Curtimos com intensidade a estada de Pierre em Jacarta. Ele, feliz por estar a bordo, e nossas conversas mergulharam noite adentro com muitas risadas e recordações. E, assim como chegou, depois de cinco dias conosco, ele partiu de volta para o Brasil. Puxa, que saudades!

Fomos visitar Batávia, a antiga capital, e nos esbarramos em horários de museus e todos os monumentos fechados. Afinal, era Ramadã. Não podíamos produzir conteúdo de cultura ou aventuras para nosso documentário da *National Geographic*. E agora?

Numa reunião de emergência o diretor David decidiu mudar nosso roteiro e nos enviar para Bali, mesmo sem ir de veleiro. Juntos, com nossa equipe de filmagem, pegamos um voo para Bali, onde a população é de

314   EXPEDIÇÃO ORIENTE

grande maioria hinduísta, em contraste com o restante da Indonésia com 88% de sua população muçulmana.

Bali é um lugar muito mágico que respira espiritualidade e cultura. Já sentimos o astral da ilha no momento em que chegamos ao aeroporto. Ao contrário da maioria dos habitantes de Jacarta, em geral mais reservados, os nativos de Bali se vestem com roupas coloridas, têm uma energia indescritível, muita cultura em danças e músicas, há um misticismo no ar, gente feliz sorrindo para nós e paisagens lindas, maravilhosas. Os balineses cantarolam pelas ruas e levam a vida de uma maneira muito leve e com a sua fé acima de qualquer coisa. Eles realmente acreditam que o que você tem é o suficiente, pois foi o que Deus lhe designou. Em Bali, cada casa tem seu próprio templo com oferendas de frutas, flores, amuletos e com incenso para os deuses que protegem o lar.

Conhecida pelo nome de Ilha de Mil Templos, escolhemos com cuidado qual seria nosso roteiro em Bali. O primeiro templo a que fomos foi o Lempuyang, a 1.100 m de altitude. É o mais importante, o maior e mais sagrado templo da religião hindu em Bali, um dos mais antigos, construído em 91 d.C. Para chegar lá em cima são 1.700 degraus (para fazer uma comparação, a escadaria da Igreja da Penha, no Rio, tem 365 degraus), o que não impede os hinduístas de subirem ao topo. Poucos visitantes e turistas sobem até o final, pois é bem puxado. Os balineses acreditam que os visitantes com o coração pesado nunca chegarão ao topo, reforçando o aspecto espiritual da escalada. O guia nos aconselhou a não reclamar quando estivéssemos subindo — caso contrário, você nunca conseguirá chegar ao templo principal lá no alto.

Seguimos o costume dos hindus ao visitar os templos de Bali: homens e mulheres tinham que vestir sarong até abaixo dos joelhos. Alugamos os trajes para os tripulantes na lojinha da entrada do templo e começamos a subir devagar. Logo depois de 15 minutos de subida chegamos ao primeiro e principal templo, o Pura Penataran Agung, ou o Grande Templo de Estado, que é o centro e o lugar nobre de adoração, em Bali. Estátuas de dragões estão ao lado das escadas, como as representações das divindades hindus: Shiva, o destruidor, Brahma, o criador, e Vishnu, o preservador. Do alto da escadaria vemos dezenas de hindus vestidos de branco, que cantam e colocam oferendas nos altares. A vista é deslumbrante, com a floresta e o vale verde a distância, e eu sinto a energia ao meu redor.

Um guru, com um sorriso que irradia paz, vem falar conosco. Pedimos para entrevistá-lo, ele concorda e pede uma doação para o templo. Sentamos no chão, ele em frente a Vilfredo e a mim, e, numa voz suave, responde às nossas perguntas sobre hinduísmo, o significado do ciclo do nascimento, vida, morte e reencarnação, até que a alma seja purificada e vá de encontro a Deus. Contou a importância do vegetarianismo, a diferença entre karma e dharma, e que a vida na Terra deve ser vivida mantendo-se equilíbrio e harmonia entre o homem e Deus.

Depois de nossa conversa, ele me puxou para o lado e, segurando as palmas de minhas mãos para cima, me disse:

— O espírito de alguém muito jovem que você ama e que se foi será eternamente luz, e não irá mais reencarnar. Que sua luz ilumine sempre o seu caminho.

Começou a chover, e o tempo fechou. Continuamos nossa jornada no templo, que tem seis níveis até o alto do morro. Olhamos ao redor e vimos somente quatro estrangeiros se preparando para a peregrinação ao alto do templo.

A chuva vai ficando forte e os balineses vestidos de branco, molhados até os ossos, riem alegres, subindo os degraus escorregadios, carregados de flores, frutos e cestas com incenso e outras oferendas. Eles nos cumprimentam, falam conosco, se espantam ao saber que viemos de tão longe, e o movimento nas escadarias aumenta.

A tripulação apressa o passo e eu fico para trás.

— Formiga, encontraremos você lá em cima.

No terceiro patamar, na entrada de outro templo, encontrei uma senhora de uns 50 anos que me pediu ajuda.

— Você poderia me ajudar a subir? Meus joelhos não aguentam, tenho artrite, e tenho medo de cair.

Dei o braço e a ajudei a subir os degraus, que são de diferentes alturas. A chuva apertou e nós seguimos firmes escada acima. Vários grupos desciam e alguns escorregavam na lama, caindo de bunda no chão. Em nenhum momento deu para ouvir uma reclamação, só sorrisos. E, assim, seguimos devagar, parando para ela descansar. Depois de quase duas horas chegamos ao topo, para surpresa da tripulação.

— Pensamos que você não viria mais.

A mulher que ajudei me levou para conhecer sua família e eles me agradeceram e me contaram o motivo e a importância dessa peregrinação. É uma cerimônia para elevar o espírito dos mortos. Depois da cremação, as cinzas são trazidas até aqui para serem purificadas pelas águas da montanha e subirem aos céus. O templo ao ar livre está lotado e todos recebem as bênçãos. Orações, cânticos e oferendas de arroz são distribuídos entre os participantes.

De repente, um momento tenso — um grupo de macacos resolve roubar as bananas da oferenda. Imediatamente, armados com pedaços de pau, dois rapazes perseguem os animais, que fogem para a floresta. Eles são perigosos, pois podem morder ou arranhar você. E, em alguns casos, levam câmeras fotográficas e bolsas, se não estão seguras com o dono. Frank, Heitor, Klaus, Emmanuel e Sebastian seguraram firme as câmeras e o equipamento de som, e não se descuidaram nem um minuto do resto do material, protegido dentro das capas de chuva.

Vilfredo e eu nos aproximamos do grupo que estava no altar. Eu estava encharcada e com a roupa pingando, mas me entreguei ao ritual e aos cânticos desse momento, e recebi a água purificada do sacerdote, que colocou grãos de arroz na minha testa. Um momento tão espiritual que nem notei ou escutei o pessoal me chamando.

— Formiga, vamos descer.

Fico mais alguns minutos e depois, envolta nesse clima surreal, me encontro com Vilfredo e Emmanuel e vamos descendo com cuidado. Encontramos mais seis estrangeiros no caminho.

Fiquei imensamente orgulhosa de ter subido os 1.700 degraus para esse momento espiritual tão inusitado.

No quiosque da esquina compramos o almoço para todos nós, um picante prato de comida indiana. Sentamos ali mesmo na calçada e devoramos a deliciosa refeição; fiquei pensando como momentos felizes como esse são tão simples!

Dia seguinte, nossa busca pelos templos nos levou até Ulan Danu Bratan, que fica na beira de um lago e parece flutuar sobre as águas. É dedicado à deusa Dewi Danu, protetora das águas dos lagos e rios. A irrigação das grandes plantações de arroz da área tem suas águas provenientes desse lago. Era cedinho e não havia ninguém. Caminhamos calmamente ao redor do templo — situado a 1.200 metros, uma das altitudes mais elevadas de Bali, a temperatura lá é mais baixa, não faz tanto calor — e deixamos a atmosfera de tranquilidade nos envolver.

O templo é muito bonito, com grandes portões talhados e estátuas coloridas. Logo um grupo de alegres pessoas começou a chegar com as oferendas e se espalhou ao redor dos altares para iniciar um ritual.

Descemos pela lateral e fomos explorar os campos de arroz ao redor. Com o clima quente e úmido, o arroz é plantado e colhido em Bali durante o ano todo. Uma tarefa demorada e trabalhosa. O sistema de plantio e irrigação é conhecido como subak há mais de mil anos. Os morros são recortados em camadas, ou terraços, para que a água fique acumulada nos arrozais e haja um escoamento natural do topo da colina até a área mais baixa. Esse sistema de irrigação sustentável foi reconhecido pela Unesco como patrimônio mundial da humanidade.

Caminhamos pelos labirintos da plantação vendo as pessoas se dobrando para colher o arroz, em um trabalho árduo e fatigante, mas elas sempre tinham um sorriso para nós. Em uma plantação encontramos búfalos puxando o arado, o que torna um pouco mais fácil o trabalho.

O arroz tem muitos usos além da culinária: pessoas que participam de cerimônias são apresentadas com um grão de arroz na testa.

E na busca da culinária tradicional em Bali, e também por ser mais acessível aos nossos bolsos, comíamos nas barraquinhas de comida que inundavam as ruas das principais cidades. Na terra onde o arroz é o rei do menu, nosso desafio era escolher entre arroz frito e ao vapor, com mistura de verduras, frutos do mar e pescado, e especiarias de sabores intensos. Todos, uma verdadeira delícia!

Estamos sempre atentos para o que há de diferente e interessante nos lugares por onde passamos. Nossa vizinha de pousada integrava um grupo de dança balinesa e, sabendo que somos do Brasil, nos convidou para assistir a um espetáculo do Legong Dance. A dança balinesa geralmente é como uma peça de teatro. Antes do nascer do sol saímos em direção ao templo. O espetáculo dessa dança tradicional conta a história de deuses e príncipes, com coreografias que fazem os corpos das praticantes se mexerem como folhas de uma árvore ao vento. A sutileza dos detalhes é impressionante. Tradicionalmente, as dançarinas do Legong eram as meninas que iniciavam um treinamento rigoroso já aos 5 anos e levavam pelo menos mais cinco anos para que estivessem aptas para dançar em público.

Esse lindo cenário, nesse templo deserto a essa hora da manhã, me tirou a respiração. As cores vibrantes das roupas com detalhes em dourado, a elaborada maquiagem, os movimentos das mãos — para onde quer que as mãos se moviam, os olhos com incrível expressão, a seguiam —, e cada gesto coordenado dos pés e de todo o corpo despertava uma inesperada emoção. Mas o que me fascinou mesmo foram os olhos, o elemento espiritual do corpo, que mudavam de expressão nos levando a um mundo mágico e fascinante. Durante a apresentação, olhei ao redor para minha tripulação. Fora a equipe de filmagem e foto, todos estavam imóveis, como que hipnotizados pela beleza do que víamos. Por cerca de duas horas entramos nesse mundo místico das dançarinas do Legong, envolvidos pela música. Parecia que o relógio do tempo tinha parado.

Bali, linda, das praias maravilhosas, ficou para nossa tripulação, que nos dias de folga foi surfar e curtir a ilha. Vilfredo e eu voltamos para Jacarta.

Ele me chamou a atenção para a vista da janela do avião: uma espessa nuvem de poluição cobria a cidade; havia esgoto a céu aberto e lixo no mar, inclusive na área da marina. Peixes mortos ao redor do barco, provenientes de algum desequilíbrio da água do local. Com a mudança da maré e a recorrência de chuvas, o lixo das ruas sempre vai parar nos oceanos. Nesse momento voltamos a refletir sobre os cuidados que devemos redobrar com nosso lixo, principalmente eliminando o plástico. Como será que poderíamos conscientizar as pessoas da necessidade de preservar nosso planeta?

A marina mandou uma equipe limpar imediatamente a água ao redor dos barcos, mas mesmo assim, quando fomos dormir, o cheiro de peixe morto parecia impregnado nos lençóis.

O Ramadã estava para terminar e haveria uma grande comemoração. O início da festa seria numa quarta-feira, se estendendo até domingo, feriado de cinco dias sem trabalho.

BORNÉU 319

Com a peça que Pierre trouxe, depois de cinco dias de atraso o mecânico finalmente apareceu para fazer o reparo definitivo no motor. Isso lembrou a construção do veleiro Kat e os atrasos que aconteceram.

As férias de Sebastian estavam chegando ao fim, hora de voltar para a universidade. Tê-lo três meses a bordo foi uma experiência incrível para todos nós e uma oportunidade de conviver com esse meu neto que deixaria saudades. A festa de despedida foi na marina, e assim nossa tripulação voltou ao número de oito integrantes.

A equipe da marina não media esforços em nos ajudar: conseguimos permissão para participar da última oração do Ramadã e até mesmo para filmar a cerimônia de encerramento, quando milhares de fiéis se dirigem à mesquita Istiqlal.

Fomos a um shopping para comprar trajes adequados para a visita à mesquita e me espantei em ver que para entrar é preciso passar por uma segurança igual à dos aeroportos internacionais. Ataques terroristas em 2009 atingiram dois hotéis famosos, matando nove pessoas e ferindo cinquenta, a maioria estrangeiros.

Nas lojas, me deparei com um mundo novo dos muçulmanos. As roupas eram lindas! Havia todo tipo de abayas, que é um vestido longo, solto, de tecido com mangas compridas. Bordadas com cristal colorido, de seda com enfeites em ouro, todas muito coloridas... Escolhi uma vermelha estampada, linda, com o véu igual. Vilfredo comprou uma túnica de nome kurta, para usar por cima da calça. Estávamos bem elegantes, depois de viver de shorts e camisetas no barco o tempo todo.

Na manhã seguinte, fomos para a mesquita de Istiqlal, a maior mesquita da Ásia e a terceira maior do mundo, com capacidade para 200 mil pessoas, inaugurada em 1978. A cúpula do teto, toda iluminada e dourada, e o espaço de orações são enormes, e as colunas, muito altas. Naquele momento, estavam ali cerca de 20 mil pessoas!

Na hora de entrar, temos que tirar os sapatos. Há prateleiras do lado de fora para guardá-los. E naquele calor é simplesmente uma delícia pisar no chão fresquinho de mosaicos de cerâmica! Vilfredo e a tripulação foram lavar os pés, de acordo com a tradição.

320 EXPEDIÇÃO ORIENTE

Na mesquita, todo mundo foi bem acolhedor, nos saudando, curiosos em saber de onde viemos e o que estávamos filmando ali. Conversamos com várias pessoas e com um simpático e jovem casal com um bebê, a mulher toda de burca, somente com os olhos de fora. E ela não podia falar com Vilfredo, somente com outra mulher. Curiosa, fiz perguntas sobre sua vida e me surpreendeu o tom moderno de nossa conversa. Formada em direito, ela trabalhou num escritório até casar e ter o bebê. Mas, assim que o filho estivesse maior, pretendia voltar ao trabalho. Ela me disse que as mulheres são muito vaidosas. E como os únicos elementos que as mulheres muçulmanas podem expor são os olhos, caprichavam na maquiagem para torná-los bem expressivos.

Uma multidão caminha pelos corredores da mesquita. Nossa equipe, com permissão de filmagem e fotos, causava um rebuliço com os equipamentos. Mas, ante as palavras mágicas *We are from Brasil* (Somos do Brasil), os sorrisos se abriam. Frank, Heitor, Emmanuel e Klaus conversavam com as pessoas, que pediam a eles para tirar selfies.

Um grupo de homens paquistaneses, barbudos e com turbantes, roupas brancas e caras bem sérias, que viajaram a Jacarta somente para a cerimônia, curiosos com nossas câmeras, pararam e conversaram com Capitão. Parecia que já se conheciam havia tempos, falando de futebol! Ficaram impressionados pelo fato de estarmos documentando tão de perto essa religião que não é tão presente em nosso continente quanto o cristianismo.

Todos os adjetivos em relação ao local são do meu vocabulário pouco usado: grandioso, majestoso, lindíssimo, imponente e silencioso. Eu tive que ir para o lugar das mulheres, no segundo andar, e encontrei minha turma. Sentei no chão e me senti em casa. As mulheres conversando comigo, elogiando minha roupa, e duas delas vieram arrumar o véu na minha cabeça. As adolescentes cochichavam e riam. As crianças brincando quietinhas. Reservaram um lugar para mim no meio delas, e quando vi era alvo de muitas selfies, nem um pouco discretas. De início pensaram que eu era de um país de língua inglesa: Estados Unidos ou Austrália. Surpresas ao saber que era brasileira, me crivaram de perguntas sobre as mulheres em nosso país: a liberdade, maternidade, oportunidade de trabalho e carreiras, violência doméstica e sobre a colônia de muçulmanos no Brasil. Me explicaram que as mulheres ficam no andar de cima, pois as tradições milenares da religião não permitem que as mulheres orem no mesmo espaço junto com os homens.

Diante de uma chamada para a oração pelo possante sistema de som, todos se levantam e rezam e, como numa coreografia, todos se ajoelham e colocam a cabeça no solo, cantando juntos com as mãos abertas. De arrepiar! Aqui em cima, as mulheres antes tão tagarelas ficam em silêncio seguindo o mesmo ritual. Num momento em que todos estavam sentados, um carrinho de rodinhas deslizava entre as filas. Era a coleta das doações. As orações tinham um som possante que vibrava no ar. Sempre tivemos o maior respeito pelas religiões de todos os lugares por onde passamos, e ali pude sentir o poder e a energia dos filhos de Alá.

Na hora da saída da mesquita, fomos buscar nossos sapatos. Klaus procurou por toda parte, mas não encontrou suas sandálias de borracha. Teve que voltar descalço. Alguém gostou das sandálias brasileiras dele.

O Ramadã terminou na quarta-feira. Começou a novela de conseguir alguém para finalizar o serviço de troca de peças que Pierre havia trazido. Foi outro drama, pois os mecânicos não conseguiam voltar para a cidade depois do Ramadã. Assim como qualquer feriado prolongado no Brasil, as estradas e aeroportos estavam congestionados. Ao final, deu tudo certo, mas com certeza Wilhelm ganhou uns cabelos brancos de preocupação.

Além do motor, Wilhelm costurou as velas com a ajuda de Frank. Tudo tinha que estar funcionando. Para cruzar o oceano Índico, eram 5 mil quilômetros, onde não teríamos nem uma ilha para parar ou fazer reparos.

O abastecimento foi feito por etapas e Erika fazia o milagre de conseguir guardar — debaixo dos bancos da sala e do piso — os alimentos que chegavam em caixas e mais caixas.

Com os equipamentos revisados, câmeras prontas, e tudo nos lugares, Frank, Heitor, Emmanuel e Klaus aproveitaram para se divertir na cidade, a última pelos próximos quarentas dias.

O VULCÃO KRAKATOA

No dia 13 de julho às 17h30, zarpamos da Marina Batávia rumo a Krakatoa, distante a 86 milhas dali.

Saímos da marina de Jacarta, seguindo a motor com o máximo de cuidado para evitar as enormes redes de pesca que estavam na nossa rota. Logo

322 EXPEDIÇÃO ORIENTE

depois da meia-noite, de repente o barco parou e ficamos presos em uma delas. O cabo da rede se enrolou no bulbo da quilha a 5,2 metros de profundidade. Wilhelm mergulhou com a lanterna e faca para cortar os cabos para livrar o barco. Capitão mudou de rumo e entrou na rota dos navios, e assim ficamos livres do perigo das redes. No entanto, entre as ilhas Java e Sumatra o movimento de ferrys é intenso, e a navegação foi com atenção redobrada.

Ao amanhecer, de longe víamos o perfil do vulcão Anak Krakatoa, com sua fumarola cinza. Ao meio-dia ancoramos em frente do vulcão, onde há uma sede de monitoramento com oito guardas do parque nacional. Fomos bem-recebidos e pagamos as taxas de permissão para caminhar e filmar a área.

O cheiro de enxofre, dependendo de onde vem o vento, é bem forte. Caminhamos pela praia de areia negra, em contraste incrível com a vegetação verde. Caminhamos pelas pedras enquanto a tripulação fazia filmagens e voava com o drone para filmar a cratera. Capitão e eu sentamos na ponta da ilha e falamos de como a natureza é capaz de se refazer, mesmo de uma destruição tão catastrófica.

Essa é a segunda vez que o veleiro Kat ancora dentro da cratera de um vulcão. A primeira foi na Antártica, na ilha Deception. Estamos bem em cima da antiga cratera do Krakatoa, o vulcão que provocou a maior catástrofe da história da humanidade com sua erupção em 1883. Foi a segunda erupção vulcânica mais fatal e destruidora no mundo. A montanha de 2 mil metros de altura teve várias explosões, e o vulcão inteiro desmoronou em um violento colapso, afundando no mar. Isso causou vários tsunamis destruidores nas ilhas Java e Sumatra, com ondas de 40 metros, matando mais de 36 mil pessoas nas 165 cidades litorâneas. Em outras partes do mundo, foram registrados tsunamis de menor intensidade, no oceano Índico, no Pacífico, na costa oeste dos EUA, na América do Sul e até no canal da Mancha.

A explosão foi tão violenta que jogou pedras à altura de 27 quilômetros, e, quando caíram em terra, formaram uma camada que chegava a ter mais de 30 metros de altura. O som da explosão foi ouvido a 5 mil quilômetros, na ilha Rodrigues, na Austrália, nas Filipinas e na Índia. Seu poder destrutivo foi equiparado à explosão de quatrocentas bombas de hidrogênio, e as ondas do choque deram sete vezes a volta ao mundo. As consequências da forte erupção foram sentidas em todo o planeta: por mais de um ano, a poeira vulcânica se manteve na atmosfera, impedindo os raios do sol de chegarem ao solo, alterando a temperatura no mundo, que caiu 1,2°C durante cinco anos, trazendo frio, destruição de colheitas, fome e doenças, e alterando a cor do sol, que mudou para um vermelho forte.

O atual Anak Krakatoa (filho de Krakatoa) poderá ser ainda mais poderoso se houver uma erupção com sua cratera de 50 quilômetros. Ele tem 800 metros de altura e cresce 5 metros todos os anos. O filho de Krakatoa é um vulcão ativo monitorado pelos vulcanologistas permanentemente. O nível de alerta é 2. Os cientistas dizem que, se ele crescer e chegar à altura do Krakatoa, poderá causar uma erupção catastrófica de grandes proporções. Mas os guardas que vivem ali se preocupam com ele poder entrar em erupção muito mais cedo do que previsto, e haverá destruição e tsunami nessa área da Indonésia. Desde 2004 há grande preocupação com esse tipo de fenômeno, porque as áreas do estreito de Sunda são densamente habitadas. Me deu um friozinho na barriga, mas eles garantiram que estávamos seguros ali. O filho de Krakatoa estava quieto por enquanto.

Tenho visto que o homem subestima o poder da natureza. Pensa que pode controlá-la, e que tem meios de prevenir situações como uma enchente, um furacão, um tsunami, a erupção de um vulcão. Em alguns casos pode prevenir alguns desses fenômenos. Mas quando acontece algo que não pode ser previsto, como terremotos ou tsunamis, as consequências são catastróficas, com perda de milhares de vidas. Obrigada, Deus, que nos protege em nossas expedições e navegadas pelos mares nesses 35 anos.

Ancoramos à noite ao lado da ilha. Sentamos com a tripulação no cockpit do veleiro olhando a cratera do vulcão, com seu reflexo como uma fogueira gigante. Quem disse que queríamos ir dormir e deixar de assistir a esse momento tão raro e fascinante? Mas então o vento mudou, e o cheiro de enxofre nos obrigou a entrar no barco.

Navegamos pela manhã ao lado do vulcão, e depois fomos até a entrada do estreito de Sunda, e deixamos o mar de Java para entrar no oceano Índico. Pedi ao Anak Krakatoa: fique assim bem quietinho, por favor.

(Enquanto escrevia este livro, em 22 de dezembro de 2018, o vulcão Anak Krakatoa entrou em erupção, formando um tsunami com ondas de

5 metros, que matou 426 pessoas, deixou cerca de 14 mil feridas e destruiu cidades costeiras da Indonésia.)

Assim que entramos no oceano Índico pelo estreito de Sunda, o que vimos no mar nos deixou surpresos e tristes. Milha atrás de milha, era muito lixo, muito plástico. Garrafas PET, potes, sacos de todos os tipos e tamanhos, caixas e incontáveis sandálias de todas as cores e tamanhos. Não podíamos acreditar. O pior é que navegamos o dia todo no meio desse lixão, que se estendia por cerca de 200 metros de cada lado do barco. Não dá para crer que nós humanos estejamos poluindo os mares desse modo. E não podíamos fazer nada ali naquele momento. Mas podemos alertar todos, cada vez mais, para esse perigo em nossos mares: a poluição dos plásticos.

E COMO FOMOS PARAR EM MENTAWAI?

Luana e Alexandre Ribas são aquelas pessoas em quem ninguém acredita, todo mundo tenta convencê-los de que estão errados, os chamam de malucos. Eles são membros de carteirinha do nosso clube CS, o Clube dos Sonhadores. Assim, nada mais lógico que nos tornássemos amigos via internet. Como o casal mudou-se para Mentawai, uma das mais isoladas ilhas da Indonésia, e a Família Schurmann tem um barco dando a volta ao mundo, ficou bem fácil para que, enfim, nos encontrássemos pessoalmente. Alexandre disse:

— Mentawai era para mim o paraíso mundial do surfe, uma das maiores concentrações de ondas perfeitas em todo o mundo e sempre com água quente e clima tropical. Além disso, sem muitos turistas, protegida de influências externas, a ilha conseguiu manter uma cultura e um povo únicos.

"Depois de estar aqui diversas vezes, em 2012 resolvi mudar completamente minha vida ao vir para a Indonésia construir o Hidden Bay Resort, nessa linda baía. Aqui ofereço tudo que um surfista sonha: suas cabanas têm conforto, ar-condicionado e wi-fi, centro de treinamento, pilates, refeições saudáveis e deliciosas. E, de bônus, a chance de conhecer uma das culturas mais antigas do mundo, os nativos mentawai.

BORNÉU   325

"Minha esposa Luana conheceu a Família Schurmann há muitos anos
e acompanha a expedição. Ao ver que vinham nessa direção, teve a ideia
de convidá-los. Eles nos inspiraram a acreditar e viver os nossos sonhos."
Em julho de 2016, quando estávamos em Bali, recebemos um e-mail de
Luana convidando o veleiro Kat e sua tripulação para uma visita a Mentawai.
Reunidos em volta da telinha do navegador por satélite, Wilhelm falava de
seu sonho (wind)surfista de conhecer o lugar. Tinha sido um ano de muito
velejar e muito trabalho de filmagens. Seria ótimo dar uma parada em um
lugar lindo e tranquilo para descansar antes de cruzar o oceano Índico.
A história de Alexandre e Luana é uma inspiração. Bem ao nosso estilo,
decidimos mudar a rota da expedição.

Navegamos durante quatro dias, por 440 milhas, e pescamos um pequeno
atum. Alexandre mandou um e-mail e disse que iria nos esperar com seu
barco para nos orientar na entrada da enseada. Quando o mar acalmou
no final da tarde, fomos entrando devagar na enseada, no meio de duas
barreiras de corais, com Alexandre nos orientando, para colocar a âncora
no lugar certo.

Valeu a pena ter mudado de rota. O lugar é mágico! Lindo, cativante e
de uma energia muito boa.

O nosso encontro foi uma festa. Com alimentação natural, eles fizeram
um jantar de boas-vindas e estava tudo delicioso. Assim que desembarcamos, fiquei encantada com o Hidden Bay, o resort que construíram. Os
nativos têm uma forte relação espiritual com a floresta, acreditando num
sistema que combina harmonia e criação, e Alexandre e Luana captaram
isso de uma forma incrível. Nesse conjunto de ilhas, durante os meses de
março a outubro, inúmeros recifes de coral recebem constantes ondulações,
que se formam no sul do continente africano. Essas ondulações viajam milhares de quilômetros e vão se alinhando e se acertando. Ao se encontrarem
com as bancadas, formam ondas perfeitas. Tubulares, suaves, rápidas, ou
simplesmente divertidas, mostrando suas formas, dependendo da variação
de profundidade e ângulo dos corais.

Era julho, mês de férias, nosso filho David com nosso neto Kian vieram
passar uma semana conosco. Eles enfrentaram 52 horas de viagem, quatro
aviões, um ferry de quatro horas, e finalmente um barquinho tipo canoa a

motor do resort os trouxe até o veleiro Kat. A alegria do reencontro foi tanta que, nem bem abracei Kian e David, já estávamos todos nadando. David trouxe nossa gerente financeira, Telma. A viagem foi nosso reconhecimento pelo trabalho dela na empresa e no projeto Expedição Oriente. Telma ficou hospedada num dos bangalôs do resort que ficam de frente para a praia.

David pretendia recarregar as energias depois de uma maratona de mais de dois anos na produção do filme *Pequeno segredo*. Com a presença deles, o aniversário de Wilhelm, dia 25 de julho, foi uma festa animada! Como pode uma turma de treze pessoas ser tão barulhenta? Foram dias de férias no paraíso, bem merecidas para todos nós. A tripulação saía cedo com Alexandre para surfar, e Capitão e eu curtíamos fazer snorkel e andar de stand-up paddle no mar de águas mornas com Kian. Telma aproveitou cada minuto para nadar e caminhar pela ilha. A casa sede tem mil metros quadrados de área construída e abriga o restaurante, a sala de pilates, yoga e um enorme salão com redes que eram disputadas pela tripulação. Como é bom ser avó nessas horas: Kian sempre reservava a minha no melhor lugar.

Um de nossos sonhos era conhecer uma aldeia dos nativos sikereis, em Siberut, a maior ilha das mentawais. Os 64 mil sikereis têm conseguido manter sua cultura e crenças intactos, resistindo ao progresso. Para viabilizar nosso sonho, Alexandre preparou para nós uma expedição de três dias na selva.

Wilhelm, Erika e eu ficamos no barco, para preparar a travessia do oceano Índico. Apesar de minha vontade de, enfim, conhecer os sikereis, achei melhor ficar no barco. Com a perspectiva de ter que carregar uma pesada mochila nas costas pela íngreme trilha, preferi não arriscar a recuperação do meu ombro, que estava indo tão bem. Ajudei Erika a lavar, acondicionar e guardar nossos alimentos e atualizei minhas fotos e postagens na nossa página na internet. Assim, num mesmo dia, nos despedimos de Telma, Kian e David, que voltaram para o Brasil, e dos nossos bravos aventureiros, que partiram para a isolada selva onde os nativos vivem. Em troca de minha insistência, fiz Vilfredo prometer que ele iria escrever cada detalhe da aventura. A equipe de filmagem iria gravar, anotar e fotografar cada momento.

E ele cumpriu a promessa:

BORNÉU   327

— Saímos do veleiro Kat bem cedo, para a cidade de Siberut, a 15 milhas de nós. Era um barco de 9 metros de comprimento, esculpido de um único tronco, borda rente à água, comprido e estreito como canoas do Amazonas e balançava muito, dando a sensação de que "a canoa ia virar", mas era estável. Incrível ver passar esses barcos carregados de crianças, bebês e mercadorias.

"Acondicionamos nossa bagagem, que não era pouca, pois iríamos passar três dias na selva e tínhamos que levar, além dos nossos pertences pessoais, o equipamento de filmagem e fotografia, incluindo o drone. E, ainda, comida e muita, muita água.

"A rota até a pequena cidade de Siberut era uma passagem de apenas 20 metros de largura. No cais de madeira com muitas embarcações atracadas, passamos de uma para outra, nos equilibrando e colocando os pés bem no centro para que as canoas não virassem. Fizemos as compras e nos abastecemos de mais comida, cigarros, água, colocando tudo dentro de uma embarcação maior. Subimos um rio sinuoso, com correnteza, por quatro horas em um trecho de 32 quilômetros.

"Eram dois barcos: em um deles iam Frank, diretor de fotografia, e seu assistente Heitor, com a câmera de filmagem em punho, e mais um casal de nativos. No nosso estavam meu neto Emmanuel, nosso amigo Alexandre, o fotógrafo Klaus, o guia do rio, o condutor, eu e toda a bagagem com mantimentos.

"Na nossa embarcação, apareceu um furinho no casco, e a água entrava sem parar. Nós nos revezávamos tirando a água continuamente. Parecia um desses jogos de competição de superar os obstáculos: troncos de árvore boiando, imensas pedras, e algumas vezes ficava tão raso, que desembarcávamos e empurrávamos o barco.

"Chegamos à vila Rakaroi e fomos recepcionados com muita alegria pelo nativo Aman Paroroi, líder do clã. Nosso destino, a aldeia Atabai, a 21 quilômetros, cerca de quatro horas de viagem. Como já era quase de noite, não podíamos atravessar os pântanos e as montanhas íngremes no escuro. Passamos a noite na aldeia de seiscentas pessoas, hospedados pelo chefe Aman Paroroi, após armarmos nossas barracas no quintal em sua casa. Jantamos a comida que tínhamos na mochila.

"Ao nascer do sol, com uma caravana de 25 pessoas, entre homens, mulheres e crianças, iniciamos a caminhada. Coloquei uma mochila de 10 quilos nas costas e estava confiante de que iria tirar de letra o difícil caminho.

"Já no início da caminhada, os pés começaram a afundar na lama, até a canela, depois atravessamos um rio com água cristalina com fundo de pedras pequenas e redondas. Foram quatro horas de caminhada passando por pântanos e escalando montanhas. Foi uma das caminhadas mais difíceis que eu enfrentei na minha vida.

"A trilha estava totalmente encharcada e tínhamos que ter muito cuidado para não tropeçar nas inúmeras raízes de árvores. Os nativos colocaram roliços troncos no solo e a gente tinha que se equilibrar em cima deles para não cair na lama. As sanguessugas eram um outro perigo. Uma agarrou na coxa de Alexandre e ele estava sangrando.

"Os primeiros três quartos da caminhada foram a escalada de montanha, com muita umidade e um calor infernal. Na subida da montanha, tínhamos a ajuda de uma vara, como se fosse uma bengala, para avançar lentamente, um passo atrás do outro. Eu escorregava e tinha que tentar novamente. Foi um sufoco.

"A maioria dos sikereis estavam descalços e não sentiam o peso da lama nos pés. Com as botas encharcadas e o peso da lama, estávamos levando mais de 1 quilo em cada pé. Na metade do trecho eu senti dor nos músculos e tive cãibra na perna. Parei de caminhar. Alexandre, fluente no idioma indonésio, explicou a Aman Paroroi que eu estava com cãibra. Imediatamente ele saiu pela floresta e voltou com folhas e pequenas flores amarelas, esfregou-as em suas mãos usando um pouco de água, para fazer uma pasta, que massageou a minha coxa esquerda. Na hora senti um alívio. Depois, ele pegou uma garrafa com água, picou as flores e colocou dentro. Chacoalhou bem e me deu para tomar, para me dar energia. Em pouco tempo, já estava andando sem sentir nenhum cansaço. Meia hora antes de chegar à aldeia, descemos um despenhadeiro com muita lama e nos seguramos muito bem para não deslizar morro abaixo. Nos 21 quilômetros de caminhada, paramos quatro vezes para descansar. Fiquei impressionado com a força e a energia das mulheres e dos homens nativos que subiram com incrível facilidade, carregando até 12 quilos nas costas.

BORNÉU   329

"Chegamos a Atabai e fomos para a maloca de Aman Paroroi, construída com troncos de madeira cobertos de palha sem nenhum prego, amarrados com cipó e erguidos a uma altura de 1,5 metro do chão, em palafitas. Os porcos e as galinhas ficam embaixo da casa e o cheiro alcança os cômodos acima. Tirei as botas e descobri que meu dedão estava bem machucado. Na entrada da porta da frente, pendurados e enfileirados como um troféu, estão os crânios de animais abatidos, a maioria macacos. Eu contei 102. Eles não usam armas de fogo, caçam com arco e flechas, com um veneno paralisante e mortal nas pontas. Não revelaram, mas acredito que seja dos frutos da palmeira-sagu.

"Os nativos começaram a preparar o almoço. A base da alimentação dos sikereis é a palmeira-sagu. Os frutos e as sementes dessa palmeira possuem uma potente neurotoxina e se ingeridos podem provocar paralisia e morte em animais e pessoas. O sagu tem gosto de mandioca. Eles cortam em fatias e enrolam em folhas e colocam para assar em uma fogueira.

"Os mentawais se enfeitam com colares e flores na cabeça e nas orelhas, e na testa usam uma bandana colorida. As mulheres usam um pano enrolado em torno da cintura, e os homens afiam os dentes com um cinzel, por razões estéticas. Os corpos são tatuados. A tatuagem é feita com agulhas de bambu, e eles usam uma tinta feita em uma casca do coco aquecida onde adicionam caldo de cana-de-açúcar. Tatuar é uma identidade, é uma reflexão pessoal da relação das pessoas com a natureza, conhecida como arat subulungan.

"As mulheres desfiaram tiras das folhas de palmeira para a produção de uma forte corda para fazer uma armadilha de pegar um dos porcos pela perna. Eles atraem o animal com pedaços de sagu para perto do laço, que tem uma circunferência de 10 cm. Ficaram horas naquela tarefa como se estivessem pescando, com muita paciência, esperando o momento exato de o porco colocar o pé no laço. Havia vários porcos, mas eles queriam pegar o maior deles.

"Durante nossa estada na aldeia foi realizado o batismo de um bebê de três meses. Foram duas cerimônias. Na primeira, o ponto alto foi o sacrifício de dois galos e duas galinhas. Depois de quebrar o pescoço das aves, elas são levadas ao fogo para a queima das penas. Depois são examinadas as vísceras para ver se está tudo bem, para prever se o bebê terá harmonia na sua existência.

330 EXPEDIÇÃO ORIENTE

"Após o jantar, armamos as três barracas numa espécie de varanda coberta. As barracas nos protegiam dos mosquitos. Exausto, eu já estava dormindo quando ouvi uma gritaria, por volta das 23h. Acordei de um salto e saímos todos correndo das nossas tendas. Eles tinham, enfim, conseguido laçar o porco maior. O porco gritava e os nativos celebravam. Para imobilizar o animal foram precisos cinco homens, tendo o cuidado de evitar que o porco os mordesse com seus dentes afiados. Amarraram o animal e ninguém podia chegar perto dele, pois poderia morder.

"Ao redor e embaixo da casa era um lamaçal só, e usamos o banheiro, a floresta ou o rio que está a uns 200 metros da casa. Pela manhã do segundo dia acordamos às 5h30 com o galo cantando do nosso lado. Fingi que não ouvia, mas um dos nativos começou a bater com um bastão de bambu grosso, chamando os porcos para vir comer o sagu. As refeições eram servidas em esteiras limpas, colocadas no chão. Os nativos comiam com a mão, e o café da manhã foi sagu, arroz e carne de galinha.

"O telhado é feito das folhas da palmeira-açu trançados em fileira de ripas de madeiras e com a chuva tivemos algumas goteiras na casa. Alexandre traduzia para nós o que o chefe contava sobre sua cultura. Aman Paroroi é um sikerei (xamã) de 26 anos, e, para ocupar essa honra, a pessoa tem que passar muitos meses sobrevivendo na selva com os animais e aprendendo com os mais velhos. Seu avô foi seu mestre. Essa comunhão com a natureza os faz ter um nível de espiritualidade mais elevado.

"À tarde foi feito o sacrifício do porco. Usam o palitai, um facão pontiagudo. Dois nativos mataram o porco. O dono da casa, Aman Paroroi, presidiu a segunda cerimônia de batismo, colocando o bebê por um momento em cima do porco morto e esfregou a mão cheia de folhas na barriga do porco, depois colocou na face do bebê. Em outra mão, uma tigela com flores brancas molhadas que ele usava para 'benzer' a cabeça do bebê e dos que estavam em volta falando no dialeto deles. A carne do porco foi colocada em um tacho de ferro e, depois de cozida, foi separada em bambus e dividida entre nosso grupo e as outras famílias. Para conservar a carne, eles a acondicionam dentro de um bambu grosso de 1 metro de comprimento.

"À noite, depois do jantar, fizeram a apresentação de dança e batiam os pés no chão ritmados ao som de dois tambores feitos de pele de cobra e de

BORNÉU 331

lagarto. Somente três sikereis apresentaram a dança. Os jovens não querem mais colocar as roupas tradicionais, sentem vergonha. Os sikereis vestem uma tanga vermelha, com um tecido que na frente cobre as partes íntimas e na parte de trás é enrolado e fica entre as nádegas.

"Fiquei impressionado como os nativos fumam um cigarro atrás do outro; a perspectiva de vida é de 50 anos. O ritual de cortesia de um visitante é trazer cigarros, e trouxemos muitos maços para eles. Os mais velhos usam o fumo de corda envolta a uma palha. Não fumo, mas, nesta estada com eles, devo ter fumado, por tabela, uns dois ou três cigarros por dia.

"Na última noite eles ficaram cantando e dançando até as 23h. Houve uma cerimônia em que Alexandre, Emmanuel e eu fomos escolhidos, em um ritual, irmãos e parte da tribo dos sikereis. Fui rebatizado com o nome de Fedokerei. E dançamos com eles. No outro dia iríamos levantar acampamento. À noite choveu muito e tivemos um terreno escorregadio e mais lamacento na volta. A dificuldade foi subir a primeira montanha, que é muito íngreme. A cada passo, patinávamos na lama e escorregávamos, foi um sufoco. Eu não precisei levar a mochila na volta, o nosso amigo Aman Paroroi fez questão de levar. Foi um alívio. A volta foi mais fácil. O fotógrafo Klaus teve o azar de ser sugado duas vezes por sanguessugas.

"Um pouco antes da chegada a Rakoroi, tomamos um delicioso banho de rio. Estávamos na mesma latitude que o Amazonas. Na viagem de volta a Siberut, o rio aumentou muito de volume, com uma correnteza forte devido às chuvas. O nativo que estava dirigindo o barco teve muito trabalho, desviando de troncos de árvores e, com maestria impressionante, controlava o barco nas sinuosas curvas do rio. Levamos duas horas para descer o rio, onde o canoeiro do resort nos esperava."

Ver Capitão e a tripulação chegar de volta sujos e enlameados não foi uma surpresa. O que não sabia era que tinham trazido Aman Paroroi e sua esposa para conhecer nossa casa. Foi a vez de eles se surpreenderem com uma casa no meio do mar. Cheio de perguntas, com seu pouco inglês e nossos gestos mostramos o barco para eles. Antes de entrar, ele tirou umas folhas de sua sacola e imediatamente "benzeu" o veleiro Kat para afugentar os maus espíritos. O casal se hospedou na cabine de proa, e pareciam duas crianças curiosas com tudo o que viam.

Mal terminaram de jantar, a tripulação e Capitão, para não perder o hábito do povo das montanhas, foram dormir com as galinhas.

Enquanto eles estavam fora, Wilhelm checou cada milímetro do barco e equipamentos, enquanto Erika se encarregava da logística de abastecimento. Não tem como ir a um supermercado... com dinheiro e uma minuciosa lista nas mãos, o canoeiro do resort foi para Siberut comprar nossas frutas e legumes. No quintal da cozinha lavamos tudo. Já havíamos comprado os alimentos não perecíveis — massa, arroz, feijão, sal etc. — em Jacarta. Compramos pouca carne e frango, porque confiamos nas nossas habilidades de pescadores. Aproveitando a espaçosa cozinha do resort, Erika preparou vários pratos, caso pegássemos tempo ruim. Lasanha, pães e deliciosas sopas foram acondicionados e congelados. E fizemos uma revisão das roupas de tempo, para o caso de ventos fortes, ondas grandes e chuva.

E assim, depois dos dias incríveis que passamos no Hidden Bay Resort, chegou a hora de dizer adeus a Luana e Alexandre. Definitivamente, não gosto de despedidas...

Depois de dezoito dias nesse paraíso, no dia 4 de agosto estávamos prontos para seguir viagem.

Eu amo chegar a um porto novo... É uma sensação das mais felizes esse sentimento de "o que vou descobrir nesse lugar"? Eu me empolgo com a antecipação e a alegria do encontro com novas pessoas, lugares e cultura que não conheço. Em alguns portos por onde passamos, os conhecidos se tornam nossos amigos, e o porto passa a ter uma intimidade de "nossa cidade, nossa ilha". Porém, não gosto de despedidas. Quem não fica triste? Mas os bons momentos que passamos com os amigos ficarão para sempre em meu coração. Obrigada, amigos, pelo carinho de todos vocês que nos acolheram e nos fizeram sentir parte de suas vidas. Assim é a nossa vida de navegador: com idas e vindas. Estou aprendendo que, na hora de dizer adeus, em vez de ficar triste, eu prefiro dizer: Bem-vindo, lugar novo!

No momento de levantar âncora, Wilhelm sentiu que ela estava muito pesada. A âncora estava subindo no guincho com muita dificuldade. Para nosso espanto, junto com ela, vieram duas outras âncoras de pescadores, enormes, com corrente e cabos entrelaçados em um emaranhado que parecia

BORNÉU

que queriam segurar o veleiro Kat para não ir embora. Sentado em cima desse emaranhado, Wilhelm trabalhou mais três horas bem difíceis e, com a ajuda da tripulação, conseguiu cortar cabos e soltar as diversas manilhas para desvencilhar toda a parafernália e liberar o veleiro Kat para partir.

As duas âncoras foram deixadas há muitos anos no fundo do mar, por um proprietário de um resort vizinho, e não tinham nenhuma marcação nem boias.

Finalmente, com velas para cima, o veleiro Kat partiu em sua mais longa travessia, sem nenhuma parada desde Mentawai até as ilhas Maurício.

22. Oceano Índico: ilhas Maurício e Reunião

4 DE AGOSTO DE 2016: A TRAVESSIA DO OCEANO ÍNDICO

— Agora vamos — disse Capitão, reunindo a tripulação. — Estamos bem descansados, vai ser uma travessia de cerca de 2.800 milhas (5.200 quilômetros), quase a distância da costa brasileira do Oiapoque ao Chuí, que são dois extremos territoriais do Brasil do norte ao sul, e deveremos navegar por duas semanas. Essa será nossa travessia mais longa até agora, sem nenhuma ilha ou lugar para parar. Em outras palavras, segurem-se bem, sigam as regras de segurança, tanto de dia, mais ainda à noite. Poderemos ter tempestades, ondas altas, por isso nessas condições todo mundo usando cinto de segurança, e engatado com a linha de vida, ok? Quando forem fazer manobra na frente, ou filmar ou tirar fotos, nada de: "Ah, eu vou um instantinho lá sem cinto de segurança." Não vacile! Se não sabe alguma coisa, se precisa de apoio, peça, chame o companheiro. Atenção, muita atenção! Nós vamos fazer três turnos de quatro horas cada turno, então vai dar pra descansar bem, ok? A boa notícia é que é uma rota de pouco tráfego marítimo, mas não se descuidem.

Wilhelm ainda comentou:

336 EXPEDIÇÃO ORIENTE

— Acho que uma travessia longa sempre dá um friozinho na barriga. Por mais que eu já tenha feito várias travessias longas, sempre parece a primeira vez, porque você sente aquela ansiedade. Será que vai dar tudo certo?

Depois de o Capitão passar suas instruções, demos adeus de novo aos nossos amigos do Hidden Bay Resort, e aos poucos a ilha de Mentawai foi ficando para trás. Entramos no oceano Índico, e Erika e eu fomos para a proa fazer o nosso ritual para Iemanjá e Tin Hau, as deusas do mar, pedindo proteção para essa travessia.

Nosso rumo: o continente africano. Íamos atravessar o Índico, que é o terceiro maior oceano da Terra e cobre cerca de 20% de toda a área oceânica do planeta. Ele banha vários países da Ásia, Oriente Médio, África e uma boa parte da Austrália.

Posso fazer uma confissão? Já atravessamos duas vezes esse oceano na rota mais ao norte, com paradas nas ilhas Diego Garcia e Seychelles, e em ambas os mares estavam bem mexidos, com ondas grandes o tempo todo, em condições bem difíceis. Cruzar agora mais ao sul vai ser um desafio. É um oceano que recebe as ondas da Antártica ao sul, sem nenhuma terra pelo caminho, e o único obstáculo que as ondas encontram é o barco. Então elas estouram no costado, muitas vezes com barulho enorme, como se fosse um soco gigante, e o barco fica adernado/inclinado de 30 a 40 graus o tempo todo, e a borda fica embaixo da água. Dormir acaba virando um exercício de yoga e paciência, com o corpo balançando de um lado para o outro. Andar dentro do barco, ainda mais eu, que já caí, é um desafio constante. Wilhelm lembrava: segurem-se, se caírem e se machucarem, não tem hospital nenhum num raio de 3 mil quilômetros. Encontrei um cantinho na sala de navegação e com três travesseiros, um nas costas e dois para apoiar cada braço, posso ficar sentada, bem segura.

O bom humor e o astral da tripulação eram uma constante. Tínhamos momentos de leitura, de jogos de gamão, xadrez (no celular ou no tabuleiro com ímã), mas o campeão de lazer eram os filmes. Lá fora de dia, todos curtiam o sol e a marola gostosa e notamos a ausência de pássaros. Os únicos animais que víamos eram os peixes voadores, que, na realidade, não voavam como as aves, batendo asas para cima e para baixo. O que eles faziam era nadar muito rápido para ganhar impulso e dar grandes saltos. No ar, eles abriam suas barbatanas para planar, "voando" por até 15 segundos. Com as

OCEANO ÍNDICO

ondas e a velocidade do barco, eles alcançavam grandes alturas e caíam no barco, e, se nesse voo acontecesse de um tripulante ser atingido, isso poderia machucar. Ontem à noite um enorme deles passou voando em frente ao rosto de Frank e caiu ao lado dele. Frank gritou, corremos todos. Contei o que aconteceu com Kat e eu, na segunda volta ao mundo. Estávamos dormindo na cabine com a gaiuta aberta em um mar tranquilo e de repente algo caiu em cima da cama, ao meu lado. Dei um pulo, acendi a luz e demos de cara com um coitado desses peixes se debatendo. Rimos muito com o susto e jogamos o bicho de volta na água imediatamente.

Wilhelm mostrou na tela, como em um jogo de videogame, o veleiro Kat navegando muito rápido e comendo os marcadores, diminuindo cada vez mais a distância entre ele e as ilhas Maurício, na costa sudeste da África.

No quinto dia, o vento apertou, chegou a 30 nós. Capitão e Wilhelm foram até a proa verificar o estaiamento e as velas, e o mar cobria os dois a cada mergulho da proa do barco com ondas de mais de 3 metros de altura.

Erika, que já havia se preparado e cozinhou e congelou alguns pratos no resort, com esse mar mexido, fez da hora do almoço um ponto de encontro de toda a tripulação. Mas em alguns dias, com o movimento violento do barco balançando de um lado para o outro, as refeições eram simplificadas. Nessas horas, sopas, sanduíches, biscoitos e frutas se tornavam os pratos favoritos da tripulação.

No único dia que o mar acalmou um pouco, Capitão fez uma surpresa: seu famoso macarrão. Tudo rolava de um lado para o outro na cozinha, os tomates caíam no chão, acabando debaixo da mesa, mas, com malabarismo, o bom cozinheiro fez uma panela fumegante e deliciosa de macarrão com molho de atum.

Vimos três navios quando já estávamos a 200 milhas das ilhas Maurício. E aos poucos a euforia foi tomando conta de nós, as milhas deixadas para trás e o veleiro chegando perto de terra. Cada tripulante expressava sua vontade: quero sair do barco e ver caras diferentes, pessoas, mulheres, homens, crianças, esticar os pés um pouco, fazer uma caminhada, sentar num barzinho, tomar um chope, saborear um sorvete, uma pizza, um churrasco, escutar música, algo bem diferente, dançar. Meu pedido: quero dormir com as pernas esticadas e com o barco sem rolar de um lado para o outro.

MAURÍCIO, A TERRA DO DODÔ

Chegamos no fim da tarde, o cheirinho de terra, a ilha verde e uns rochedos de cor ocre na entrada, a lua crescente, tudo muito lindo, e a alegria tomou conta da gente. Depois de doze dias, afinal o barco se estabilizou e brincamos que agora estávamos com uma perna mais curta do que a outra. Foram doze dias de balanço, mas ficamos bem felizes, porque a tripulação toda estava de alto-astral. Eu sei que não foi fácil, trancados no espaço pequeno do barco, com oito pessoas... Esse tem sido sempre nosso maior desafio: a convivência nesse espaço com pessoas de idades e de personalidades tão diferentes. Mas, como uma família de tripulantes, aprendemos a viver respeitando uns aos outros e com uma incrível energia e bom humor! E pensar que existe gente que reclama de uma viagem de carro com cinco pessoas por oito horas... A primeira coisa que fizemos foi colocar música, e dançamos animados com a chegada depois da travessia mais difícil até agora.

As autoridades de Port Louis, em Maurício, nos receberam de braços abertos. Nos mandaram atracar em uma vaga no porto e fomos todos os tripulantes fazer a documentação de entrada. O chefe da aduana, quando soube que éramos brasileiros, chamou Capitão para uma sala e o convidou para assistir ao Brasil nas Olimpíadas jogando a final de vôlei contra as americanas.

Liberados, atracamos o veleiro Kat na Marina Caudan Waterfront, no centro da cidade. Que delícia estar na cidade a dois passos do barco. Dias de folga para a tripulação: depois do barco limpo e arrumado, todo mundo sumiu.

Maurício é um país que se estende por menos de 1.280 km², mas tem cerca de 1,5 milhão de habitantes, e nos surpreendeu por ser tão multicultural, com quilômetros de praias paradisíacas. Foi batizado em homenagem a Maurício de Nassau, o mesmo holandês que governou parte do Nordeste brasileiro na segunda metade do século XVII. O arquipélago é formado pela ilha Maurício e mais quatro. A capital de Maurício é Port Louis.

As ilhas foram descobertas pelos portugueses (1510), colonizadas pelos holandeses (1598) e ocupadas por franceses (1715) e britânicos (1810). No território de origem vulcânica e protegido pela terceira maior barreira de corais do mundo, convivem cidadãos de origem indiana, africana, chinesa, muçulmana, europeia e crioula. Fala-se inglês, francês e crioulo (mistura do francês com línguas africanas), e reza-se em templos hindus, mesquitas e igrejas.

OCEANO ÍNDICO   339

Na história do país, um momento triste está relacionado à mais linda montanha do lugar. No domínio dos holandeses e dos franceses, os escravos trazidos de outros países africanos ajudaram a desenvolver grande parte da economia. Mas eles queriam a liberdade e fugiam da vida dura das fazendas. Muitas das regiões remotas da ilha como a montanha de Le Morne tornaram-se refúgios para os fugitivos. Eles viviam em um lugar tão isolado que nem sequer souberam quando a escravidão havia sido abolida. Quando os soldados subiram a montanha para comunicar a abolição da escravatura, muitos ex-escravos, pensando que eram caçadores de escravos, se atiraram da montanha e se mataram.

Quando a escravidão na ilha foi abolida em 1835, os britânicos trouxeram cerca de 450 mil pessoas da Índia para trabalhar na indústria do açúcar. Seus descendentes trouxeram as influências indianas para esse país africano.

Por toda a ilha encontramos uma população descendente de colonizadores do país: uma mistura de africanos, indianos, franceses, ingleses e chineses. A diversidade da nação está na comida local, na música, nos idiomas e na arquitetura. Mas o ponto comum, independente da etnia, é a simpatia das pessoas.

Ficamos atracados na Marina Caudan, um antigo porto de comercialização de açúcar, que foi reformado e inaugurado em 1996. Com vagas para vinte barcos em seu interior, vimos veleiros com bandeiras de vários países atracados. Fizemos amizades com outros velejadores e sempre recebíamos convites para um happy hour ou convidávamos alguém.

Da porta de nosso barco saímos para caminhar e conhecer prédios antigos e históricos, museus, e o local do primeiro observatório meteorológico do oceano Índico. O lugar era bem movimentado pois estava em um complexo turístico com a marina, lojas e restaurantes, dois hotéis, um cinema, um cassino, um museu e muitos quiosques. O nosso favorito era o de caldo de cana, uma parada obrigatória quase em frente do barco. O lugar tem um calçadão ao redor da beira-mar, e toda a área é aberta ao público, e por isso tivemos várias visitas de pessoas que chegavam curiosas para ver um barco com a bandeira brasileira. Para a tripulação era bem legal, e, depois de um dia de filmagens, mergulhos ou outra atividade, eles podiam simplesmente pular do barco para a terra e sair para ir ao cinema ou para se divertir por perto.

340 EXPEDIÇÃO ORIENTE

Como em vários lugares durante nossa expedição tivemos o apoio das autoridades de Maurício. Gerard, do Departamento de Esportes, nos falou sobre um evento no sábado seguinte que era muito especial: a Regata do Pescador, com as canoas à vela tradicionais (pirogas) na vila de Mahébourg. A Regata do Pescador é uma instituição de 140 anos nas ilhas Maurício. Apenas pirogas de madeira tradicionais podem participar nessas corridas de vela, garantindo assim que o espírito e a magia desse esporte que alia técnicas de navegação e conhecimento local da lagoa se perpetuem. As pirogas têm 6,6 m e são bem finas e construídas com muito pouco calado (30 cm), para evitar os baixios bastante comuns das lagoas mauricianas. Jean, um dos organizadores da regata, nos explicou que os barcos nunca são construídos a partir de planos, todos eles vêm da mente do carpinteiro, um ofício que passa de geração a geração.

Chegamos à vila e, como estávamos com o uniforme do veleiro Kat, pensaram que éramos uma equipe nova que iria correr. Fomos recebidos com alegria e ficamos impressionados com o profissionalismo do evento. Uma multidão se acotovelava na praça em frente de onde estavam as canoas.

Nem preciso dizer que o que mais me impressionou foi a explosão de cores!

As canoas pintadas de cores fortes, com a tripulação uniformizada da cor da piroga com as velas triangulares em tons de azul índigo, vermelho, alaranjado, preto, amarelo, roxo e verde-bandeira. Eram doze pirogas com cerca de dez membros da equipe a bordo! Os participantes são em sua maioria pescadores que treinam e têm o patrocinador adesivado nas canoas. Duas delas tinham uma bandeira brasileira. Perguntamos o porquê.

— Porque somos fãs do futebol do Brasil!

Muito alegres ao saber de onde viemos, eles convidaram Capitão e Emmanuel para fazer parte do time de uma das canoas! E lá fomos eu, Wilheim, Erika, Frank, Heitor e Klaus no meio da multidão para o píer de pedras torcer pela canoa deles. Elas deslizavam na água azul-turquesa; pareciam borboletas executando um balé de cores, leves e soltas.

A chegada foi superanimada, com todos aplaudindo os campeões! A canoa deles ficou em quarto lugar. Mas a festa foi grande! Foi realmente um dia colorido, divertido e inesquecível na costa de Mahébourg...

OCEANO ÍNDICO

Aqui é a terra do dodô, uma ave endêmica das ilhas Maurício, e o maior símbolo de extinção de uma ave do planeta. Ele ficou famoso por ser um símbolo dos erros humanos que levaram um animal à extinção, e serve como um triste, mas importante lembrete de como devemos ter cuidado com as nossas espécies animais. Fomos ao museu conhecer um pouco mais sobre ele. Era um pássaro grande, de 1 metro de altura, e cerca de 20 quilos, com asas curtas e frágeis e não conseguia voar. Era muito manso e inofensivo, porque a ilha não tinha nenhum mamífero predador. Até chegarem os colonizadores ao seu hábitat. Primeiro foram os portugueses, em 1507, mas a maior devastação foi a dos holandeses, que colonizaram o lugar a partir de 1598. Os marinheiros desembarcavam famintos e logo escolheram o dodô como seu prato preferido, e, por ser mansa, a ave foi dizimada. Os cães, gatos e ratos trazidos pelas caravelas também atacavam os ovos nos ninhos e em 1681, menos de 100 anos depois da chegada dos holandeses à ilha, o dodô foi declarado oficialmente extinto. O fato aconteceu em tão pouco tempo que essa ave não pôde ser propriamente estudada ou preservada. O último registro de um dodô vivo foi feito em 1662. A sua extinção demorou a ser percebida pela comunidade internacional, já que era uma espécie que vivia numa ilha tão remota. Hoje, tudo o que resta do animal são esqueletos em museus e algumas pinturas dos artistas que passaram pela ilha.

A cultura da ilha tem influência de várias etnias, e, quando caminhávamos em uma praia, escutamos um batuque com tambores e outros instrumentos, e mulheres de saias coloridas dançando ao redor de uma fogueira. Assim conhecemos a sega, música e dança, herança dos antigos escravos que costumavam se reunir à noite em volta de uma fogueira para cantar suas alegrias e tristezas depois de um dia duro de trabalho. Seu ritmo é uma mistura de canto e dança com origem na África e em Madagascar. Um cantor principal conta uma história em crioulo (língua dos nativos) e os demais o acompanham no refrão. Ficamos fascinados com o ritmo dos instrumentos tradicionais, o ravanne, um tambor circular de madeira coberta com um pedaço de pele de cabra, muitas vezes aquecido por uma chama para apertar a membrana, um chocalho e um triângulo.

Quando o pessoal viu Vilfredo e eu batendo os pés na areia, logo nos convidaram a dançar. Tentamos acompanhar as mulheres de saias compridas

342 EXPEDIÇÃO ORIENTE

coloridas, que dançavam com um suave balanço, numa melodia lenta que aos poucos foi aumentando o ritmo. A empolgação foi tomando conta de nós e lembrava um pouco um samba animado, e com ritmo cada vez maior. Dançamos bem soltos e descontraídos em volta da fogueira por um bom tempo. Os nativos depois nos contaram a sua origem e nos convidaram para assistir a outras danças no futuro. Parece que nosso relógio marca as horas mais depressa agora que estamos a poucos meses de nossa chegada ao Brasil.

Das aventuras que fizemos em Maurício, a mais interessante foi mergulhar com golfinhos-nariz-de-garrafa-do-indo-pacífico. Madrugamos às cinco da manhã, e fomos em um barco que tinha licença especial do Departamento de Meio Ambiente com regras bem específicas: mergulhar sem cilindros. Os golfinhos ficavam em uma baía logo depois do nascer do sol e logo saíam para águas mais profundas atrás de comida. Dá para imaginar nadar bem pertinho dos golfinhos que passam a mil por hora bem pertinho da gente? Fiquei ao lado de Emmanuel, que estava filmando, e eles passavam bem pertinho com seus filhotes. Havia cerca de trinta deles.

Que privilégio nadar assim, com eles livres na natureza. Me dói pensar em alguns dos mamíferos marinhos que foram capturados e vivem em cativeiro em oceanários pelo mundo. Espero que a tecnologia desenvolva mais oceanários virtuais, para que esses animais não percam sua liberdade.

Nossa programação era intensa na ilha. Aproveitamos o ritmo da tripulação animada e no dia seguinte eles fizeram um mergulho nos corais da ilha. Um aquário. Seria tão importante que outras nações se dessem conta de que a riqueza embaixo do mar gera renda de turismo para o país.

Wilhelm realizou seu sonho antigo de fazer windsurfe em Maurício. Ele e Erika foram para Le Morne e ficaram cinco dias velejando juntos. As condições dessa praia são excelentes para a prática, considerada um dos melhores lugares do mundo, para *wave* ou *slalom*, só se tendo que ficar atento a uma corrente muito forte entre as duas bancadas de corais.

Capitão e Emmanuel, em mais uma de suas aventuras, foram caminhar em uma trilha até as quedas de Tamarin, com sete cachoeiras e uma trilha no meio da natureza até a queda-d'água, um lugar de desafio e coragem. Os dois chegaram com o guia Marc até o patamar da cachoeira de 42 metros e escutaram atentamente as instruções.

OCEANO ÍNDICO 343

— Estou com friozinho na barriga — confessou Emmanuel.

— Que nada — disse Capitão. — Pra quem pulou de um edifício em Auckland, isso aqui é fácil.

No começo do cascading (uma espécie de rapel feito em cachoeiras), a descida precisa começar de frente e de pé no meio da cachoeira, e quando menos se espera já se está descendo por trás do véu d'água! O primeiro impacto foi com a água fria, mas logo se acostumaram e desceram devagar com toda a segurança, e ao chegarem lá embaixo já estavam mais corajosos. Frank e Heitor, que estavam filmando, mandaram os dois subir e descer mais duas vezes. O guia os levou e ainda brincou de ver neto e avô juntos nas descidas.

— Tiramos de letra — disse Capitão. Que aventura desses dois!

Decidimos tirar um tempo do barco e ir para um lugar tranquilo. Bem atracado e protegido de tempestades, deixamos o veleiro Kat na Marina e fomos fazer uma reunião antes de zarparmos. Queríamos um momento só nosso, longe de tudo e de todos. Em um acampamento particular, longe da cidade, do trânsito e de casas, conseguimos uma permissão especial para acampar. O lugar era lindo, com uma casinha com dois banheiros, uma cozinha e uma área verde enorme equivalente a cerca de dez campos de futebol no alto de um lago. Tudo muito verde com uma pequena floresta de pinheiros altos e um lugar com grama no terreno plano com espaço aconchegante para firmar acampamento. Fazendo brincadeiras e rindo muito, conseguimos armar as cinco barracas e as redes dos tripulantes, cada um contando com a ajuda do outro. A tarde caiu, o céu parecia riscado como se uma criança tivesse feito rabiscos irregulares com um lápis cor-de-rosa. A tripulação acendeu a fogueira e aos poucos todos se acomodaram ao redor enquanto Wilhelm, Heitor e Capitão faziam um churrasco servido com vinho e acompanhado pela salada que Erika tinha trazido do barco.

Fomos nos acomodando e a conversa rolava gostosa, todos falando das memórias desse tempo a bordo e de como se sentiam quando faltavam somente três meses para voltarmos para o Brasil. Escutando a turma falar, nem podia imaginar que há dois anos eu não conhecia a maioria desses jovens que estavam ao meu redor, e que confiaram em nós o suficiente para embarcarem nessa casquinha de noz para viver conosco esse sonho louco de navegar ao redor do mundo. Frank dedilhou o violão e logo estávamos todos cantando como crianças em férias. Que momento mágico!

Quase à meia-noite, a conversa foi ficando dispersa, cada um foi para seu canto e a fogueira ficou só no braseiro. A noite estava silenciosa, e o céu, muito estrelado. Vilfredo se esticou e dormiu. Busquei um cobertor para ele. E já estava voltando para a barraca quando escutei o som do vento que começou a soprar.

Nós não podemos ver o vento, apenas as coisas que ele move. No barco, só as velas nos indicam quando ele chega. Aqui as árvores revelam a chegada do vento, um som novo para mim, acostumada ao mar. Senti como se fosse uma voz misteriosa, e que a floresta me falava. Mesmo cansada, fiquei deitada por um tempão ouvindo o vento entre as árvores. E agradeci a Deus a vida maravilhosa que vivo, em contato com a natureza e pessoas queridas ao meu redor!

Já estávamos nos preparando para fazer a documentação para partir para a ilha de Reunião quando fomos informados de que no dia seguinte seria feriado.

Com uma população 48% hinduísta, o dia do Festival Ganesha Chaturthi é um feriado nacional em Maurício. Assim, tivemos a oportunidade de participar da tradicional festa. Esse festival espetacular honra o nascimento do deus hindu de cabeça de elefante, Ganesha, popularmente adorado por sua habilidade de deus da boa fortuna e prosperidade. Ele também é o destruidor de obstáculos de ordem material ou espiritual. Vilfredo e eu colocamos nossas roupas de Bali para ir ao Festival. A celebração começa com um desfile acompanhado de muito canto e dança, em que as estátuas de barro do deus Ganesha são construídas por dedicados artesãos, exoticamente decoradas e trazidas em altares por várias famílias, até serem colocadas perto de um rio, lagoa, ou do mar. Os devotos percorrem as ruas, cantam e tocam música e oferecem comida. Uma cerimônia é realizada para invocar sua santa presença na estátua. Fomos "adotados" por uma família que nos ensinou sobre Ganesha e acendemos incenso e fizemos ofertas de frutas no altar. Nossas preces foram de agradecimento e também de proteção para nossas travessias.

Depois das orações e oferendas de flores, frutas e doces, elas foram levadas para uma piscina de pedras, e as estátuas foram imersas na água, simbolizando o nascimento de Ganesha. Muito lindo!

Ficamos com pena de ter um horário de partir. Um dia voltarei aqui.

OCEANO ÍNDICO 345

REUNIÃO: ERUPÇÃO DE UM VULCÃO

No dia 7 de agosto seguimos para a ilha Reunião, distante 126 milhas (233 quilômetros).

Dessa vez, nossa tripulação aumentou para dez pessoas. Além do nosso grupo e do professor Rubens Lopes, oceanógrafo da USP (em mais uma visita periódica para manutenção dos equipamentos de análise de água do mar), demos uma carona para a jovem suíça Catarine, que conhecemos em Maurício e que iria trabalhar como voluntária em uma fazenda de produtos orgânicos. Desde que começamos a navegar, raramente dávamos carona, pois soubemos de muitos casos de horror de tripulantes que causaram problemas — desde transporte de drogas até um assassinato de um dono de barco. Mas com referências do Departamento de Turismo e os documentos em dia, concordamos de levar a jovem. Depois de uma navegada tranquila, chegamos ao porto de Reunião às 8h30.

Reunião é um departamento ultramarino francês, a ilha mais próspera do oceano Índico. A língua oficial é o francês, mas o crioulo também é falado na ilha. Oitocentos quilômetros a leste de Madagascar, com as ilhas Maurício e Rodrigues, forma o arquipélago das Mascarenhas, com uma população de cerca de 880 mil habitantes.

A ilha começou a ser habitada durante o século XVII, quando colonizadores da França se estabeleceram no arquipélago. Eles trouxeram escravos de Madagascar e de outros lugares da África para trabalhar nas plantações de cana-de-açúcar, que se tornou o cultivo principal da ilha até hoje. A escravidão foi abolida em 20 de dezembro de 1848 e trouxeram trabalhadores do sul da Índia. A ilha tornou-se um departamento de ultramar da França em 1946.

Depois da cana-de-açúcar, a principal fonte de renda é o turismo, sendo que a maioria dos visitantes são franceses, pois se sentem em casa na ilha.

Atracamos ao lado do porto, na Marina Le Port, e as autoridades vieram a bordo. Foi um choque quando eles confiscaram todas as nossas frutas e verduras, leite e carnes que havíamos comprado em Maurício. Erika ficou muito brava, pois havia feito um abastecimento completo com produtos frescos. Wilhelm, que sempre pesquisa tudo sobre o porto onde iremos atracar, desde os documentos exigidos pelas autoridades até as condições

346   EXPEDIÇÃO ORIENTE

de aduana e saúde, não encontrou nenhuma informação sobre essa nova regra, alterada recentemente depois do surgimento de uma epidemia de febre aftosa.

Após terminar os trâmites das autoridades nos despedimos de Catarine, que ficou encantada com sua primeira navegada em um veleiro.

Erika e eu, ainda chateadas com o recolhimento dos alimentos, nos preparamos para ir ao mercado, e para nossa surpresa o oficial da aduana nos ofereceu uma carona de carro. Pediu desculpas por ter confiscado nossos alimentos frescos, e foi supersimpático nos contando um pouco sobre a ilha e nos levando até um grande supermercado.

A ilha é organizada, com ciclovias largas, tudo bem sinalizado e com toda a infraestrutura de uma cidade europeia, desde supermercados, restaurantes, internet — pagando caro por tudo isso, é claro. Em euros.

O que faz essa ilha de 2.500 km² ser diferente e fascinante é a infinidade de locais surpreendentes e uma natureza de relevos contrastantes, com uma cadeia de montanhas altas que abrigam o vulcão Pico das Neves de 3.069 metros, e o vulcão mais ativo do mundo, Le Piton de la Fournaise, que entra em erupção de vez em quando e faz um espetáculo grandioso com suas torrentes de lava.

O que atrai visitantes do mundo inteiro também são as trilhas incríveis com mil quilômetros por toda a ilha, desde a mais fácil até a competição superdifícil chamada La Diagonale des Fous (A Diagonal dos Loucos), uma ultramaratona e trilha de montanha. Essa corrida atravessa a ilha inteira e tem um percurso de 162 quilômetros, com um desnível total de 9.643 metros. Anualmente 2.350 corredores participam da competição.

Nossa estada na ilha seria curta e fomos cedinho pela manhã ao Departamento de Turismo de Reunião, e nos receberam com muito carinho. As assessoras de imprensa Sarah Hugon-Manglou e Mael Thomassin, depois de ouvir nossos planos de explorar a ilha, nos avisaram que o Le Piton de la Fournaise havia entrado em erupção naquela madrugada. Já tínhamos uma programação de explorar a ilha, mas tudo se alterou com esse acontecimento. O departamento nos deu apoio logístico para conhecer o vulcão, situado a 2.632 metros de altura, mas que não representa perigo para a população, já que as erupções acontecem em uma zona desabitada.

OCEANO ÍNDICO

Alugamos um carro e dirigimos para a montanha. Foi uma viagem demorada, pois havia um congestionamento de veículos com pessoas indo ver a erupção. Chegando perto, a paisagem era impressionante, com solo avermelhado, pedras, buracos e praticamente nenhum sinal de plantas ou animais, dando a impressão de que estávamos pisando em Marte. Fomos nos alojar no único hostel existente perto do vulcão. Ao entardecer, subimos a trilha íngreme até o local das erupções. Cheguei ao topo, em 2.480 metros de altura, com muita dor de cabeça. Mas todos ficamos impressionados com a cena da lava incandescente descendo pela encosta da montanha.

O frio era intenso. Havíamos saído do barco somente com casacos leves e ao anoitecer o clima era de montanha. Depois do jantar eu estava muito mal, com vontade de vomitar. Uma equipe de policiais procurava uma mulher que havia se perdido em uma trilha e o noivo havia dado o alarme do desaparecimento. Uma ambulância estava no local. Aproveitei e falei com o paramédico sobre como eu estava me sentindo, e ele me disse que era "mal das montanhas". E me explicou que essa doença das alturas é causada pela escassez de oxigênio nas altitudes acima de 2.400 metros, impossibilitando que o organismo capte o oxigênio necessário para suprir suas necessidades básicas. Os casos são mais fortes em quem mora ao nível do mar e que sobe a uma altitude moderada fazendo esforço físico. Os sintomas são dores de cabeça, náuseas, vômitos e insônia, variando de acordo com o organismo de cada pessoa. Como eu estava cansada e a dor de cabeça era forte, ele recomendou que eu fosse me deitar e, caso ainda estivesse assim pela manhã, o melhor seria voltar ao nível do mar.

Passei a noite toda com muito frio, mesmo me enrolando em dois cobertores, e depois de ter tomado um analgésico os sintomas só pioraram. Bem cedinho, Vilfredo, Emmanuel e eu voltamos para o barco. À tarde eu já estava bem melhor, e Vilfredo e eu fomos ao Departamento de Turismo fazer uma solicitação especial para a tripulação acompanhar a equipe de cientistas e vulcanologistas de Paris, que iriam o mais próximo da cratera num trabalho de monitoramento. E, sobretudo, pedimos uma licença para fotografar, filmar e voar o drone. Eles ficaram de nos dar uma resposta.

Decidi ficar no barco com Wilhelm e Erika, e Capitão e Emmanuel voltaram para o vulcão com mais equipamentos de filmagem e muita roupa para enfrentar o frio, pois tinham intenção de filmar a erupção durante a noite até o sol nascer.

Liguei várias vezes ao Departamento de Turismo para obter a resposta e somente com muita insistência eles concordaram em levar a equipe Schurmann. A equipe de cientistas e pesquisadores liderada pela doutora em Vulcanologia, Aline Peltier, informou que iriam trabalhar e que estavam abrindo uma exceção. Eles passaram as regras e regulamentos para participar do trekking até o vulcão: todos deveriam acompanhá-los no mesmo ritmo que o deles, pois não iriam esperar se alguém ficasse para trás, nem teriam responsabilidade por essa pessoa.

Vilfredo relatou a experiência:

— O encontro com a equipe e a simpática Aline foi no portão de entrada que dá acesso ao vulcão. Vestimos os capacetes e as máscaras que eu havia comprado, e eles nos reforçaram as regras de segurança: cuidado para não cair e sempre seguir em fila indiana. Estávamos carregando todo o equipamento: Frank com a câmera, Heitor com o drone, Emmanuel com o som e eu com uma mochila de apetrechos.

"Foi uma das caminhadas mais rápidas que já fiz na minha vida, quase correndo. A primeira parte foi descer uma escadaria de 150 metros construída na rocha e que somente tinha espaço para uma pessoa passar, e tudo em zigue-zague. Depois, caminhamos muito rápido por cima de pedras de lavas que estavam soltas, grandes e desiguais, e tínhamos que nos equilibrar a cada passo, num esforço muito grande com os músculos das pernas para não cair. Fomos chegando perto do vulcão e meu coração começou a pulsar forte. O calor aumentava quanto mais próximo do local. Eu olhava o vulcão jorrando pedras a mais de 50 metros de altura e nós estávamos a uns 40 metros dali. O capacete nos protegia da chuva de pequenas pedras que caíam em nossa cabeça. Os cientistas explicaram *in loco* a erupção, dizendo que a maior delas até agora atirou pedras a mais de 200 metros.

"A equipe de cientistas estava toda protegida com macacões especiais antichama. Nós queríamos chegar mais perto da lava incandescente. Aline respondeu: 'Sim. Vocês podem ir, mas tenham muito cuidado porque no rio de

OCEANO ÍNDICO

lava a temperatura é de 1.100 graus centígrados.' Nós nos aproximamos com a máxima atenção possível, Frank, com a câmera, e eu. Quando chegamos a uns 3 metros da lava, as nossas botas estavam cheirando a pneu queimado e as solas derreteram nas bordas. A temperatura do ar se elevou entre 50 e 60 graus centígrados, e as partes de nosso corpo que não estavam protegidas ardiam como numa febre insana. Eu quase não conseguia abrir os olhos de tanto suor que me escorria da testa. Mas a adrenalina estava a mil. Conseguimos ficar apenas uns 20 segundos e voltamos rapidamente, nos equilibrando na lava petrificada e quente que se quebrava a cada passo. Ali bem perto, a 50 metros do vulcão, Emmanuel fotografava e Heitor trabalhava as imagens com o drone.

"Foi uma das aventuras mais fantásticas, mais tensas e com mais adrenalina que já passei em toda a minha vida!

"Depois de caminharmos por quase três horas desde a entrada da trilha, eu estava exausto. Já estava escurecendo e tínhamos que voltar rápido para não nos perdermos na trilha. As pedras pintadas de branco para orientação do caminho estavam apenas em alguns pontos. Chegamos à escadaria, e eu estava extremamente cansado. Tive que subir todos aqueles degraus com a mala do drone nas costas, que não pesava mais de 3 quilos, mas, para mim naquele momento, a sensação era de 10 quilos. Eram 150 metros de escada íngreme. No final, o portão de ferro estava fechado com cadeado. O acesso do público à zona perto da cratera foi proibido depois que o Observatório Vulcânico detectou uma 'desgaseificação' de dióxido de enxofre na cúpula do vulcão. Não queríamos esperar ali até a madrugada, e a única saída possível foi pular o portão de ferro de 3 metros de altura. Isso mesmo: pular o portão! Um verdadeiro sufoco. Ufa! Foi, de fato, uma incrível peripécia.

"Depois do jantar descansamos um pouco na pousada e às duas da manhã, com um frio cortante, muito vento lá na montanha, fomos assistir ao rio de lava e filmar do alto. Incrivelmente brilhante, ele descia pela encosta como uma serpente vermelha e dourada. O nascer do sol, tímido no início, atrás das montanhas, foi muito lindo também. Estávamos exaustos, mas, com certeza, havíamos vivido uma experiência inesquecível."

Eu melhorei bastante e fui com Wilhelm e Erika até as praias, tão contrastantes que variavam de cor, algumas vulcânicas bem pretas e outras de cor amarela, quase dourada. Na praia, as placas enormes nos avisavam

PROIBIDO NADAR/SURFAR. Em toda a ilha, em praias de mar aberto, o banho de mar, o surfe e o bodyboard estavam proibidos devido à grande e frequente quantidade de ataques violentos de tubarões-tigres (da mesma família do chamado tubarão-de-cabeça-chata, tubarão-touro ou tubarão--do-zambeze).

Dos anos 1980 até 2016, foram registrados 43 ataques (mordidas) de tubarão na ilha, sendo a maioria a surfistas, dos quais 27 vítimas foram a óbito. De acordo com os dados do International Shark Attack File (ISAF-USA), esse é um dos índices de ataques com mortes mais altos do mundo. Do outro lado dessa moeda, pesquisadores da Dalhousie University em Halifax, no Canadá, em estudo publicado pela *National Geographic* em agosto de 2013, constataram que a matança de tubarões no mundo todo alcança cerca de 100 milhões de animais por ano. Uma matemática injusta.

O único local onde se pode tomar banho de mar em Reunião chama-se Le Lagon, uma espécie de lagoa de água salgada formada por uma barreira de corais, fazendo com que a água seja muito calma, transparente, morninha, propícia para a prática de stand-up paddle, caiaque e snorkeling. Uma delícia! E bem segura!

Uma característica da ilha também é a culinária local, que reúne uma mistura de elementos das cozinhas francesa, crioula, indiana e até chinesa. Come-se desde foie gras, ensopados, arroz com feijão, curry e dim sum (por lá chamado de bouchon). Tudo acompanhado pelos mais variados tipos de pimenta.

A gastronomia de Reunião é conhecida pelas propriedades anti-inflamatórias e antioxidantes dos pratos principais e pela doçura com baunilha nas sobremesas, que também costumam apostar no rum e no ananás.

Com a tripulação de volta ao barco, Mael veio buscar a equipe para fazer um sobrevoo de helicóptero, levando Vilfredo, Frank e Klaus para filmar e fotografar as falésias das altas montanhas e das vilas a cerca de 2 mil metros de altura.

O coração da ilha é formado pelas três crateras (cirque) vulcânicas extintas. A pequena vila de Mafate surgiu com a fuga dos escravos pelos desfiladeiros, que trabalhavam nas fazendas de cana-de-açúcar. Nesse local de difícil acesso, sem estradas e sem mantimentos, eles aprenderam a cultivar a terra e a retirar os alimentos da natureza.

OCEANO ÍNDICO 351

Erika e Wilhelm foram explorar o Cirque de Mafate (total de 180 habitantes) por dois dias e depois contaram a aventura:

— Capitão nos levou de carro ao amanhecer até o início da trilha e começamos a caminhada pela montanha. Impressionante a região, com uma trilha estreita e despenhadeiro dos dois lados, um cenário que mudava a cada curva da montanha; ora pelo meio da mata, ora, de repente, por um vale, surge um lugar cheio de samambaias e galhos retorcidos de árvores de tamarindo. Paramos várias vezes só para curtir o local de tão lindo que era. Parecia não existir o mundo lá fora. Aqui, escondido no meio da cratera, o silêncio era interrompido por pássaros e pelo vento entre as árvores. Encontramos somente outro grupo de seis pessoas caminhando. Durante dez horas escalamos, caminhamos por rios e subimos muitas montanhas, com uma natureza selvagem, virgem e indomável como jamais havia visto. E olha que já conheci mais de quarenta países! Pasmos, encontramos uma placa que dizia Atelier de Arte. Curiosos, caminhamos vinte minutos e chegamos a uma cabana de um ermitão que fazia esculturas de pedras do local. Ele planta e colhe sua própria comida e depende bem pouco do mundo exterior. E, quando precisa de algo, ele usa o sistema de troca com outros moradores ou mesmo com os visitantes. E finalmente chegamos aonde queríamos: à pousada, pois já estávamos no fim de nossas energias após quase dez horas nessas trilhas. Cansadíssimos, tivemos que enfrentar ainda mais uma subida e descida muito íngremes, numa escadaria na rocha. Achamos que não íamos conseguir mais caminhar. Mas chegamos à Roche Plate, um pequeno agrupamento de casas, todas coloridas com telhados de zinco, bem juntinhas, onde não há eletricidade e a água é das nascentes de rios.

"No refúgio, bem rústico, mas muito limpo e com beliches, o proprietário preparou uma comida deliciosa, um "almojanta", sopa de verduras com galinha, servida com pão caseiro — estávamos com uma fome de leão depois de toda a caminhada. Como eles têm que ser autossuficientes, criam galinhas e plantam legumes ali perto da casa. Uma vez a cada dez dias, o proprietário vai à cidade caminhando e traz as compras em uma mochila carregada nas costas por dez horas de trilhas.

"Caímos direto na cama, e mal o sol saiu já estávamos tomando o café da manhã para mais um dia de exploração nesse lugar maravilhoso. E foi outro dia de descobertas de cenários incríveis com os picos escarpados e um desafio em cada passo. De novo paramos para apreciar esses lugares lindos e essa inesperada natureza. Depois de algumas horas, chegamos à vila maior, La Nouvelle, com casas bonitas espalhadas ao pé de enormes picos irregulares, uma escola, uma igreja, dois bares, pousada e um painel solar para eletricidade. Paramos no Bistrot de Songes, onde almoçamos e conhecemos um francês, com quem fizemos amizade. Ele nos ofereceu carona para nos levar de volta ao barco ao final da caminhada. Também ajudamos um canadense a carregar um pouco de seu equipamento.

"Médicos, policiais, professores ou outros profissionais que precisam vir aqui na vila têm que fazer a caminhada subindo e descendo a serra, ou são trazidos de helicóptero, que é o mesmo veículo que traz provisões e remédios e ainda leva o lixo não reciclável da vila.

"Em 2010, a Unesco designou como Patrimônio da Humanidade a área das montanhas, cirques e muralhas de Reunião.

"Andando mais devagar, e apreciando mais ainda a natureza, pois íamos deixar esse lugar mágico, chegamos a Col des Boeufs. Dali, outra subida bem íngreme e bem cansativa pelo desfiladeiro nos levou até um estacionamento onde reencontramos o francês, que nos deu uma carona até um ponto de ônibus para voltarmos ao barco. Olha, podemos dizer que foi o lugar mais intrigante, misterioso e lindo que já conheci. Um dia, Erika e eu voltaremos para caminhar os mil quilômetros de trilhas dessa ilha."

A equipe da USP, depois de calibrar e revisar os equipamentos, se despediu e voltou ao Brasil.

Barco abastecido, tudo pronto. Estava na hora de zarparmos rumo a Richards Bay — África do Sul.

23. África do Sul: natureza selvagem

10 DE SETEMBRO DE 2016:
MAURÍCIO À ÁFRICA DO SUL

A África do Sul tem um nome que resume bem sua posição geográfica: fica realmente no extremo sul do continente africano. Trata-se do 25º maior país do mundo, com uma população de cerca de 53 milhões de pessoas. O país é um velho conhecido nosso, pois já passamos por ele em viagens anteriores: quando estivemos na Expedição Dez Anos no Mar em 1994, e na Magalhães Global Adventure, em 2000.

Com uma cultura riquíssima e fascinante, a África do Sul encanta a quem passa por lá. Mas ela também possui em sua história uma era bastante triste, que foi a do *apartheid*, regime que implementava a segregação racial no país em favor de uma minoria branca. O regime durou dos anos 1940 até 1994, vencido pela eleição de Nelson Mandela.

A navegada entre a ilha Reunião e a África do Sul, de 1.295 milhas (2.400 quilômetros), foi ao sul da costa de Madagascar. Na metade da viagem com mares calmos, Wilhelm gritou: *Baleias!* E foi aquele alvoroço a bordo. Era pela manhã e todo mundo já estava a postos. Abaixamos as velas, paramos o barco, e naquela água azul transparente podíamos ver as cinco baleias jubartes adultas e um filhote, que resolveram nadar ao nosso lado, passando na frente, por baixo e atrás do barco, bem pertinho. A mais emocionada da tripulação era

Erika, que nunca tinha visto uma baleia. Com olhos marejados, ela não parava de repetir *lindo, lindo, lindo!* Elas continuaram conosco por meia hora e ficamos com pena de vê-las partir. Sempre um privilégio vê-las assim tão pertinho!

No dia seguinte, já mais próximos à costa da África, Wilhelm reuniu a tripulação e avisou:

— Tem uma baixa pressão vinda do sul, lá da Antártica. Aqui na área onde estamos com ventos fortes e a corrente das Agulhas contra, vai ser muito perigoso.

A corrente das Agulhas é considerada uma das correntes oceânicas mais fortes do mundo. Ela começa em Moçambique, e desce para o sul se espalhando até pouco antes da Cidade do Cabo. Alcança velocidades de até 9.3 quilômetros nós de norte a sul. Quando uma frente fria entra com vento sul e encontra a corrente no sentido contrário, formam-se ondas altas que podem chegar a 20 metros de altura. Há casos de navios que se quebram ao meio e de veleiros e barcos de pesca que desapareceram lá sem deixar vestígios.

Estávamos a 60 milhas da costa, por isso ficamos atentos. Wilhelm e Capitão conferiam a navegação a cada meia hora e estavam bem tensos. A frente fria estava prevista para entrar às quatro da manhã, quando o veleiro Kat já estaria fora da zona de perigo, mas contrariando a previsão ela chega às oito da noite. E vem com toda a força, com ondas de 3 metros; sentimos ali o poder da natureza.

Capitão deu ordens a quem não estivesse ajudando ou de turno, que ficasse bem seguro deitado nas cabines.

A janela de tempo da travessia diminuiu bastante, e agora o veleiro Kat tinha que evitar essa mistura perigosa de corrente intensa, ventos fortes de 40 nós e ondas enormes a todo custo. Estávamos em uma corrida contra o tempo e tínhamos que chegar perto da costa o mais rápido possível. Capitão e Wilhelm pareciam dois bruxos só com a luzinha da tela do navegador, conversando baixinho, fazendo cálculos e mais cálculos. Depois de falar com Wilhelm, Capitão deu ordens de mudar o rumo mais ao sul para pegar a frente fria com o vento de través, em vez de vento contra. A única vantagem é que a frente estava passando muito mais rápido do que o previsto, e, com a tática, navegamos com mais velocidade. Ao amanhecer o vento foi diminuindo e a costa da África apareceu no horizonte. Sabe o

ÁFRICA DO SUL

que é emoção, alegria e adrenalina juntas? Pois é, foi isso que sentimos ao entrar no porto e atracar na área de quarentena. Lógico que devoramos o Macarrão do Capitão, feito fresquinho para o café da manhã, pois ninguém quis jantar a sopa com aquele mar horrível que pegamos.

As autoridades avisaram que viriam a bordo e que ninguém podia sair do barco. Lavamos o barco inteiro com a água doce da chuva, limpamos por dentro. Caiu a noite e, mesmo Capitão chamando pelo rádio várias vezes, ninguém apareceu. Que delícia dormir a noite toda com o barco parado. Pela manhã, acordamos com Wilhelm chamando:

— Olhem o nosso comitê de boas-vindas à África!

Bem divertido, ele tentava enxotar os macacos-vervet da horta, que tinha ficado aberta para tomar chuva. Um bando de cinco macacos pequenos estava fazendo uma festa com os temperos. Mais macaquinhos se aproximavam quando Wilhelm fechou a horta e gritou:

— Fechem todas as gaiutas!

Os bichinhos ficaram andando em cima do barco, procurando uma abertura, mas deram duas voltas, não conseguiram entrar e foram embora.

E mais outro dia de espera sem retorno das autoridades. Nossos vizinhos velejadores disseram que havia muitos navios no porto e pouco pessoal para atender os veleiros. Escutamos nos chamarem em português no cais. Eram as brasileiras Rosely Molinari Peixoto e Vera Lucia Favero, que moravam ali perto. Quando viram o barco entrar com a bandeira brasileira, vieram ver.

–– Vocês precisam de alguma coisa?

Frutas e salada frescas, por favor, pedimos. Como num passe de mágica elas voltaram e nos trouxeram uma linda cesta com frutas, pães e verduras fresquinhas. Ao tentar pagar pelas encomendas elas não aceitaram o dinheiro, era um presente! Quanta gentileza. Nossa gratidão! Ficamos conversando ali como numa sala de estar, elas no cais e nós no barco. Até o fim do dia, nada de autoridades.

Capitão, de manhã cedo, pegou os passaportes e os documentos do barco e foi em busca das autoridades, que chegaram assim que ele saiu. Capitão voltou com tudo carimbado, e o veleiro Kat estava liberado para ir para o Iate Clube de Richards Bay. E, depois de atracado, lá se foi nossa tripulação à merecida folga em terra!

Richards Bay fica na costa norte da região de KwaZulu-Natal na África do Sul e tem seu nome em homenagem ao almirante Sir Frederick Richards, que participou de uma guerra em 1879 entre o Exército britânico e o povo zulu, liderado pelo famoso rei-guerreiro Shaka Zulu.

No Iate Clube, fomos muito bem recebidos. Nossos amigos brasileiros e os velejadores assistiram a uma palestra sobre nossa expedição. Um dos sócios nos convidou para visitar uma vila tradicional zulu. Foi uma experiência muito interessante conhecer sua cultura. Impressionante como eles se mantêm fiéis à sua herança de costumes, mas há muita curiosidade dos nativos zulus sobre o mundo fora de suas aldeias. Assistimos a uma exclusiva dança das virgens, e o batuque de tambores nos lembrou os ritmos tocados na Bahia.

Depois da dança, Erika e eu fomos cercadas pelas mulheres e as meninas da tribo, curiosas para saber como eram os costumes das mulheres em nosso país. Perguntavam: os homens batem nas mulheres? Vocês podem escolher os maridos? As meninas têm que se casar virgens? Decidem quantos filhos querem ter? Quem cria os filhos quando a mulher trabalha? Os homens ajudam em casa? As meninas estudam o que querem? Têm que se casar cedo? Respondíamos, Erika e eu, e elas, carinhosas, nos abraçavam.

Vi que na maioria dos lugares por onde passamos as mulheres se espantavam de nos ver, Erika e eu, navegando. Para elas, éramos quase heroínas, mulheres vivendo lado a lado com homens e em mesma condição de viver e trabalhar em um barco. Estamos no século XXI, mas vi muitas culturas em que ainda existe discriminação contra as mulheres, que são vítimas de violência doméstica e sexual, há falta de oportunidade de estudo para as meninas, jovens adolescentes são submetidas a casamentos arranjados e o marido tem direito de vida e morte sobre a mulher. Respeito todas as culturas e costumes, mas vejo alguns desses padrões se repetindo mesmo em países como o Brasil. Por isso, fico feliz cada vez que uma representante do sexo feminino realiza um sonho, vence um desafio e faz um avanço, inspira e dá exemplo na emancipação de todas as mulheres.

Qual será a explicação para a admiração, a reverência e o amor que temos pelos animais? No mar, são os marotos golfinhos, as majestosas baleias, as mágicas arraias. E, em terra, os animais que fazem parte do nosso dia a dia:

ÁFRICA DO SUL

o cachorro no tapete aos nossos pés e o gatinho nos espiando deitado em sua almofada preferida. Navegando pelo mundo, vi pinguins na Antártica, cangurus e coalas na Austrália, orangotangos em Bornéu, lêmures em Madagascar. Mas nada supera a emoção de ver, bem de pertinho, os grandes animais da África.

Nessa etapa na África do Sul, Connie, mãe de Emmanuel, veio dos Estados Unidos para participar conosco de um safári. Hoje em dia, um safári não tem mais nada a ver com a fama que possuía há algumas décadas, quando o objetivo era a caça predatória e esportiva dos animais selvagens. Atualmente, fazer um safári é ir ao encontro dos animais em seu ecossistema de origem, respeitando a conservação do hábitat natural desses animais.

Nos despedimos do veleiro Kat, ancorado e seguro na marina de Richards Bay, e partimos, numa van alugada, com Wilhelm no volante recitando, pela décima vez, as regras da reserva que teríamos que seguir nessa aventura.

— Gente, temos que ficar no carro sempre. As portas devem permanecer fechadas em todos os momentos; janelas, ok, abertas. Não gritar ou fazer barulho ao ver os animais. — Imagine eu quieta na van. — Há limite de velocidade, vamos dirigir devagar. Não tentem alimentar os bichos nem jogar *nada* fora do carro. As multas são altas. E, existem lugares reservados para banheiros e para piquenique.

Já havia feito vários safáris antes, nas duas primeiras expedições. Mas, cada vez que entro na reserva, entro no domínio totalmente diferente do que estou habituada no mar. A beleza da diversidade de vegetação e de animais é sempre uma nova experiência para mim. Tento passar meu entusiasmo para quem está ao meu lado sobre a possibilidade de ver inúmeros animais das mais diferentes espécies, leões, elefantes, girafas, rinocerontes, búfalos, leopardos, zebras, hienas e javalis. Há também várias espécies de antílopes, gnus, chacais, inhalas, cudos, impalas, javalis, mangustos, babuínos, macacos e, nos rios, crocodilos e hipopótamos.

Escolhemos a Reserva Hluhluwe-Imfolozi, a mais antiga da África, criada em 1895, na província sul-africana de KwaZulu-Natal. Já conhecíamos o lugar, que tem uma fauna diversa e grande número de animais selvagens soltos.

Desde a entrada na Reserva Hluhluwe-Imfolozi ficamos alertas para ver se teríamos a sorte de avistar os Big Five, que são os cinco mamíferos selvagens de grande porte mais difíceis de capturar já caçados pelo homem: o leão-africano, o leopardo, o elefante, o rinoceronte e o búfalo. O búfalo africano é um dos animais mais perigosos da selva e, sendo extremamente inteligente, trabalha em equipe com requintes de organização na defesa de seus filhotes. Até os leões o respeitam.

Um dos requisitos básicos para fazer um safári na reserva é a paciência, dirigir bem devagar e curtir com calma para não perder momentos preciosos, pois a cada segundo um animal incrível, em uma situação indescritível, pode surgir.

À medida que íamos dirigindo pela estreita e sinuosa estrada, paramos para filmar e fotografar, em silêncio. E, como num filme, fomos encontrando zebras, antílopes, e passamos por bandos de girafas curiosas que nos olhavam bem pertinho com seus olhos e cílios imensos. Erika, que observava tudo calada, de repente deu uma gargalhada ao ver o tamanho da língua de uma girafa alcançando as folhas da árvore.

— Muito grande! — disse ela.

Sim, elas podem medir 40 centímetros. Como amo as girafas, procuro me informar dos fatos sobre elas. Cada vez que as vejo, aumenta minha admiração. A maioria dos animais chegavam pertinho, olhavam para nossa van e nos ignoravam.

Dirigimos pelo imenso parque de 960 km² durante toda a manhã, cobrindo uma grande área. Perto de um lago, tivemos o primeiro contato de frente com a vida selvagem, em um momento de suspense. Uma manada de doze elefantes que estava saindo do banho atravessou na frente da van e bloqueou nosso caminho. Um elefante jovem resolveu abanar suas orelhas e nos afrontar de cara feia. Por sorte, a matriarca se aproximou e com suas presas o retirou de perto de nós. Mas, mal ele deu dois passos, já se virou novamente em nossa direção e levantou suas orelhas ameaçadoras. Wilhelm queria dar ré para sairmos dali, mas havia um jipe com outro grupo bem atrás de nós. De novo, a matriarca, com toda a paciência, espetou suas presas naquele jovem mal-humorado e o empurrou com força. Ele ficou ali parado, mas, com a força das presas no seu traseiro, resolveu mudar de rumo e seguir caminho com os outros.

ÁFRICA DO SUL

Estávamos fotografando os rinocerontes, muito pertinho, quando um deles veio em nossa direção, cabeça agachada, feliz e despreocupado, comendo a grama verdinha. Quando chegou perto, ele viu a sombra dele refletida na van. Se assustou e saiu correndo. Ainda bem que não atacou esse *outro* invasor de seu território.

Continuamos pela estradinha rústica, vendo todos os bichos que fazem parte da fauna africana. Quase todos. Ainda não tínhamos visto nenhum leão. Nada mais frustrante que fazer um safári na África e não ver um leão. Um guarda do parque, dirigindo uma picape, fez sinal para que parássemos e avisou que mais adiante um leão estava dormindo junto à carcaça de um animal, provavelmente um filhote de rinoceronte. Havia duas leoas perto dele, o que triplicaria os instintos de defesa do animal. O guarda recomendou-nos atenção e cuidados redobrados.

Seguimos uns poucos metros e lá estava ele. Assim que nos aproximamos ele acordou e ficou nos encarando. Era enorme, o maior leão que eu já tinha visto. Me veio à mente a imagem de Simba, o Rei Leão do filme, imponente, em cima de um rochedo, olhando para seus súditos. Capitão identificou a carcaça como sendo a de um filhote de hipopótamo. E eu concluí que, numa luta, nenhum outro animal teria qualquer chance contra um leão daquele tamanho. Ele não tirou os olhos de nós nem por um segundo. Nos afastamos em silêncio, mas ainda olhei para trás e sussurrei:

— Hakuna Matata, Simba.

Seguimos para a área de piquenique, com nossa cesta de frutas, sanduíches, sucos e água. Um espaço bonito com mesas e muitas latas de lixo cobertas por uma tela grossa para evitar a aproximação dos animais. Dois guardas de plantão na entrada da área estavam atentos, olhando ao redor. Abri a toalha xadrez colorida que havia trazido do barco e sentamos todos para matar a nossa "fome de leão".

Nossa refeição estava deliciosa, mas confesso que foi meio tenso estar longe da van, vulneráveis ao ataque de um animal. E Emmanuel dizer *tomara que a gente não vire piquenique de um leopardo* não ajudou muito. Mas, por outro lado, minha experiência de outros safáris me assegurava que, àquela hora do dia, os bichos estavam letárgicos por causa do imenso calor e ficariam deitados embaixo de uma sombra, sem nenhuma vontade de fazer muito esforço. Os únicos animais que avistamos foram os hipopótamos no rio abaixo da zona de piquenique. Aliás só víamos as orelhinhas e os olhos deles. Quando saímos, o guarda-parque averiguou que não deixamos nada no local, antes de entrarmos na van.

Na saída da reserva senti uma comoção que pensei existir um acidente na estrada. Fomos devagar. E ficamos boquiabertos ao ver uma manada de oito elefantes caminhando e se banhando no rio, *fora* da reserva. Isso era a África selvagem.

TUDO COMEÇOU COM NANA

Paramos na cidade de Richards Bay e enquanto eles foram devolver a van entrei numa livraria. Logo na vitrine estava o livro *O encantador de elefantes*, de Lawrence Anthony. Eu conhecia a história desse famoso ambientalista e defensor dos animais e de sua reserva Thula Thula. Resolvi comprar o livro para começar a ler antes de dormir.

Não foi uma boa ideia. Não consegui parar de ler e, às três da manhã, ao terminar o último capítulo, os olhos vermelhos de tanto chorar, cutuquei Vilfredo, que dormia tranquilo:

— Vamos à reserva de Thula Thula. Quero conhecer Nana.

— Como assim? Quem? — perguntou Vilfredo, sonolento.

— Vamos dormir, falamos amanhã.

Lawrence Anthony tinha uma vasta extensão de terras, que havia transformado na Reserva Thula Thula. Sem os Big Five, era um local que recebia turistas do mundo inteiro, que desfrutavam uma hospitalidade de aventuras, num local tranquilo, de culinária francesa gourmet, orientada por Françoise, esposa de Lawrence.

Em 1999, ele recebeu um telefonema de uma organização de Proteção de Elefantes que mudou a vida deles. Eles perguntaram se Anthony estaria interessado em adotar uma manada de elefantes selvagens rebeldes. Eles moravam em uma reserva de animais a 600 milhas de distância e eram "problemáticos".

Lawrence conta em seu livro:

ÁFRICA DO SUL

Eles tinham uma tendência a fugir das reservas e os proprietários queriam se livrar deles rápido. Se não os aceitássemos, eles seriam mortos. A matriarca era uma especialista em fugir e derrubar cercas elétricas. Ela simplesmente torcia o fio elétrico ao redor de suas presas até quebrar.

— Por que eu? — perguntei.

— Eu ouvi que você tem um jeito especial com os animais — foi a resposta.

A manada já chegou com fama de ser violenta. Alguns tinham visto outros elefantes serem mortos pelos guardas, por isso odiavam os homens.

Lawrence e seus guardas-parque construíram um curral com cerca reforçada de 8 mil volts para seus novos hóspedes e aceitou o desafio. Eles chegaram dopados, em jamantas, foram colocados no local preparado e, assim que acordaram, se refugiaram no mato dentro do curral. Lawrence identificou a matriarca, uma aliá, líder, feroz e agressiva, que batizou com o nome de Nana.

Confiante na cerca elétrica, Lawrence foi para casa. De madrugada os guardas o acordaram desesperados:

— Os elefantes fugiram!

Eles descobriram que dois elefantes adultos haviam trabalhado como uma equipe para derrubar uma árvore sobre a cerca elétrica, quebrando o circuito para, em seguida, destruir o cercado e fugir.

Ele e o pessoal da reserva saíram em perseguição, mas tiveram uma séria competição. Um grupo de moradores da região se armou com rifles de grande calibre e estava caçando os elefantes. As autoridades também deram ordens de matar os animais. Lawrence estava correndo contra o tempo.

No fim de três dias, com muita ajuda, inclusive com o helicóptero de um amigo, que voando em círculos por cima da manada os arrebanhou como um cão de pastor, conduzindo de volta a Thula Thula.

Fui morar ao lado da nova cerca onde estavam presos os elefantes, em uma barraca. Para salvar suas vidas, eu ficaria com eles, dia e noite. Precisávamos nos conhecer.

Depois de alimentá-los com feno, eu conversava com os elefantes.

Uma semana depois da fuga, no meio da madrugada, Nana se aproximou da cerca, esticou a tromba e balançou suas orelhas, um sinal de estresse do animal. Ela deu um passo para mais perto da cerca e me encarou. Eu estava a poucos centímetros de um elefante, fêmea selvagem, enfurecida, e, sem saber como, comecei a falar baixinho com ela. Eu suplicava em desespero. Ambas as nossas vidas dependiam disso.

— Não faça isso, Nana — eu disse, tão calmamente quanto pude. Ela ficou parada, imóvel, mas tensa. O resto da manada quieto e parado atrás dela.

— Esta é a sua casa agora — continuei. — Por favor, não faça isso. Eles vão matá-los todos se você sair. Esta é a sua casa agora. Você não precisa mais fugir.

Senti que seus olhos estavam fixados em mim, sem piscar.

De repente, o absurdo da situação me surpreendeu. Aqui estava, eu na mais completa escuridão, conversando com um elefante selvagem e seu filhote, a combinação mais perigosa possível, como se estivéssemos tendo uma conversa amigável. Mas eu falava cada palavra com o coração.

— Você vai morrer se for. Fique aqui. Estarei aqui com você e aqui é um bom lugar.

Ela se aproximou mais ainda. Quase a podia tocar. Eu podia vê-la tensa novamente, preparando-se para encaixar o fio elétrico em suas presas e fugir, o resto do rebanho esmagando a cerca em um minuto.

Eu estava no caminho deles, e só teria uma fração de segundo para fugir e conseguir escalar a árvore mais próxima, caso eu fosse rápido.

Eu sabia que ela não entendia inglês, mas esperava que ela entendesse com o tom da minha voz e minha linguagem corporal.

Então aconteceu algo mágico entre Nana e eu. Uma pequena faísca de reconhecimento, que durou um breve momento. Nana enfiou a tromba entre a cerca eletrificada e suavemente me tocou. Em seguida, virou-se devagar e embrenhou-se no mato, acompanhada pelo resto da manada. Não consegui explicar o que aconteceu entre nós, mas me deu o primeiro toque de esperança desde que os elefantes entraram pela primeira vez na minha vida.

Aos poucos, Nana e os outros elefantes começaram a confiar nele. Apenas depois de duas semanas (antes dos três meses de quarentena exigidos pelo

ÁFRICA DO SUL   363

governo), Lawrence libertou os elefantes do curral. E eles ficaram livres na reserva e nunca mais fugiram.

A manada cresceu e hoje são 31 elefantes, entre irmã, filhos e netos de Nana.

A fama de Lawrence como encantador de elefantes correu a África, e logo outros parques estavam mandando mais elefantes de comportamento difícil para a reserva dele. Conservacionista respeitado, ele manteve várias entidades dedicadas ao meio ambiente e aos animais. Em 2003, viajou para Bagdá a fim de resgatar os animais do zoológico de Saddam Hussein.

Em 2012, Lawrence morreu, vítima de um fulminante ataque cardíaco, a 600 quilômetros de Thula Thula. Uma hora depois da notícia chegar, a família dele, ainda em choque, olhou pela janela e viu uma manada de elefantes, com Nana à frente, se aproximar com trombas abaixadas, em completo silêncio. Pareciam ter pressentido a morte de seu defensor. Esses elefantes ficavam na savana, a 8 quilômetros da casa principal, e havia três anos não tinham se aproximado da casa. Como eles ficaram sabendo? No dia seguinte, o restante da manada se aproximou, com a mesma atitude de tristeza pela perda de um grande amigo e protetor. Os animais ficaram por perto dois dias, sem comer absolutamente nada, e depois voltaram para a selva. Um mistério que até hoje desafia os estudiosos de comportamento dos elefantes.

E na van a caminho da reserva, por duas horas a tripulação escutou, atenta, a história de Lawrence, Françoise e Nana. Assim que chegamos, Françoise, esposa de Lawrence, veio avisar:

— Corram! Corram! Todos os elefantes estão perto daqui. Isso é muito raro!

Disparei na frente de todos, o coração batendo. Será que ela pressentiu/leu meus pensamentos? Entramos no jipe e apenas 3 minutos depois lá estava a família de Nana. Na minha frente, vi 31 elefantes numa caminhada disciplinada, tranquila, sabendo que estavam protegidos e que eram amados.

Atrás de todos eles, passos arrastados, indo devagar por causa da idade, caminhava minha heroína. Nana. Ela olhou para o nosso jipe, chegou bem pertinho, e vi muita sabedoria em seu olhar. Fiquei bem emocionada ao ver essa matriarca, que tanto amava sua liberdade, mas que por amor à sua família desistiu de fugir para manter sua manada em segurança.

Ficamos mais dois dias na Reserva, vimos muitos animais, mas não voltamos a ver os elefantes de perto.

A estada em Thula Thula foi incrível, com acomodações em tendas luxuosas, que eram impecáveis, um verdadeiro hotel cinco estrelas. Um lugar tranquilo, sem cercas, e o ambiente misterioso da selva da África. À noite, escutávamos fora da tenda ruídos de animais caminhando e em uma madrugada escutamos um rugido mais forte, mas não soubemos identificar. Ao indagar, nos disseram ser de bugios. Será? Na reserva, nosso guia, Xandu, um divertido zulu, nos encantou com seu conhecimento e orgulho em nos mostrar cada animal e planta.

Estávamos envolvidos nesse ambiente mágico dos animais, porém encontramos um lado muito triste e até mesmo trágico na África do Sul. Foi um choque ver raros rinocerontes-brancos, o segundo maior mamífero terrestre, sem seus chifres. Nesse país, a população dos rinocerontes vem diminuindo a cada ano e já está na lista vermelha de espécies ameaçadas de extinção, devido à intensa caça ilegal para obtenção dos seus chifres. Criminosos profissionais armados invadem as reservas, roubam os chifres e deixam o animal ferido sangrar até morrer. Em algumas reservas até o Exército está ajudando nessa guerra contra os caçadores ilegais. Em um safári que fizemos à noite, encontramos os guardas que patrulham as cercas ao redor da reserva!

Na África do Sul, 1.175 rinocerontes foram caçados ilegalmente em 2015. Nesse ritmo, o número de rinocerontes sacrificados a cada ano é maior do que o de nascimentos. O chifre é utilizado sob a forma de pó, e o quilo é vendido a 90 mil dólares no mercado asiático. Eles acreditam que o pó de chifre de rinoceronte possui propriedades para combater doenças como o câncer, e é afrodisíaco. Esses efeitos sobre a saúde não têm nenhum embasamento científico.

Em Thula Thula há um berçário de rinocerontes, ao qual os visitantes não têm acesso, e onde os animais são protegidos intensamente, com monitoramento de câmeras e guardas armados 24 horas por dia, durante 7 dias por semana.

As ações para a conservação do rinoceronte-branco têm sido fundamentais para sua proteção. Uma medida de segurança drástica já acontece em

ÁFRICA DO SUL 365

algumas reservas: com anestesia e ajuda de um veterinário, estão serrando e lixando os chifres dos animais (os chifres são como as unhas; se lixados, voltam a crescer) para torná-los indesejáveis aos caçadores. Só assim eles têm chance de sobreviver.

Fico pensando: será que meus netos, quando crescerem, terão a oportunidade de ver um rinoceronte vivo, ou somente o conhecerão em fotos de livros?

UM CABO HISTÓRICO: BOA ESPERANÇA

Nos despedimos de Richards Bay rumo à Cidade do Cabo, o próximo destino do Kat, a 917 milhas (1.700 quilômetros), dobrando um lugar bem famoso e temido: o cabo da Boa Esperança.

Começamos a navegar com bom tempo, mas tivemos problemas na engrenagem da genoa e precisamos executar uma difícil manobra para baixar essa vela. Toda a tripulação participou, pois a vela pesava quase 200 quilos e, depois de dobrada, ocupava um bom espaço no cockpit.

Wilhelm cansado, mas animado, disse:

— É melhor acontecer agora do que acontecer com ventos fortes! Seria uma situação bem mais difícil para se fazer a manobra. Vamos continuar a navegada.

No segundo dia, as condições meteorológicas pioraram bastante e o barco pegou um vento bem mais forte que o esperado. O clima a bordo ficou tenso, pois, além do defeito na engrenagem da genoa, um pedaço da outra vela menor, a trinqueta, começou a rasgar. Se continuasse assim poderia rasgar toda. Hora de Wilhelm subir no mastro, bem preso ao cinto para fazer os reparos. Ele colocou uma fita adesiva forte e resolveu temporariamente a situação. Incrível como nós nos tornamos autossuficientes para resolver as emergências em alto-mar.

E o vento é forte. Até 30 nós. E, no meio de ondas grandes, o veleiro Kat começa a adernar bastante, mesmo com poucas velas. Aqui avistamos os primeiros albatrozes, que devem rir de nós, pobres humanos, sem asas para brincar com o vento, usando nossas asas-velas para fazer o veleiro andar mais rápido.

366   EXPEDIÇÃO ORIENTE

Assim que o dia amanhece, o vento dá uma acalmada e Capitão decide fazer uma escala não programada em East London, no meio do caminho, para consertar as velas e as engrenagens que apresentaram defeito no começo da viagem. Um dia de parada tipo pit-stop, tempo de a tripulação ir a terra para uma noite de folga.

Assim que os reparos são feitos, o veleiro Kat volta para sua rota original e tenta recuperar o tempo perdido, navegando com bom tempo de East London para a Cidade do Cabo, a 430 milhas.

Depois de uma análise minuciosa da meteorologia, passamos com ótimas condições de tempo e de ventos e mar calmo pelo cabo das Agulhas!

Gente, quanta emoção ver as montanhas e os curiosos leões-marinhos chegando perto do barco, levantando a cabeça e olhando para nós. Uma alegria e muita emoção, e nós ficamos arrepiados quando Capitão anunciou:

— Aqui deixamos o oceano Índico e entramos no nosso fundo de quintal, o oceano Atlântico.

Abraços, comemoração, música alta, um entusiasmo geral. Capitão e eu nos abraçamos e fizemos um brinde à nossa terceira vez cruzando esse marco tão importante.

Com bons ventos, um pouco mais adiante, 150 milhas, cruzamos outro cabo muito importante, o ponto mais ao sudoeste do continente africano: o cabo das Tormentas, famoso e temido pelos navegadores e marinheiros, pois calcula-se que na região já naufragaram cerca de 2.700 embarcações.

Quando criança, aprendemos nas aulas de história e geografia sobre as grandes navegações, em que os pioneiros portugueses Bartolomeu Dias em 1488 e depois Vasco da Gama em 1497, em busca do caminho marítimo às Índias, cruzaram esse marco, que depois foi rebatizado pelo rei de Portugal D. João II como cabo da Boa Esperança.

Ambas as expedições foram açoitadas por fortes tempestades e quase acabaram aniquiladas pelo gigante monstro mitológico Adamastor, baseado na mitologia greco-romana e descrito pelo poeta português Luís de Camões, na obra *Os Lusíadas*. Adamastor é o nome de um dos gigantes que se desfazia em lágrimas, que eram as águas salgadas que banhavam o encontro dos oceanos Atlântico e Índico. Ele representava as forças da natureza contra Vasco da Gama, sob a forma de tormentas, que afundavam

ÁFRICA DO SUL   367

as naus, levando à ruína quem tentasse dobrar o cabo da Boa Esperança e penetrasse o oceano Índico, domínios desse monstro. Com astúcia, os portugueses ludibriaram Adamastor, e com muita audácia conseguiram deixar o oceano Atlântico e entrar no Índico.

À medida que nos aproximávamos da cidade, vimos crescer a Table Mountain, essa marca da Cidade do Cabo. Essa é uma das cidades de que mais gosto. Nas duas vezes que passamos aqui, reencontramos amigos e fizemos novas amizades. E ao entrar no porto, tão familiar, penso que tenho medo de retornar aos lugares que já visitei e amei. Não é o medo do que mudou no local, mas também de como eu mudei desde que passei por aqui. Mesmo que a mudança seja uma coisa boa, sempre que volto a um lugar que amo, vou com baixas expectativas para não estragar as lembranças maravilhosas que tive, mas também vou pronta para dar chance às novas experiências que vou viver.

Uma cidade com muitos espaços verdes, praias, e um contraste com a miséria das favelas, a discriminação racial e o crime violento, para além da aids e das drogas a lembrar que o solo que se pisa é sul-africano. Mas essas não são características exclusivas da Cidade do Cabo e, verdade seja dita, à parte a discriminação, ela tem proporções bem mais comedidas que outras cidades da região, como Joanesburgo e a capital, Pretória.

Nota-se — não haja ilusões — uma grande segregação racial, apesar de o término oficial do *apartheid* ter ocorrido há quase vinte anos, por decreto do então presidente e posterior Nobel da Paz, Frederik de Klerk.

Depois de passar por períodos horríveis de escravidão e segregação racial, entre os séculos XVII e XX, hoje a Cidade do Cabo é um lugar dinâmico, cosmopolita, multiétnico e está mais movimentada, é verdade, mas continua com seu charme muito especial.

A marina se desenvolveu muito desde que estivemos aqui em 2000, e o veleiro Kat ganhou um lugar incrível no meio do Waterfront. Depois de tantos dias de mar e céu, como é bom poder sair nesse lugar tão gostoso. Mais do que uma marina, é um local que abriga um complexo gastronômico, comercial, turístico e cultural com museus, shoppings, diversos restaurantes. É só sair do veleiro Kat e assistir, de graça, a shows de bandas com música, dança, teatro e malabarismo, marionetes, artistas de rua. Bem como eu me lembrava. Passamos por aqui pela primeira vez em 1994 quando iniciaram a transformação daquela área. Hoje, o Victoria & Alfred Waterfront é uma das atrações mais visitadas da África do Sul, com cerca de 23 milhões de visitantes anualmente.

Mas ao lado desses lugares lindos, em uma cidade com muitos espaços verdes, praias e a montanha majestosa, nos avisaram para ter cuidado com assaltos.

Daqui sairíamos navegando por trinta dias para o Brasil e, antes de toda grande travessia, era hora de fazer a pregação. Wilhelm organizou uma manutenção geral, olhada nas velas, na mastreação, no motor, fazendo reforço onde precisasse ser feito, consertando alguns detalhes para, assim, deixar o barco pronto para a travessia do Atlântico.

Na Cidade do Cabo, nosso objetivo era conhecer o programa do Shark Spotters ou Observadores de Tubarões.

A cidade costumava ter problemas com os tubarões. Havia muitos tubarões-brancos nas praias, o suficiente para manter a maioria das pessoas fora da água. Em 2004, depois de uma série de incidentes com "mordidas" de tubarão e aumento de avistamentos, foi fundado o Shark Spotters, hoje a principal estratégia de segurança usada na Cidade do Cabo. Aliás, em todos os lugares onde estivemos com pessoas que lidavam, estudavam ou preservavam o tubarão, a palavra "ataque" foi substituída por "mordidas"!

Saímos cedinho da marina e fomos ver como funciona. Na sede do Shark Spotters, a primeira coisa que nos chamou a atenção foi o teto da sala. Duas figuras penduradas no teto mostravam uma prancha: uma, com os pés e as mãos de um surfista; outra, com um leão-marinho, com as patinhas dianteiras e traseiras nadando, ambos na mesma posição.

Ah, agora entendi. Os coordenadores do programa, Alan e John, nos explicaram que o tubarão não faz distinção de um ou do outro, simplesmente morde o que estiver disponível.

Fomos até um dos locais onde dois jovens faziam a observação. Eles não podiam se distrair conversando conosco, e um terceiro jovem da equipe nos acompanhou e explicou como funciona.

Os observadores são jovens de comunidades carentes, escolhidos e treinados por profissionais, para assumirem a responsabilidade do emprego. Eles trabalham das 8h às 17h, em turnos de quatro horas, em equipes de

ÁFRICA DO SUL

duas pessoas em cada "cabana de observação", posicionadas em locais estratégicos acima das praias mais populares da cidade. Lá do alto da montanha, as equipes de observadores, com óculos e binóculos polarizados, ficam de olho no mar. Quando avistam um tubarão, dobram-se as atenções de monitoramento. Se o tubarão estiver passando direto, como a maioria faz, eles acompanham a trajetória. Se houver algum movimento em direção a banhistas e surfistas, eles enviam um alarme via rádio para os times lá embaixo, nas praias, e uma operação sincronizada começa a alertar as pessoas para o perigo.

Na praia, um membro do time ergue uma bandeira indicando o grau de perigo. Verde significa Tudo Bem; vermelho, Alerta de Tubarão; preto significa Condições Ruins (quando não é possível identificar o tubarão); branco significa que um tubarão foi avistado perto da área. Assim, a sirena soa alto, e os banhistas e surfistas devem sair da água imediatamente. Muitas vezes eles avistam crianças perdidas, pessoas que estão em perigo de vida, se afogando ou em dificuldades com as correntes, e com a ajuda do rádio já salvaram muitas vidas.

O sistema está dando muito certo e já foi instalado em várias outras praias. Uma equipe da Austrália está lá conhecendo esse programa pioneiro da Cidade do Cabo. Realmente ficamos muito impressionados com o projeto bem pensado, simples e, ainda por cima, social.

Conversamos com um grupo de mulheres que usam o surfe para seu condicionamento físico. Elas aproveitam que os filhos estão na escola e vão surfar. Perguntei se não tinham medo. Me disseram que, antes eram mais cautelosas para entrar na água, mas com os "Observadores de Tubarões" agora se sentem seguras. E nos fins de semana surfam com os filhos.

Quanto mais tempo passamos no mar, mais respeitamos as criaturas que nele vivem, principalmente as que estão sendo ameaçadas de extinção, como os tubarões. Os ataques/mordidas de tubarões às pessoas crescem a uma taxa maior do que no passado, pois mais pessoas têm acesso ao mar/ praias e estão praticando mais esportes ou tendo mais interação nos mares onde vivem os tubarões.

Para conhecer um pouco mais sobre o tubarão-branco, fomos conhecer o Dyer Island Conservation Trust. Fundado em 2006 por Wilfred Chivell,

370 EXPEDIÇÃO ORIENTE

tem um centro de conservação e pesquisa em um ecossistema marinho frágil que engloba espécies como o pinguim-africano, a baleia-franca-austral e as populações maiores do mundo do vulnerável grande tubarão-branco. Fizemos um pedido de entrevista à bióloga Alison Towner, que é uma das maiores especialistas em tubarões-brancos. Apaixonada pelo assunto desde os 11 anos, pesquisa esses animais há mais de vinte anos e está assustada com a diminuição deles no mundo.

Nos sentamos em seu escritório e ela foi nos explicando como funciona a pesquisa do centro:

— Há muitas espécies de tubarões, e a dieta deles depende de onde vivem, pois se adaptam facilmente ao ambiente onde estão. Há espécies que se alimentam de outros animais, como leões-marinhos, golfinhos ou até mesmo outros tubarões. Espécies que vivem em maiores profundidades podem se alimentar de crustáceos, já que no fundo do mar eles são abundantes.

"Os tubarões possuem audição e olfato superiores aos dos seres humanos, sendo capazes de sentir cheiros a 2 mil metros de distância, além de conseguir cheirar uma gota de sangue em cem partes de água. Também têm a capacidade de ouvir sons longínquos e captar sete vezes mais tonalidades de cores do que nós."

Ela fala com entusiasmo sobre seu projeto:

— Aqui estou pesquisando os movimentos a longo prazo dos tubarões--brancos. Realizamos operações de mergulho com gaiolas de tubarões (SCDOs), que impactam a área de Gansbaai mais do que qualquer outra área do mundo. Como o número de turistas para a África do Sul aumentou, também aumentou a popularidade do mergulho com gaiolas. Os argumentos a favor e contra a indústria são altamente controvertidos, e esse tópico de pesquisa precisa de uma abordagem equilibrada e crítica. Movimentos de tubarões-brancos podem ser monitorados em detalhes, acompanhando manualmente o animal por curtos períodos usando rastreamento acústico ativo, em distâncias e períodos mais longos. Evidências das pesquisas com tubarões-brancos sugerem que os mergulhos em gaiolas não influenciam os movimentos dos tubarões. Um dado importante é que os ataques de tubarão-branco a humanos não aumentaram com o crescimento dessa indústria.

ÁFRICA DO SUL

"Os tubarões têm uma reputação assustadora e muitas pessoas têm pavor deles, apesar de nunca terem entrado em contato com eles. Os mergulhos em gaiolas também ajudam as pessoas a conhecer e a entender a importância de preservar os tubarões. Hoje, o mais assustador são as estatísticas de quantos tubarões são mortos por seres humanos versus quantos seres humanos são mortos por tubarões, um resultado que nos preocupa. O número de todos os tipos de tubarões mortos por humanos é estimado em mais de 100 milhões, e o número de humanos mortos por ano pelos tubarões se conta nos dedos de uma mão."

Abelhas, vespas, vacas, cavalos, cães, jacarés e cobras são responsáveis por mais mortes por ano do que os tubarões.

Alison convidou a tripulação para fazer um mergulho na gaiola, para filmar e fotografar o tubarão-branco. Frank, Heitor, Emmanuel e Klaus foram e viram bem de perto esse animal impressionante. Para a tripulação, foi um mergulho incrível, com muitos tubarões nadando ao redor da gaiola e, de repente, um deles passou bem perto e levantou a cabeça para olhar dentro da gaiola. Nossa equipe ficou muito impactada pela beleza e imponência do animal.

Emmanuel saiu da água muito impressionado.

— Fiquei quase sem fôlego quando ele passou encostado na jaula e me olhou. Foi uma experiência incrível ficar de frente com um predador perfeito, evoluído para caçar e que eu nunca quero encontrar cara a cara no mar. Mas ter um oceano sem tubarão é algo muito mais assustador!

Enquanto estávamos na expedição, David dirigiu o filme *Pequeno segredo*, a história de nossa querida Kat, o longa-metragem foi selecionado para representar o Brasil na categoria de Melhor Filme Estrangeiro no Oscar 2017. Era muita emoção de uma vez. Lógico que estávamos muito felizes quando embarcamos de avião para o Brasil e voamos para São Paulo, onde ficamos por uma semana, para a pré-estreia do filme, dia 6 de novembro.

Muita alegria rever David, Kian, Pierre e todos da família, na pré-estreia em cinco cidades do Brasil. Chegamos a São Paulo, e nossa vida virou um furacão. David havia programado todos os detalhes, e foram entrevistas, fotos e finalmente a pré-estreia na capital paulista. Capitão e eu nunca tínhamos visto o filme. Imaginem nossa emoção de ter que assistir em frente a uma câmera ao vivo no *Fantástico*. Queriam me matar do coração! Vilfredo e eu, de mãos dadas, não conseguíamos conter as lágrimas. O filme é lindo e emocionante, os atores que nos representaram, Julia Lemmertz, Marcello Anthony, Maria Flor, Mariana Goulart, Fionnula Flanagan, Erroll Shand, conseguiram transmitir nossa vida com Kat em uma história muito comovente.

Ficamos a semana dividindo o tempo entre cinco cidades. Uma maratona de encontros com família e amigos. Foram momentos muito emocionantes para mim, me levando numa outra viagem de volta ao tempo com Kat. Chorei em cada apresentação, mas fiquei imensamente feliz com a emocionante história de amor que David mostrou no cinema. Obrigada, meu filho.

Depois de uma marcante, mas rápida, semana no Brasil, já estávamos de volta à África para continuar nossa expedição.

Voltamos para a Cidade do Cabo e foi tempo suficiente para preparar os documentos e dar saída para nossa travessia de volta ao Brasil.

Ao sair da África do Sul para cruzar o oceano Atlântico, seguimos pela última vez a tradição marinheira oferecendo flores para Iemanjá, a Rainha do Mar, pedimos proteção a Deus e a Nossa Senhora dos Navegantes.

Destino final: Itajaí, com chegada marcada para o dia 10 de dezembro!

24. Ilha de Santa Helena: o exílio de Napoleão

16 DE NOVEMBRO DE 2016

O veleiro Kat partiu da Cidade do Cabo, na África do Sul, para a penúltima perna da navegação. Da Cidade do Cabo até a ilha de Santa Helena são pouco mais de 1.664 milhas (3.100 quilômetros). Estávamos seguindo a rota de James Cook, que navegou por essas águas até chegar a Santa Helena, pela primeira vez, em 1771.

Com vento favorável de 25 nós, aproveitamos a corrente de Benguela, que sobe pela costa sudoeste da África, indo primeiro em direção ao norte e depois para o oeste.

Navegávamos com a vela balão, que, com uma área vélica de 330 m², aumenta a velocidade do barco, mesmo diante de ventos leves. No fim do dia, Wilhelm estava em seu turno, fazendo exercícios no cockpit, quando escutou um estalo, como uma chicotada. Quando ele se virou, viu a vela balão se rasgando de cima a baixo. Ele chamou a tripulação urgente e, juntos, abaixaram-na. Enorme e pesada, demorou um pouco para ser dobrada e colocada no saco de vela. Que pena! O estrago foi grande e não tínhamos material suficiente para consertá-la aqui no barco.

Diminuímos um pouco a velocidade, mas continuamos com mar calmo.

Ao amanhecer, cruzamos outro marco histórico: o meridiano de Greenwich, a mais importante das linhas meridionais imaginárias que cortam o planeta de norte a sul e divide o globo terrestre em dois hemisférios, o leste (oriental) e o oeste (ocidental). Além de demarcar o início das longitudes, outra importante função do meridiano é a demarcação inicial dos fusos horários. A linha reta entre os dois polos atravessa dois continentes e sete países (na Europa: Reino Unido, França e Espanha; e, na África: Argélia, Mali, Burkina Faso e Gana).

É sempre uma delícia quando uma passagem que promete ser de bons ventos e mares calmos facilmente faz jus à expectativa. O mar foi ficando vazio de pássaros, e até nosso amigo albatroz foi embora, e não vimos mais nenhuma forma de vida nos céus ou nos mares, até perto da ilha.

Depois do desafio do oceano Índico, a tranquilidade do Atlântico Sul parecia uma recompensa, e depois de oito dias no mar e uma velejada sem surpresas chegamos à ilha de Santa Helena. Bem perto da ilha, pescamos dois dourados que garantiram nossas refeições.

De longe, avistamos falésias com 400 metros de altura em um mar inóspito e isolado. Santa Helena pertence ao Reino Unido e fica no meio do oceano Atlântico, entre o Brasil e a África. Com 4.500 habitantes, é um dos locais mais remotos do planeta, acessível apenas por barco. Por essa razão, atraiu a visita de vários exploradores, como o capitão William Bligh, o pirata Cavendish e Joshua Slocum, o primeiro velejador a navegar sozinho ao redor do mundo.

Descoberta pelo navegador português João da Nova, em maio de 1502, foi ocupada pelos holandeses nos anos de 1640. Mas só em 1659 a ilha se tornou um domínio da Companhia Inglesa das Índias Ocidentais.

Santa Helena atrai estudiosos com seu ecossistema preservado que reúne uma variedade de plantas, invertebrados e aves, como a batuíra-de-santa--helena, uma das espécies mais ameaçadas do mundo, com cerca de quinhentos exemplares. Importantes cientistas já passaram aqui: o astrônomo Edmond Halley fez o primeiro mapa do céu austral e observou o trânsito de Mercúrio, e o naturalista Charles Darwin fez as primeiras investigações da formação de vulcões e da geologia da ilha, na viagem a bordo do H.M.S. Beagle em julho de 1836.

ILHA DE SANTA HELENA 375

O isolamento do resto do mundo fez da ilha uma prisão para exilados. O mais famoso foi Napoleão Bonaparte. Em 1900, Santa Helena recebeu cerca de 6 mil bôeres (colonos holandeses), prisioneiros das guerras dos Bôeres, que foram conflitos militares, na África do Sul, entre o Império Britânico e os colonos holandeses, de 1899 e 1902.

Muito rápido fomos liberados pelas autoridades e esticamos nossas pernas caminhando pela capital Jamestown. Os seus fortes, igrejas e prédios antigos lembravam a Inglaterra da época vitoriana. Depois de conhecer a cidade, construída pelos britânicos em 1659, Capitão e eu nos sentamos na pracinha em frente ao fórum, para comer um churrasquinho num quiosque de rua. De repente, passou um magistrado de robe negro comprido e de peruca. Uma figura da corte inglesa aqui nesse lugar do mundo, bem inusitado! O que estaria a corte julgando nessa ilha tão isolada e praticamente sem crimes?

As pessoas paravam para nos cumprimentar e conversar conosco. Um povo muito simpático. Tínhamos a sensação de voltar no tempo para uma era em que saudar os desconhecidos e conversar na calçada era um modo de vida. Imagine viver num lugar aonde só chegam duas dezenas de estrangeiros em um navio a cada três semanas, e as caras diferentes são as dos velejadores que aparecem ali? Como sempre, ser brasileiro é um passaporte que abre portas no mundo todo. Gente sorrindo quando falamos de onde somos, e dessa vez o futebol foi o tema das conversas.

Nada melhor do que conversar com os moradores para descobrir sua cultura, uma mistura de povos malaios, indianos, africanos, ingleses, holandeses. Há um casamento entre as diferentes etnias e não existe preconceito.

Tivemos um pouco de dificuldade para entender o inglês dos ilhéus. Por ser território ultramarino do Reino Unido, o idioma em Santa Helena é o inglês, mas os santa-helenenses têm um dialeto distinto e desenvolveram uma forma única de falar, encurtando e criando novas palavras, além de falarem muito rápido.

Pegamos o carro para explorar os arredores da ilha e seus mais de 120 km² de colinas, relevo vulcânico, vales escondidos, desertos, florestas e pequenos sítios.

Exuberante e inacessível, a ilha recebeu Napoleão Bonaparte pela certeza de que dali ele não conseguiria fugir. Depois da derrota na Batalha de Waterloo em 1815, o imperador francês foi enviado para Santa Helena e viveu exilado durante seis anos. Há um folclore de histórias que contam que houve várias tentativas frustradas de retirá-lo da ilha. Mas um exército de 2 mil soldados vigiava a frente de sua casa e onze navios patrulhavam as águas ao redor da ilha 24 horas por dia.

Fomos conhecer a Casa Museu de Longwood, onde Napoleão morou e também morreu. Mesmo com a umidade do local, a casa preservou o mesmo mobiliário da época do imperador, além de manter um belo jardim florido.

A guia do museu me contou uma curiosidade: Napoleão fez furos minúsculos nas venezianas, de onde podia ver se alguém se aproximava da casa sem ter que abrir as janelas ou portas. Se não queria receber o visitante, se recolhia aos seus aposentos e mandava dizer que estava repousando.

Um fato que me cativou antes de conhecer a ilha foi a história da amizade entre o imperador e a jovem Betsy Balcombe, de 13 anos. A família Balcombe morava no chalé de Briars, e Napoleão ficou hospedado por três meses em um pavilhão que era parte da casa da família, enquanto sua residência permanente em Longwood passava por reformas.

A jovem Betsy não temia Napoleão como o bicho-papão das lendas de sua infância e, como ela falava francês, enxergou no imperador o que a maioria de seus inimigos e amigos não conheceram. Para ela, Napoleão era um tio que gostava de brincar e conversar com ela e sua irmã. Segundo relatos dos guardas ingleses, Napoleão brincava de cabra-cega com as crianças, dava-lhes presentes como balões e um trem de brinquedo, além de doces feitos por seu cozinheiro. Com a ajuda das crianças, Napoleão cultivou o jardim e plantou muitas árvores. O ex-imperador, sem oportunidade de ver seu próprio filho crescer, ou por talvez ter perdido algo na sua própria infância, sempre pareceu desfrutar das travessuras das crianças, que chamavam Napoleão de "Bony". Ele dava aulas para os filhos dos guardas e se distraía da "chatice de estar exilado" passando um tempo com as crianças. Os administradores ingleses não viam com bons olhos sua amizade com Betsy e os Balcombes e mandaram a família sair da ilha em 1818. Havia um rumor de que William Balcombe era um traidor da Inglaterra, e por isso foi retirado.

Depois de adulta, Betsy escreveu um livro contando sua amizade com Napoleão: Uma amizade com o imperador: as memórias de Betsy Balcombe de Napoleão Bonaparte em Santa Helena. Napoleão III presenteou Betsy com 500 hectares de vinicultura na Argélia, em memória do conforto e suporte que ela deu a seu tio.

Em 1812, a casa de Longwood, que era um antigo estábulo, foi convertida em uma residência para acomodar Napoleão e sua equipe. Era úmida e infestada de insetos e ratazanas. Ele passou a maior parte do tempo na casa lendo, jogando xadrez e principalmente escrevendo suas memórias sobre a carreira militar e a família.

Com problemas de saúde, aquele que uma vez havia sido o homem mais ilustre da Europa e do mundo em sua época faleceu aos 51 anos, em 5 de maio de 1821. Primeiro houve a suspeita de envenenamento por arsênico, mas conclusões médicas indicam que ele morreu por conta de um câncer do estômago.

Ao caminhar pelos jardins de Longwood, fiquei triste em pensar que Napoleão, mesmo mudando o curso da história da Europa e as leis da França, viveu seus últimos dias solitário, longe de seu filho, da sua família e das pessoas que amava.

Santa Helena talvez guarde ainda mistérios sobre Napoleão.

No amanhecer do terceiro dia, acordamos com um apito de navio. Ali, perto de nós, estava ancorando o Royal Mail Ship. Se você não vem em um veleiro, tem somente uma opção para chegar à ilha: viajar de navio por cinco dias desde a Cidade do Cabo, enfrentando tempestades e ondas altas. A cada três semanas, o pequeno navio comissionado para manter a ligação da ilha de Santa Helena com o resto do mundo faz a travessia, trazendo além de passageiros, mantimentos importantes como alimentos, bebidas, correio e até mesmo carros! Fiquei imaginando quantas memórias e histórias tem esse navio. Ah, se ele pudesse falar... O serviço do navio seria finalizado em 2018, após a inauguração do aeroporto em Santa Helena.

E a pacata ilha mudou sua rotina. O ritmo frenético movimentou o porto com os guindastes descarregando as mercadorias, os carros e os containers. Parecia uma festa com a alegria dos moradores retornando para casa e uma dúzia de turistas chegando para conhecer o lugar. O banco abriu e trocamos um pouco de dinheiro, pois a moeda deles só vale lá. Compramos mais ovos, maçãs e peras.

Jane, a dona do supermercado, nos contou feliz que o aeroporto, na época ainda em construção, faria um voo semanal para 120 passageiros e aumentaria o fluxo de turistas, que hoje são de cerca de 1.500 por ano. Hotéis, restaurantes, táxis e serviços já estavam investindo nessa nova realidade.

A obra custou 285 milhões de libras esterlinas e já foi chamada de "o aeroporto mais inútil do mundo". Construído no alto de uma colina, vários pilotos tentaram pousar lá e não conseguiram. Eles afirmaram que o local não apresentava as condições mínimas de segurança para a operação de voos comerciais regulares, pois a pista de 1.950 metros recebia fortes rajadas de vento, que mudam constantemente de direção e velocidade e podem chegar a mais de 90 km/h, colocando em perigo os passageiros. Entre todos os aviões testados, foi uma aeronave brasileira, adquirida pela empresa Airlink, que finalmente inauguraria a linha comercial para Santa Helena em outubro de 2017.

Entre os passageiros do navio, chegaram três maratonistas que vieram participar da corrida na Jacob's Ladder, uma grande escadaria com 699 degraus bem altos, tornando a subida ainda mais difícil. Construída no alto da montanha, em 1829, a escada liga Jamestown à vila de Half Tree Hollow e tinha o intuito de trazer mantimentos das fazendas do centro da ilha. O evento é realizado a cada dois anos, e a competição é bem acirrada entre os moradores e os competidores estrangeiros.

Inscrevemos Wilhelm e Erika, nossos tripulantes mais preparados fisicamente, para encarar a corrida. Mas, depois de oito dias de mar, eles não tinham esticado as pernas o suficiente para vencer a competição. Torcemos animados juntos com a tripulação, e, quando Wilhelm chegou branco ao topo, pensei que ele ia desmaiar. Erika também se esforçou ao máximo, mas estavam exaustos. Coitados, fiquei mal e com pena dos dois e senti muito remorso. Na entrega de medalhas, ele ganhou o terceiro lugar na categoria masculina, e ela, o segundo lugar na feminina. Ficamos orgulhosos de nossos atletas! Para comemorar a aventura, Capitão convidou toda a tripulação para o almoço na vila.

Como o vento não chegava para a nossa partida, abastecemos com galões extras de diesel para garantir a chegada ao Brasil sem precisar ficar boiando no meio do oceano.

Levantamos âncora e zarpamos: Brasil, agora mais pertinho, aqui vamos nós!

25. Volta ao Brasil

23 DE NOVEMBRO DE 2016:
SANTA HELENA A ITAJAÍ

Para cruzar o oceano Atlântico desde a Cidade do Cabo até Itajaí, são um total de 4.385 milhas (8.121 quilômetros), a última e maior perna de navegação de toda a Expedição Oriente.

Com essa parada em Santa Helena já fizemos um pouco mais da metade do caminho.

Wilhelm vem administrando o mapa meteorológico com muita precisão, o tempo todo verificando a previsão devido às constantes frentes de baixa pressão que estão se formando na costa do Brasil.

Ele nos informou:

— Desde que a gente saiu da Cidade do Cabo, três frentes com ventos muito fortes entraram. Quando estávamos chegando a Santa Helena, passou uma com ventos a 100 km/h em Santa Catarina.

Nem precisávamos duvidar, víamos que ele estava preocupado.

Sem um sopro de vento seguimos por cinco dias, com o motor bebendo óleo diesel.

Desde que saímos da África do Sul, tínhamos uma lista na cozinha elaborada por Erika, para nosso consumo de alimentos. Trinta dias, oito pessoas, em três refeições por dia. Por exemplo: são consumidos quatro ovos por pessoa durante uma semana. Isso dá 128 ovos em um mês. Mais os que ela usa para cozinhar, o total é de 176.

Frutas: duas por pessoa por dia, num total de 480 frutas. Ela fez os cardápios, e todos nós nos alimentamos muito bem durante toda a travessia. Eu troquei uma fruta com Frank, que não gosta de ovos e comia sempre um ovo por dia. (Esse planejamento deu tão certo que depois de cinco dias da chegada ainda tínhamos ovos e frutas.)

No oitavo dia de navegação, Wilhelm nos informa:

— Temos que ficar de olho nessa frente que está se formando, esse sistema frontal que parece uma depressão tropical. Ela começa a ficar forte no dia quatro, começa a pegar força, e isso pode mudar muito, né? A Marinha informou que o nome dessa tempestade subtropical é Eçaí, que em tupi-guarani quer dizer "olho pequeno", mas acho bem grande. Ainda é muito cedo pra saber qual o rumo que irá tomar, por isso redobramos a atenção. A previsão é de 45 nós de vento, isso aqui pode chegar a rajadas de 50, até mais. Possivelmente, mais. O plano é passar o mais ao sul possível desse ciclone extratropical e evitar pegar a frente. Mas, como tudo em meteorologia, é sempre uma incógnita até chegarmos mais perto da costa. As frentes que formam ventos fortes estão ficando cada vez mais frequentes no litoral brasileiro devido às mudanças climáticas. Ainda bem que temos serviços da Marinha e outros órgãos que alertam os pescadores, velejadores e outras embarcações.

Depois de dois anos e dois meses navegando pelo mundo, a tripulação não escondia mais a ansiedade de estar voltando para casa. Quantas descobertas, aventuras e desventuras! Mas a saudade de nossa terra era grande, e também da família, dos amigos e principalmente da nossa comida gostosa. A tecnologia que temos a bordo hoje em dia nos ajuda com músicas e notícias, mas quase nunca encontramos os ingredientes certos para fazer um prato bem brasileiro.

Nessa última etapa de viagem nossas conversas mudaram de foco. Conversávamos sobre os lugares, as pessoas, as experiências, as emoções de cada um. Eram papos descontraídos e gostosos com eles.

A discussão mais forte foi sobre tédio e solidão, sentimentos presentes na tripulação.

VOLTA AO BRASIL 381

Tédio, no dicionário, é definido como um substantivo masculino, significando fastio, aborrecimento: o tédio dos longos dias de isolamento. Ou: o tédio é um sentimento humano, um estado de falta de estímulo, ou do presenciamento de uma ação ou estado repetitivo — por exemplo, falta de coisas interessantes para fazer, ouvir, sentir etc.

Para mim, navegar em veleiro enquanto estamos em alto-mar é exatamente o contrário dessa definição. O que não falta a bordo, no meu ponto de vista, são coisas interessantes para ver, fazer, ouvir e sentir.

Posso ver os diferentes aspectos do nascer ou pôr do sol! Com nuvens, sem nuvens, as nuances das cores que mudam gradativamente à medida que o sol ilumina a água, tornando o céu cor-de-rosa, laranja, amarelo, refletindo no mar e mudando os tons de azul do oceano. Ver as noites estreladas e aprender sobre as constelações e os diferentes planetas, sua travessia pelo céu. Posso ver bem a luz dos satélites em sua trajetória e as chuvas de meteoritos riscando o céu com suas estrelas cadentes. Também ver as nuvens grossas no horizonte, cinza-chumbo, trazendo a tempestade ameaçadora.

Sentir o vento em meu rosto, desde a mais leve brisa ao mais forte vendaval. Sentir o balanço do mar me embalando para dormir, ou fazendo me segurar forte com as ondas mais altas que jogam o barco de um lado para outro! Sentir o medo da tempestade que se aproxima. O cheiro da maresia quando a onda estoura e a espuma levanta no ar. E o mais importante de tudo é sentir o quão privilegiada eu sou de ter a liberdade de fazer o que gosto, ter essa opção de vida ao lado das pessoas que eu amo.

Se o dia tivesse mais de 24 horas, ainda me faltaria tempo para fazer tudo o que eu quero. Ler mais livros, escrever o diário de bordo, cozinhar, organizar minha cabine, meu armário, lavar roupa, ajudar a preparar o roteiro de filmagens, escolher fotos, ler e-mails e responder a eles. E tudo isso sem contar minhas responsabilidades de marinheira: dar meus turnos de quatro horas no leme, prestando atenção na rota, nos navios, nos pontos perto de terra, manobrar as velas, entre outras coisas. E ainda sobra tempo para fazer ginástica, se o mar permitir.

Ouvir o barulho do mar, que muda a cada instante e bate no casco do veleiro. Ouvir minhas músicas favoritas quando estou no meu turno. Ouvir o canto dos golfinhos brincando ao meu lado, ou as baleias se comunicando umas com as outras.

Cada dia é diferente do outro, nada existe de repetitivo.

Em terra sempre temos novos países, ilhas, povos e culturas para conhecer e aprender. Sem contar os amigos que fazemos nesses lugares.

Realmente, tédio para mim seria ter que fazer todos os dias coisas repetitivas, ir sempre aos mesmos lugares e ainda ser controlada por um relógio.

No dia 7, a previsão de Wilhelm se confirma: o Kat é castigado por rajadas de vento que chegam a mais de 100 quilômetros. Mas a estratégia dele e de Capitão dá certo. O Kat navega com precisão através de uma pequena brecha ao sul do ciclone, e na manhã seguinte está fora da área de perigo. Ufa, que sufoco!

E assim, depois de quase trinta dias ininterruptos no mar, com apenas uma pequena parada na ilha de Santa Helena, o Brasil está ficando cada vez mais perto.

O moral da tripulação está alto, todos falando sobre os planos, o que gostariam de comer e fazer, aonde gostariam de ir, quem estará esperando por eles. Quais são os planos para o futuro.

Erika é a mais curiosa em conhecer o Brasil. Ela e Wilhelm se tornaram parceiros e companheiros de vida e de aventuras, em windsurfe, trekking, surfe e mergulhos. Eu os vejo como seres do mar que se encontraram. E, desde que ela embarcou na Nova Zelândia, se tornou uma experiente tripulante.

O tique-taque estava cada vez mais rápido. E, na manhã do dia 9 de dezembro, o grito de *Terra à vista* foi o mais animado que tivemos até agora.

Vimos ao longe as montanhas, com seu contorno tão conhecido por nós. Quanta alegria! E, de repente, alguns barcos vieram nos encontrar, entre eles a mídia, amigos; enfim, tudo muito movimentado. O tempo estava nublado e tinha chovido bastante. O ciclone que passou deixou o mar mexido, mas nós nem ligávamos, já estávamos nesse balanço desde que saímos da Cidade do Cabo há dias.

10 DE DEZEMBRO DE 2016: VOLTAMOS

Chegar de volta a Itajaí foi o máximo de emoção! Nos abraçávamos todos, com o coração acelerado, e, de repente, comecei a chorar. Uma mistura de emoção, de estar realizando o sonho, e de saber que não importavam as dificuldades, os desafios: chegamos sãos e salvos! Também nos sentimos ao mesmo tempo orgulhosos e muito gratos por cada um de nossos tripulantes de mar e de terra, que estiveram conosco nessa jornada. Obrigada, Deus, por ter sempre nos protegido.

Em 812 dias da expedição, atravessamos quatro oceanos, navegamos 50 mil quilômetros, visitamos cinco continentes, 29 países, em cinquenta localidades diferentes do planeta. E lá estávamos nós, atracando de volta na data e na hora marcada. Chegamos depois de dois anos e três meses ao porto de onde partimos. Eu e minha família estávamos eufóricos, com sentimentos de felicidades e de sonho realizado.

Uma multidão de mais de 2 mil pessoas estava ali para nos receber, acenando com bandeiras do Brasil. De longe, vimos nossos filhos Pierre e David com Kian, nosso neto, as irmãs de Vilfredo, Loli e Tida, e os irmãos, Vilmar e Beto. Nossos tripulantes também descobriam seus familiares no meio da multidão e estavam impacientes para abraçá-los. Foi muito emocionante!

Em uma manobra perfeita, Pierre e David amarraram o veleiro Kat no cais da marina de Itajaí.

VOLTAMOS!

Daí para a frente foi como um filme: braços e abraços, rever a família, os amigos e sentir a imensa alegria de realizar nosso sonho. Durante esse mês no mar, não tínhamos usado sapatos e então decidimos ir para a coletiva de imprensa descalços. Olhava ao redor e me sentia tão feliz! Vai explicar...!

Foram três dias de festas em Itajaí para nos dar as boas-vindas. E recepção de todos que tornaram essa expedição possível.

Enfim, chegou a hora de nos despedirmos uns dos outros, cada um fazer suas malas e seguir para seus destinos. Ao contrário das expedições que fiz com a família, em que todos sabiam que continuaríamos por perto, de repente me dei conta de que não tinha ideia de quando iria encontrar nossa tripulação de novo.

Despedidas não são o meu forte, mas ali estávamos nós, todos juntos pela última vez, no mesmo barco, e aos poucos foram embora Heitor e Klaus.

Frank foi o último a partir e não havia como esconder as emoções. Mas aos poucos o veleiro Kat foi ficando somente com nossa família.

384 EXPEDIÇÃO ORIENTE

E, em família, fizemos um balanço dessa Expedição Oriente, e de como ela foi de grandes desafios de vida, de momentos marcantes, de muitas experiências que vivenciamos, e de muitas saudades de quem amamos.

O oceano é a estrada por onde nosso veleiro navega, fazendo longas viagens, chegando a lugares tão diversos, com povos tão distintos.

Mas, muito mais que conhecer novos lugares, pessoas e culturas, aprendemos a conhecer nossos limites.

Construir o veleiro Kat foi sem dúvida uma grande lição e o maior desafio para nós. Por mais de cinco anos trabalhamos com mais de cem pessoas em equipes no Brasil e ao redor do mundo. Um agradecimento muito especial para toda a tripulação de terra, do escritório de São Paulo, que nos deu apoio e carinho por esses meses que passamos no mar.

Desenvolvemos novas técnicas e soluções com a construção da quilha retrátil, que nos permitiu acesso a incríveis áreas remotas e de pouca profundidade. Aprendemos a lidar com as mudanças de cronograma, de planejamento, das condições meteorológicas, econômicas e das rotas. Formamos equipes de mar e terra, e unimos essa tripulação que foi capaz de enfrentar os mares com coragem e resiliência. Afinal, uma expedição não é feita de lugares, e sim de pessoas apaixonadas, empenhadas e que acreditaram no sonho conosco, fazendo o impossível se tornar uma realidade. Inovamos com a tecnologia, para levar 50 milhões de pessoas de vários países conosco, por meio da internet, participando do dia a dia de nossas aventuras e desventuras pelas mídias sociais.

Construir o veleiro Kat levou Capitão e Wilhelm a formarem um time unido pelo mesmo ideal, por dois anos de dedicação máxima. Wilhelm se tornou mais do que o primeiro imediato. Ele foi um verdadeiro Capitão, conduzindo o barco pelos mares mais difíceis.

David se desdobrou administrando a empresa e dirigindo as filmagens da expedição. Foram produzidos 24 programas para o *Fantástico* e uma série de onze programas de sessenta minutos para a National Geographic América Latina e muitas outras mídias. Ele teve inúmeros momentos desafiadores em terra na direção do filme de longa-metragem *Pequeno Segredo*. Foi uma alegria ter Emmanuel a bordo, transmitindo seu ponto de vista jovem e da nova geração da nossa família.

VOLTA AO BRASIL 385

Um destaque foi explorar um novo continente: conhecer a Antártica do temido cabo Horn, e o estreito de Drake, reconhecidos pelos navegadores há séculos pela fúria dos oceanos e pela quantidade de naufrágios nesse trajeto. Para mim, foi um momento de superação pessoal e mudança de conceitos. Voltar à Polinésia, nosso lugar favorito, onde reencontramos nossos amigos de vinte anos que nos receberam como se nem um minuto tivesse se passado desde que nos vimos pela última vez. Foi muito emocionante!

E, na minha Nova Zelândia, onde temos lembranças de boas amizades que também reencontramos e muitas outras aventuras. O país é a terra de Kat. Uma saudade eterna.

Em West Fayu, nos impressionou a poluição de lixo plástico em sua praia. Foi um momento de reflexão sobre a degradação do nosso planeta.

Ah! Foi de tirar o fôlego chegar a Xangai com centenas de barcos, navios e chatas cruzando nosso caminho no rio, para redescobrir o grande almirante Zheng He, o venerado herói das Grandes Navegações Chinesas. Cumprindo uma etapa de sonhos, chegamos ao berço de inspiração de nossa expedição. Ali partimos em busca das respostas: por que Zheng He partiu em suas expedições com a frota do Tesouro? Com um lado tradicional milenar, esse país nos mostrou o que há de mais moderno em suas cidades de Xangai e Beijing.

Em Bornéu, estar de frente com um orangotango e ver o olhar profundo desse animal quase tão humano foi uma experiência inesquecível.

Na Indonésia, encontrar os cultos mais diferentes em um mesmo espaço, visitar mesquitas e templos budistas e hindus, em cerimônias milenares e muito espirituais. E curtimos um reencontro saudoso com Pierre.

Mentawai foi um capítulo à parte, com suas ondas e a difícil expedição nas montanhas, com tribos isoladas e de culturas tradicionais.

A travessia do oceano Índico por doze dias e 2.800 milhas (5.200 quilômetros) foi a mais difícil de todas. Com ondas de 3 até 5 metros e ventos fortíssimos, era difícil a vida a bordo, na navegação, na alimentação e até mesmo dormindo. Foi uma prova para nossa tripulação. Realmente todos foram corajosos. E o veleiro Kat passou no teste, enfrentando esse desafio sem perder o fôlego!

Maurício, que nos fez refletir sobre o destino que estamos reservando para a humanidade. Ali viveu o dodô, pássaro símbolo da extinção e do desrespeito dos homens com outras espécies.

Reunião nos deixou impressionados com o vulcão Piton de La Fournaise, onde a tripulação caminhou quase até a boca do dragão fumegante e, com as labaredas, quase nem podiam respirar. Uma visão para poucos.

A curta travessia dessa ilha até a África na corrente das Agulhas. Um trajeto no qual a meteorologia nos surpreendeu com ventos fortíssimos e ondas de altura ainda desconhecidas por nós.

África e seus animais selvagens. Experiências lindas de ver os elefantes de perto e a triste ameaça de extinção dos rinocerontes. A oportunidade de mergulhar com os tubarões-brancos.

Santa Helena, surpreendente com as histórias de Napoleão. Quantos mistérios ainda estão para ser descobertos nessa ilha.

E em várias etapas ter a participação da nova geração de Schurmanns, com Kian e Sebastian nos visitando.

Cruzar o Atlântico por 30 dias e, quase na chegada, a previsão de um assustador miniciclone.

Chegar no dia e na hora marcados, depois de muito planejamento e preparação!

Sim. Os sonhos podem ser realizados!

Obrigada, minha família.

Epílogo

Teriam sido os chineses os descobridores do mundo em 1421?

Investimos em cinco anos de pesquisas por mais de dez países, em busca de respostas para a pergunta que nos inspirou a navegar na Expedição Oriente, e, movidos pela curiosidade da teoria de Gavin Menzies, percorremos durante 812 dias mais de 55 mil quilômetros, com paradas em 29 países e territórios.

Visitamos museus, estaleiros antigos na China, vasculhamos bibliotecas, escutamos professores, pesquisadores, historiadores e especialistas na Ásia, mas o que encontramos foram duas correntes opostas: a que afirma que sim, os chineses desbravaram o mundo antes dos europeus, e a contrária, baseada em dados e registros históricos.

Para nós, a história está sob constantes construções ao decorrer dos anos e não pode ser considerada uma ciência exata. A história não tem respostas definitivas para todas as questões que envolvem o passado do homem. E nem pode ajudá-lo a prever o futuro com precisão.

Assim, o desconhecido continua a fascinar nossas mentes, como os mistérios dos moais da ilha de Páscoa, as civilizações perdidas do El Dorado, as pedras de Stonehenge. E algumas descobertas do século XX ainda nos surpreendem, como foi o caso dos Guerreiros de Terracota de Xian. E mais: com centenas de livros publicados, e ainda que tenha sido descrita pelo filósofo grego Platão, a incrível história de Atlântida nunca pôde ser comprovada: existiu ou não?

Pouco conhecido na história do mundo e das grandes navegações, e até mesmo para nós navegadores, o almirante chinês Zheng He foi uma descoberta importante. Foi incrível ver como a China enaltece a figura desse almirante, seu grande navegador e descobridor. Em seu primeiro livro sobre as expedições chinesas, Menzies afirma que 107 barcos chegaram ao Caribe, à América Latina e à Austrália, e também circum-navegaram o globo um século antes de Fernão de Magalhães.

Reconhecemos e admiramos os grandes feitos do almirante chinês, que foi uma figura muito importante em seu tempo por ter liderado as sete grandes expedições marítimas que a China fez no começo do século XV à frente da Frota do Tesouro. Zheng He comandou uma das maiores armadas de todos os tempos, durante 28 anos, e visitou 37 países, quase um século antes dos europeus. Para se ter uma ideia, Colombo viajou com três navios, Vasco da Gama, com quatro, e Fernão de Magalhães, com cinco. Já o almirante chegou a ter trezentos barcos em sua primeira frota.

Mas não encontramos conclusões afirmativas de que eles passaram do cabo das Agulhas e conseguiram navegar pelas Américas, de acordo com a teoria de Gavin Menzies.

Quem sabe no futuro, com a tecnologia que, cada vez mais, vem revolucionando as várias áreas de descobertas com fatos novos e surpreendentes, a história do almirante Zheng He e suas expedições ainda possam ser reescritas nos livros de história do mundo, com evidências mais definitivas e comprovadas.

Após nossa expedição nos sentimos unidos pelo mesmo sentimento pelos mares como o almirante Zheng He, há 600 anos. Abaixo, uma inscrição na placa do monumento de Zheng He, em Changle, Fuijia, China. É esse também o sentimento da Família Schurmann há três décadas:

> Percorremos milhares de quilômetros de imensos espaços aquáticos, vimos enormes ondas no oceano como montanhas que surgem no céu. Nossos olhos enxergaram regiões bárbaras, escondidas ao longe, no azul transparente dos vapores de luz. Nossas velas infladas dia e noite, como nuvens, continuavam seu percurso tão rapidamente como uma estrela. Atravessamos ondas selvagens, como se estivéssemos trilhando nosso próprio caminho em meio a uma grande multidão.

Agradecimentos

Adeyemi Michael | Adobe do Brasil | Alexandre Moreno | Alexandre Régis | Alexandre Zelinski | Alice Monterosso | Álvaro L. dos Santos | Anésio Scherer | Antônio César da Silva | Aperam | ArcelorMittal | Ariadne Mazzetti | Asa Alumínio | Belle Gasparini | Ben Lieberbaum | Benjamin Mário Baptista Filho | Bernardo Grando | Blum | Brascopa | Bruna Sung | Bunge | Byron Prujansky | Capitania dos Portos de Itajaí | Carlos Alberto Pereira Barbosa | Carlos Eduardo Mikosz Arantes (*in memoriam*) | Carlos Eduardo Pereira | Carlos Henrique Flesch | Carlos Silva | Christiano Sestini | Clean Barros | Consulado Brasileiro de Hong Kong | Consulado Brasileiro de Xangai | Cordoaria São Leopoldo | Cristiano Lima | Daniel Leite | Daniela Garcia | David Schurmann | Décio Giacomelli | Décio Ind. Metalúrgica | Diprofiber | Eduardo Talley | Elber | Eloi Bertoldi | Elpídio Narde | Embaixada da China no Brasil | Emmanuel Schurmann | Erika Cembe-Ternex | Estácio | Estaleiro Felipe | Evolution Containers | Ewa Wawelberg | Fabiano José de Queiroz | Fábio Conceição | Fábio Holtz | Fábio Potter | Felício Tadeu Bragante | Felipe Ferrari | Felipe Horn | Fernando Horn | Formica | Francesc Roig | Francinaldo Lemos | Frederico Ayres Lima | Gabriela Chimbo | Gavin Menzies | Gean Carlos Fermino — Moderare | Geferson Luiz dos Santos | Giuseppe Nicoletti | Glauco Côrte | Guga Millet | Guilherme M. Lima | Gulton | Gusmão | Gustavo Leal Sales Filho | Gustavo Oliveira | Hansgrohe | Hdi Seguros | Heitor Cavalheiro | Horácio Carabelli | Ian Hudson | Igor Ribeiro | Iguatemi | Isis Prujansky | Itamaraty | Jairo Davi Tramontini |

Jeane de Amorim Busana Bianchi | Jeison Coninck | Jérôme Merle | Jéssica Amaral | Jonathan Muraro Kapazi | Jorge de Oliveira | José Abu-Jamra | Joserli Perez Kapazi | Juliana Medeiros | Julio Mello | Júlio Netto | Kelly Porto | Klaus Schlickmann | Komotor | Lauro Richard Possamai | Leonardo Lerner Sadcovitz | Ligia Pecegueiro | Locomotiva | Lorena Kreuger | Luba Agostino | Luis Filipe Farias | Luis Pinto Costa | Luís Rogério Pupo Gonçalves | Luiz Moura Parker Hannifin | Manotaço Técnica Náutica Ltda | Marcella Kaulino | Marcelo de Oliveira | Marcelo Siqueira | Marcio Oliveira | Marco Ricca | Marcos Navarro | Marcos Trevisan | Marcus Vinicius Cordeiro de Menezes | Mariana Britto Lima Neves | Marina Itajaí | Marinha do Brasil | Mario Sergio de Lucca | Mekal | Metal Sales | Michel Scapini Nickelle | Mocar Vidros | Multilog | Município de Itajaí | Natalie Ancieta | National Geographic Channel | Nestor Volker | Norton | Ohmini | Orlando França Junior | Oscar Silva | Oxford | Pablo Gallo | Parker | Paulo Hering | Pedro Nakano | Pedro Pipano | Pierre Schurmann | Porto de Imbituba | Porto de Itajaí | Portonave | Possamai | Prefeitura de Itajaí | Rafaela Lopes | Raquel Potter | Raquel Serrano | Raul Ritzmann | Rebeca Amaral | Reginaldo F. Moser | Reimar Hoffmann | Reinaldo Richter | Renato Guedes | Renato Viemann | Ricardo Garcia da Silva Carvalho | Ricardo Pretz | Ricardo Rinaldi | Ricardo Rossini Júnior | Roberto Junqueira | Roberto Kuzolitz | Romualdo Sandalo | Rui Otte | Ruurd Van Putten | Ryukyu Mura | Sailing Center Vietnam Office | Schneider | Scuna Tubolit | Sebastian Schurmann | Secretaria Municipal de Turismo (Setur) | Senador Luís Henrique da Silveira (*in memoriam*) | Senir Faria Elias | Setcom | Sidnei Santana | Sikaflex | Solví | Susymeri Ogliari | Tecnisub | Telma Lima | Tetê Cartaxo | Tetel Queiroz | Thábata Moro | Thuy Duong Tran Le | Toalhas Atlântica | Trang Van Putten | Usimetal | Victor Leonardo Fruges Neto | Victor Pfuetzenreiter | Vila do Farol | Vilberto Schurmann | Vilma Linares | Vilmar Schurmann | Vinícola Grando | Volvo Penta | Vu Ho | Wilhelm Schurmann | Yamaha | Zamir Pereira | Zico Goes | Zooba

Este livro foi composto na tipografia Minion
Pro, em corpo 11/15, e impresso em
papel off-white no Sistema Cameron da
Divisão Gráfica da Distribuidora Record.